W0367489

Siekerkötter
Fehn

Wirtschafts- und Sozialkunde

Immobilienkaufmann/
Immobilienkauffrau

Siekerkötter
Fehn

Wirtschafts- und Sozialkunde

Immobilienkaufmann/ Immobilienkauffrau

Merkur
Verlag Rinteln

Wirtschaftswissenschaftliche Bücherei für Schule und Praxis
Begründet von Handelsschul-Direktor Dipl.-Hdl. Friedrich Hutkap †

Verfasser:

Dr. Reiner Siekerkötter

Hagen

Studium der Betriebswirtschaftslehre und der Erziehungswissenschaft an der Universität Dortmund.

Thomas Fehn

Hamm

Studium für das Lehramt für die Sekundarstufe II in Wirtschaftswissenschaft und Deutsch an der Universität Dortmund. Lehrtätigkeit im berufsbildenden Schulwesen kaufmännischer Fachrichtung.

Fast alle in diesem Buch erwähnten Hard- und Softwarebezeichnungen sind eingetragene Warenzeichen.

Das Werk und seine Teile sind urheberrechtlich geschützt. Jede Nutzung in anderen als den gesetzlich zugelassenen Fällen bedarf der vorherigen schriftlichen Einwilligung des Verlages. Hinweis zu § 52 a UrhG: Weder das Werk noch seine Teile dürfen ohne eine solche Einwilligung eingescannt und in ein Netzwerk eingestellt werden. Dies gilt auch für Intranets von Schulen und sonstigen Bildungseinrichtungen.

6. Auflage 2006

© 2001 by MERKUR VERLAG RINTELN

Gesamtherstellung: MERKUR VERLAG RINTELN Hutkap GmbH & Co. KG, 31735 Rinteln

E-Mail: info@merkur-verlag.de
Internet: www.merkur-verlag. de

ISBN-13: 978-3-8120-**0065-9**

ISBN-10: 3-8120-**0065-2**

Vorwort

Immobilienkaufleute sind in allen Geschäftsbereichen der Immobilienwirtschaft tätig. Sie arbeiten in Wohnungsunternehmen, bei Bauträgern, Immobilien- und Projektentwicklern, bei Grundstücks-, Vermögens- und Wohnungseigentumsgesellschaften, bei Immobilienmaklern oder in Immobilienabteilungen von Banken, Bausparkassen, Versicherungen und Industrie- und Handelsunternehmen.

Immobilienkaufleute vermieten und bewirtschaften Immobilien, erwerben, veräußern und vermitteln sie, begründen und verwalten Wohnungs- und Teileigentum, entwickeln immobilienbezogene Dienstleistungen, betreuen Neubau, Modernisierung und Sanierung von Immobilien, entwickeln unternehmens- und kundenbezogene Finanzierungskonzepte, beraten Kunden, analysieren den Immobilienmarkt und setzen Marketingkonzepte um, organisieren und steuern das technische Gebäudemanagement.

Das vorliegende Lehrbuch

Wirtschafts- und Sozialkunde

Immobilienkaufmann/Immobilienkauffrau

entspricht dem ab 1. August 2006 in Kraft getretenen **Rahmenlehrplan** für diesen Ausbildungsberuf und beinhaltet den gesamten Wissensstoff für den **Bereich Wirtschafts- und Sozialkunde** der drei Ausbildungsjahre.

Aus dem Inhaltsverzeichnis sind die einzelnen **Lernabschnitte** zu entnehmen. Zur Verbesserung der Übersichtlichkeit und der Veranschaulichung ist die Darstellung durch folgende Merkmale gekennzeichnet:

▶ **Einzelabschnitte**, die im Inhaltsverzeichnis **nicht** durch eine Nummerierung erfasst wurden.

- **Unterpunkte** zu diesen Abschnitten.

  | **Beispiele** aus der Praxis, die durch einen Balken am linken Rand hervorgehoben werden, verdeutlichen an zahlreichen Stellen den Text.

Schaubilder dienen zur Erläuterung der Ausführungen und sind teilweise farbig ausgeführt.

Formulare sind in den jeweiligen Originalfarben abgedruckt.

Übersichten als Zusammenfassungen befinden sich in farbiger Gestaltung am Schluss der einzelnen Themenkreise und geben deren Inhalt in Kurzform wieder.

Problem- und entscheidungsorientierte Aufgabenstellungen zur Lernzielsicherung und Lernerfolgskontrolle folgen am Ende eines jeden Kapitels.

Dieses Lehrbuch ist geeignet für die entsprechenden Ausbildungsberufe an Berufsschulen und -kollegs, für Lehrgänge an Bildungszentren und Fachschulen sowie für die betriebliche Aus- und Weiterbildung.

Hagen, Hamm 2006

Reiner Siekerkötter
Thomas Fehn

Inhaltsverzeichnis

Rechtliche und soziale Rahmenbedingungen menschlicher Arbeit im Betrieb

Rechtliche Grundlagen des Wirtschaftens

Ziele und Rahmenbedingungen für unternehmerisches Handeln

Grundzüge der Wirtschaftspolitik

Exkurs: Zahlungsverkehr

Verzeichnis der Gesetze und Rechtsverordnungen

AAG	Gesetz über den Ausgleich der Arbeitgeberaufwendungen für Entgeltfortzahlung (Aufwendungsausgleichsgesetz)
AktG	Aktiengesetz
AO	Abgabenordnung
ArbGG	Arbeitsgerichtsgesetz
ArbZG	Arbeitszeitgesetz
BBankG	Bundesbankgesetz
BBiG	Berufsbildungsgesetz
BErzGG	Bundeserziehungsgeldgesetz
BetrVG 1972	Betriebsverfassungsgesetz 1972
BGB	Bürgerliches Gesetzbuch
DrittelbG 2004	Gesetz über die Drittelbeteiligung der Arbeitnehmer im Aufsichtsrat (Drittelbeteiligungsgesetz)
EStG	Einkommensteuergesetz
GenG	Genossenschaftsgesetz
GeschmMG	Geschmacksmustergesetz
GewO	Gewerbeordnung
GG	Grundgesetz
GmbHG	Gesetz betreffend die Gesellschaft mit beschränkter Haftung
GwG	Geldwäschegesetz
HGB	Handelsgesetzbuch
InsO	Insolvenzordnung
JArbSchG	Jugendarbeitsschutzgesetz
KSchG	Kündigungsschutzgesetz
LStDV	Lohnsteuerdurchführungsverordnung
MitbestG	Mitbestimmungsgesetz 1976
Montan-MitbestG	Montan-Mitbestimmungsgesetz 1951
MuSchG	Mutterschutzgesetz
PAngV	Preisangabenverordnung
PflegeVG	Pflege-Versicherungsgesetz
ProdHaftG	Gesetz über die Haftung für fehlerhafte Produkte (Produkthaftungsgesetz)
RRG	Rentenreformgesetz 1999
ScheckG	Scheckgesetz
SGB	Sozialgesetzbuch
StabG	Stabilitätsgesetz
StGB	Strafgesetzbuch
TVG	Tarifvertragsgesetz
TzBfG	Teilzeit- und Befristungsgesetz
UmweltHG	Umwelthaftungsgesetz
ZPO	Zivilprozessordnung

Rechtliche und soziale Rahmenbedingungen menschlicher Arbeit im Betrieb

1 Ausbildungsberuf Immobilienkaufmann/Immobilienkauffrau

1.1 Berufliche Bildung im dualen Ausbildungssystem

In der Bundesrepublik Deutschland erfolgt die Berufsausbildung vor allem innerhalb des **dualen Systems:** Zwei voneinander unabhängige Ausbildungsträger (Lernorte), und zwar **Betrieb** und **Berufsschule,** verfolgen gemeinsam das Ziel, in einem geordneten Ausbildungsgang jene Fertigkeiten und Kenntnisse zu vermitteln, die für den gewählten Ausbildungsberuf im jeweiligen Berufsbild (vgl. S. 19f.) festgeschrieben sind.

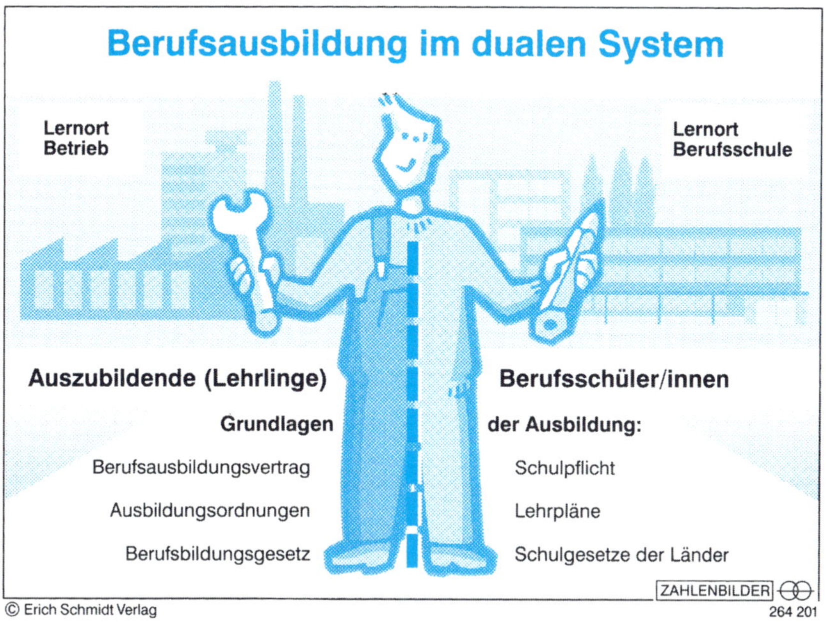

© Erich Schmidt Verlag

▶ **Berufsausbildung vor neuen Herausforderungen**

Vor allem der mit dem **Einsatz neuer Technologien** (z.B. moderne Informations- und Kommunikationsmedien, Robotereinsatz, neue Verfahrenstechniken) verbundene organisatorische Wandel stellt das Bildungs- und Beschäftigungssystem der Bundesrepublik Deutschland vor neue Aufgaben. Die sich so wandelnde Arbeitswelt bestimmt die künftigen – teils zusätzlichen, teils aber auch neuen – Anforderungen an die betrieblichen Mitarbeiter.

Neben einer **qualifizierten Berufsausbildung (Fachkompetenz)** sind als weitere Voraussetzung für eine erfolgreiche **berufliche Handlungsfähigkeit** auch **berufsübergreifende Qualifikationen** erforderlich. Diese gewinnen in Gestalt der **Sozial- und der Methodenkompetenz** zunehmend an Bedeutung.

Berufsübergreifende Qualifikationen

Sozialkompetenz

Fähigkeit zu **Kommunikation und Kooperation mit Dritten** wie z.B.
- Teamarbeit
- Kritikfähigkeit und -willigkeit
- Kommunikationsbereitschaft und -fähigkeit
- Einsatzbereitschaft in der Gruppe
- gruppenorientierte Verantwortungsübernahme
- Konfliktbewältigung in der Gruppe

Methodenkompetenz

Fähigkeit zur **selbstständigen Aneignung neuer Kenntnisse und Fertigkeiten** wie z.B.
- Denken in komplexen Zusammenhängen
- Abstraktionsvermögen
- Organisationsvermögen
- Problemerkennungs- und -lösungsfähigkeit
- Kreativität

Mit Hilfe der berufsübergreifenden Qualifikationen kann der Einzelne neben einer breit angelegten beruflichen Grundbildung dazu befähigt werden, sich auf neue Entwicklungen und Gegebenheiten in der zukünftigen Arbeitswelt einzustellen, um so auf Dauer seine berufliche Qualifikation anzupassen und zu erhalten.

1.1.1 Lernort Betrieb

Während der Berufsschule die überwiegend berufstheoretische Ausbildung übertragen wurde, obliegt dem Betrieb die vorwiegend berufspraktische Ausbildung. Dabei bilden insbesondere die **Ausbildungsordnung** (vgl. S. 19ff.) und der **Ausbildungsvertrag** (vgl. S. 22ff.), aber auch das **Berufsbildungsgesetz** (BBiG, vgl. S. 18ff.) die rechtlichen Grundlagen für eine einheitliche und ordnungsgemäße Berufsausbildung. Darüber hinaus hat der ausbildende Betrieb die Vorschriften des **Jugendarbeitsschutzgesetzes** *(JArbSchG,* vgl. S. 26f.) zu beachten, sofern der/die Auszubildende das 18. Lebensjahr noch **nicht** vollendet hat.

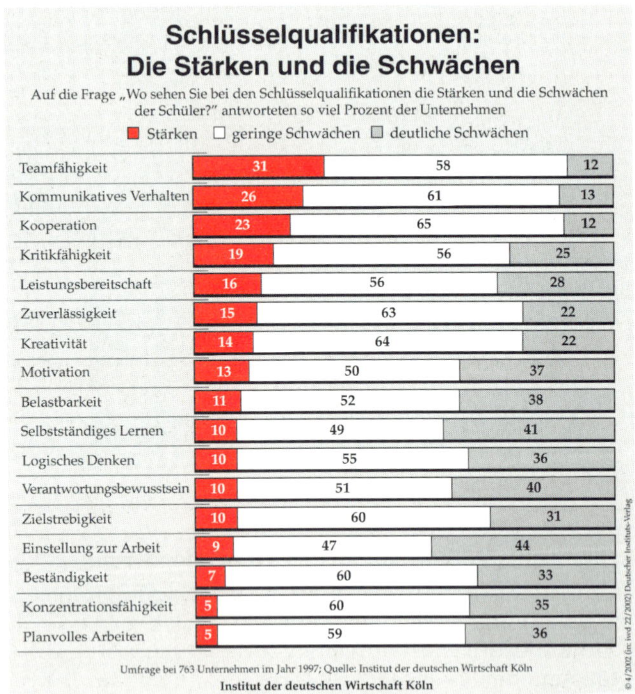

Quelle: IW Köln, Wirtschaft und Unterricht, Nr. 4, Jg. 28 vom 30. Mai 2002, S. 3

Innerhalb der betrieblichen Berufsausbildung übernehmen die berufsständischen Vertretungen, insbesondere die **Industrie- und Handelskammern,** nicht nur Verwaltungs- und Koordinationsaufgaben, sondern nehmen zugleich Aufsichts-, Schlichtungs- und Prüfungsaufgaben wahr.

1.1.2 Lernort Berufsschule

Neben allgemein bildenden Inhalten vermittelt die Berufsschule den Auszubildenden insbesondere die für die Ausübung einer qualifizierten Berufstätigkeit notwendigen fachlichen Kenntnisse und Fertigkeiten. So werden nicht nur Religionslehre, Politik, Deutsch und Sport, sondern vor allem berufsbezogene Unterrichtsfächer erteilt.

Berufliche Schulen: Für viele eine zweite Chance

Schüler, die diese Schulform im Jahr 2004 ...

	erfolgreich abgeschlossen haben	davon Schüler, die noch einen zusätzlichen allgemein bildenden Abschluss erworben haben	ohne Abschluss verlassen haben	insgesamt	Schulabgänger ohne Abschluss in Prozent aller Schüler, die diese Schulform verlassen haben
Berufsschulen im dualen System	475.744	42.980	133.410	609.154	21,9
Berufsvorbereitungsjahr	42.257	19.087	31.620	73.877	42,8
Berufsgrundbildungsjahr	26.260	10.051	12.595	38.855	32,4
Berufsaufbauschulen	503	503	202	705	28,7
Berufsfachschulen	199.369	84.884	47.220	246.589	19,1
Fachoberschulen	51.563	50.151	14.106	65.669	21,5
Fachgymnasien	30.685	30.685	4.832	35.517	13,6
Berufs-/Technische Oberschulen	6.837	6.837	2.319	9.156	25,3
Insgesamt	833.218	270.064	246.304	1.079.522	22,8

Ursprungsdaten: Statistisches Bundesamt

Institut der deutschen Wirtschaft Köln

© 2/2006 Deutscher Instituts-Verlag

Da das Berufsschulwesen aufgrund der Kulturhoheit in den Zuständigkeitsbereich der einzelnen Bundesländer fällt, unterliegt die schulische Berufsausbildung den entsprechenden Schulgesetzen der Länder (z.B. Berufsschulpflicht[1], Anrechenbarkeit des erfolgreichen Besuchs einer einjährigen Berufsfachschule bzw. des Berufsgrundschuljahres als erstes Jahr der Berufsausbildung[2]). Insbesondere die Vermittlung des berufstheoretischen Unterrichtsstoffes erfolgt auf der Grundlage von **länderspezifischen Lehrplänen.** Diese orientieren sich wiederum am bundeseinheitlichen **Rahmenlehrplan,** den die „Ständige Kultusministerkonferenz" (KMK) für den jeweiligen Ausbildungsberuf erlassen hat.

1 Unabhängig davon, wann das Ausbildungsverhältnis begonnen wird, dauert die Berufsschulpflicht grundsätzlich drei Jahre. Sie endet jedoch spätestens mit Ablauf des Schuljahres, in dem der/die Auszubildende das 21. Lebensjahr vollendet.

2 Die Anrechnung bestimmt sich nach den entsprechenden Vorschriften der jeweils zuständigen Bundesministerien.

▶ Übersicht über die Lernfelder mit Zeitrichtwerten

Lernfelder		Zeitrichtwerte in Unterrichtsstunden		
Nr.		1. Jahr	2. Jahr	3. Jahr
1	Die Berufsausbildung selbstständig mitgestalten	60		
2	Das Immobilienunternehmen repräsentieren	60		
3	Werteströme und Werte erfassen und dokumentieren	40		
4	Wohnräume vermieten	60		
5	Wohnräume verwalten und Bestände pflegen	100		
6	Gewerbliche Objekte bewirtschaften		40	
7	Grundstücke erwerben und entwickeln		60	
8	Bauprojekte entwickeln und begleiten		100	
9	Wohnungseigentum begründen und verwalten		80	
10	Immobilien vermitteln und mit Immobilien handeln			80
11	Immobilien finanzieren			60
12	Gesamtwirtschaftliche Einflüsse bei immobilienwirtschaftlichen Entscheidungen berücksichtigen			60
13	Jahresabschlussarbeiten vornehmen und Informationen zur Unternehmenssteuerung bereitstellen			80
	Summen: insgesamt 880 Stunden	**320**	**280**	**280**

Quelle: Rahmenlehrplan für den Ausbildungsberuf Immobilienkaufmann/Immobilienkauffrau vom 13. Januar 2006

▶ Teilzeit- und Blockunterricht

Der Berufsschulunterricht findet entweder als **Teilzeitunterricht** oder als **Blockunterricht** statt. Beim Teilzeitunterricht ist der/die Auszubildende den größten Teil der Woche im Betrieb und besucht in der Regel an bis zu zwei Tagen die Schule. Demgegenüber wird beim Blockunterricht der gesamte Schulunterricht in der Regel in einem Block (12 – 14 Wochen) oder zwei Blöcken (je 6 – 7 Wochen) pro Ausbildungsjahr zusammengefasst.

1.2 Berufsbildungsgesetz

Das **Berufsbildungsgesetz** *(BBiG)* sieht vor, dass Ausbildungsberufe durch Ausbildungsordnungen beschrieben werden *(§ 4 BBiG)*. Diese Ausbildungsordnungen werden – im Einvernehmen mit dem Bundesministerium für Bildung und Forschung – vom zuständigen Bundesminister erlassen, d. h. für Immobilienkaufleute vom Bundesminister für Wirtschaft und Technologie.

1.2.1 Ausbildungsordnung

Die vorgeschriebenen Mindestinhalte der „Verordnung über die Berufsausbildung zum Immobilienkaufmann/zur Immobilienkauffrau" sind wie folgt gestaltet:

- **Staatliche Anerkennung des Ausbildungsberufes**

  Der Ausbildungsberuf wird staatlich anerkannt.

- **Ausbildungsdauer**

  Die Ausbildungszeit beträgt drei Jahre. Dieser Zeitraum kann um ein halbes oder sogar ein Jahr verkürzt werden, wenn zu erwarten ist, dass der/die Auszubildende das Ausbildungsziel in der gekürzten Zeit erreichen wird *(§ 8 BBiG)*. Verkürzungen der Ausbildungszeit sind üblich, wenn der/die Auszubildende über die Hochschul- oder Fachhochschulreife verfügt bzw. wenn er/sie einen Realschulabschluss erworben hat. Der Antrag auf Verkürzung der Ausbildungszeit kann vom Auszubildenden bzw. vom ausbildenden Betrieb an die Industrie- und Handelskammer gestellt werden, die dann unter Berücksichtigung der bisherigen schulischen und berufspraktischen Leistungen entscheidet. Der erfolgreiche Besuch einer einjährigen Berufsfachschule (Handelsschule) oder des Berufsgrundschuljahres kann als erstes Jahr der Berufsausbildung angerechnet werden. Allerdings trifft diese Regelung nicht auf alle Bundesländer zu.

- **Ausbildungsberufsbild**

  Fertigkeiten und Kenntnisse, die Gegenstand der Berufsausbildung sind, werden im Berufsbild dargestellt.

Ausbildungsberufsbild (§ 4 der Ausbildungsordnung)

(1) Gegenstand der Berufsausbildung sind mindestens die folgenden Fertigkeiten, Kenntnisse und Fähigkeiten:

1. Der Ausbildungsbetrieb:
   1.1 Stellung, Rechtsform und Struktur,
   1.2 Berufsausbildung, arbeits-, sozial- und tarifrechtliche Vorschriften,
   1.3 Sicherheit und Gesundheitsschutz bei der Arbeit,
   1.4 Umweltschutz,
   1.5 Personalwirtschaft;
2. Organisation, Information und Kommunikation:
   2.1 Arbeitsorganisation,
   2.2 Informations- und Kommunikationssysteme,
   2.3 Teamarbeit und Kooperation,
   2.4 Anwenden einer Fremdsprache bei Fachaufgaben;
3. Kaufmännische Steuerung und Kontrolle:
   3.1 Betriebliches Rechnungswesen,
   3.2 Controlling,
   3.3 Steuern und Versicherungen;
4. Marktorientierung:
   4.1 Kundenorientierte Kommunikation,
   4.2 Entwicklungsstrategien, Marketing;
5. Immobilienbewirtschaftung:
   5.1 Vermietung,
   5.2 Pflege des Immobilienbestandes,
   5.3 Grundlagen des Wohnungseigentums,
   5.4 Verwaltung gewerblicher Objekte;
6. Erwerb, Veräußerung und Vermittlung von Immobilien;
7. Begleitung von Bauvorhaben:
   7.1 Baumaßnahmen,
   7.2 Finanzierung;
8. Zwei Wahlqualifikationseinheiten aus der Auswahlliste gemäß Abs. 2.

(2) Die Auswahlliste nach Abs. 1 Nr. 8 umfasst folgende Wahlqualifikationseinheiten:

1. Steuerung und Kontrolle im Unternehmen,
2. Gebäudemanagement,
3. Maklergeschäfte,
4. Bauprojektmanagement,
5. Wohnungseigentumsverwaltung.

Quelle: Verordnung über die Berufsausbildung zum Immobilienkaufmann/zur Immobilienkauffrau vom 14. Februar 2006

Prüfungsanforderungen

Nach Beendigung der Ausbildungszeit wird die **Abschlussprüfung** zum Immobilienkaufmann/zur Immobilienkauffrau vor der Industrie- und Handelskammer abgelegt. Diese Prüfung kann auch in zwei zeitlich auseinander fallenden Teilen durchgeführt werden *(§ 5 BBiG)*.

Abschlussprüfung (§ 9 der Ausbildungsordnung)

(1) Die Abschlussprüfung erstreckt sich auf die in der Anlage 1 aufgeführten Fertigkeiten, Kenntnisse und Fähigkeiten sowie auf den im Berufsschulunterricht vermittelnden Lehrstoff, soweit er für die Berufsausbildung wesentlich ist.

(2) Die Abschlussprüfung besteht aus vier Prüfungsbereichen:

1. Immobilienwirtschaft,
2. Kaufmännische Steuerung, Dokumentation,
3. Wirtschafts- und Sozialkunde,
4. Kundengespräch, Teambesprechung.

Die Prüfung ist in den Prüfungsbereichen nach den Nummern 1 bis 3 schriftlich und im Prüfungsbereich nach Nummer 4 mündlich durchzuführen.

(3) Die Anforderungen in den Prüfungsbereichen sind:

1. im Prüfungsbereich Immobilienwirtschaft:
   In höchstens 180 Minuten soll der Prüfling praxisbezogene Aufgaben oder Fälle bearbeiten und dabei zeigen, dass er Arbeitsabläufe planen und organisieren, Immobilienmärkte und Zielgruppen analysieren, immobilienbezogene und kundengerechte Dienstleistungen entwickeln, Kunden informieren, Immobilien erwerben, veräußern und vermitteln sowie Objekte bewirtschaften kann. Ferner soll er zeigen, dass er rechtliche Vorschriften beachten sowie Aspekte der Wirtschaftlichkeit, der Nachhaltigkeit und des Umweltschutzes berücksichtigen kann. Dafür

kommen insbesondere folgende Gebiete in Betracht:

a) Immobilienmärkte,
b) Immobilienbestand,
c) Immobiliengeschäfte,
d) Bauen und Finanzieren;

2. im Prüfungsbereich Kaufmännische Steuerung; Dokumentation:
In höchstens 90 Minuten soll der Prüfling praxisbezogene Aufgaben oder Fälle bearbeiten und dabei zeigen, dass er zur Vorbereitung von Entscheidungen Problemstellungen analysieren, Daten ermitteln, Kalkulationen durchführen, Kennziffern und Statistiken auswerten sowie Lösungsmöglichkeiten entwickeln und dokumentieren kann. Dafür kommen insbesondere folgende Gebiete in Betracht:
a) Investitions- und Wirtschaftlichkeitsberechnung,
b) Berichtswesen,
c) Budgetplanung und -überwachung,
d) Steuern und Versicherungen;

3. im Prüfungsbereich Wirtschafts- und Sozialkunde:
In höchstens 90 Minuten soll der Prüfling praxisbezogene Aufgaben oder Fälle bearbeiten und dabei zeigen, dass er wirtschaftliche und gesellschaftliche Zusammenhänge der Berufs- und Arbeitswelt darstellen kann;

4. im Prüfungsbereich Kundengespräch, Teambesprechung soll der Prüfling eine praxisbezogene Aufgabe bearbeiten. Gegenstand der Aufgabenstellung sind Fertigkeiten, Kenntnisse und Fähigkeiten gemäß § 4 Abs. 1 in Verbindung mit einer der gewählten Wahlqualifikationseinheiten gemäß § 4 Abs. 2. Der Prüfling wählt eine von zwei ihm zur Wahl gestellten Aufgaben aus. Die zur Wahl gestellten Aufgaben müssen dieselbe Wahlqualifikationseinheit berücksichtigen. Im Rahmen eines Kundengesprächs oder einer Teambesprechung soll der Prüfling zeigen, dass er Aufgabenstellungen erfassen und Lösungswege entwickeln und begründen kann. Ferner soll er zeigen, dass er insbesondere wirtschaftliche, rechtliche, technische und ökologische Zusammenhänge beachten sowie service-, ziel-, adressaten- und situationsbezogen kommunizieren kann. Dem Prüfling ist eine Vorbereitungszeit von höchstens 20 Minuten einzuräumen. Das Kundengespräch oder die Teambesprechung soll die Dauer von 30 Minuten nicht überschreiten.

(4) Sind die Prüfungsleistungen in bis zu zwei schriftlichen Prüfungsbereichen mit „mangelhaft" und in den übrigen schriftlichen Prüfungsbereichen mit mindestens „ausreichend" bewertet worden, so ist auf Antrag des Prüflings oder nach Ermessen des Prüfungsausschusses in einem der mit „mangelhaft" bewerteten Prüfungsbereiche die schriftliche Prüfung durch eine mündliche Prüfung von etwa 15 Minuten zu ergänzen, wenn diese für das Bestehen der Prüfung den Ausschlag geben kann. Der Prüfungsbereich ist vom Prüfling zu bestimmen. Bei der Ermittlung des Ergebnisses für diesen Prüfungsbereich sind die Ergebnisse der schriftlichen Arbeit und der mündlichen Ergänzungsprüfung im Verhältnis 2 : 1 zu gewichten.

(5) Bei der Ermittlung des Gesamtergebnisses hat der Prüfungsbereich Immobilienwirtschaft gegenüber jedem der übrigen Prüfungsbereiche das doppelte Gewicht.

(6) Zum Bestehen der Abschlussprüfung müssen im Gesamtergebnis und in mindestens zwei der in Absatz 2 Nr. 1 bis 3 genannten Prüfungsbereiche sowie im Prüfungsbereich Kundengespräch, Teambesprechung mindestens ausreichende Prüfungsleistungen erbracht werden. Werden die Prüfungsleistungen in einem Prüfungsbereich mit „ungenügend" bewertet, so ist die Prüfung nicht bestanden.

Quelle: Verordnung über die Berufsausbildung zum Immobilienkaufmann/zur Immobilienkauffrau vom 14. Februar 2006

Besteht der/die Auszubildende die Abschlussprüfung nicht, so kann er/sie diese noch zweimal wiederholen *(§ 37 BBiG)*; der Ausbildungsvertrag verlängert sich auf Antrag des/der Auszubildenden, höchstens jedoch um ein Jahr *(§ 21 BBiG)*. Sofern die Abschlussprüfung in zwei zeitlich auseinander fallenden Teilen durchgeführt wird, ist der erste Teil nicht eigenständig wiederholbar *(§ 37 BBiG)*.

1.2.2 Ausbildungsvertrag

Neben den allgemeinen Erläuterungen des Ausbildungsberufes durch die Ausbildungsordnung werden Einzelheiten der Berufsausbildung im **Berufsausbildungsvertrag** niedergelegt *(§ 10 BBiG)*. Ein solcher Vertrag wird zwischen dem Auszubildenden/der Auszubildenden und dem Ausbildenden schriftlich geschlossen *(§ 11 BBiG)*. Dazu werden die von entsprechenden Fachverlagen herausgegebenen Vertragsformulare genutzt. Ist der/die Auszubildende noch nicht volljährig (18 Jahre), müssen zusätzlich die Eltern oder gegebenenfalls der Vormund den Vertrag mit unterzeichnen, der dann bei der Industrie- und Handelskammer in das Verzeichnis der Berufsausbildungsverhältnisse eingetragen wird *(§ 36 BBiG)*. Diese Eintragung ist Voraussetzung dafür, dass der/die Auszubildende zur Abschlussprüfung vor der entsprechenden Kammer zugelassen wird *(§ 43 BBiG)*.

1.2.2.1 Mindestinhalte des Ausbildungsvertrages

Der Berufsausbildungsvertrag enthält gemäß § 11 BBiG Angaben über:

- **Art, sachliche und zeitliche Gliederung der Berufsausbildung,** insbesondere die Berufstätigkeit, für die ausgebildet werden soll.

  Der Verlauf der Ausbildung im Betrieb richtet sich nach dem Plan, den das ausbildende Unternehmen für den Auszubildenden/die Auszubildende zu erstellen hat. Dieser Ausbildungsplan, der die sachliche und zeitliche Gliederung der Berufsausbildung darstellt, soll sich nach dem jeweiligen **Ausbildungsrahmenplan** richten.

  Zur Vereinfachung geben die Industrie- und Handelskammern zusammen mit dem Berufsausbildungsvertrag einen solchen individuellen Ausbildungsplan aus. Zwei der Exemplare sind für die Vertragsparteien, das dritte Exemplar ist für die Kammer bestimmt.

  Für die Berufsausbildung zum Immobilienkaufmann/zur Immobilienkauffrau sollen die im Ausbildungsberufsbild genannten Fertigkeiten, Kenntnisse und Fähigkeiten zu folgenden Themenbereichen in sachlicher und zeitlicher Hinsicht wie folgt vermittelt werden:

Lfd. Nr.	Teil des Ausbildungs- berufsbildes	Zu vermittelnde Fertigkeiten, Kenntnisse und Fähigkeiten	Zu vermitteln im Ausbildungsjahr		
			1	2	3
1	2	3	4		
1.	Der Ausbildungsbetrieb				
1.1	Stellung, Rechtsform und Struktur	a) Aufgaben, Aufbau und Entscheidungsstrukturen des Ausbildungsbetriebes erläutern	X		
		b) Kapitalausstattung von immobilienwirtschaftlichen Unternehmen in Abhängigkeit von der Rechtsform beschreiben	X		
		c) die Zusammenarbeit des Ausbildungsbetriebes mit Wirtschaftsorganisationen, Verbänden, Gewerkschaften und Behörden beschreiben	X		
		d) Zielsetzung und Geschäftsfelder des Ausbildungsbetriebes und seine Stellung am Markt erläutern	X		
		e) Geschäftsausübung in eigenem Namen von der Geschäftsausübung im Auftrag Dritter unterscheiden	X		

1.2	Berufsbildung, arbeits-, sozial- und tarifrechtliche Vorschriften	a) Rechte und Pflichten aus dem Ausbildungsverhältnis beachten	X		
		b) den betrieblichen Ausbildungsplan mit dem Ausbildungsrahmenplan vergleichen	X		
		c) arbeits- und sozialrechtliche Bestimmungen, für das Unternehmen wichtige tarifvertragliche Regelungen, Dienst- und Betriebsvereinbarungen sowie Mitbestimmungsrechte beachten	X		
		d) wesentliche Inhalte des Arbeitsvertrages nennen	X		
		e) lebensbegleitendes Lernen als Voraussetzung für berufliche und persönliche Entwicklung nutzen, berufsbezogene Fortbildungsmöglichkeiten ermitteln		X	
1.3	Sicherheit und Gesundheitsschutz bei der Arbeit	a) Gefährdung für Sicherheit und Gesundheit am Arbeitsplatz feststellen sowie Maßnahmen zu ihrer Vermeidung ergreifen	X		
		b) berufsbezogene Arbeitsschutz- und Unfallverhütungsvorschriften anwenden	X		
		c) Verhaltensweisen bei Unfällen beschreiben sowie erste Maßnahmen einleiten	X		
		d) Vorschriften des vorbeugenden Brandschutzes anwenden; Verhaltensweisen bei Bränden beschreiben und Maßnahmen zur Brandbekämpfung ergreifen	X		
1.4	Umweltschutz	Zur Vermeidung betriebsbedingter Umweltbelastungen im beruflichen Einwirkungsbereich beitragen, insbesondere			
		a) mögliche Umweltbelastungen durch den Ausbildungsbetrieb und seinen Beitrag zum Umweltschutz an Beispielen erklären	X		
		b) für den Ausbildungsbetrieb geltende Regelungen des Umweltschutzes anwenden	X		
		c) Möglichkeiten der wirtschaftlichen und umweltschonenden Energie- und Materialverwendung nutzen	X		
		d) Abfälle vermeiden; Stoffe und Materialien einer umweltschonenden Entsorgung zuführen	X		
1.5	Personalwirtschaft	a) Personalbedarf feststellen, Personalprofile erstellen	X		
		b) Aufgaben der Personalbetreuung wahrnehmen, insbesondere Auskünfte über Entgeltabrechnungen erteilen	X		
		c) Beginn und Beendigung von Arbeitsverhältnissen vorbereiten	X		
2.	Organisation, Information und Kommunikation				
2.1	Arbeitsorganisation	a) die eigene Arbeit in Geschäftsprozesse einordnen, systematisch und qualitätsbewusst planen, durchführen und kontrollieren	X		
		b) Arbeitsprozesse dokumentieren	X		
		c) Möglichkeiten funktionaler und ergonomischer Arbeitsplatz- und Arbeitsraumgestaltung nutzen	X		
		d) Maßnahmen zur Verbesserung der Arbeitsorganisation vorschlagen		X	
		e) unternehmerisches Denken entwickeln, rechtliche Regelungen zur Aufnahme selbstständiger Tätigkeit erläutern		X	

2.2	Informations- und Kommunikationssysteme	a) Informations- und Kommunikationssysteme zur Umsetzung von Geschäftsprozessen fachbezogen anwenden	X		
		b) bei technischen Störungen Maßnahmen zu ihrer Behebung veranlassen	X		
		c) Daten pflegen und sichern	X		
		d) Vorschriften zum Datenschutz und zum Urheberrecht beachten	X		
2.3	Teamarbeit und Kooperation	a) Auswirkungen von Information, Kommunikation und Kooperation auf Betriebsklima, Arbeitsleistung und Geschäftserfolg beachten	X		
		b) Aufgaben im Team planen und bearbeiten, Ergebnisse abstimmen und auswerten		X	
		c) zur Vermeidung von Kommunikationsstörungen beitragen und Möglichkeiten der Konfliktlösung anwenden		X	
2.4	Anwenden einer Fremdsprache bei Fachaufgaben	a) fremdsprachige Fachbegriffe verwenden	X		
		b) fremdsprachige Informationen auswerten		X	
		c) fremdsprachige Auskünfte erteilen und einholen		X	

Quelle: Anlage 1 und Anlage 2 zu § 5 der Verordnung über die Berufsausbildung zum Immobilienkaufmann/zur Immobilienkauffrau vom 14. Februar 2006

► Beginn und Dauer der Berufsausbildung

Die Ausbildung beginnt mit dem im Berufsausbildungsvertrag festgelegten Zeitpunkt, in der Regel zum 1. August eines Jahres.

Gemäß Ausbildungsordnung erstreckt sich die Berufsausbildung auf einen Zeitraum von drei Jahren, wobei ggf. eine entsprechende Vor- bzw. Ausbildung des/der Auszubildenden angerechnet werden kann.

► Ausbildungsmaßnahmen außerhalb der Ausbildungsstätte

Ausbildungsmaßnahmen außerhalb der Ausbildungsstätte, die das Bildungsangebot des Lernorts Betrieb ergänzen, stellen im kaufmännischen Bereich eher die Ausnahme dar. Eine solche Verfahrensweise ist jedoch denkbar, wenn spezielle Fertigkeiten und Kenntnisse, die laut Berufsbild Gegenstand der Ausbildung sein sollen, innerhalb des ausbildenden Betriebes **nicht** vermittelt werden können.

Allerdings sind Ausbildungsmaßnahmen in benachbarten Betrieben oder überbetrieblichen Ausbildungsstätten von vornherein im Berufsausbildungsvertrag schriftlich festzulegen.

Teile der Berufsausbildung können auch im Ausland durchgeführt werden, wenn dies dem Ausbildungsziel dient *(§ 2 BBiG)*.

► Dauer der regelmäßigen täglichen Arbeitszeit

Jugendliche dürfen nach dem Jugendarbeitsschutzgesetz (vgl. S. 26 f.) nur an fünf Tagen in der Woche und mit nicht mehr als 8,5 Stunden täglich beschäftigt werden *(§§ 8, 15 JArbSchG)*.

▶ Dauer der Probezeit

Das Ausbildungsverhältnis beginnt mit der Probezeit, die mindestens einen Monat und höchstens vier Monate betragen darf *(§ 20 BBiG)*.

▶ Voraussetzungen, unter denen der Berufsausbildungsvertrag gekündigt werden kann

● Kündigung in der Probezeit

Stellt der/die Auszubildende **in der Probezeit** fest, dass er/sie die gewählte Ausbildung nicht fortführen möchte, kann er/sie als noch nicht Volljährige(r) nur mit Zustimmung seiner/ihrer Erziehungsberechtigten – allerdings ohne Angabe von Gründen – das Vertragsverhältnis kündigen.

Kommt der Ausbildende in dieser Zeit zu der Ansicht, dass der/die Auszubildende für diese Berufstätigkeit nicht geeignet erscheint, ist er ebenfalls zur Vertragsauflösung berechtigt *(§ 22 BBiG)*.

● Ordentliche Kündigung

Entscheidet sich der/die Auszubildende erst **nach der Probezeit,** die Ausbildung aufzugeben oder sich in einem anderen Beruf ausbilden zu lassen, muss er/sie eine Kündigungsfrist von vier Wochen einhalten. Ein solches „ordentliches" Kündigungsrecht hat der Ausbildende nach der Probezeit nicht mehr.

● Fristlose Kündigung

Allerdings haben sowohl der Arbeitgeber als auch der/die Auszubildende ein Recht auf „fristlose" Kündigung, wenn ein wichtiger Grund vorliegt.

● Kündigungsgründe für den Betrieb

Ständige Unpünktlichkeit des/der Auszubildenden, Fernbleiben vom Berufsschulunterricht, Diebstahl

● Kündigungsgründe für Auszubildende

Verstöße gegen die Ausbildungspflicht und gegen die Freistellung zum Besuch der Berufsschule, Nichtgewährung von Urlaub und Nichtzahlung der Ausbildungsvergütung

Darüber hinaus kann das Ausbildungsverhältnis zu jeder Zeit aufgelöst werden, wenn Betrieb und Auszubildende(r) dies gemeinsam wünschen.

▶ Zahlung und Höhe der Vergütung

Die Ausbildungsvergütung ist spätestens am letzten Arbeitstag eines Monats zu zahlen *(§ 18 BBiG)* und muss in jedem Ausbildungsjahr steigen *(§ 17 BBiG)*.

▶ Urlaub

Während Jugendlichen bis zu 18 Jahren bezahlter Erholungsurlaub nach den Bestimmungen des Jugendarbeitsschutzgesetzes zu gewähren ist, erhalten ältere Auszubildende Urlaub nach dem jeweils gültigen Ausbildungs- oder Tarifvertrag.

1.2.2.2 Rechte und Pflichten aus dem Ausbildungsvertrag

Aus dem Ausbildungsvertrag ergeben sich für beide Vertragspartner Rechte und Pflichten, deren Grundlage die §§ 14 – 19 BBiG sind.

Pflichten des/der Auszubildenden = Rechte des Ausbildenden	Pflichten des Ausbildenden = Rechte des/der Auszubildenden
● Der/die Auszubildende hat darum bemüht zu sein, Fertigkeiten und Kenntnisse zu erwerben, die zur Erreichung des Ausbildungszieles erforderlich sind. ● Sorgfältige Ausführung der aufgetragenen Tätigkeiten. ● Teilnahme an Ausbildungsmaßnahmen, insbesondere am Berufsschulunterricht. ● Führung von schriftlichen Ausbildungsnachweisen. ● Befolgen von Anweisungen des Ausbildenden. ● Beachtung der für die Ausbildungsstätte geltenden Betriebsordnung. ● Sorgfältige Behandlung der Waren und der Geschäftseinrichtung. ● Ärztliche Untersuchungen vor Beginn der Ausbildung und vor Ablauf des ersten Ausbildungsjahres.	● Vermittlung der Fertigkeiten und Kenntnisse, die zum Erreichen des Ausbildungszieles erforderlich sind. ● Der Ausbildende hat selbst auszubilden oder einen geeigneten Ausbilder zu beauftragen. ● Kostenlose Bereitstellung von Ausbildungsmitteln. ● Freistellung zum Berufsschulbesuch und zur Ablegung von Prüfungen. ● Überprüfung der schriftlichen Ausbildungsnachweise. ● Übertragung von Verrichtungen, die nur dem Ausbildungszweck dienen und die den körperlichen Kräften des/der Auszubildenden angemessen sind. ● Charakterliche Förderung und Vermeidung sittlicher und körperlicher Gefährdungen. ● Ausstellung eines Zeugnisses nach Beendigung der Ausbildung. ● Urlaubsgewährung und Zahlung von Ausbildungsvergütung.

1.3 Jugendarbeitsschutzgesetz

Neben dem Berufsbildungsgesetz gelten für Auszubildende, die das **18. Lebensjahr noch nicht vollendet haben,** die Bestimmungen des Jugendarbeitsschutzgesetzes *(JArbSchG)*. Durch dieses Gesetz erfährt dieser Personenkreis einen besonderen Schutz. Es schreibt im Einzelnen vor:

- Für die Zulassung zur Arbeit gilt im Grundsatz ein Mindestalter von 15 Jahren. Eine Beschäftigung unter 15 Jahren ist allerdings im Rahmen eines Berufsausbildungsverhältnisses gestattet *(§ 7 JArbSchG)*.
- Die Dauer der täglichen Arbeitszeit kann bis zu 8,5 Stunden betragen, die Wochenarbeitszeit ist allerdings auf 40 Stunden begrenzt. Jugendliche dürfen in der Regel nur an 5 Tagen in der Woche beschäftigt werden *(§ 8 JArbSchG)*.
- An Samstagen und Sonntagen dürfen Jugendliche normalerweise nicht beschäftigt werden. Eine Ausnahme von dem Beschäftigungsverbot gilt u. a. für „offene Verkaufsstellen", zu denen unter anderem Bäckereien zählen. Eine Beschäftigung an einem Samstag ist allerdings auch nur dann zulässig, wenn die Jugendlichen an einem berufsschulfreien Arbeitstag derselben Woche freigestellt werden.

In Betrieben mit einem Betriebsruhetag kann die Freistellung an diesem Tag erfolgen. Werden die Jugendlichen am Samstag nicht 8 Stunden beschäftigt, kann der Unterschied zwischen der tatsächlichen und der höchstzulässigen Arbeitszeit an dem Tag bis 13:00 Uhr ausgeglichen werden, an dem die Jugendlichen freizustellen sind *(§§ 16f. JArbSchG).*

- Die tägliche ununterbrochene Freizeit muss mindestens 12 Stunden betragen *(§ 13 JArbSchG).*
- Grundsätzlich erfolgt eine Beschäftigung nur in der Zeit von 06:00–20:00 Uhr *(§ 14 JArbSchG).*
- An Berufsschultagen mit einer Unterrichtszeit von mehr als 5 Unterrichtsstunden dürfen Jugendliche nicht mehr beschäftigt werden. Diese Regelung ist aber nur für einen Unterrichtstag pro Woche vorgesehen *(§ 9 JArbSchG).*
- Die Dauer des Urlaubs richtet sich nach dem Alter und beträgt:
  - bis zu 16 Jahren 30 Werktage,
  - bis zu 17 Jahren 27 Werktage,
  - bis zu 18 Jahren 25 Werktage *(§ 19 JArbSchG).*
- Jugendliche sind zur Teilnahme an Prüfungen bzw. an dem Arbeitstag, der der schriftlichen Abschlussprüfung unmittelbar vorausgeht, freizustellen *(§ 10 JArbSchG).*
- Bei einer Arbeitszeit zwischen 4,5 und 6 Stunden muss insgesamt eine 30-minütige, bei einer Arbeitszeit von mehr als 6 Stunden eine insgesamt 60-minütige Ruhepause gewährt werden. Als Ruhepause gilt nur eine Arbeitsunterbrechung von mindestens 15 Minuten *(§ 11 JArbSchG).*

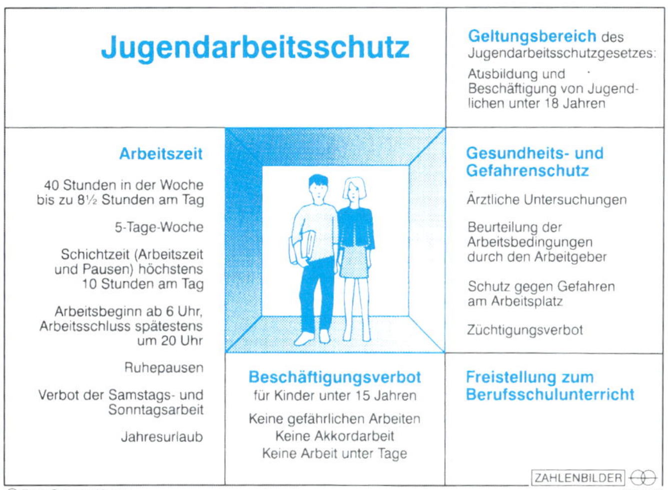

1.4 Weiterbeschäftigung nach der Ausbildung

Wird der/die Auszubildende nach Abschluss der Berufsausbildung weiterbeschäftigt, ohne dass hierüber etwas vereinbart wurde, so gilt er/sie als auf unbestimmte Zeit angestellt *(§ 24 BBiG).*

Der/die Auszubildende kann sich bereits innerhalb der letzten sechs Monate der Ausbildung verpflichten, nach erfolgreicher Abschlussprüfung ein unbefristetes Arbeitsverhältnis mit dem Ausbildungsbetrieb einzugehen *(§ 12 BBiG).* Er/sie wird damit **kaufmännischer Angestellter/kaufmännische Angestellte.**

Zusammenfassung

Ausbildungsberuf Immobilienkaufmann/Immobilienkauffrau

Berufliche Bildung im dualen Ausbildungssystem

Vermittlung von
- **Fachkompetenz**
- **berufsübergreifenden Qualifikationen**
  - Sozialkompetenz
  - Methodenkompetenz

Lernort Betrieb
berufspraktische Ausbildung

Lernort Berufsschule
berufstheoretische Ausbildung im Teilzeit- oder Blockunterricht

Berufsbildungsgesetz (BBiG)

Festlegung der Inhalte
- der Ausbildungsordnung
- des Ausbildungsvertrages

Jugendarbeitsschutzgesetz (JArbSchG)

Schutz der jugendlichen Arbeitnehmer vor
- Überbeanspruchung
- Gefahren am Arbeitsplatz

Schulgesetze der Bundesländer

- Pflicht zum Besuch der Berufsschule
- Anrechenbarkeit einer Vor- bzw. Ausbildung

länderspezifischer Lehrplan

Festlegung der schulischen Inhalte

Ausbildungsordnung
- staatliche Anerkennung des Ausbildungsberufes
- Ausbildungsdauer
- Ausbildungsberufsbild
- Prüfungsanforderungen

Ausbildungsvertrag
- Gliederung der Berufsausbildung
- Beginn und Dauer der Berufsausbildung
- Ausbildungsmaßnahmen außerhalb der Ausbildungsstätte
- Arbeitszeit
- Probezeit
- Kündigung
- Vergütung
- Urlaub
- Rechte und Pflichten des/der Auszubildenden und des Ausbildenden

mit bestandener Abschlussprüfung:
Immobilienkaufmann/Immobilienkauffrau

Aufgaben

(1) *Skizzieren Sie die Aufgaben der beiden Lernorte Betrieb und Berufsschule innerhalb des dualen Ausbildungssystems!*

(2) *Grenzen Sie die Fachkompetenz gegenüber der Sozialkompetenz ab und nennen Sie je drei Beispiele!*

(3) *Warum wird in der Berufsausbildung den berufsübergreifenden Qualifikationen ein immer größerer Stellenwert zugeschrieben? Begründen Sie Ihre Meinung!*

(4) *Nennen Sie die wesentlichen Rechtsgrundlagen für die Berufsausbildung im dualen Ausbildungssystem und stellen Sie deren Bedeutung dar!*

(5) *Welche Mindestinhalte sieht die Ausbildungsordnung für Ihren Ausbildungsberuf vor?*

(6) *Welchen Zweck erfüllt die im Ausbildungsvertrag vereinbarte Probezeit?*

(7) *Welche Kündigungsmöglichkeiten bestehen während bzw. nach der Probezeit auf Seiten des/der Auszubildenden bzw. des ausbildenden Betriebes?*

(8) *Erläutern Sie an Beispielen die Rechte und Pflichten des/der Auszubildenden!*

(9) *Eine Auszubildende entschließt sich im fünften Monat ihrer Ausbildung, sich für einen anderen Beruf ausbilden zu lassen. Ist eine Kündigung möglich und wenn ja, mit welcher Frist?*

(10) *Die nebenstehende Grafik stellt das Ergebnis einer Befragung von Betrieben durch das Institut der deutschen Wirtschaft in Köln dar, das die Forderungen der Ausbilder und Personalleiter zur Verbesserung des Berufsbildungssystems widerspiegelt.*

Diskutieren Sie die Ergebnisse dieser Befragung aus Ihrer Sicht als Auszubildende(r)!

(11) *Welche Bestimmungen sieht das Jugendarbeitsschutzgesetz für folgende Fälle vor:*

a) Berufsschulunterricht an 2 Wochentagen mit jeweils sechs Stunden. Muss danach noch im Betrieb gearbeitet werden?

b) Eine Auszubildende hat am Samstag Dienst.

2 Grundlagen des Arbeitsrechts

Das Arbeitsrecht regelt die rechtlichen Beziehungen zwischen Arbeitgeber und Arbeitnehmer. Inhaltlich wird das deutsche Arbeitsrecht, das keine einheitliche gesetzliche Regelung kennt, vor allem sowohl durch **staatlich festgelegte Rechtsnormen** des privaten und des öffentlichen Rechts als auch durch die **eigenverantwortlich** - also ohne staatliche Einflussnahme - auf freiwilliger Basis **geschaffenen Regelungen** (Tarifverträge, Betriebsvereinbarungen, Einzelarbeitsvertrag) ausgestaltet.

So besitzen aus dem Bereich des privaten Rechts die allgemeinen Bestimmungen des BGB zum Dienstvertrag *(§§ 611 ff. BGB)*, die grundsätzlich auch für Dienstverträge mit abhängig Beschäftigten - also für Arbeitsverträge - gelten, Gültigkeit. Arbeitsschutzrechtliche Vorschriften wie das Arbeitszeitgesetz oder die Gewerbeordnung (vgl. S. 37 f.) zählen demgegenüber zum öffentlichen Recht. Neben dem Staat in seiner Rolle als Gesetzgeber wird der arbeitsrechtliche Rahmen auch durch die Tarifvertragsparteien (Sozialpartner - vgl. S. 48 f.), durch die Interessenvertretung der Arbeitnehmer gegenüber dem Arbeitgeber (Betriebs- bzw. Personalrat - vgl. S. 42 ff.) und durch Arbeitgeber und Arbeitnehmer als Parteien des Einzelarbeitsvertrages (vgl. S. 32) geprägt.

In dieser Gesamtheit aller Rechtsquellen (Pyramidenaufbau des deutschen Arbeitsrechts vgl. S. 31) kommt der in den Betriebsablauf eingegliederte Arbeitnehmer seiner Verpflichtung zur Arbeitsleistung nach, die der Arbeitgeber unter Beachtung gesetzlich, tariflich, betriebsverfassungsrechtlich und vertraglich zulässiger Weisungen konkretisiert. Die **Rechtsprechung der Arbeitsgerichtsbarkeit** - insbesondere die des Bundesarbeitsgerichtes - ergänzt das geschriebene Recht der Arbeit, wenn Streitigkeiten aus Arbeits-, Tarifverträgen oder der Betriebsverfassung gütlich beigelegt oder mit einem Urteil abgeschlossen werden.

In den zahlreichen arbeitsrechtlichen Einzelvorschriften dokumentiert sich vor allem der geschichtlich gewachsene **Arbeitnehmerschutzgedanke:** In Ausübung seiner Erwerbstätigkeit soll der Arbeitnehmer sowohl unter technischen, medizinischen, hygienischen und räumlichen Gesichtspunkten als auch unter sozialen, zeitlichen, rechtlichen und organisatorischen Aspekten gesundheitlich nicht beeinträchtigt, gefährdet oder geschädigt werden. Darüber hinaus trägt das Arbeitsrecht auch zur Sicherung der materiellen Existenzgrundlage der Beschäftigten bei.

Insbesondere folgende Vorschriften spiegeln diese rechtliche Zielsetzung deutlich wider:

- Gesetz über technische Arbeitsmittel (Gerätesicherheitsgesetz);
- Gewerbeordnung;
- Kündigungsschutzgesetz;
- Arbeitszeitgesetz;
- Gesetz zum Schutz der erwerbstätigen Mutter (Mutterschutzgesetz);
- Gesetz über die Zahlung des Arbeitsentgelts an Feiertagen und im Krankheitsfall (Entgeltfortzahlungsgesetz).

Pyramidenaufbau des deutschen Arbeitsrechts

Das deutsche Arbeitsrecht kennt keine einheitliche Regelung. Es gelten vielmehr zahlreiche Einzelvorschriften (Gesetze und Verordnungen), die die Rechtsbeziehungen zwischen Arbeitgeber und Arbeitnehmer konkretisieren.

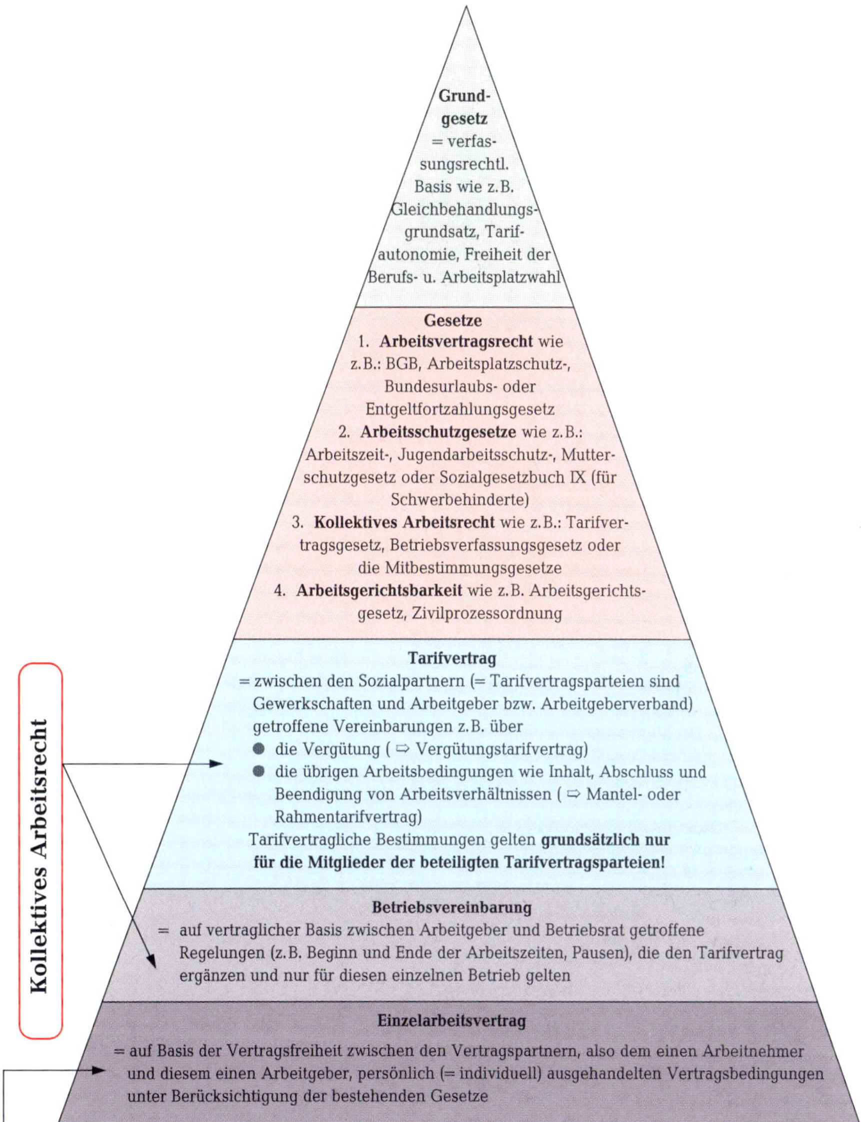

Im Arbeitsrecht gilt das **Günstigkeitsprinzip,** d.h., Vereinbarungen dürften die im ranghöheren Recht geregelten Mindestbedingungen **nicht unterschreiten,** wohl aber zugunsten des Arbeitnehmers **überschreiten!**

2.1 Arbeitsvertrag

Bei der Einstellung eines neuen Mitarbeiters/einer neuen Mitarbeiterin wird zwischen diesem/dieser und dem Arbeitgeber ein **Arbeitsvertrag** geschlossen. Dieser Einzelarbeitsvertrag regelt die Arbeitsbedingungen zwischen diesem Arbeitgeber und diesem Arbeitnehmer.

> **Einzelarbeitsvertrag:** Einzelner Arbeitgeber mit einzelnem Arbeitnehmer, z. B. Wiena-Immobilien GmbH mit der Kauffrau in der Grundstücks- und Wohnungswirtschaft Bärbel Klein.

Die Inhalte von Arbeitsverträgen werden allerdings nur selten zwischen dem einzelnen Arbeitnehmer und Arbeitgeber ausgehandelt. In der Regel bilden die zwischen den Sozialpartnern ausgehandelten Tarifverträge, die die Vertragsinhalte für eine Vielzahl von Beschäftigten festlegen, die rechtliche Grundlage des Arbeitsverhältnisses.

> **Tarifvertrag als Grundlage des Arbeitsverhältnisses:** Arbeitgeber mit Gewerkschaft z. B. Hauptverband der Deutschen Bauindustrie e. V. mit IG-Bauen-Agrar-Umwelt.

Das Arbeitsverhältnis zwischen dem Arbeitgeber und seinen Mitarbeitern/Mitarbeiterinnen wird nicht nur durch den Arbeitsvertrag bzw. die ihm zugrunde liegenden Tarifverträge geregelt, sondern zusätzlich durch eine Reihe besonderer arbeitsrechtlicher Bestimmungen.

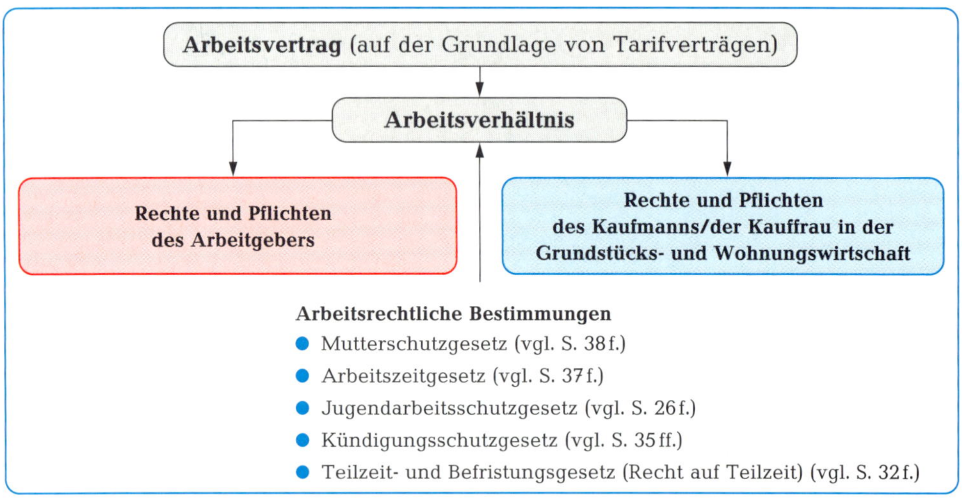

2.2 Recht auf Teilzeit

Beschäftigte in Unternehmen mit mehr als 15 Mitarbeitern haben nach sechsmonatiger Betriebszugehörigkeit das Recht, ihre tarifvertraglich festgelegte Arbeitszeit (etwa 37,5 Wochenstunden) zu verringern, **also in Teilzeit zu arbeiten.**

Der Mitarbeiter muss den Antrag auf Teilzeitarbeit drei Monate vor dem geplanten Beginn stellen. Das Unternehmen kann den Antrag nur ablehnen, wenn durch die Teilzeitarbeit Organisation, Arbeitsabläufe oder die Arbeitssicherheit im Betrieb wesentlich beeinträchtigt würden.

Über den Antrag auf Teilzeitarbeit muss innerhalb von zwei Monaten schriftlich entschieden werden. Geschieht dies nicht, reduziert sich die Arbeitszeit gemäß des Wunsches des Arbeitnehmers.

Wird der Wunsch auf Teilzeittätigkeit abgelehnt, kann das zuständige Arbeitsgericht die Rechtmäßigkeit der Verweigerung des Arbeitgebers prüfen.

Will ein Teilzeitbeschäftigter die Arbeitszeit später wieder verlängern, muss das Unternehmen ihn bevorzugt berücksichtigen, falls ein geeigneter Arbeitsplatz zur Verfügung steht. Ansonsten kann auch dieser Anspruch beim Arbeitsgericht eingeklagt werden.

Jeder Dritte will kürzer treten: 34 Prozent der Vollzeit-Arbeitnehmer würden gern ihre Arbeitszeit reduzieren. Ihnen hilft das Gesetz zur Förderung der Teilzeitarbeit. Beschäftigte in Betrieben mit mehr als 15 Mitarbeitern können von ihrem Arbeitgeber verlangen, auf einen Teilzeitarbeitsplatz zu wechseln. Das Gesetz der rot-grünen Bundesregierung setzt zunächst auf gütliche Einigung: Im Gespräch sollen beide Seiten nach einem Arbeitsmodell suchen, das alle Anforderungen und Bedürfnisse berücksichtigt. In der Grafik finden Arbeitgeber und Arbeitnehmerin solch eine Lösung. Sollte das Gespräch jedoch scheitern und will der Arbeitnehmer dennoch seinen Teilzeitwunsch durchsetzen, dann müssen im Extremfall die Arbeitsgerichte entscheiden. Kernbegriff bei diesen Auseinandersetzungen werden die „betrieblichen Gründe" sein. Betriebliche Gründe, die gegen Teilzeit sprechen, können die Organisation und der Ablauf der Arbeit sein. Sie liegen auch vor, wenn die Sicherheit beeinträchtigt wird oder unverhältnismäßig hohe Kosten entstehen. Dann kann der Arbeitgeber den Teilzeitwunsch ablehnen.

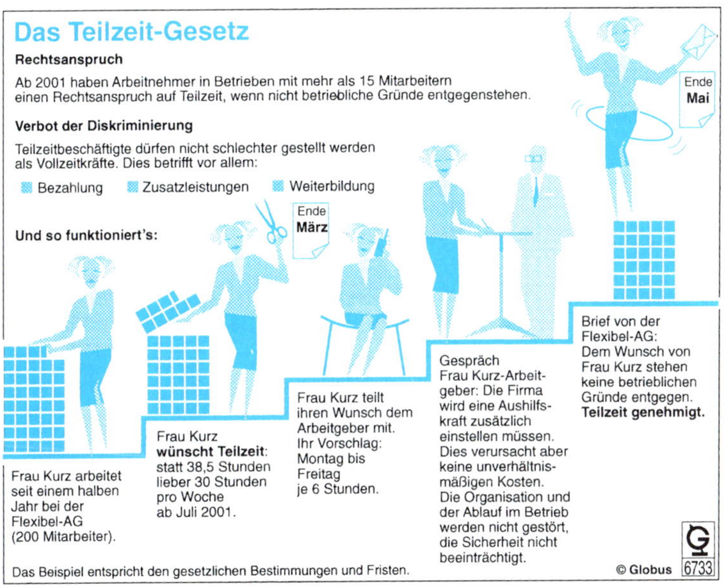

2.3 Beendigung von Arbeitsverhältnissen

2.3.1 Kündigung *(§§ 622 f., 626 BGB)*

In der Regel sind Arbeitsverhältnisse auf Dauer angelegt, also **unbefristet.** Zu ihrer Beendigung ist deshalb eine **schriftliche Kündigung** notwendig, die sowohl vom Arbeitgeber als auch vom Arbeitnehmer – auch gegen den Willen des Betroffenen – ausgesprochen werden kann. Nur in bestimmten Ausnahmefällen (bei zeitlich befristeten Arbeitsverhält-

3 Siekerkötter/Fehn - ISBN 978-3-8120-0065-9

nissen[1]) ist eine Kündigung nicht erforderlich. Allerdings muss schon beim Abschluss des Vertrages ein sachlicher Grund für die Befristung (z.B. Vertretung eines erkrankten Arbeitnehmers) vorgelegen haben. Ein solches für eine bestimmte Zeit eingegangenes **befristetes Arbeitsverhältnis** endet mit Ablauf der vereinbarten Zeit, ohne dass eine Kündigung erforderlich ist.

Somit bedarf es zur Beendigung eines unbefristeten Arbeitsverhältnisses immer entweder einer **ordentlichen Kündigung** oder einer **außerordentlichen Kündigung.** Im Gegensatz zur außerordentlichen Kündigung, bei der das Arbeitsverhältnis mit sofortiger Wirkung (fristlos) aufgelöst wird, endet das Arbeitsverhältnis bei einer ordentlichen Kündigung erst nach Ablauf der Kündigungsfrist.

▶ Ordentliche Kündigung

● Gesetzliche Kündigung

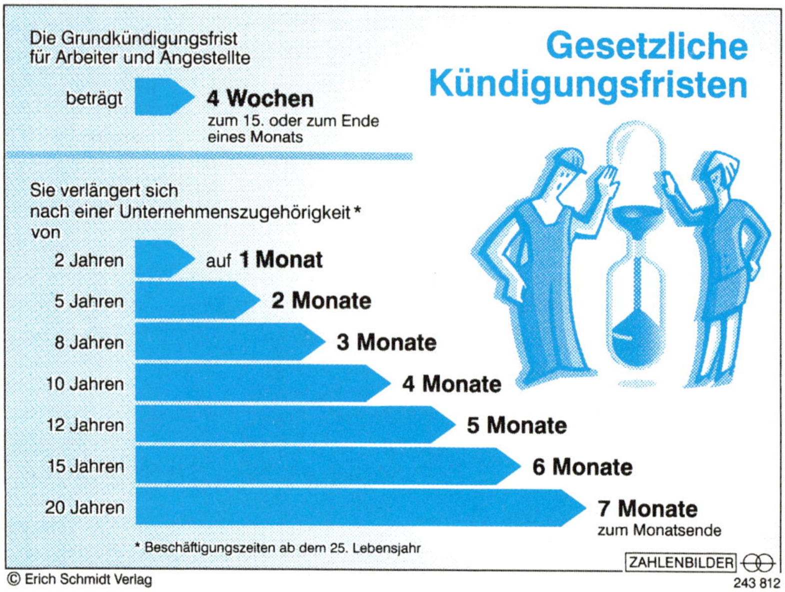

© Erich Schmidt Verlag

Die gesetzliche **Grundkündigungsfrist** beträgt für alle Arbeitnehmer vier Wochen zum Fünfzehnten oder zum Ende eines Kalendermonats *(§ 622 I BGB).* Damit ist es bei einer **Betriebszugehörigkeit von unter zwei Jahren** grundsätzlich möglich, ein unbefristetes Arbeitsverhältnis nach Ablauf der Probezeit vier Wochen nach dem Zugang der Kündigung zu beenden.

Beabsichtigt ein Arbeitgeber, einem Arbeitnehmer ordentlich zu kündigen, gelten einseitig **verlängerte Kündigungsfristen.** Je nach Dauer der Betriebszugehörigkeit ist die Kündigung, die jeweils zum Monatsende erfolgen muss, unter Einhaltung einer Frist von einem Monat (nach zweijähriger Betriebszugehörigkeit) bis zu sieben Monaten (nach 20-jähriger Betriebszugehörigkeit) möglich. Bei der Berechnung der Betriebszugehörigkeit werden Beschäftigungszeiten vor Vollendung des 25. Lebensjahres jedoch **nicht** berücksichtigt *(§ 622 II BGB).*

1 Befristete Arbeitsverhältnisse können für die Dauer von maximal 24 Monaten abgeschlossen werden. Diese Arbeitsverhältnisse sind – ohne spezielle Begründungen – **nur** für Neueinstellungen zulässig.

- **Vertragliche Kündigung**

  Einzelvertraglich kann zwischen Arbeitgeber und Arbeitnehmer eine kürzere als die o.g. Grundkündigungsfrist nur vereinbart werden,

  - wenn ein Arbeitnehmer zur vorübergehenden Aushilfe (bis zu einer Dauer von drei Monaten) eingestellt ist,
  - wenn der Arbeitgeber in der Regel nicht mehr als zwanzig Arbeitnehmer (ausschließlich Auszubildender) beschäftigt und die Kündigungsfrist vier Wochen nicht unterschreitet *(§ 622 V BGB)*.

▶ **Fristlose Kündigung** *(außerordentliche Kündigung)*

Ohne Einhaltung einer Kündigungsfrist (fristlos) kann das Arbeitsverhältnis von jedem Vertragspartner nur aus einem **wichtigen Grund** aufgelöst werden.

- **Kündigungsgründe für den Arbeitgeber:** Betrug, Diebstahl, Tätlichkeiten, wiederholte Trunkenheit am Arbeitsplatz, häufiges Zuspätkommen
- **Kündigungsgründe für den Arbeitnehmer:** Keine Gehaltszahlungen, keine Urlaubsgewährung, Verletzung der Fürsorgepflicht

Eine fristlose Kündigung muss jedoch spätestens innerhalb von zwei Wochen nach Bekanntwerden des Kündigungsgrundes erfolgt sein *(§ 626 II BGB)*.

2.3.2 Kündigungsschutz

Während die Regelungen des Arbeitsschutzrechtes (vgl. S. 37 ff.) die Mitarbeiter vor Schäden an Leben und Gesundheit bewahren sollen, dienen die Kündigungsschutzbestimmungen – ähnlich wie das Tarifvertragsrecht – eher der materiellen Sicherung der Arbeitnehmer.

▶ **Allgemeiner Kündigungsschutz**

Arbeitnehmer, die mindestens sechs Monate dem Unternehmen angehören, sind gegen eine ordentliche Kündigung, die **sozial ungerechtfertigt** ist, geschützt *(§ 1 KSchG)*.[1] Eine ordentliche Kündigung wird nur dann wirksam, wenn sie durch Gründe gerechtfertigt werden kann:

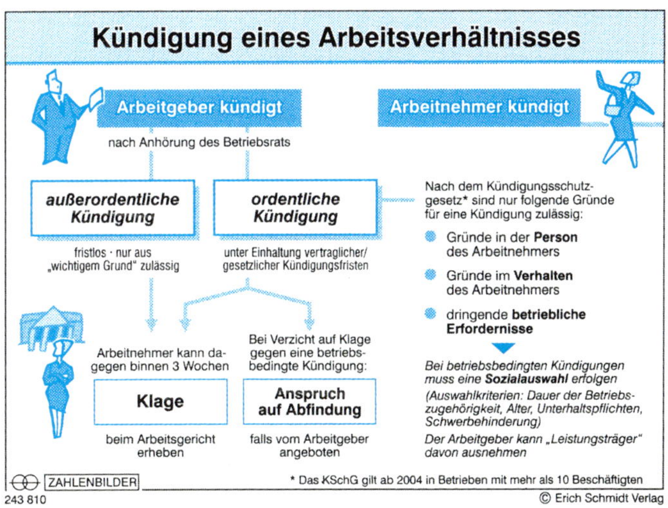

- die **in der Person des Arbeitnehmers** liegen (krankheits-

1 Die Vorschriften des KSchG zum allgemeinen Kündigungsschutz *(§§ 1 – 14 KSchG)* gelten für Neueinstellungen in Betrieben und Verwaltungen des privaten und öffentlichen Rechts, in denen regelmäßig mehr als zehn Arbeitnehmer – Auszubildende ausgenommen – beschäftigt werden *(§ 23 I KSchG)*.

oder altersbedingtes Nachlassen von Fähigkeiten, die für die Tätigkeit wesentlich sind; Fehlen oder Wegfallen der Arbeitserlaubnis);

- die **im Verhalten des Arbeitnehmers** begründet sind (Arbeitsverweigerung; andauernd schlechte Arbeitsleistung);
- die sich **aus betrieblichen Erfordernissen** ergeben (Personalverringerung infolge Umsatzrückganges).

Bei der Kündigung aus **betrieblichen Gründen** muss allerdings hinzukommen, dass der Arbeitgeber bei der Auswahl der zu kündigenden Mitarbeiter soziale Gesichtspunkte in ausreichendem Maß berücksichtigt hat. Es muss zunächst denjenigen Arbeitnehmern gekündigt werden, die von dieser Maßnahme am wenigsten „hart getroffen" sind.

Infolge eines drastischen Umsatzrückganges sieht sich eine Bauträger und Immobilien Handelsgesellschaft gezwungen, von ihren Mitarbeitern zehn zu entlassen. Damit die ordentliche Kündigung aus dringenden betrieblichen Erfordernissen überhaupt rechtswirksam werden kann, muss der Arbeitgeber unter Beachtung der Dauer der Betriebszugehörigkeit, des Lebensalters, eventueller Unterhaltsverpflichtungen und einer Schwerbehinderung seine Auswahl unter den Beschäftigten treffen. In die **Sozialauswahl** sind solche Arbeitnehmer nicht einzubeziehen, deren Weiterbeschäftigung wegen ihrer Kenntnisse, Fähigkeiten und Leistungen oder zur Sicherung einer ausgewogenen Personalstruktur im betrieblichen Interesse liegt.

Würde in diesem Betrieb ein Betriebsrat bestehen, müsste dieser vor der Kündigung angehört worden sein. Ferner hätte der Arbeitgeber die Gründe für die Kündigung mitzuteilen. Die fehlende bzw. nicht ordnungsgemäße Anhörung des Betriebsrates würde zur **Unwirksamkeit** der Kündigung führen *(§ 102 I BetrVG)*. Würde darüber hinaus der Arbeitnehmer die Kündigung für sozial ungerechtfertigt halten, könnte er innerhalb einer Woche Einspruch beim Betriebsrat einlegen, der versuchen würde, eine Einigung mit dem Arbeitgeber herbeizuführen *(§ 3 KSchG)*.

Hält ein Arbeitnehmer eine ordentliche Kündigung für sozial ungerechtfertigt und will er seinen Anspruch auf Beibehaltung des Arbeitsverhältnisses wahren, muss er innerhalb einer Frist von drei Wochen nach Zugang der Kündigung **Kündigungsschutzklage** beim Arbeitsgericht erheben *(§ 4 KSchG)*. Erhebt der Arbeitnehmer bis zum Ablauf der Frist keine Kündigungsschutzklage, hat er mit dem Ablauf der Kündigungsfrist Anspruch auf eine Abfindung, wenn der Arbeitgeber in der Kündigungserklärung auf diesen Anspruch hingewiesen hat. Die Höhe dieser Abfindung beträgt 0,5 Monatsgehälter für jedes Beschäftigungsjahr bei diesem Arbeitgeber *(§ 1 a KSchG)*.

▶ Besonderer Kündigungsschutz

Neben dem allgemeinen Kündigungsschutz unterliegen **bestimmte Arbeitnehmergruppen,** die als besonders schutzbedürftig gelten, zusätzlichen Beschränkungen bei ordentlichen Kündigungen durch den Arbeitgeber:

- **Mitglieder eines Betriebsrats, einer Jugend- und Auszubildendenvertretung oder einer Personalvertretung** sind bis zu einem Jahr nach Ablauf ihrer Amtszeit nicht kündbar *(§ 15 I und II KSchG)*.
- **Auszubildenden** kann nach Ablauf der Probezeit nicht mehr ordentlich gekündigt werden *(§ 22 BBiG)*.
- **Wehrpflichtige** genießen vom Zeitpunkt der Einberufung bis zur Ableistung des Wehrdienstes Kündigungsschutz *(§ 1 ArbPlSchG)*. Gleiches gilt für Soldaten auf Zeit, wenn ihre Dienstzeit nicht mehr als 2 Jahre beträgt *(§ 16a ArbPlSchG)*.

- **Schwerbehinderte** können nur dann vom Arbeitgeber gekündigt werden, wenn die vorherige Zustimmung des Integrationsamtes vorliegt *(§ 85 SGB-IX)*.
- **Schwangere Frauen** und **Mütter** genießen Kündigungsschutz während der Schwangerschaft und bis zum Ablauf von 4 Monaten nach der Entbindung *(§ 9 I MuSchG)*. Die Schutzfrist erweitert sich um die Dauer der Elternzeit (Erziehungsurlaub)[1] *(§ 18 I BErzGG)*.

2.4 Arbeitsschutzrechte

Die gesetzlichen Bestimmungen zum Arbeitsschutz umfassen alle Maßnahmen, die den Arbeitnehmer in Ausübung seiner Erwerbstätigkeit vor Schäden an Leben und Gesundheit bewahren sollen. Die Einhaltung der Arbeitsschutzvorschriften wird durch die **Ämter für Arbeitsschutz und Sicherheitstechnik** sowie die **Berufsgenossenschaften** überwacht.

Zum Rechtsbereich des Arbeitsschutzes zählen u. a. folgende wesentliche gesetzliche Vorschriften:

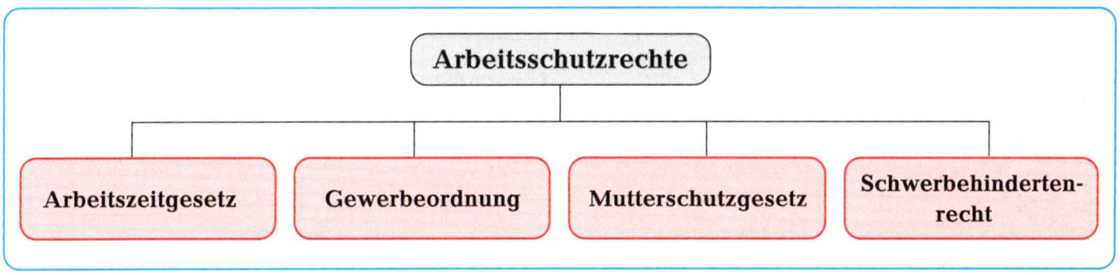

2.4.1 Arbeitszeitgesetz *(§§ 1–26 ArbZG)*

Das Arbeitszeitgesetz zielt vor allem darauf ab, die Sicherheit und den Gesundheitsschutz der Arbeitnehmer – im Sinne dieses Gesetzes verstanden als Arbeiter und Angestellte sowie die zu ihrer Berufsbildung Beschäftigten *(§ 2 II ArbZG)* – bei der Arbeitszeitgestaltung zu gewährleisten und die Rahmenbedingungen für flexible Arbeitszeiten zu verbessern *(§ 1 I ArbZG)*.

Die werktägliche Arbeitszeit darf acht Stunden (ohne Ruhepausen) nicht überschreiten. Eine Verlängerung auf bis zu zehn Stunden ist möglich, wenn innerhalb von sechs Kalendermonaten oder innerhalb von 24 Wochen im Durchschnitt acht Stunden werktäglich nicht überschritten werden *(§ 3 ArbZG)*. Nach Beendigung der täglichen Arbeitszeit müssen Arbeiter, Angestellte und Auszubildende eine ununterbrochene Ruhezeit von mindestens 11 Stunden haben *(§ 5 I ArbZG)*. Die Arbeit ist durch im Voraus festgesetzte Ruhepausen zu unterbrechen, die in Zeitabschnitte von jeweils mindestens 15 Minuten aufgeteilt werden können. Je nach Dauer der Arbeitszeit betragen diese Ruhepausen insgesamt mindestens 30 Minuten (Arbeitszeit von mehr als sechs bis zu neun Stunden) bzw. 45 Minuten (Arbeitszeit von mehr als neun Stunden) *(§ 4 ArbZG)*.

---

1 Arbeitnehmer haben Anspruch auf Elternzeit bis zur Vollendung des dritten Lebensjahres eines Kindes *(§ 15 I BErzGG)*.

Nacht- und Schichtarbeit ist für Frauen und Männer ebenfalls auf acht Stunden begrenzt. Sie kann auf bis zu zehn Stunden verlängert werden, wenn innerhalb eines Kalendermonats oder innerhalb von vier Wochen im Durchschnitt acht Stunden werktäglich nicht überschritten werden *(§ 6 II ArbZG)*.

2.4.2 Gewerbeordnung *(§§ 102 a – 120 f GewO)*

▶ **Aufgaben**

Die Gewerbeordnung verpflichtet die Unternehmer, Arbeitsräume, Betriebsvorrichtungen, Maschinen und Geräte so einzurichten und zu unterhalten, dass ein gefahrloser Arbeitsbetrieb möglich ist und die Arbeitnehmer gegen Gesundheitsrisiken geschützt sind. Insbesondere ist für ausreichend Licht und Belüftung zu sorgen. Ferner sind Umkleide-, Wasch- und Toilettenräume sowie Gemeinschaftsunterkünfte bereitzustellen.

▶ **Sonn- und Feiertagsarbeit**

In der Gewerbeordnung ist die Regelung der Sonn- und Feiertagsarbeit enthalten. Sie gilt für alle gewerblichen Arbeitnehmer einschließlich der Personen, die im Handelsgewerbe beschäftigt sind. Die Arbeit an Sonn- und Feiertagen ist nach dieser Bestimmung grundsätzlich verboten. Allerdings gibt es zahlreiche Ausnahmen wie z. B. Arbeiten in Notfällen oder die Bewachung von Betriebsanlagen.

2.4.3 Mutterschutzgesetz *(§§ 1 – 9 MuSchG)*

Zum Schutz der im Erwerbsleben stehenden Frau hinsichtlich der Belastung bei einer Schwangerschaft hat der Gesetzgeber im Mutterschutzgesetz einen besonderen **Gesundheits- und Kündigungsschutz** sowie die Sicherung der materiellen Leistungen geregelt. Für werdende oder stillende Mütter ist der Arbeitsplatz im Hinblick auf ihre besonderen Belange entsprechend zu gestalten. So sind z. B. Sitzgelegenheiten und Möglichkeiten kurzer Arbeitsunterbrechungen einzurichten *(§ 2 MuSchG)*. Es erfolgt eine Befreiung von der Arbeit 6 Wochen vor der Entbindung *(§ 3 MuSchG)* bis 8 Wochen nach der Entbindung *(§ 6 MuSchG)*. Verkürzt sich bei einer vorzeitigen Geburt die 6-wöchige Schutzfrist, so verlängert sich die 8-wöchige Schutzfrist nach der Entbindung um den Zeitraum, der vor der Niederkunft nicht in Anspruch genommen werden konnte. Während der Schwangerschaft und bis zu vier Monaten nach der Geburt besteht für die Mutter ein Kündigungsschutz *(§ 9 I MuSchG)*. An diese Schutzfristen kann sich die Elternzeit (Erziehungsurlaub) anschließen, die – gerechnet von der Geburt – nach 36 Monaten endet *(§ 15 I BErzGG)*.

▶ **Mutterschaftsgeld**

Die in einem Arbeitsverhältnis stehende Mutter erhält für den Zeitraum der Schutzfristen - also sechs Wochen vor bis acht Wochen nach der Entbindung - von der Krankenkasse ein Mutterschaftsgeld von höchstens 13 EUR pro Kalendertag (also je nach Länge des Monats maximal 403 EUR). Die Differenz zwischen diesem Betrag und dem vollen Nettoarbeitsentgelt ist für diese Zeit vom Arbeitgeber zu entrichten.

▶ **Erziehungsgeld nach dem Bundeserziehungsgeldgesetz** *(BErzGG)*

Für Kinder ab dem Geburtsjahr 2004 wird auf schriftlichen Antrag hin für 24 Monate ein Erziehungsgeld gezahlt, und zwar in Höhe von 300 EUR monatlich (Regelbetrag). Während das Erziehungsgeld in den ersten sechs Lebensmonaten des Kindes gemindert wird, wenn das Einkommen der Ehegatten 30000 EUR (Alleinerziehende 23000 EUR) übersteigt, wird das Erziehungsgeld vom Beginn des siebten Lebensmonats an bereits gemindert, wenn die Ehegatten ein Einkommen von mehr als 16500 EUR (Alleinerziehende 13500 EUR) beziehen.

Eltern, die sich für eine verkürzte Bezugszeit von 12 Monaten entscheiden, erhalten monatlich 450 EUR (Budgetangebot). Kein Anspruch auf dieses Budget haben Ehegatten, deren Einkommen 22086 EUR (Alleinerziehende 19086 EUR) überschreitet.

2.4.4 Schwerbehindertenrecht *(SGB-IX)*

▶ **Vorschriften zur Beschäftigung von Schwerbehinderten**

Rechtsgrundlage für den **Schutz schwerbehinderter Arbeitnehmer** ist das neunte Buch des Sozialgesetzbuches. Schwerbehinderte sind Personen, die infolge körperlicher, geistiger oder seelischer Erkrankung in ihrer Erwerbsfähigkeit nicht nur vorübergehend um mindestens 50% gemindert sind *(§ 2 SGB-IX)*. Das Gesetz legt den privaten und öffentlichen Arbeitgebern, die über mindestens 20 Arbeitsplätze verfügen, die Verpflichtung auf, Schwerbehinderte auf wenigstens 5% der Arbeitsplätze zu beschäftigen *(§ 71 SGB-IX)*. Innerhalb dieses Pflichtsatzes sind besonders schwerbehinderte Arbeitnehmer sowie Schwerbehinderte, die das 50. Lebensjahr vollendet haben, in einem angemessenen Anteil zu beschäftigen *(§ 72 SGB-IX)*.

Bei der **Besetzung freier Arbeitsstellen** sind die Arbeitgeber verpflichtet zu prüfen, ob Schwerbehinderte beschäftigt werden können; gegebenenfalls sind Bewerbungen mit der Vertrauensperson[1] der Schwerbehinderten zu erörtern. Schwerbehinderte Arbeitnehmer sind ihren Fähigkeiten und Kenntnissen entsprechend zu beschäftigen. Zudem sind besondere Sicherheitsvorkehrungen zu treffen *(§ 81 SGB-IX)*. Die Kündigung des Arbeitsverhältnisses eines Schwerbehinderten bedarf der vorherigen Zustimmung des Integrationsamtes *(§ 85 SGB-IX)*.

▶ **Zahlung einer Ausgleichsabgabe**

Wer als Arbeitgeber die vorgeschriebene Zahl Schwerbehinderter nicht beschäftigt, hat für jeden unbesetzten Pflichtplatz eine Ausgleichsabgabe in Höhe von mindestens 105 EUR je Monat zu zahlen. Der Arbeitgeber kann sich durch diese Zahlungen nicht von der Verpflichtung befreien, Schwerbehinderte einzustellen *(§ 72 SGB-IX)*.

---

1 In Betrieben mit wenigstens fünf schwerbehinderten Menschen werden eine Vertrauensperson und ein Stellvertreter gewählt *(§ 94 SGB-IX)*.

Zusammenfassung

Grundlagen des Arbeitsrechts

Rechtsrahmen

Gesetze und einzelvertragliche Vorschriften (Tarifverträge, Einzelarbeitsverträge, Betriebsvereinbarungen) regeln die rechtlichen Beziehungen zwischen Arbeitgebern und Arbeitnehmern.

Recht auf Teilzeit

Tarifliche Arbeitnehmer besitzen einen Rechtsanspruch auf verringerte Arbeitszeit, wenn nicht betriebliche Gründe entgegenstehen.

Beendigung von Arbeitsverhältnissen

- **Kündigung**

ordentliche Kündigung	außerordentliche Kündigung
unter Einhaltung gesetzlicher bzw. vertraglicher Fristen - gesetzliche Kündigung: 4 Wochen zum Fünfzehnten oder zum Monatsende - gesetzlich verlängerte Kündigung: je nach Dauer der Betriebszugehörigkeit bis zu 7 Monaten zum Monatsende - vertragliche Kündigung: mindestens 1 Monat	fristlos aus wichtigem Grunde, spätestens 14 Tage nach Bekanntwerden des Kündigungsgrundes

- **Kündigungsschutzbestimmungen**

allgemeiner Kündigungsschutz	besonderer Kündigungsschutz
Schutz gegen sozial ungerechtfertigte Kündigungen 1. bei ordentlicher Kündigung durch den Arbeitgeber, 2. bei Beschäftigung von mindestens elf Arbeitnehmern, 3. bei sechsmonatigem Bestehen eines Arbeitsverhältnisses	für bestimmte Arbeitnehmergruppen wie Betriebsratsmitglieder, Jugendvertreter, Personalräte, Auszubildende, Wehrpflichtige, Schwerbehinderte, Schwangere und Mütter

Arbeitsschutzrechte

Rechtsbereich	Betroffene	wichtige Inhalte
Arbeitszeitgesetz	Arbeitgeber und Arbeitnehmer (Arbeiter, Angestellte und Auszubildende)	- gewährleistet über die Arbeitszeitgestaltung vor allem die Sicherheit und den Gesundheitsschutz - verbessert die Rahmenbedingungen für flexible Arbeitszeiten

Rechtsbereich	Betroffene	Wichtige Inhalte
Gewerbeordnung	Arbeitgeber und Arbeitnehmer in Gewerbebetrieben	- sichere Arbeitsplatzgestaltung - Regelung von Sonn- und Feiertagsarbeit
Mutterschutzgesetz	Arbeitgeber, bei denen Frauen in einem Arbeitsverhältnis stehen	- Arbeitsbefreiung vor und nach der Entbindung - Mutterschaftsurlaub - Kündigungsschutz
Schwerbehindertenrecht	Arbeitgeber, die Schwerbehinderte bzw. über 20 Arbeitnehmer beschäftigen	- Pflicht zur Beschäftigung - Zahlung einer Ausgleichsabgabe - sinnvoller Einsatz von Schwerbehinderten

Aufgaben

2

(1) Wodurch unterscheidet sich der Einzelarbeitsvertrag von einem Arbeitsvertrag, dem ein Tarifvertrag zugrunde liegt?

(2) Welche gesetzliche Kündigungsfrist gemäß BGB gilt jeweils, wenn der Arbeitgeber eines Unternehmens mit derzeit 53 Arbeitern und Angestellten überlegt, ob er den drei nachfolgend genannten Beschäftigten ordentlich kündigen sollte? Gehen Sie dabei von der Annahme aus, dass die Kündigungsfristen in den jeweiligen Arbeitsverträgen nicht geregelt worden sind! Benutzen Sie zur Lösung dieser Aufgabe auch die Grafik „Gesetzliche Kündigungsfristen" (vgl. S. 34).

a) Barbara Lopat, 52 Jahre, seit 16 Jahren und 2 Monaten in diesem Unternehmen beschäftigt

b) Werner Smolinski, 32 Jahre, seit 7 Jahren in diesem Unternehmen beschäftigt

c) Mehmed Özkan, 24 Jahre, seit 6 Jahren und 1 Monat in diesem Unternehmen beschäftigt.

(3) Zu welchem Zeitpunkt würde das Arbeitsverhältnis von Werner Smolinski (vgl. Aufgabe 2) frühestens enden,

a) wenn der Angestellte die ordentliche Kündigung am 22. August des Jahres ausspricht?

b) wenn der Arbeitgeber nach vorausgegangener Abmahnung wegen erneuter Trunkenheit am Arbeitsplatz in einem letzten Gespräch mit dem Betroffenen am 13. Juli des Jahres die außerordentliche Kündigung ausspricht?

c) wenn der Arbeitgeber die ordentliche Kündigung am 15. August des Jahres ausspricht?

(4) Beschreiben Sie an einem selbst gewählten Beispiel, wann eine Kündigung aus „sozialen Gründen" ungerechtfertigt sein könnte!

(5) Erläutern Sie den Kündigungsschutz, indem Sie die wichtigsten Bestimmungen des allgemeinen Kündigungsschutzes denen des besonderen Kündigungsschutzes gegenüberstellen!

(6) Was versteht man unter einer Kündigungsschutzklage?

(7) Welche Bedeutung haben die Arbeitsschutzrechte für den einzelnen Arbeitnehmer?

(8) Wer überwacht die Einhaltung der Arbeitsschutzbestimmungen?

2.5 Interessenvertretung der Mitarbeiter im Betrieb

Arbeitnehmer sollen die Möglichkeit haben, sich an betrieblichen Entscheidungen zu beteiligen, um gemeinsam ihre besonderen Interessen gegenüber den Arbeitgebern wahrnehmen zu können. Mit den Bestimmungen der **Personalvertretungsgesetze** (vgl. S. 46 f.) – und zwar dem Bundespersonalvertretungsgesetz und den Personalvertretungsgesetzen der Länder – und dem **Betriebsverfassungsgesetz** trägt der Gesetzgeber diesem Grundanliegen Rechnung, indem er Arbeitnehmern über die zu bildenden Gremien (Personal- oder Betriebsrat) und Ausschüsse (Jugend- und Auszubildendenvertretung) **bestimmte Beteiligungsrechte** ermöglicht. Diese erstrecken sich insbesondere auf **soziale** (z. B. Beginn und Ende der täglichen Arbeitszeit und Pausen, Lohngestaltung, Gesundheitsschutz), **personelle** (z. B. bei Einstellungen, Versetzungen und Kündigungen) und **wirtschaftliche Angelegenheiten** (z. B. Rationalisierungsvorhaben, Stilllegung von Betrieben oder Betriebsteilen bzw. Auflösung oder Zusammenlegung von Dienststellen).

2.5.1 Betriebsverfassungsgesetz 1972

Das Betriebsverfassungsgesetz 1972 *(BetrVG 1972)* stellt die gesetzliche Grundlage für die Interessenvertretung der Arbeitnehmer an Entscheidungen in solchen **Betrieben dar, die in privatrechtlicher Trägerschaft stehen** (z. B. Einzelunternehmen, OHG oder GmbH).

2.5.1.1 Betriebsrat

▶ **Grundinformationen über den Betriebsrat**

Der Betriebsrat, der die von den Mitarbeitern eines Betriebes gewählte Vertretung der Arbeitnehmer gegenüber dem Arbeitgeber darstellt, kann für Betriebe mit mindestens fünf wahlberechtigten Arbeitnehmern, von denen drei wählbar sein müssen, gebildet werden. Dies gilt auch für gemeinsame Betriebe mehrerer Unternehmen *(§ 1 I BetrVG)*.

Ein gemeinsamer Betrieb mehrerer Unternehmen wird vermutet, wenn

- zur Verfolgung arbeitstechnischer Zwecke die Betriebsmittel sowie die Arbeitnehmer von den Unternehmen gemeinsam eingesetzt werden oder

- die Spaltung eines Unternehmens zur Folge hat, dass von einem Betrieb ein oder mehrere Betriebsteile einem an der Spaltung beteiligten anderen Unternehmen zugeordnet werden, ohne dass sich dabei die Organisation des betroffenen Betriebs wesentlich ändert *(§ 1 II BetrVG).*

▶ **Arbeitnehmerbegriff** *(§ 5 BetrVG)*

Arbeitnehmer (Arbeitnehmerinnen und Arbeitnehmer) im Sinne des Betriebsverfassungsgesetzes sind Arbeiter und Angestellte einschließlich der zu ihrer Berufsausbildung Beschäftigten, unabhängig davon, ob sie im Betrieb, im Außendienst oder mit Telearbeit beschäftigt werden. In Heimarbeit Tätige, die in der Hauptsache für den Betrieb arbeiten, gelten ebenfalls als Arbeitnehmer *(§ 5 I BetrVG).* Leitende Angestellte zählen jedoch **nicht** dazu *(§ 5 III BetrVG).*

▶ **Wahl und Zusammensetzung des Betriebsrates** *(§§ 7–20 BetrVG)*

Alle Arbeitnehmer, die das 18. Lebensjahr vollendet haben, sind wahlberechtigt. Wählbar sind alle wahlberechtigten Arbeitnehmer, die dem Betrieb mindestens sechs Monate angehören.

Die Größe des Betriebsrates *(§ 9 BetrVG)* richtet sich dabei

- in Betrieben mit bis zu 51 wahlberechtigten Arbeitnehmern ausschließlich nach der **Zahl der Wahlberechtigten;**
- in Betrieben mit über 51 wahlberechtigten Arbeitnehmern – unabhängig davon, ob die Wahlberechtigung gegeben ist oder nicht – **nach der Zahl aller beschäftigten Arbeitnehmer.**

Der Betriebsrat, der in geheimer und unmittelbarer Wahl gewählt wird *(§ 14 I BetrVG),* soll sich möglichst sowohl aus Arbeitnehmern der einzelnen Organisationsbereiche als auch aus den verschiedenen Beschäftigungsarten der im Betrieb tätigen Arbeitnehmer zusammensetzen *(§ 15 I BetrVG).* Besteht ein Betriebsrat aus mindestens drei Mitgliedern, muss das Geschlecht, das in der Belegschaft in der Minderheit ist, mindestens entsprechend seinem zahlenmäßigen Verhältnis im Betriebsrat vertreten sein *(§ 15 II BetrVG).*

▶ **Amtszeit des Betriebsrates** *(§§ 21–25 BetrVG)*

Der in geheimer und unmittelbarer Wahl gewählte Betriebsrat bleibt vier Jahre im Amt.

▶ **Schutz der Betriebsratsmitglieder** *(§ 38 BetrVG, § 15 KSchG)*

In Betrieben mit mehr als 200 Arbeitnehmern muss eine bestimmte Zahl von Betriebsratsmitgliedern von der Arbeitsleistung freigestellt werden. Die ordentliche Kündigung eines Mitgliedes des Betriebsrates ist bis zu einem Jahr nach Beendigung seines Amtes unzulässig.

▶ **Zusammenarbeit zwischen Betriebsrat und Arbeitgeber**

- **Regelmäßige Betriebsversammlung** *(§§ 42 ff. BetrVG)*

  Der Betriebsrat hat in jedem Kalendervierteljahr eine Betriebsversammlung für alle Arbeitnehmer einzuberufen, zu der auch Vertreter der Arbeitgeberseite eingeladen werden. Mindestens einmal jährlich wird hier vom Arbeitgeber über:

  - das Personal- und Sozialwesen (einschließlich des Stands der Gleichstellung von Frauen und Männern im Betrieb sowie der Integration der im Betrieb Beschäftigten ausländischen Arbeitnehmer),

- die wirtschaftliche Lage und Entwicklung des Betriebes und
- den betrieblichen Umweltschutz

berichtet, sofern dadurch nicht Betriebs- oder Geschäftsgeheimnisse gefährdet werden *(§ 43 II BetrVG)*.

- **Einigungsstelle** *(§ 76 BetrVG)*

  Zur Beilegung von Meinungsverschiedenheiten zwischen Arbeitgeber und Betriebsrat ist bei Bedarf eine Einigungsstelle einzurichten. Durch Betriebsvereinbarungen kann eine ständige Einigungsstelle eingerichtet werden. Sie setzt sich aus einer gleichen Anzahl von Arbeitgeber- und Arbeitnehmervertretern (paritätische Besetzung) und einem unparteiischen Vorsitzenden, auf dessen Person sich beide Seiten einigen müssen, zusammen. Die in der Einigungsstelle getroffenen Übereinkünfte werden schriftlich in Form von **Betriebsvereinbarungen** niedergelegt.

▶ **Beteiligungsrechte des Betriebsrates**

- **Allgemeine Aufgaben** *(§ 80 BetrVG)*

  Der Betriebsrat hat folgende allgemeine Aufgaben zu erfüllen:

  - **Überwachung** der Durchführung der zu Gunsten der Arbeitnehmer geltenden Gesetze, Verordnungen, Unfallverhütungsvorschriften, Tarifverträge und Betriebsvereinbarungen;
  - **Förderung** der Belange von Jugendlichen und Auszubildenden, Schwerbehinderten, älteren und ausländischen Arbeitnehmern.

- **Rechte des Betriebsrates** *(§§ 81 ff. BetrVG)*

  - **Mitbestimmung:** Die Wirksamkeit bestimmter betrieblicher Maßnahmen ist von der **Zustimmung** des Betriebsrates abhängig. Verweigert der Betriebsrat die Zustimmung, entscheidet die Einigungsstelle.

    > Arbeitszeitregelungen, Urlaubspläne, Ausschreibung von Arbeitsplätzen im Betrieb, Durchführung betrieblicher Berufsbildungsmaßnahmen

  - **Mitwirkung:** Bei anderen betrieblichen Maßnahmen hat der Betriebsrat ein **Widerspruchsrecht** (gegen einen solchen Widerspruch kann der Arbeitgeber vor dem Arbeitsgericht klagen).

    > Kündigung von Arbeitnehmern, Einstellung oder Versetzung von Mitarbeitern

  - **Information und Beratung:** Der Betriebsrat wird über Maßnahmen **unterrichtet** bzw. er **berät** oder **verhandelt** mit dem Arbeitgeber.

    > Personalplanung, Berufsbildungsfragen, Rationalisierungsvorhaben, Einschränkung oder Stilllegung des Betriebes oder von Teilen des Betriebes

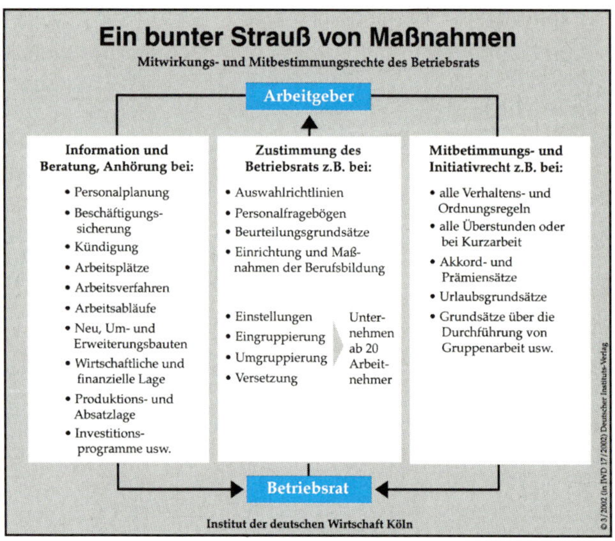

2.5.1.2 Jugend- und Auszubildendenvertretung *(§§ 60ff. BetrVG)*

Wahl und Zusammensetzung der Jugend- und Auszubildendenvertretung

Neben dem Betriebsrat kann es eine gesonderte Jugend- und Auszubildendenvertretung geben, wenn mindestens fünf Arbeitnehmer beschäftigt werden,

- die unter 18 Jahre sind (jugendliche Arbeitnehmer) **oder**
- die zu ihrer Berufsausbildung beschäftigt sind **und** das 25. Lebensjahr noch nicht vollendet haben *(§ 60 I BetrVG)*.

Darüber hinaus muss der Betrieb bereits über einen Betriebsrat verfügen, da dieser die Wahl der Jugend- und Auszubildendenvertretung vorzubereiten und durchzuführen hat *(§ 80 I Nr. 5 BetrVG)*. Wahlberechtigt sind alle jugendlichen Arbeitnehmer und Auszubildende, die das 25. Lebensjahr noch nicht vollendet haben. Wählbar sind alle Mitarbeiter, die das 25. Lebensjahr noch nicht vollendet haben *(§ 61 II BetrVG)*. Jugend- und Auszubildendenvertreter werden für zwei Jahre gewählt, ihre Anzahl richtet sich nach der Zahl der im Betrieb tätigen Jugendlichen und Auszubildenden *(§ 62 I BetrVG)*.

Die Jugend- und Auszubildendenvertretung, die in geheimer und unmittelbarer Wahl gewählt wird *(§ 63 I BetrVG)*, soll sich möglichst aus Vertretern der verschiedenen Beschäftigungsarten und Ausbildungsberufe der im Betrieb tätigen jugendlichen Arbeitnehmer und Auszubildenden zusammensetzen *(§ 62 II BetrVG)*. Besteht eine Jugend- und Auszubildendenvertretung aus mindestens drei Mitgliedern, muss das Geschlecht, das unter den in § 60 I genannten Arbeitnehmern in der Minderheit ist, mindestens entsprechend seinem zahlenmäßigen Verhältnis im Ausschuss vertreten sein *(§ 62 III BetrVG)*.

Rechte der Jugend- und Auszubildendenvertretung

Die Jugend- und Auszubildendenvertretung kann zu allen Betriebsratssitzungen einen Vertreter entsenden. Bei Tagesordnungspunkten, die besonders jugendliche Arbeitnehmer und Auszubildende betreffen, hat die gesamte Jugend- und Auszubildendenvertretung Teilnahme- und Stimmrecht.

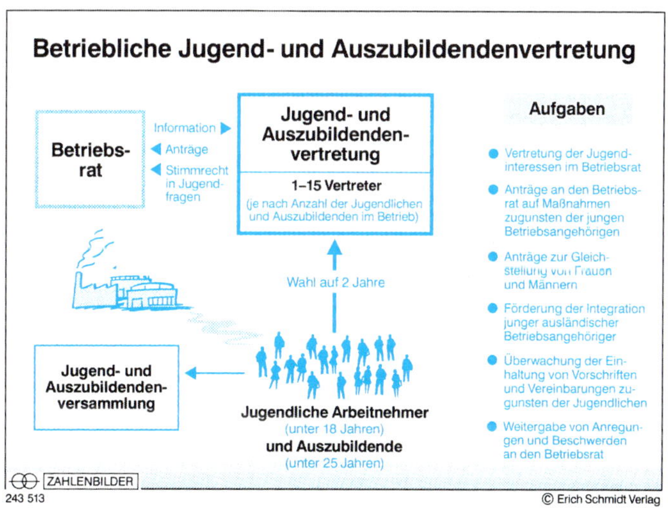

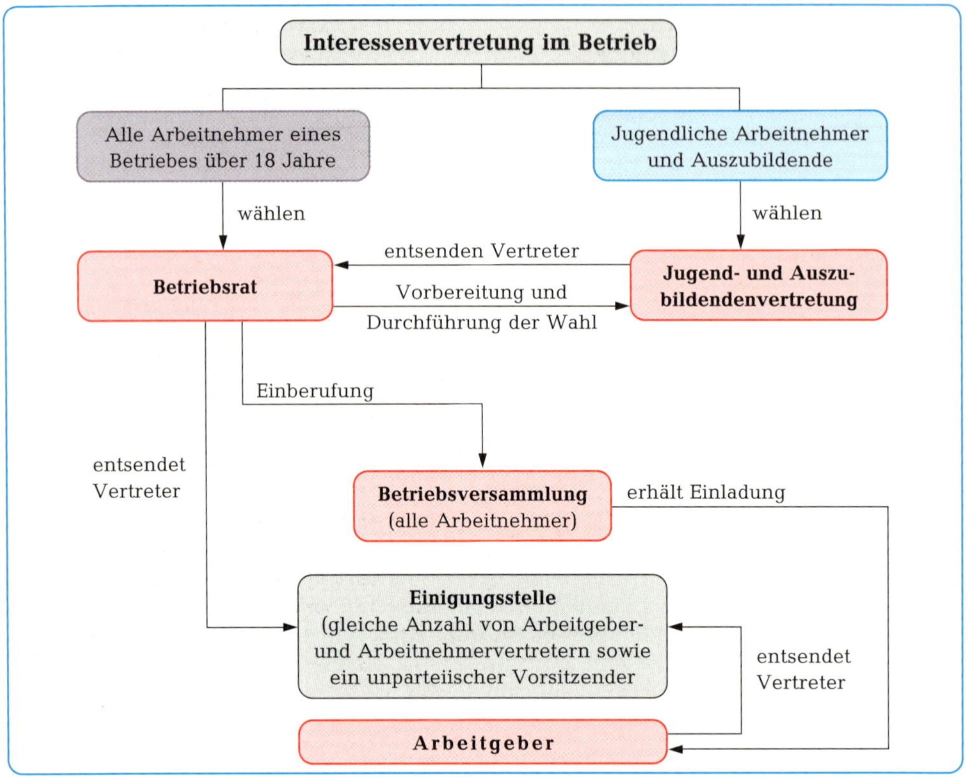

2.5.2 Personalvertretungsgesetze

Die für **Verwaltungen und Betriebe der öffentlichen Hand** in den Personalvertretungsgesetzen (Bundespersonalvertretungsgesetz und den Personalvertretungsgesetzen der Länder) festgelegten Bestimmungen (z.B. hinsichtlich Bildung, Wahl, Zusammensetzung, Stärke, Amtszeit und Geschäftsführung des Personalrates sowie dessen Beteiligungsrechte, Aufgaben der Jugend- und Auszubildendenvertretung) ähneln jenen Regelungen, die das Betriebsverfassungsgesetz 1972 für die in privatrechtlichen Betrieben zu bildenden Gremien und Ausschüssen (vgl. S. 42ff.) vorschreibt.

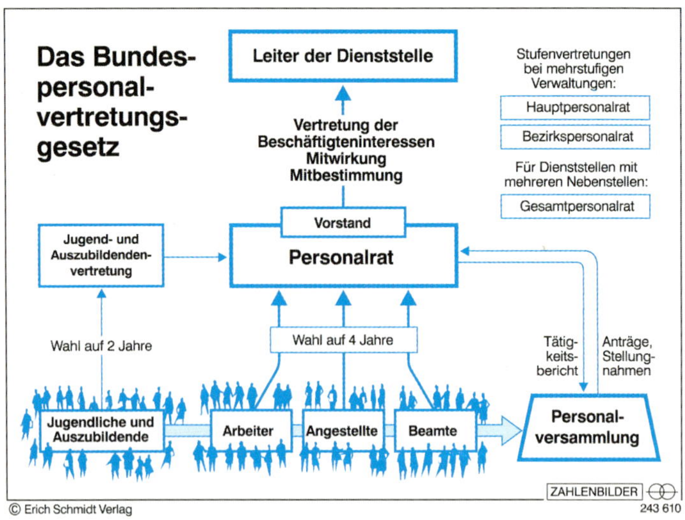

Auszug aus dem Bundespersonalvertretungsgesetz	Auszug aus dem Betriebsverfassungsgesetz 1972
§ 12 [Bildung von Personalvertretungen] (1) In allen Dienststellen, die in der Regel mindestens fünf Wahlberechtigte beschäftigen, von denen drei wählbar sind, werden Personalräte gebildet.	**§ 1 Errichtung von Betriebsräten.** In Betrieben mit in der Regel mindestens fünf ständig wahlberechtigten Arbeitnehmern, von denen drei wählbar sind, werden Betriebsräte gebildet.
§ 13 [Aktives Wahlrecht] (1) Wahlberechtigt sind alle Beschäftigten, die am Wahltage das 18. Lebensjahr vollendet haben ...	**§ 7 Wahlberechtigung.** Wahlberechtigt sind alle Arbeitnehmer, die das 18. Lebensjahr vollendet haben.
§ 19 [Wahlgrundsätze] (1) Der Personalrat wird in geheimer und unmittelbarer Wahl gewählt.	**§ 14 Wahlvorschriften.** Der Betriebsrat wird in geheimer und unmittelbarer Wahl gewählt.
§ 32 [Bildung des Vorstandes] (1) Der Personalrat bildet aus seiner Mitte den Vorstand. Diesem muss ein Mitglied jeder im Personalrat vertretenen Gruppe angehören. Die Vertreter jeder Gruppe wählen das auf sie entfallende Vorstandsmitglied. Der Vorstand führt die laufenden Geschäfte.	**§ 26 Vorsitzender.** (1) Der Betriebsrat wählt aus seiner Mitte den Vorsitzenden und dessen Stellvertreter.
§ 33 [Erweiterter Vorstand] (1) Hat der Personalrat elf oder mehr Mitglieder, so wählt er aus seiner Mitte mit einfacher Stimmenmehrheit zwei weitere Mitglieder in den Vorstand. Sind Mitglieder des Personalrates aus Wahlvorschlagslisten mit verschiedenen Bezeichnungen gewählt worden und sind im Vorstand Mitglieder aus derjenigen Liste nicht vertreten, die die zweitgrößte Anzahl, mindestens jedoch ein Drittel aller Angehörigen der Dienststelle abgegebenen Stimmen erhalten hat, so ist eines der weiteren Vorstandsmitglieder aus dieser Liste zu wählen.	**§ 27 Betriebsausschuss.** (1) Hat ein Betriebsrat neun oder mehr Mitglieder, so bildet er einen Betriebsausschuss. Der Betriebsausschuss besteht aus dem Vorsitzenden des Betriebsrats, dessen Stellvertreter und bei Betriebsräten mit 9 bis 15 Mitgliedern aus 3 weiteren Ausschussmitgliedern, 17 bis 23 Mitgliedern aus 5 weiteren Ausschussmitgliedern, 25 bis 35 Mitgliedern aus 7 weiteren Ausschussmitgliedern, 37 oder mehr Mitgliedern aus 9 weiteren Ausschussmitgliedern. Die weiteren Ausschussmitglieder werden vom Betriebsrat aus seiner Mitte in geheimer Wahl und nach den Grundsätzen der Verhältniswahl gewählt.
§ 2 [Zusammenwirken von Dienststellen, Personalvertretungen, Gewerkschaften und Arbeitgebervereinigungen] (1) Dienststelle und Personalvertretung arbeiten unter Beachtung der Gesetze und Tarifverträge vertrauensvoll und im Zusammenwirken mit den in der Dienststelle vertretenen Gewerkschaften und Arbeitgebervereinigungen zum Wohle der Beschäftigten und zur Erfüllung der der Dienststelle obliegenden Aufgaben zusammen.	**§ 2 Stellung der Gewerkschaften und Vereinigungen der Arbeitgeber.** (1) Arbeitgeber und Betriebsrat arbeiten unter Beachtung der geltenden Tarifverträge vertrauensvoll und im Zusammenwirken mit den im Betrieb vertretenen Gewerkschaften und Arbeitgebervereinigungen zum Wohl der Arbeitnehmer und des Betriebs zusammen.

2.6 Sozialpartner und Tarifvertrag

2.6.1 Tarifvertragsparteien

Bei der Einstellung eines neuen Mitarbeiters werden nur in einzelnen Fällen die Arbeitsbedingungen zwischen Arbeitgeber und Arbeitnehmer gesondert geregelt (vgl. S. 32). Im Allgemeinen gelten die zwischen den Tarifvertragsparteien ausgehandelten Tarifverträge als Grundlage des Arbeitsverhältnisses für eine Vielzahl von Arbeitgebern und Arbeitnehmern. Tarifvertragsparteien **(Sozialpartner)** sind Gewerkschaften, einzelne Arbeitgeber sowie Vereinigungen von Arbeitgebern.

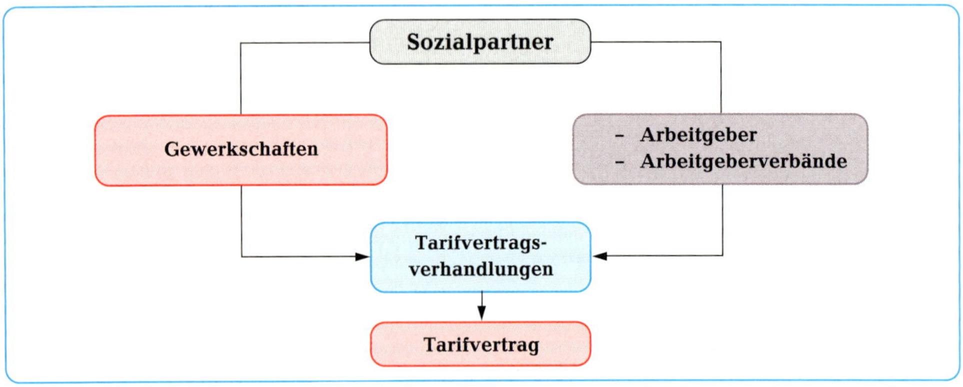

▶ Dachorganisationen der deutschen Gewerkschaften

Innerhalb der Dachorganisationen der deutschen Gewerkschaften kommt dem **Deutschen Gewerkschaftsbund (DGB)** mit seinen 8 Einzelgewerkschaften eine herausragende Bedeutung zu.

> Immobilienkaufleute werden Mitglied der Gewerkschaft ver.di sein.

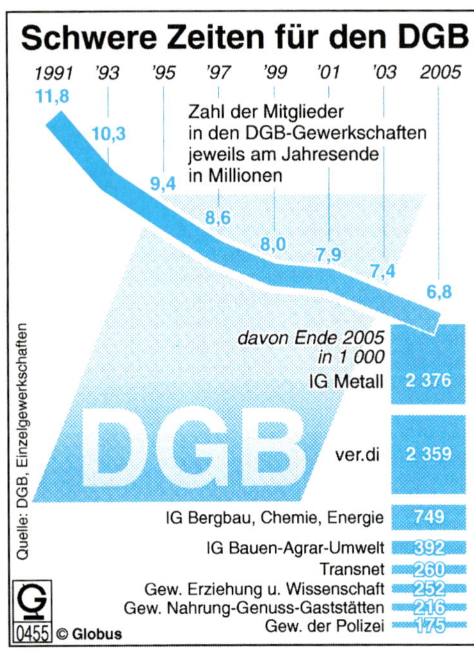

▶ Bundesvereinigung der Deutschen Arbeitgeberverbände

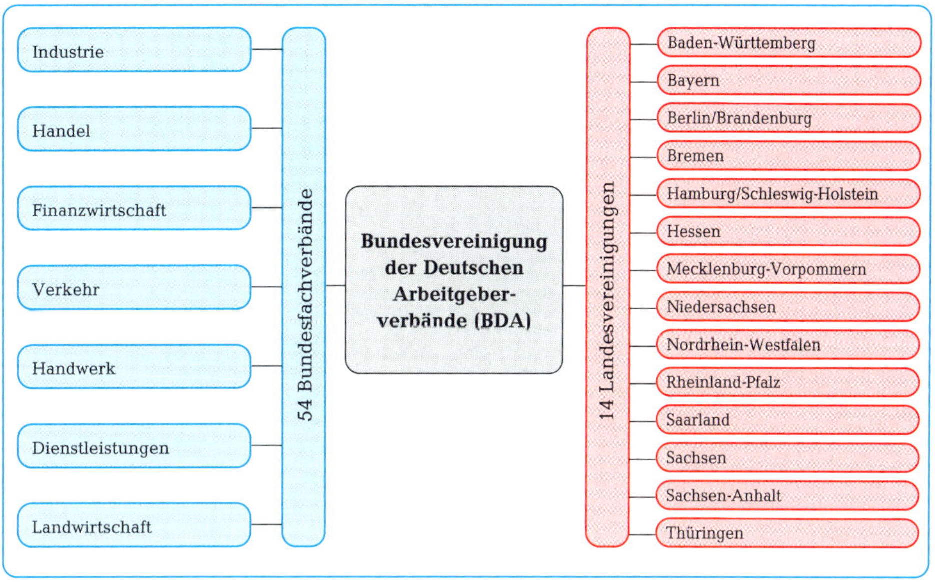

Spitzenorganisation der Arbeitgeberverbände ist die **Bundesvereinigung der Deutschen Arbeitgeberverbände (BDA).** Sie ist sowohl fachlich (in Bundesfachverbände) als auch regional (in Landesvereinigungen) gegliedert.

2.6.2 Tarifautonomie

Tarifautonomie bedeutet, dass die Vertreter der Arbeitgeber und Arbeitnehmer **unabhängig von anderen** die Arbeitsbedingungen und Arbeitslöhne in Tarifverhandlungen vereinbaren können. Vor allem soll der Staat in diese Auseinandersetzungen nicht eingreifen.

2.6.3 Tarifvertragsarten

Tarifverträge regeln die Rechte und Pflichten der Tarifvertragsparteien und enthalten Bestimmungen über die Inhalte, den Abschluss und die Beendigung von Arbeitsverhältnissen. Sie bedürfen der Schriftform *(§ 1 TVG)*.

Tarifverträge legen Mindestinhalte (Mindestlöhne, Mindesturlaubstage) für die Arbeitsverhältnisse fest. Zulässig sind allerdings Änderungen dieser Regelungen zugunsten der Arbeitnehmer *(§ 4 TVG)*.

Eine Immobilienkauffrau hat mit dem Arbeitgeber arbeitsvertraglich ein monatliches Entgelt in Höhe von 2017 EUR ausgehandelt, während der maßgebliche Tarifvertrag eine niedrigere Vergütung vorsieht. Obwohl der Tarifvertrag in der Rangfolge arbeitsrechtlicher Vorschriften über dem Einzelarbeitsvertrag steht, besitzt die individuelle arbeitsvertragliche Absprache abweichend vom ranghöheren Recht aufgrund des **Günstigkeitsprinzips** (vgl. S. 31) dennoch Gültigkeit, da die dort geregelten Mindestvoraussetzungen überschritten werden.

Neben übertariflichen Zulagen können einzelarbeitsvertraglich auch andere Inhalte (wie z.B. längere Kündigungsfristen oder zusätzlicher Urlaub) vereinbart werden.

Nach dem Inhalt unterscheidet man:

- **Mantel- oder Rahmentarifverträge,** in denen allgemeine Arbeitsbedingungen wie Arbeitszeit, Urlaub, Mehrarbeit, Sonn- und Feiertagsarbeit geregelt werden.
- **Vergütungstarifverträge,** die die Höhe der Löhne, Gehälter und Ausbildungsvergütungen für eine befristete Dauer (häufig für ein Jahr) festlegen.

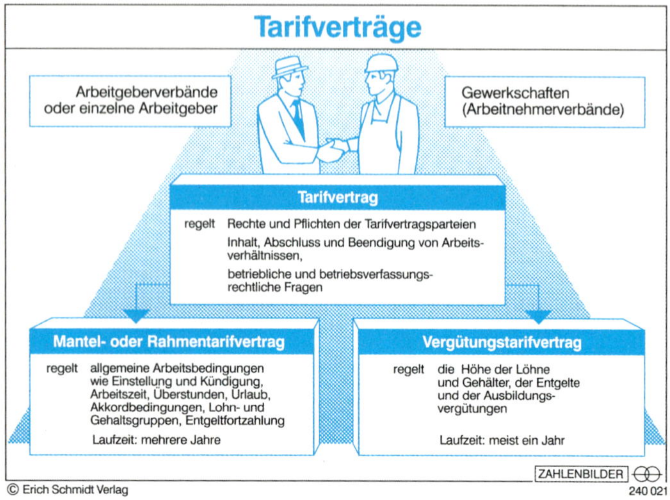

2.6.4 Tarifvertragsverhandlungen

An einen bestehenden Tarifvertrag sind die Parteien gebunden. Auch nach Kündigung oder Ablauf der vereinbarten Zeit gilt er weiter, bis ein neuer Vertrag ausgehandelt wurde *(§ 4 TVG)*.

Die Aushandlung eines neuen Tarifvertrages vollzieht sich in folgenden Schritten:

- **Kündigung** des bestehenden Tarifvertrages durch die Tarifkommission der Arbeitgeber oder in der Regel durch die Tarifkommission der Gewerkschaft.
- Die Tarifparteien einigen sich auf einen **Verhandlungstermin,** bei dem häufig die Gewerkschaft ihre Forderungen nach Verbesserung des Tarifinhalts bekannt gibt. Die Arbeitgebervertreter werden ihrerseits eigene Vorstellungen für einen Vertragsabschluss darlegen. Diese Tarifvertragsverhandlungen können bereits von Warnstreiks begleitet werden.
- Kommt es im Laufe der Tarifverhandlungen zu keiner Einigung, kann eine Partei das **Scheitern** dieser Verhandlungen erklären. In diesem Fall bleibt es entweder für einige Zeit bei einem „tariflosen" Zustand oder es kommt zur **Schlichtung.**

- In einer Vielzahl von Tarifverträgen ist für diese Situation die Anrufung einer **Schieds- oder Schlichtungsstelle** vorgesehen. In ihr sind die gleiche Anzahl von Vertretern der Tarifparteien und ein unparteiischer Vorsitzender vertreten. Ziel ist das Erreichen eines für beide Seiten kompromissfähigen Verhandlungsergebnisses.
- Erkennen die Tarifparteien den Spruch der Schlichtungsstelle nicht an, werden die Verhandlungen für gescheitert erklärt. Die Friedenspflicht erlischt, d.h., es dürfen **Arbeitskampfmaßnahmen** ergriffen werden.
- Zur Vorbereitung eines **Streiks** wird in der Regel eine Urabstimmung unter den Mitgliedern der zuständigen Gewerkschaft durchgeführt. Bei einer vorgenommenen Urabstimmung muss die in der Satzung festgelegte Mitgliederzahl (in der Regel 75 %) den Streik befürworten. In diesem Fall wird die Arbeitsniederlegung durch die Gewerkschaft ausgerufen.
- Mögliche Gegenmaßnahme der Arbeitgeber ist die **Aussperrung,** wobei die bestehenden Arbeitsverhältnisse bis zur Beendigung des Arbeitskampfes **ruhen.** Damit werden die Lohn- und Gehaltszahlungen eingestellt. Wird der Arbeitskampf beendet, müssen die Arbeitsverhältnisse wieder hergestellt werden. Aufgelöst bleiben nur solche mit Arbeitnehmern, die sich Verfehlungen haben zu Schulden kommen lassen.
- Bereits während des Arbeitskampfes nehmen die Tarifparteien die Verhandlungen wieder auf. Kommt es zu einem Verhandlungsergebnis, müssen 25 % der Gewerkschaftsmitglieder diesem Kompromiss und damit der **Beendigung des Streiks** zustimmen.
- Ein **neuer Vertrag** beendet die Tarifauseinandersetzungen.

2.7 Arbeitsgerichtsbarkeit

▶ Zuständigkeit

Trotz der durch Arbeitsverträge, Tarifverträge, Betriebsvereinbarungen und Arbeitsschutzvorschriften festgelegten Rechte und Pflichten von Arbeitgebern und Arbeitnehmern lassen sich Streitigkeiten aus Arbeitsverhältnissen nicht ausschließen. Zuständig für die Lösung dieser Probleme sind die **Arbeitsgerichte.** Sie entscheiden über Rechtsstreitigkeiten aus dem:

- **Arbeitsverhältnis zwischen Arbeitgeber und Arbeitnehmer**

  Klagen auf Lohnzahlung, Urlaubsgewährung oder Recht auf Teilzeit
  Wirksamkeit von Kündigungen

- **Bereich des Tarifwesens und des Arbeitskampfes**

  Auseinandersetzung zwischen einer Gewerkschaft und einem Arbeitgeberverband über die Wirksamkeit eines Tarifvertragsabschlusses oder die Zulässigkeit von Streiks und Aussperrungen

- **Betriebsverfassungsgesetz und den Mitbestimmungsgesetzen**

  Anfechtung einer Betriebsratswahl oder Auseinandersetzungen bei der Wahl von Vertretern der Arbeitnehmer in den Aufsichtsrat

Arbeitsgerichtsverfahren

Arbeitsgerichte

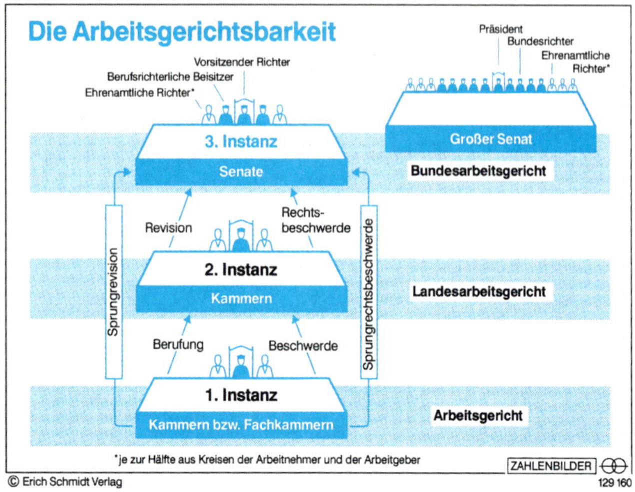

Das Verfahren beginnt mit der Erhebung der Klage vor dem örtlich zuständigen Arbeitsgericht, dessen Kammern aus einem Vorsitzenden und je einem ehrenamtlichen Richter aus Kreisen der Arbeitnehmer und Arbeitgeber bestehen *(§ 16 ArbGG)*. Die mündliche Verhandlung des Rechtsstreits wird zunächst vom Vorsitzenden allein mit dem Zweck einer **gütlichen Einigung** der Parteien geführt *(§ 54 ArbGG)*. Bleibt diese Güteverhandlung erfolglos, so schließt sich die weitere Verhandlung vor der Kammer, d.h. vor dem Vorsitzenden und den ehrenamtlichen Richtern, an *(§ 55 ArbGG)*. Am Ende der Beweisaufnahme wird das Verfahren vor dieser ersten Instanz mit einem **Urteil** abgeschlossen *(§§ 60f. ArbGG)*.

Vor den Arbeitsgerichten können die Parteien (Arbeitgeber und Arbeitnehmer) den Rechtsstreit selbst führen oder ihre Interessen durch Vertreter ihrer Verbände bzw. einen Rechtsanwalt wahrnehmen lassen.

Landesarbeitsgerichte

Gegen das Urteil des Arbeitsgerichts kann **Berufung** beim Landesarbeitsgericht eingelegt werden, wenn der Streitwert 600 EUR übersteigt oder die 1. Instanz in ihrem Urteil die Berufung zugelassen hat *(§ 64 ArbGG)*. Die Landesarbeitsgerichte bestehen aus Kammern mit einem Vorsitzenden und zwei ehrenamtlichen Richtern als Vertreter der Arbeitgeber- und Arbeitnehmerseite *(§ 35 ArbGG)*.

Der Rechtsstreit wird durch Vertreter der Arbeitgeber- bzw. Arbeitnehmerverbände oder Rechtsanwälte geführt.

Bundesarbeitsgericht

Gegen das Urteil des Landesarbeitsgerichts *(§ 69 ArbGG)* kann **Revision** beim Bundesarbeitsgericht eingelegt werden. Die Revision muss im Urteil des Landesarbeitsgerichtes zugelassen werden. Sie ist zuzulassen, wenn die Rechtssache von grundlegender Bedeutung ist *(§ 72 ArbGG)*. Verweigert das Landesarbeitsgericht eine Revision, kann Beschwerde beim Bundesarbeitsgericht eingelegt werden *(§ 72a ArbGG)*.

Gegen das Urteil eines Arbeitsgerichtes kann sofort Revision beim Bundesarbeitsgericht eingelegt werden **(Sprungrevision)**, wenn:

- der Gegner schriftlich zustimmt und wenn sie vom Arbeitsgericht zugelassen wird,
- die Rechtssache grundlegende Bedeutung hat *(§ 76 ArbGG)*.

Das Bundesarbeitsgericht hat seinen Sitz in Erfurt *(§ 40 ArbGG)*. Es besteht aus Senaten, in denen ein Vorsitzender, zwei berufsrichterliche Beisitzer und jeweils ein ehrenamtlicher Richter aus Kreisen der Arbeitnehmer und Arbeitgeber tätig sind *(§ 41 ArbGG)*. Vor dem Bundesarbeitsgericht besteht Anwaltszwang *(§ 11 ArbGG)*.

Zusammenfassung

Interessenvertretung der Mitarbeiter im Betrieb

Betriebsverfassungsgesetz und **Personalvertretungsgesetze** (Bundespersonalvertretungsgesetz sowie Personalvertretungsgesetze der Länder) ermöglichen den Arbeitnehmern **Beteiligungsrechte** an betrieblichen Entscheidungen des Arbeitgebers in bestimmten

- sozialen
- personellen und
- wirtschaftlichen Angelegenheiten.

Voraussetzung: Bildung der entsprechenden Gremien (Betriebsrat bzw. Personalrat) und Ausschüsse (Jugend- und Auszubildendenvertretung)

Tarifvertrag

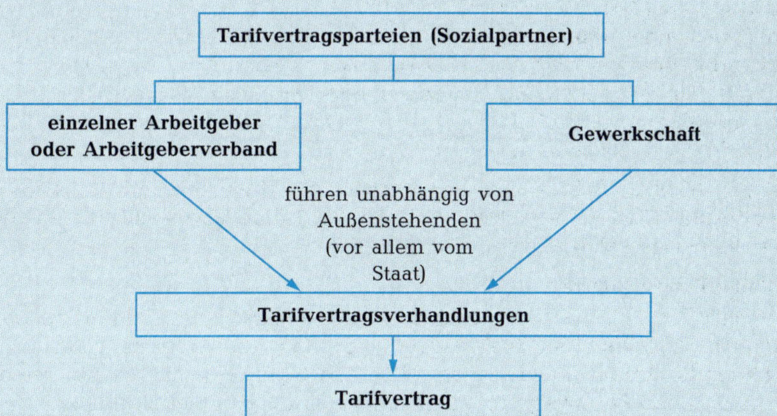

regelt u.a. Arbeitszeit, Urlaub, Sonn- und Feiertagsarbeit

Arbeitsgerichtsbarkeit

Instanzen der Arbeitsgerichtsbarkeit (Arbeits-, Landesarbeits- und Bundesarbeitsgericht) entscheiden bei Streitigkeiten insbesondere aus

- dem Arbeitsverhältnis zwischen Arbeitgeber und Arbeitnehmer
- dem Bereich des Tarifwesens und des Arbeitskampfes
- dem Betriebsverfassungsgesetz und den Mitbestimmungsgesetzen

Aufgaben

3

(1) Nennen Sie Rechte des Betriebsrates und verdeutlichen Sie diese jeweils an einem Beispiel!

(2) Neben dem Arbeitsvertrag, den Tarifverträgen und den Arbeitsschutzgesetzen regeln zusätzlich Betriebsvereinbarungen das Arbeitsverhältnis des einzelnen Mitarbeiters. Erklären Sie den Begriff Betriebsvereinbarung!

(3) Nehmen Sie zu der folgenden Behauptung kritisch Stellung und begründen Sie Ihre Meinung!

In betriebsratsfähigen Betrieben sind stets ein Betriebsrat zu bilden und eine Jugend- und Auszubildendenvertretung zu wählen.

(4) Aus welchem Grund hat der Gesetzgeber einen besonderen Kündigungsschutz für Betriebsrats- bzw. Personalratsmitglieder vorgesehen?

(5) An welche Voraussetzungen ist die Wahl einer Jugend- und Auszubildendenvertretung nach dem Betriebsverfassungsgesetz gebunden?

(6) Welche Bedeutung hat die Tarifautonomie für das Wirtschaftsleben der Bundesrepublik Deutschland?

(7) Erläutern Sie, welche Inhalte in Tarifverträgen festgelegt werden!

(8) Unterscheiden Sie zwischen Streik und Aussperrung!

(9) Beschreiben Sie den Verlauf einer Tarifvertragsverhandlung!

(10) Welche Gründe könnten ausschlaggebend dafür sein, dass je ein Vertreter der Arbeitgeber und Arbeitnehmer als Laienrichter bei Arbeitsprozessen mitwirken?

(11) Beschreiben Sie die Verfahrensweise der Verhandlung eines Rechtsstreites vor dem Arbeitsgericht!

2.8 Mitbestimmung im Unternehmen

Die Mitbestimmung der Arbeitnehmer durch die Organe des Betriebsverfassungsgesetzes von 1972 – Betriebsrat (vgl. S. 42 ff.) sowie Jugend- und Auszubildendenvertretung (vgl. S. 45 f.) – wird durch die Mitbestimmung im Unternehmen ergänzt und erweitert. In beiden Fällen wird der Grundsatz der Arbeitnehmermitbestimmung im Arbeitsleben verwirklicht, um zu einer Demokratisierung der Arbeitswelt beizutragen.

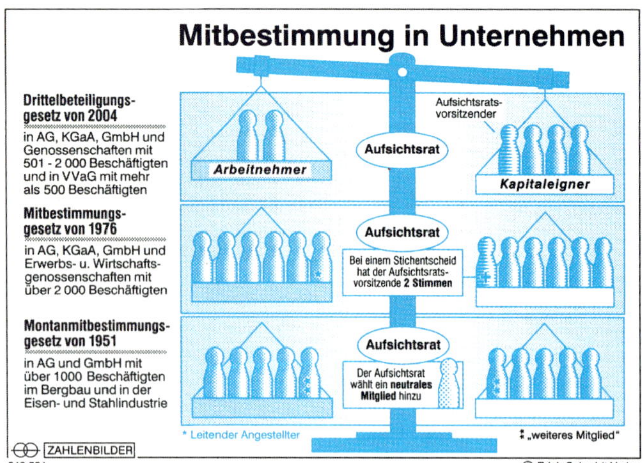

Im Gegensatz zum Betriebsverfassungsgesetz von 1972 schaffen die gesetzlichen Regelungen der Mitbestimmung im Unternehmen **keine eigenen neuen Gremien,** sondern bedienen sich der bereits bestehenden Organe. In erster Linie sind dies bei Aktiengesellschaften der **Aufsichtsrat** und der **Vorstand.** Während der Vorstand die Geschäfte der Aktiengesellschaft (AG) führt und sie nach außen vertritt **(ausführendes Organ),** überwacht der Aufsichtsrat die Geschäftsführung des Vorstandes **(überwachendes Organ).**

Interessenvertretung und Mitbestimmung der Arbeitnehmer

im Betrieb
(Betriebsrat)

- **Betriebsverfassungsgesetz 1972**

im Unternehmen
(Vorstand/Aufsichtsrat)

- **Drittelbeteiligungsgesetz 2004** für Kapitalgesellschaften (z.B. GmbH, AG) mit mehr als 500 Mitarbeitern
- **Mitbestimmungsgesetz 1976** für Kapitalgesellschaften (z.B. GmbH, AG) mit mehr als 2000 Mitarbeitern
- **Montan-Mitbestimmungsgesetz 1951** für Kapitalgesellschaften (z.B. GmbH, AG) des Bergbaus und der Eisen und Stahl erzeugenden Industrie mit mehr als 1000 Mitarbeitern

▶ Drittelbeteiligungsgesetz 2004

Bei Aktiengesellschaften und Gesellschaften mit beschränkter Haftung mit 501 bis 2000 Mitarbeitern muss der Aufsichtsrat zu **einem Drittel aus Vertretern der Arbeitnehmer** bestehen *(§ 4 I DrittelbG).*

Damit diese Beteiligung der Arbeitnehmer im Aufsichtsrat auch praktisch durchführbar ist, sieht § 95 AktG vor, dass der Aufsichtsrat aus drei Mitgliedern besteht bzw. aus einer höheren Zahl, die durch drei teilbar sein muss.

Wahl des neunköpfigen Aufsichtsrates bei einer Aktiengesellschaft

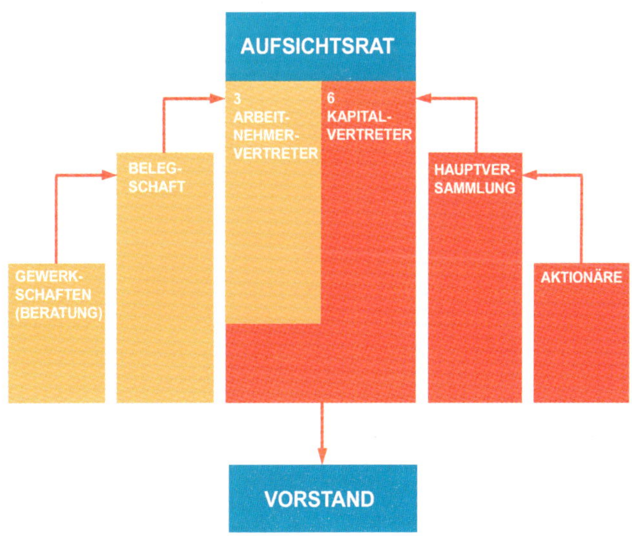

Quelle: Bundesministerium für Wirtschaft und Arbeit: Mitbestimmung – ein gutes Unternehmen, Berlin 2005, S. 43

Die Vertreter der Arbeitnehmer werden in allgemeiner, geheimer, gleicher und unmittelbarer Wahl von allen Arbeitnehmern, die das 18. Lebensjahr vollendet haben, bestimmt *(§ 5 DrittelbG)*.

▶ Mitbestimmungsgesetz 1976

Bei Aktiengesellschaften und GmbHs mit mehr als 2000 Arbeitnehmern haben die Mitarbeiter ein erweitertes Mitbestimmungsrecht *(§ 1 MitbestG)*. Sie verfügen über die gleiche Anzahl von Vertretern im Aufsichtsrat wie die Anteilseigner.

Der Aufsichtsrat ist gemäß § 7 I MitbestG wie folgt zusammengesetzt:

- **Unternehmen mit in der Regel nicht mehr als 10 000 Arbeitnehmern:** je 6 Aufsichtsratsmitglieder der Anteilseigner und der Arbeitnehmer
- **Unternehmen mit in der Regel mehr als 10 000 Arbeitnehmern:** je 8 Aufsichtsratsmitglieder der Anteilseigner und der Arbeitnehmer
- **Unternehmen mit in der Regel mehr als 20 000 Arbeitnehmern:** je 10 Aufsichtsratsmitglieder der Anteilseigner und der Arbeitnehmer

Unter den Aufsichtsratsmitgliedern der Arbeitnehmer müssen sich **Vertreter der Gewerkschaften** befinden *(§ 7 II MitbestG)*, und zwar:

- 2 Vertreter bei einem 12- bis 16-köpfigen Aufsichtsrat;
- 3 Vertreter bei einem 20-köpfigen Aufsichtsrat.

Zudem ist ein Vertreter der leitenden Angestellten in den Aufsichtsrat zu wählen *(§ 15 II MitbestG)*.

Zwar besteht eine paritätische Besetzung des Aufsichtsrates mit Vertretern der Anteilseigner und der Arbeitnehmer, in der Praxis wird sich diese Verteilung jedoch zugunsten der Arbeitgeberseite verschieben, und zwar aus folgendem Grund:

- **Ergibt eine Abstimmung im Aufsichtsrat Stimmengleichheit** und führt eine erneute Abstimmung wieder zu einer Patt-Situation, räumt § 29 II MitbestG dem Aufsichtsratsvorsitzenden (nicht aber seinem Stellvertreter) doppeltes Stimmrecht ein.

Wahl des Aufsichtsrates bei einer Aktiengesellschaft mit mehr als 20 000 Arbeitnehmern

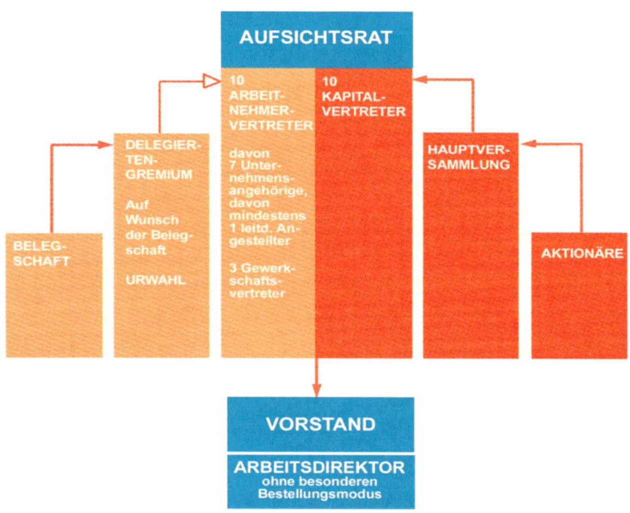

Quelle: Bundesministerium für Wirtschaft und Arbeit: Mitbestimmung – ein gutes Unternehmen, Berlin 2005, S. 46

Wenn die zur Wahl des Aufsichtsratsvorsitzenden und seines Stellvertreters benötigte 2/3-Mehrheit im Aufsichtsrat nicht erreicht wird, sieht § 27 II MitbestG vor, dass in einem zweiten Wahlgang der **Aufsichtsratsvorsitzende von den Vertretern der Anteilseigner** und dessen Stellvertreter von den Arbeitnehmervertretern **gewählt wird.**

Damit dürfte in der Regel ein Übergewicht der Arbeitgebervertreter im Aufsichtsrat bestehen.

Montan-Mitbestimmungsgesetz 1951

Im Bergbau und der Eisen und Stahl erzeugenden Industrie findet auf Aktiengesellschaften und GmbHs mit mehr als 1 000 Mitarbeitern die Montan-Mitbestimmung Anwendung *(§ 1 Montan-MitbestG).*

Wahl des Aufsichtsrates

Die Wahl der Aufsichtsratsmitglieder wird durch das zur Wahl berechtigte Organ (bei Aktiengesellschaften die Hauptversammlung, bei GmbHs die Gesellschafterversammlung) vorgenommen. Allerdings sind von den 11 zu wählenden Aufsichtsratsmitgliedern *(§ 4 I Montan-MitbestG)* nur die fünf Vertreter der Anteilseigner durch die Hauptversammlung frei bestimmbar. Davon darf ein Vertreter – das „weitere Mitglied" – nicht dem Unternehmen bzw. einer Arbeitgebervereinigung angehören *(§ 4 IIa und c Montan-MitbestG).*

Wahl des elfköpfigen Aufsichtsrates bei einer Aktiengesellschaft

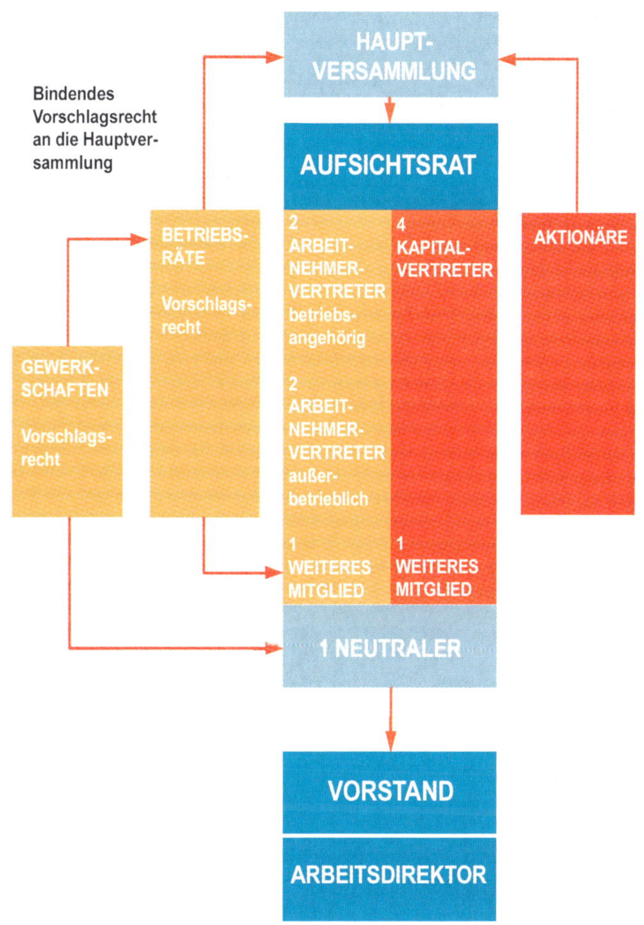

Quelle: Bundesministerium für Wirtschaft und Arbeit: Mitbestimmung – ein gutes Unternehmen, Berlin 2005, S. 41

Die fünf Vertreter der Arbeitnehmerseite setzen sich zusammen aus:

- **zwei der Belegschaft angehörenden Arbeitnehmern** (davon ein Arbeiter und ein Angestellter), die vom Betriebsrat nach Beratung mit den im Betrieb vertretenen Gewerkschaften dem Wahlorgan vorgeschlagen werden *(§ 6 I Montan-MitbestG);*
- **zwei anderen Arbeitnehmern,** die von den Spitzenorganisationen der Gewerkschaften nach Beratung mit den im Betrieb vertretenen Gewerkschaften dem Betriebsrat vorgeschlagen werden und die dieser dem Wahlorgan benennt *(§ 6 III und V Montan-MitbestG).*

Gleiches gilt für das fünfte „weitere Mitglied", das nicht dem Betrieb oder einer Gewerkschaft angehören darf *(§ 4 IIa und c Montan-MitbestG).*

An diese Vorschläge des Betriebsrates für die Vertreter der Arbeitnehmer im Aufsichtsrat ist das Wahlorgan gebunden *(§ 6 VI Montan-MitbestG).*

Zur Vermeidung einer Patt-Situation bei Abstimmungen im Aufsichtsrat wird von den Arbeitgeber- und Arbeitnehmervertretern gemeinsam ein elftes neutrales Mitglied bestimmt *(§ 4 Ic Montan-MitbestG).* Auch dieser Neutrale darf nicht dem Betrieb bzw. einer Arbeitnehmer- oder Arbeitgeberorganisation angehören *(§ 4 IIa und c Montan-MitbestG).*

Arbeitsdirektor

Eine Besonderheit der Montan-Mitbestimmung besteht in der Einführung eines „Arbeitsdirektors" als Mitglied des Vorstandes, der **nicht gegen die Stimmen der Arbeitnehmervertreter** im Aufsichtsrat bestellt werden kann *(§ 13 I Montan-MitbestG).* Er ist den anderen Vorstandsmitgliedern gleichberechtigt und zuständig für die Personalabteilung, die Arbeitsgestaltung, Leistung und Lohn, Tariffragen, Aus- und Weiterbildung, Arbeits- und Sozialrecht, Arbeitssicherheit und Wohnungswesen. In diesen Bereichen wird er eng mit der Vertretung der Arbeitnehmer im Betrieb, dem Betriebsrat, zusammmenarbeiten.

Das Mitbestimmungsergänzungsgesetz schreibt für herrschende Unternehmen gesonderte Regeln für die Zusammensetzung des Aufsichtsrates und dessen Wahl vor.

Zusammenfassung

Mitbestimmung im Unternehmen

Gesetz / Inhalt	Drittelbeteiligungsgesetz von 2004	Mitbestimmungsgesetz von 1976	Montan-Mitbestimmungsgesetz von 1951
Geltungsbereich	für Kapitalgesellschaften mit 501 bis 2000 Arbeitnehmern	für Kapitalgesellschaften mit mehr als 2000 Arbeitnehmern	für Kapitalgesellschaften des Bergbaus und der Eisen und Stahl erzeugenden Industrie mit mehr als 1000 Arbeitnehmern
Zusammensetzung des Aufsichtsrates	1/3 Arbeitnehmervertreter 2/3 Vertreter der Anteilseigner Die Anzahl ist abhängig von der Größe der Gesellschaft.	1/2 Arbeitnehmervertreter 1/2 Vertreter der Anteilseigner Die Zahl ist abhängig von der Größe der Gesellschaft.	5 Arbeitnehmervertreter 5 Vertreter der Anteilseigner 1 Neutraler
Wahl der Arbeitnehmervertreter in den Aufsichtsrat	durch allgemeine, geheime, gleiche und unmittelbare Wahl unter allen Arbeitnehmern, die das 18. Lebensjahr vollendet haben	- Unternehmen mit nicht mehr als 8000 Arbeitnehmern: direkt durch die wahlberechtigten Arbeitnehmer - Unternehmen mit mehr als 8000 Mitarbeitern: indirekt durch Delegierte	Hauptversammlung wählt die Arbeitnehmervertreter aufgrund bindender Vorschläge des Betriebsrates in Abstimmung mit Gewerkschaften und deren Spitzenorganisationen
Wahl der Vertreter der Anteilseigner in den Aufsichtsrat	durch das jeweils befugte Wahlorgan, z.B. bei Aktiengesellschaften die Hauptversammlung	durch das jeweils befugte Wahlorgan, z.B. bei Aktiengesellschaften die Hauptversammlung	durch das jeweils befugte Wahlorgan, z.B. bei Aktiengesellschaften die Hauptversammlung
Ausschlag bei Stimmengleichheit im Aufsichtsrat		die Stimme des Aufsichtsratsvorsitzenden, der in der Regel den Vertretern der Anteilseigner angehört (doppeltes Stimmrecht)	die Stimme des Neutralen, der von Arbeitnehmer- und Arbeitgebervertretern gemeinsam bestimmt wird
Wer bestellt den Arbeitsdirektor?		der Aufsichtsrat – auch gegen die Stimmen der Arbeitnehmervertreter	der Aufsichtsrat, aber nicht gegen die Stimmen der Mehrheit der Arbeitnehmervertreter
Wertung	Informationsrechte für die Arbeitnehmervertreter	Übergewicht der Vertreter der Anteilseigner im Aufsichtsrat	paritätische Mitbestimmung im Aufsichtsrat und Einfluss durch den Arbeitsdirektor im Vorstand

Aufgaben 4

(1) Verdeutlichen Sie, wer in Abstimmungen des Aufsichtsrates nach den verschiedenen Mitbestimmungsmodellen in der Regel den Ausschlag gibt!

(2) Diskutieren Sie Gründe, die zu einem nach Unternehmensgrößen abgestuften Mitbestimmungsrecht geführt haben könnten!

(3) Beschreiben Sie die Ursache, die zu einem Übergewicht der Arbeitgeber bei Abstimmungen im Aufsichtsrat führt! Für diese Unternehmen soll das Mitbestimmungsgesetz von 1976 gelten.

(4) Welche Überlegungen könnten dazu geführt haben, dass die Montan-Mitbestimmung die Beteiligung von Nicht-Betriebsangehörigen bzw. Nicht-Gewerkschafts- oder Arbeitgeberverbandsmitgliedern im Aufsichtsrat vorsieht?

(5) Erläutern Sie die Interessenvertretung und Mitbestimmung am Beispiel Ihres Ausbildungsbetriebes!

3 Soziale Sicherung

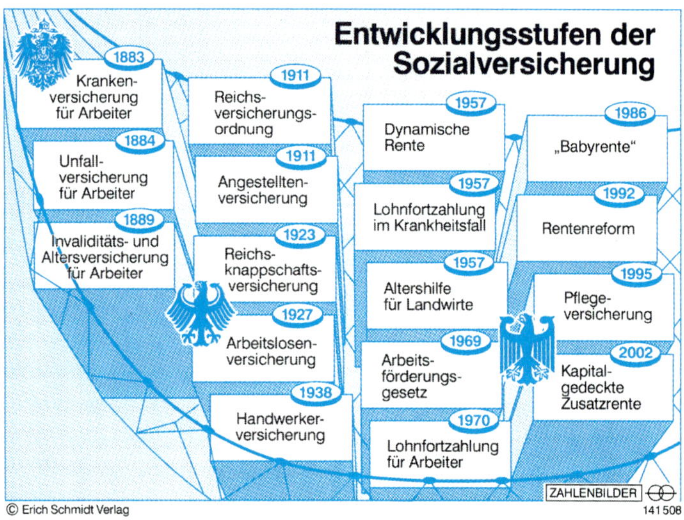

Die gesetzliche Sozialversicherung dient der Absicherung von Risiken, denen der Mensch in seinem Leben ausgesetzt ist wie Krankheit, Pflegebedürftigkeit, Arbeitslosigkeit, Unfall und den Folgen des Alters. Für die soziale Sicherheit in diesen Bereichen zahlt der Arbeitnehmer **Pflichtbeiträge,** d.h., die Sozialversicherung ist – im Gegensatz zu den freiwilligen Individualversicherungen – gesetzlich vorgeschrieben. Die Mehrheit der Bevölkerung gehört dieser Zwangsversicherung an. Kennzeichen der Sozialversicherung ist das **„Solidaritätsprinzip"** („einer für alle, alle für einen"). Demzufolge leisten die im Arbeitsprozess stehenden Versicherten Zahlungen für diejenigen, die dauernd oder vorübergehend nicht erwerbstätig sind.

Die soziale Absicherung erfolgt heute im Wesentlichen über fünf Versicherungszweige, wobei Einkommensgrenzen **(Beitragsbemessungsgrenzen)** und Beitragssätze jährlich neu festgelegt werden.

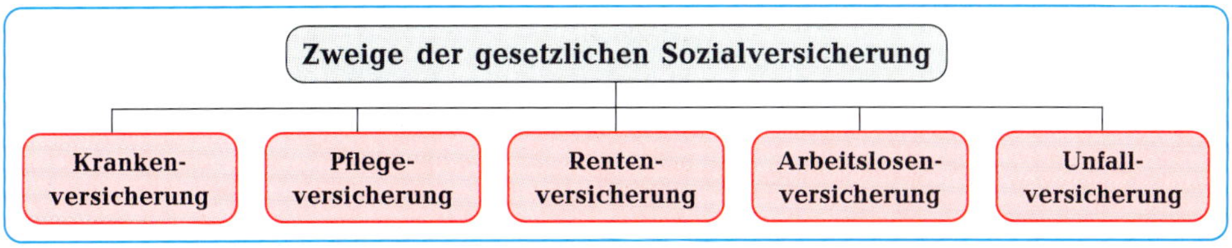

Beitragsbemessungsgrenzen und Beitragssätze 2006

	Kranken-versicherung[1]	**Pflege-versicherung**[1]	**Renten-versicherung für Arbeiter und Angestellte**	**Arbeitslosen-versicherung**
monatliche Beitrags-bemessungsgrenze ● alte Bundesländer ● neue Bundesländer	3 562,50 EUR 3 562,50 EUR		5 250,00 EUR 4 400,00 EUR	
Beitragssatz in % vom Bruttoentgelt (grundsätzlich je zur Hälfte von Arbeitgeber [= AG-Anteil] und Arbeitnehmer [= AN-Anteil] zu tragen.)	je nach Träger durchschnittlich 14,0 % (Zur Finanzierung des Zahnersatzes und des Krankengeldes erhöht sich seit Juli 2005 - bei **unverändertem AG-Anteil** - der AN-Anteil um 0,9 Prozentpunkte.)	1,7 % (Seit Januar 2005 erhöht sich - bei **unverändertem AG-Anteil** - der AN-Anteil kinderloser Arbeitnehmer im Alter zwischen 23 und 64 Jahren um 0,25 Prozentpunkte auf 1,10 %.)	19,5 %	6,5 %
Beitragssatz in % bei gewerblichen Mini-Jobs bis zu monatlich 400,00 EUR (Arbeitgeber zahlt **pauschal** 25 % Abgaben, und zwar: ● Sozialversicherung 23 % ● Steuern 2 %. Der Arbeitnehmer verdient also monatlich bis zu 400,00 EUR brutto für netto.)	11 %	–	12 % (Arbeitnehmer, die eigene Rentenansprüche erwerben wollen, zahlen ggf. zusätzlich 7,5 %.)	–
monatliche Geringverdienergrenze (Arbeitgeber zahlt während der Berufsausbildung Sozialversicherungsbeiträge, d.h. Arbeitgeber- **und** Arbeitnehmeranteil, **allein.**)	325 EUR	325 EUR	325 EUR	325 EUR

1 Die **Krankenversicherungspflichtgrenze,** ab der sich ein Arbeitnehmer von der gesetzlich verankerten Versicherungspflicht befreien lassen und sich privat versichern kann, beläuft sich auf ein monatliches Bruttoentgelt in Höhe von 3 937,50 EUR.

3.1 Krankenversicherung

Das Sozialgesetzbuch *(SGB – V. Buch)* bildet die Rechtsgrundlage für die Krankenversicherung.

▶ Beitrag

Der von Arbeitgeber und Arbeitnehmer zu tragende Krankenversicherungsbeitrag des Pflichtversicherten (Bruttoentgelt liegt unterhalb der Beitragsbemessungsgrenze) bzw. freiwillig Versicherten (Bruttoentgelt übersteigt die Beitragsbemessungsgrenze) wird sofort vom Lohn abgezogen und vom Arbeitgeber – zusammen mit dessen Anteil – an den Sozialversicherungsträger überwiesen.

> Unterstellt, bei einer gesetzlichen Krankenkasse läge der Beitragssatz bei 13,6%. Wer monatlich ein Einkommen in Höhe von 3 562,50 EUR erzielt, bezahlt zunächst davon 13,6 % (= 484,50 EUR) als Beitrag. Die Hälfte davon trägt der Arbeitgeber. Der Arbeitnehmer zahlt ebenfalls 242,25 EUR und zusätzlich noch 0,9 % (32,06 EUR), sodass der Gesamtarbeitnehmeranteil zur Krankenversicherung insgesamt 274,31 EUR beträgt. Wer 3 600,00 EUR im Monat verdient, entrichtet den gleichen Beitrag, weil der **über** der Beitragsbemessungsgrenze liegende Verdienst nicht berücksichtigt wird.

Für Arbeitnehmer, die kein über der Entgeltgrenze für gewerbliche Mini-Jobs liegendes Einkommen erzielen, sind pauschal 11 % als Beitrag zu entrichten. Arbeitnehmer mit Einkommen unterhalb der Geringverdienergrenze zahlen keinen **eigenen Beitrag** zur Krankenversicherung. In diesem Fall übernimmt der Arbeitgeber den vollen Betrag, d.h. den Arbeitgeber- **und** Arbeitnehmeranteil zur Krankenversicherung.

▶ Aufgaben der Krankenversicherung

Die Krankenversicherung übernimmt Aufgaben zur Erhaltung oder Wiederherstellung der Gesundheit.

Aufgaben der Krankenversicherung gemäß SGB-V

- **Gesundheitsuntersuchungen**
- **Krankenbehandlung**
  - ärztliche und zahnärztliche Behandlung
  - Versorgung mit Arznei-, Verband-, Heil- und Hilfsmitteln
  - häusliche Krankenpflege und Haushaltshilfe
  - Krankenhausbehandlung
  - Rehabilitationsmaßnahmen
- **Krankengeld**
- **Fahrkosten** (nur in Ausnahmefällen)
- **Leistungen bei Schwangerschaft und Mutterschaft**

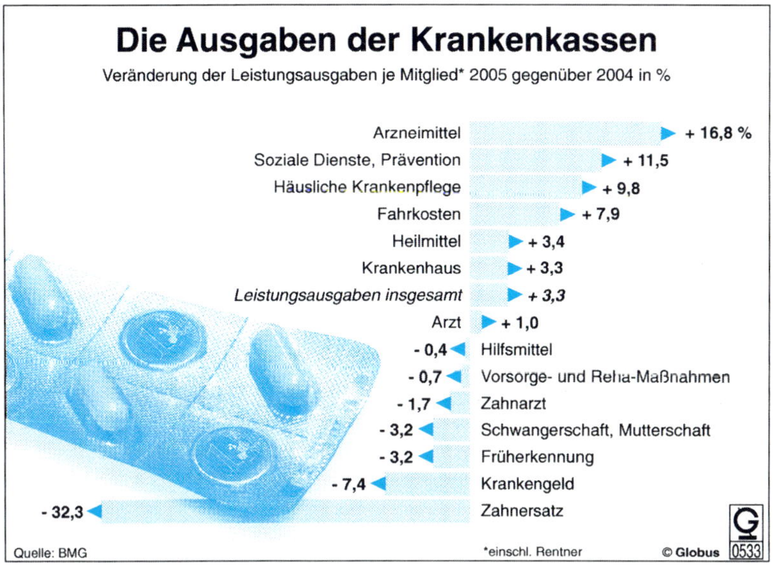

► Gesundheitsreform

Die **Gesundheitsreform** schränkt den Leistungskatalog der gesetzlichen Krankenversicherung weiter ein. Insbesondere folgende Veränderungen sollen dazu beitragen, die Beitragssätze zu senken oder zumindest zu stabilisieren:

- Die Zuzahlung bei Arznei- und Verbandmitteln beträgt 10% des Preises, mindestens jedoch 5 € und höchstens 10 € je Mittel. Kinder und Jugendliche bis zum 18. Lebensjahr sind von Zuzahlungen befreit.
- Nicht verschreibungspflichtige Mittel muss der Versicherte selbst bezahlen.
- Bei Heilmitteln (z.B. Massagen) trägt der Versicherte 10% der Kosten und 10 € je Verordnung.
- Bei Arztbesuchen wird eine Praxisgebühr in Höhe von 10 € je Quartal fällig (entfällt bei einer Behandlung auf Überweisung).
- Bei Krankenhausaufenthalten fallen täglich 10 € für maximal 28 Tage pro Jahr an.
- Fahrkosten für Taxi- und Mietwagenfahrten im Rahmen der ambulanten Versorgung werden nur in Ausnahmefällen erstattet.
- Für alle Versicherten gilt als Obergrenze für alle Zuzahlungen eine Belastungsgrenze in Höhe von 2% des Bruttoeinkommens (1% bei chronisch Kranken).
- Der Leistungsanspruch bei der Versorgung mit Sehhilfen wird begrenzt, und zwar auf Kinder und Jugendliche bis zu einem Alter von 18 Jahren sowie auf stark sehbeeinträchtigte Versicherte.
- Der Anspruch auf Maßnahmen zur künstlichen Befruchtung wird eingeschränkt.
- Das Sterbegeld sowie das Entbindungsgeld entfallen.
- Leistungen bei einer Sterilisation, die nicht aus medizinischen Gründen geboten ist, müssen die Versicherten selbst finanzieren.

- Entgegen den ursprünglichen Plänen zahlt die gesetzliche Krankenkasse auch weiterhin für Zahnersatz. Da sich die Arbeitgeber allerdings nicht mehr daran beteiligen, erhöht sich der dafür von den Versicherten zu tragende Beitragssatz um 0,4 Prozentpunkte.
- Für Zahnersatz (Kronen, Brücken und Prothesen) zahlt die gesetzliche Krankenversicherung befundbezogene Festzuschüsse in Höhe von 50% jener Behandlung, die medizinisch „in der Regel" als angemessen gilt (Regelversorgung). Bei Versicherten, die eine regelmäßige Zahnkontrolle nachweisen können, steigt der Zuschuss auf 60 bis 65 Prozent.
- Seit Juli 2005 müssen die Versicherten das Krankengeld alleine finanzieren. Der dafür zu tragende Beitragssatz beläuft sich auf 0,5 Prozentpunkte.

3.2 Pflegeversicherung

Die Pflegeversicherung, die als fünfte Säule der Sozialversicherung das allgemeine Lebensrisiko der Pflegebedüftigkeit absichern soll, ist eine **Pflichtversicherung** für Mitglieder der gesetzlichen Krankenversicherung. Dieser Personenkreis wird grundsätzlich von der Kasse pflegeversichert, die sie auch vor dem Krankheitsrisiko schützt.

Privat Krankenversicherte müssen das Risiko der Pflegebedürftigkeit im Rahmen ihrer individuellen Vorsorge durch eine entsprechende Vertragsversicherung abdecken, die gleichwertige Leistungen wie die gesetzliche Pflegeversicherung vorsieht.

Die Pflegeversicherung

Seit dem 1.4.1995 gibt es Leistungen aus der Pflegeversicherung für die häusliche Pflege und seit dem 1.7.1996 für Pflegebedürftige in Heimen.

Was sie leistet:

Häusliche Pflege

	Übernahme der Kosten für ambulante Pflegedienste (Sachleistungen) monatlich	Zuschuss für pflegende Angehörige, Nachbarn oder Freunde (Geldleistung) monatlich
Pflegestufe I (erheblich Pflegebedürftige; mind. 1,5 Std./Tag)	**384 Euro**	**205 Euro**
Pflegestufe II (schwer Pflegebedürftige; mind. 3 Std./Tag)	**921 Euro**	**410 Euro**
Pflegestufe III (Schwerstpflegebedürftige; mind. 5 Std./Tag)	**1 432 Euro** (Härtefälle 1 918 Euro)	**665 Euro**

Sach- und Geldleistungen können auch kombiniert in Anspruch genommen werden. Daneben gibt es ergänzende Leistungen bei Ausfall der Pflegepersonen, bei Tages- und Nachtpflege sowie Kurzzeitpflege.

Stationäre Pflege in Heimen	monatlich
Pflegestufe I (erheblich Pflegebedürftige; mind. 1,5 Std./Tag)	**1 023 Euro**
Pflegestufe II (schwer Pflegebedürftige; mind. 3 Std./Tag)	**1 279 Euro**
Pflegestufe III (Schwerstpflegebedürftige; mind. 5 Std./Tag)	**1 432 Euro**

Was sie kostet:

Die Pflegeversicherung ist Pflicht für alle krankenversicherten Bürger.

- Beitragsbemessungsgrenze: **3 562,50 €**
  Versicherungspflichtgrenze: **3 937,50 €**
- Beitragssatz:
  1,7 % vom Arbeitsentgelt, davon tragen **Arbeitnehmer** und **Arbeitgeber** jeweils die Hälfte, also **0,85 %**
- Beitragszuschlag für Kinderlose:
  0,25 %, trägt allein **der Arbeitnehmer**
  Vom Zuschlag ausgenommen: Rentner, die vor dem 1.1.1940 geboren sind, Jugendliche bis 23 Jahre, Wehr- u. Zivildienst Leistende, Empfänger von Arbeitslosengeld II

Angaben für 2006

Quelle: BMGS © Globus 0001

▶ Beitrag

Der Pflegeversicherungsbeitrag pflichtversicherter Arbeitnehmer wird von Arbeitnehmer (0,85% + 0,25%) und Arbeitgeber (0,85%) aufgebracht. Pflichtversicherte Rentner zahlen ihren Beitrag allein, bei Arbeitslosen die Bundesagentur für Arbeit.

Zum Ausgleich der Arbeitgeberkosten haben die Bundesländer den Buß- und Bettag als Feiertag abgeschafft (Ausnahme: In Sachsen, wo kein Feiertag zur Kompensation der Belastungen der Arbeitgeber aus den Beiträgen zur Pflegeversicherung gestrichen worden ist, tragen die Arbeitnehmer einen Anteil von 1,35% + 0,25% und die Arbeitgeber 0,35%).

▶ Leistungen der Pflegeversicherung

In Abhängigkeit vom Grad der Pflegebedürftigkeit erstrecken sich die Geld- (monatlich bis zu 665 EUR) und Sachleistungen (monatlich bis zu 1 432 EUR, in besonderen Härtefällen bis zu 1 918 EUR) der Pflegekassen auf die **häusliche Pflege.** Der Hilfebedarf Pflegebedürftiger muss die Bereiche der Körperpflege, der Ernährung, der Mobilität und der hauswirtschaftlichen Versorgung umfassen.

5 Siekerkötter/Fehn - ISBN 978-3-8120-0065-9

Im **stationären Bereich** werden bis zu 1 432 EUR monatlich (in Ausnahmefällen bis zu 1 688 EUR) übernommen. Die Kosten für Unterkunft und Verpflegung im Pflegeheim trägt der Versicherte selbst.

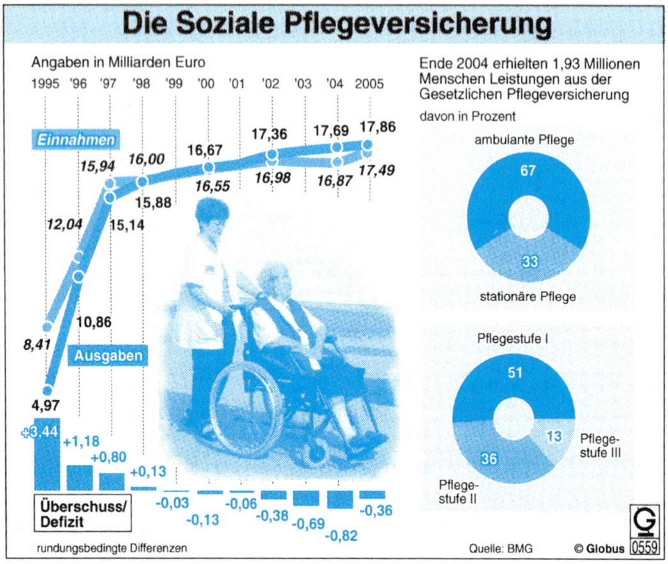

Die Ausgaben der Pflegeversicherung steigen stetig an. Und die Einnahmen halten nicht Schritt. Seit 1999 steht am Jahresende regelmäßig ein Minus in der Bilanz der Pflegeversicherung. 2005 fehlten rund 360 Millionen Euro. Da die Deutschen immer älter werden und auch länger Pflege zu Hause oder im Heim benötigen, werden die Ausgaben in Zukunft kaum sinken. Andererseits fehlen aufgrund der hohen Arbeitslosigkeit Millionen Beitragszahler, und wegen des Geburtenrückgangs werden weniger Beitragszahler nachwachsen. – Zurzeit ist die ambulante Pflege für die meisten die erste Wahl. 67 Prozent der Pflegebedürftigen können in den eigenen vier Wänden bleiben. Etwas über die Hälfte aller Leistungsempfänger ist in Stufe 1 eingestuft. Sie kommen mit stundenweiser Betreuung, etwa beim Waschen oder Anziehen, meist recht gut allein zurecht.

3.3 Rentenversicherung

Die Rentenversicherung ist eine Versicherung für einen Großteil der Bevölkerung. Die geleisteten Beiträge werden nicht für den Einzelnen als Rücklage angesammelt, sondern sofort wieder an andere Anspruchsberechtigte als Renten oder sonstige Leistungen ausgezahlt **(Umlageverfahren).** Besonderes Kennzeichen der Rentenversicherung ist, dass die heutigen Beitragszahler die Renten der bereits aus dem Erwerbsleben Ausgeschiedenen finanzieren. Sie erwerben dadurch den Anspruch an die künftige Generation, dass durch deren Beitragszahlung ihre spätere Rentenversorgung gesichert wird **(Generationenvertrag).**

▶ **Beitrag**

Der Rentenversicherungsbeitrag pflichtversicherter Arbeitnehmer wird je zur Hälfte vom Arbeitgeber und Arbeitnehmer aufgebracht und zunächst an die zuständige Krankenkasse überwiesen. Diese leitet dann ihrerseits den entsprechenden Betrag an den jeweiligen Träger der Rentenversicherung weiter. Neben den Beiträgen von Arbeitgebern und Arbeitnehmern wird die Finanzierung der Renten durch Beiträge der Bundesagentur für Arbeit (für Bezieher von Arbeitslosengeld) bzw. durch einen Zuschuss des Bundes gesichert.

Wie bei der gesetzlichen Krankenversicherung wird die Höhe des zu entrichtenden Beitrages nur bis zur Beitragsbemessungsgrenze berechnet. Allerdings liegt die Entgeltgrenze der Rentenversicherung über der der Krankenversicherung. Die aus der

Krankenversicherung maßgebliche Einkommensgröße für Geringverdiener (Arbeitgeber zahlt während der Berufsausbildung den Beitrag zur Sozialversicherung allein) und für gewerbliche Mini-Jobs („400-EUR-Jobs") gilt auch in der Rentenversicherung.

Aufgaben der Rentenversicherung

Regelleistungen der Rentenversicherung

- **Zahlung von Renten wegen Alters, verminderter Erwerbsfähigkeit und Todes**
- **Maßnahmen zur Rehabilitation**
- **Zahlung von Beiträgen an die Krankenversicherung der Rentner**
- **Aufklärung und Beratung der Versicherten und Rentner**

Rentenversicherungsreform

Ende 1997 wurde das **Rentenreformgesetz 1999** verabschiedet. Es wurde als 6. Buch in das Sozialgesetzbuch *(SGB VI)* übernommen. Von dieser Veränderung sind etwa 40 Millionen Versicherte und 19 Millionen Rentner betroffen.

Durch dieses Rentenreformgesetz und weitere Reformbestrebungen sollen die langfristigen finanziellen Probleme gelöst werden, die sich für die gesetzliche Rentenversicherung daraus ergeben, dass – bei hoher Arbeitslosigkeit und angespannter Lage der öffentlichen Kassen – einerseits die Zahl der Rentner steigt, während andererseits die der Kinder abnimmt, sodass künftig immer weniger Beitragszahler immer mehr zur Finanzierung der Renten beizutragen haben.

Wann das Rentenalter von 65 auf 67 Jahre erhöht wird – und ob dies überhaupt sinnvoll ist –, diese Fragen erhitzen zurzeit die Gemüter. Dabei sind heute nur noch ein Drittel der über 60-Jährigen berufstätig. Vor diesem Hintergrund ist schwer vorstellbar, dass in spätestens 30 Jahren alle bis ins 67. Lebensjahr arbeiten sollen, wenn sie nicht Abschläge bei der Rente in Kauf nehmen wollen. Ein Vorstoß des Sozialministers geht sogar noch weiter: Er möchte die Rente mit 67 noch ein paar Jahre früher erreichen. Die Rentenkassen könnten mit diesem Schritt ihre Finanzen weitgehend in Ordnung bringen. Denn die künftigen Rentner werden länger in die Rentenversicherungen einzahlen, aber weniger Zeit haben, die Rente zu genießen. Viele sind besorgt, ob es genügend Arbeitsstellen für die Älteren gibt. Das mag heute angesichts der vielen Arbeitslosen kaum vorstellbar sein. Spätestens 2015 werden allerdings wegen des Bevölkerungsrückgangs die Beschäftigungschancen der Älteren deutlich steigen.

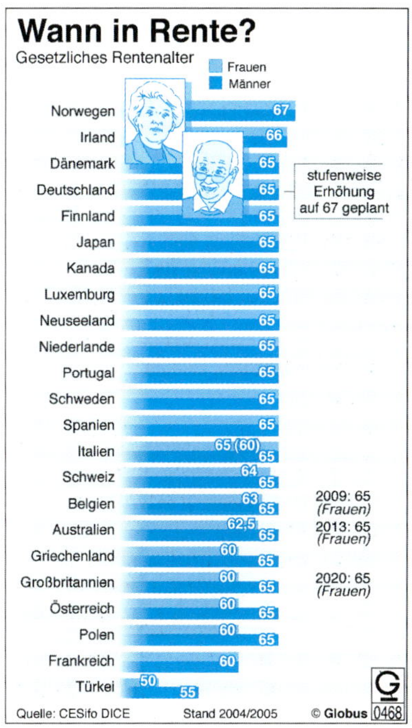

▶ „Riester-Rente" als private Altersvorsorge

Ziel der „Riester-Rente" ist es, die in der gesetzlichen Rentenversicherung absehbaren Lücken mit Hilfe staatlicher Unterstützung zu schließen, indem Arbeitnehmer auf freiwilliger Basis zusätzlich zur gesetzlichen Rente individuell eine private Altersvorsorge aufbauen. Im Gegensatz zur umlagefinanzierten gesetzlichen Rente ist die private „Riester-Rente" jedoch **kapitalgedeckt.** Kern der staatlichen Förderung ist eine von Familienstand und Kinderzahl abhängige **Zulage** (Grundzulage und Kinderzulage), die auf solche Sparleistungen gewährt wird, die in entsprechend zertifizierte Altersvorsorgeverträge (z.B. Bank-, Bonussparpläne, Investmentfonds) eingezahlt werden. Anstelle der Zulage kann sich im Rahmen des Sonderausgabenabzuges (vgl. S. 218) jedoch für den Vorsorgesparer auch ein **Steuervorteil** ergeben. Das Finanzamt überprüft automatisch, ob die Zulage oder der Sonderausgabenabzug für den Vorsorgesparer günstiger ist.

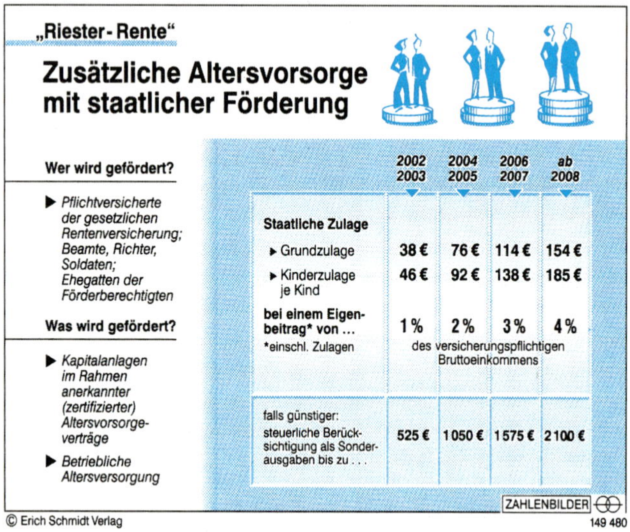

3.4 Arbeitslosenversicherung

Die Arbeitslosenversicherung ist eine Pflichtversicherung für alle Auszubildenden, Arbeiter und Angestellten. Ein freiwilliger Beitritt (z.B. für Selbstständige) ist nicht möglich. Nicht von der Arbeitslosenversicherung erfasst werden zudem alle Beamten.

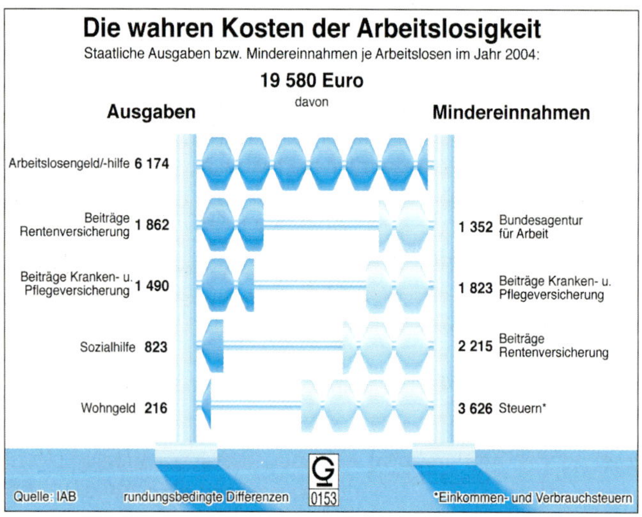

▶ Beitrag

Der Beitrag zur Arbeitslosenversicherung wird je zur Hälfte von Arbeitgeber und Arbeitnehmer getragen, direkt vom Lohn abgezogen und gemeinsam mit den anderen Sozialversicherungsbeiträgen zunächst an die Krankenkasse und von dieser an die Bundesagentur für Arbeit in Nürnberg überwiesen.

Die für die Rentenversicherung maßgeblichen Einkommensgrenzen, also die Beitragsbemessungsgrenze sowie die Entgeltgrenzen für Geringverdiener und gewerbliche Mini-Jobs, gelten auch in der Arbeitslosenversicherung.

▶ Aufgaben der Bundesagentur für Arbeit

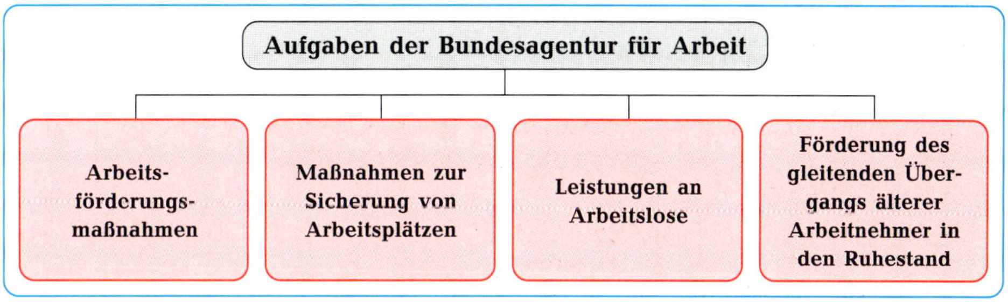

3.5 Unfallversicherung

In der Unfallversicherung sind alle Arbeitnehmer **unabhängig von der Höhe ihres Monatseinkommens** pflichtversichert. Der Versicherungsschutz erstreckt sich bei abhängig Beschäftigten, Schülern, Studenten und pflichtversicherten Unternehmern sowohl auf die Arbeitsstelle bzw. Schule oder Hochschule als auch auf den Weg von und zur Arbeit bzw. Ausbildungsstätte.

© Erich Schmidt Verlag 147 114

Personen, die in Unglücksfällen Hilfe leisten, sind während der Hilfeleistung versichert, Kinder in Kindergärten während des Kindergartenbesuches.

▶ Beitrag

Die Beiträge zur Unfallversicherung werden vom Arbeitgeber bzw. von der öffentlichen Hand **allein** getragen. Die Höhe des jeweiligen Beitrages richtet sich nach dem Verdienst der Versicherten und den Gefahrenklassen, in die das einzelne Unternehmen eingestuft ist.

▶ Aufgaben der Unfallversicherung

Aufgaben der Unfallversicherung

Maßnahmen zur Unfallverhütung

- Erlass von Unfallverhütungsvorschriften
- Überwachung der Einhaltung dieser Vorschriften
- Ahndung von Verstößen gegen die Unfallverhütungsvorschriften
- Durchführung von Ausbildungslehrgängen

Leistungen bei Arbeitsunfall, Wegeunfall und Berufskrankheit

- Heilbehandlung
- Übergangsgeld
- Berufshilfe
- Verletztenrente
- Sterbegeld
- Rente an Hinterbliebene
- Abfindung

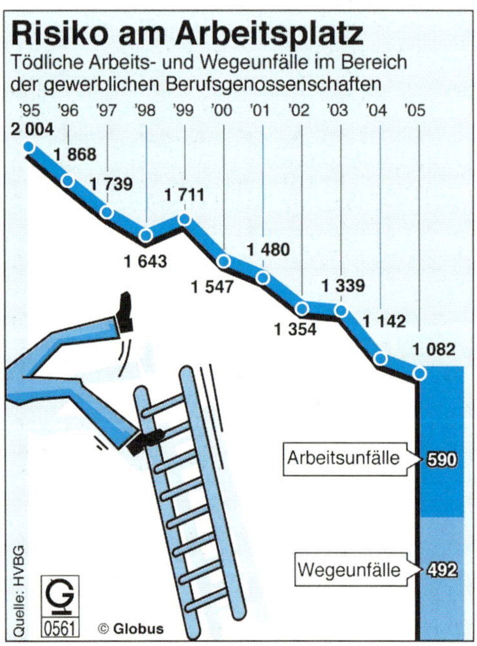

Zusammenfassung

Sozialversicherung

Zweige / Merkmale	Krankenversicherung	Pflegeversicherung	Rentenversicherung	Arbeitslosenversicherung	Unfallversicherung
Pflichtversicherte	u.a. ● Auszubildende ● Arbeiter und Angestellte (bis zu einer bestimmten Einkommenshöhe) ● Rentner ● Arbeitslose	● alle Mitglieder der gesetzlichen Krankenversicherung	u.a. ● Auszubildende ● Arbeiter ● Angestellte ● Arbeitslose	● Auszubildende ● Arbeiter ● Angestellte	u.a. ● Auszubildende ● Arbeiter ● Angestellte ● Arbeitslose ● Schüler ● Studenten
Finanzierung	● Beiträge durch Arbeitgeber und Arbeitnehmer ● Beiträge der Rentner ● Beiträge der Bundesagentur für Arbeit	● Beiträge durch Arbeitgeber und Arbeitnehmer ● Beiträge der Rentner und des Rentenversicherungsträgers ● Beiträge der Bundesagentur für Arbeit	● Beiträge durch Arbeitgeber und Arbeitnehmer je zur Hälfte ● Beiträge der Bundesagentur für Arbeit ● Zuschuss des Bundes	● Beiträge durch Arbeitgeber und Arbeitnehmer je zur Hälfte	● Arbeitgeber allein
Leistungen	● Gesundheitsuntersuchungen ● Krankenbehandlung ● Krankengeld ● Fahrkosten (nur noch in Ausnahemfällen) ● Leistungen bei Schwangerschaft und Mutterschaft	je nach Pflegebedürftigkeit: ● bei häuslicher Pflege – Sachleistungen – Pflegegeld ● bei stationärer Pflege – Erstattung pflegebedingter Aufwendungen	● Zahlung von Renten wegen Alters, verminderter Erwerbsfähigkeit und Todes ● Maßnahmen zur Rehabilitation ● Zahlung von Beiträgen an die Krankenversicherung der Rentner ● Aufklärung und Beratung der Versicherten und Rentner	● Arbeitsförderungsmaßnahmen ● Maßnahmen zur Sicherung von Arbeitsplätzen ● Leistungen an Arbeitslose ● Förderung des gleitenden Übergangs älterer Arbeitnehmer in den Ruhestand	● Maßnahmen zur Unfallverhütung ● Leistungen bei Arbeitsunfall, Wegeunfall und Berufskrankheit
Träger	● Allgemeine Ortskrankenkassen ● Betriebskrankenkassen ● Innungskrankenkassen ● Ersatzkassen für Angestellte	● Pflegekassen, die bei jeder Krankenkasse errichtet wurden	● Deutsche Rentenversicherung Bund ● Deutsche Rentenversicherung Knappschaft-Bahn-See ● Regionalträger der Deutschen Rentenversicherung ● Landwirtschaftliche Alterskassen	● Bundesagentur für Arbeit ● Regionaldirektionen ● Agenturen für Arbeit	● Berufsgenossenschaften ● Bundesagentur für Arbeit ● Bund, Länder und Gemeinden

Aufgaben

(1) *Welche Lebens- und Beschäftigungsrisiken werden durch die gesetzliche Sozialversicherung abgedeckt?*

(2) *Erläutern Sie den Begriff „Beitragsbemessungsgrenze" und stellen Sie deren Bedeutung für die Berechnung des an einen Arbeitnehmer zu überweisenden Nettoentgelts dar!*

(3) *Entscheiden Sie, welche Aussagen über die Auswirkungen der Beitragsbemessungsgrenze(n) richtig oder falsch sind!*

a) *Die Beitragsbemessungsgrenzen werden jährlich der allgemeinen Lohn- und Gehalts- entwicklung angepasst.*

b) *Wenn das sozialversicherungspflichtige Arbeitsentgelt eines Angestellten oder eines Arbeiters die für die Rentenversicherung maßgebliche Beitragsbemessungsgrenze übersteigt, ist dieser Arbeitnehmer nicht mehr rentenversicherungspflichtig.*

c) *Ein pflichtversicherter Arbeitnehmer zahlt Beiträge zur gesetzlichen Krankenversicherung. Bei einem Arbeitsentgelt oberhalb der Beitragsbemessungsgrenze stellt die niedrigere Beitragsbemessungsgrenze die Grundlage dar für die Berechnung der von Arbeitnehmer und Arbeitgeber je zur Hälfte zu tragenden Krankenversicherungsbeiträge.*

d) *Die Beitragsbemessungsgrenze der Krankenversicherung ist niedriger als die der Renten- und Arbeitslosenversicherung.*

e) *Die Beitragsbemessungsgrenze gilt nur für Angestellte.*

f) *Ein Arbeitnehmer, dessen Arbeitsentgelt die Beitragsbemessungsgrenze der Krankenversicherung übersteigt, ist grundsätzlich nicht mehr krankenversicherungspflichtig.*

g) *Die Beitragsbemessungsgrenzen gelten für alle fünf Zweige der gesetzlichen Sozialversicherung.*

(4) *Erläutern Sie die Begriffe:*

a) *Solidaritätsprinzip;*

b) *Umlageverfahren;*

c) *Generationenvertrag!*

(5) *Welche wesentlichen Leistungen werden von den einzelnen Zweigen der Sozialversicherung im Rahmen ihrer gesetzlichen Aufgaben erbracht?*

(6) *Die Beitragssätze der Sozialversicherung steigen seit Jahren. Trotz der eingeleiteten Reformen scheinen weitere Beitragserhöhungen bzw. Leistungseinschränkungen vorprogrammiert zu sein.*

a) *Erörtern Sie das Für und Wider weiterer Beitragserhöhungen!*

b) *Unterbreiten Sie Vorschläge zur Lösung der anstehenden Probleme!*

(7) *Eine 18-jährige Auszubildende, der bisher monatlich eine Vergütung in Höhe von 320 EUR gezahlt worden ist, erhält vereinbarungsgemäß mit Beginn des zweiten Ausbildungsjahres ab dem 1. August ein monatliches Entgelt in Höhe von 375 EUR. Lohn- und Kirchensteuer fallen jeweils nicht an; der Arbeitgeber leistet keinen Zuschuss zu den vermögenswirksamen Leistungen.*

a) *Welche Auswirkungen hat diese Erhöhung der Ausbildungsvergütung auf die Sozialversicherungsbeiträge?*

b) *Ermitteln Sie für beide Ausbildungsvergütungen auf der Grundlage der zurzeit für die Pflege-, Renten- und Arbeitslosenversicherung gültigen Beitragssätze sowie einem Beitragssatz für die Krankenversicherung in Höhe von 13,6 % das Nettoentgelt, das vor bzw. nach der Erhöhung auf das Girokonto der Auszubildenden überwiesen wurde bzw. nun zu überweisen ist!*

(8) *Eine Auszubildende besucht nach Dienstschluss eine Kunstausstellung in der Nachbargemeinde. Auf dem anschließenden Heimweg fällt sie unglücklich und bricht sich den rechten Arm. Besteht ein Anspruch auf Leistungen der gesetzlichen Unfallversicherung?*

(9) *Nennen Sie wesentliche Unfallverhütungsvorschriften, die für Ihren Ausbildungsbetrieb Gültigkeit besitzen!*

4 Entlohnung

Als Gegenleistung für die von abhängig Beschäftigten erbrachten Leistungen hat der Arbeitgeber das vereinbarte **Arbeitsentgelt** zu zahlen. Die Abwicklung des betrieblichen Entgeltwesens zählt zu den ständig wiederkehrenden Routinearbeiten personalverwaltungstechnischer Maßnahmen.

4.1 Begriff des Lohns

Lohn ist der Preis für geleistete menschliche Arbeit. Im engeren Sinne werden unter diesem Begriff verschiedene Formen des Arbeitsentgeltes zusammengefasst, und zwar sowohl das Gehalt des Angestellten, der Lohn des Arbeiters, die Gage des Künstlers als auch einmalig oder laufend gewährte Sondervergütungen, die ein Arbeitnehmer zusätzlich zu seinem vertraglich vereinbarten Arbeitsentgelt erhält.

Zu den **Sondervergütungen** zählen insbesondere:

- **Gratifikationen**, die zu bestimmten Anlässen gezahlt werden (z.B. Weihnachts-, Urlaubsgeld, Jubiläumszuwendung);
- **Provisionen**, die sich in einem bestimmten Prozentsatz vom erzielten Umsatz eines einzelnen Mitarbeiters, einer Abteilung oder des ganzen Unternehmens berechnen;
- **Zuschläge** für Mehr-, Spät-, Nacht-, Sonn- und Feiertagsarbeit, für gefährliche oder schmutzige Arbeiten;
- **Tantiemen**, die in Abhängigkeit vom jeweils erzielten Jahresergebnis als Gewinnbeteiligung an außertarifliche Mitarbeiter gezahlt werden.

Der Lohnbegriff im engeren Sinne erstreckt sich auf **alle Einkünfte eines Arbeitnehmers aus nichtselbstständiger Arbeit,** die

- entweder individuell durch **einzelarbeitsvertragliche Vereinbarungen** mit dem Arbeitgeber **(Einzelarbeitsvertrag)**
- oder – wie in den allermeisten Fällen – durch **kollektivvertragliche Vereinbarungen (Tarifvertrag)** zwischen den Sozialpartnern

ausgehandelt und festgelegt worden sind.

4.2 Steuer- und sozialversicherungsrechtliche Grundlagen der Entlohnung

Da Arbeitgeber aufgrund öffentlich-rechtlicher Vorschriften zur Einbehaltung und Abführung von Steuern (Lohn- und Kirchensteuer sowie Solidaritätszuschlag) und Sozialversicherungsbeiträgen verpflichtet sind, wird die vereinbarte Vergütung i.d.R. nicht brutto, sondern gekürzt um die **gesetzlichen Lohnabzüge** (vgl. S. 75ff.), an die Beschäftigten ausgezahlt.

In welchem Umfang diese Abzüge vom Lohn einzubehalten und abzuführen sind, richtet sich nach der Höhe der steuer- und sozialversicherungspflichtigen Arbeitsvergütung. Bemessungsgrundlage im Sinne des Lohnsteuerrechts ist dabei der **Arbeitslohn,** während im Sozialversicherungsrecht der Terminus des **Arbeitsentgeltes** maßgeblich ist. Um den Betrieben den Abzug von Lohnsteuer und Sozialversicherungsbeiträgen zu erleichtern, besteht trotz dieser unterschiedlichen Bezeichnungen eine weitgehende Übereinstimmung.

▶ Arbeitslohn im steuerrechtlichen Sinne *(§ 19 I EStG, § 2 LStDV)*

In steuerrechtlicher Hinsicht zählen zum **Arbeitslohn** alle Einnahmen, die durch das individuelle Dienstverhältnis des Arbeitnehmers veranlasst sind. Diese Einkünfte aus nichtselbstständiger Arbeit unterliegen **grundsätzlich der Lohnsteuer.** Dabei ist es unerheblich, ob es sich um laufende oder um einmalige Bezüge handelt, ob ein Rechtsanspruch auf sie besteht und unter welcher Bezeichnung oder in welcher Form sie gewährt werden.

Neben Gehältern, Löhnen, Gratifikationen und Tantiemen zählen insbesondere auch folgende Einnahmen, soweit diese nicht ausdrücklich steuerfrei gestellt worden sind, zum Arbeitslohn:

- **Lohnzuschläge,** die wegen der Besonderheit der Arbeit gewährt werden (Erschwerniszuschläge wie z.B. Hitze-, Schmutz- und Gefahrenzulagen);
- **besondere Entlohnung für Dienste, die über die regelmäßige Arbeitszeit hinaus geleistet werden** (z.B. Entlohnung für Überstunden, Sonntagsarbeit);
- **andere Bezüge und Vorteile** (wie z.B. unentgeltliche Überlassung eines Dienstwagens zur privaten Nutzung; unentgeltliche oder verbilligte Überlassung von Waren an den Arbeitnehmer, die im Betrieb des Arbeitgebers hergestellt oder vertrieben werden).

▶ Arbeitsentgelt im sozialversicherungsrechtlichen Sinne *(§ 14 I SGB IV)*

Unter den Begriff des **Arbeitsentgelts** fallen alle laufenden oder einmaligen Einnahmen aus einer Beschäftigung, gleichgültig, ob ein Rechtsanspruch auf die Einnahmen besteht, unter welcher Bezeichnung oder in welcher Form sie geleistet werden und ob sie unmittelbar aus der Beschäftigung oder im Zusammenhang mit ihr erzielt werden. Damit gelten alle Zuwendungen, die in Geld oder Geldwert bestehen, als Einnahme im sozialversicherungsrechtlichen Sinne.

Steuer- und beitragsfrei sind u.a.:	Steuer- und beitragspflichtig sind u.a.:
• Arbeit**geber**beiträge zur Sozialversicherung des Arbeitnehmers • Arbeitslosengeld und Arbeitslosengeld II • Zuschläge für Sonntags-, Feiertags- oder Nachtarbeit (soweit sie die steuerfrei gestellten Beträge nicht übersteigen) • Getränke und Genussmittel, soweit sie der Arbeitgeber dem Arbeitnehmer zum Verbrauch im Betrieb unentgeltlich oder verbilligt überlässt • Aufwendungen des Arbeitgebers für Betriebsveranstaltungen wie z.B. Betriebsausflüge, Weihnachts- oder Jubiläumsfeiern (zulässig für bis zu zwei Veranstaltungen jährlich, wobei pro teilnehmenden Mitarbeiter 110 EUR [brutto] je Veranstaltung nicht überschritten werden dürfen) • Preisnachlässe und Personalrabatte beim Bezug von Waren, die im Betrieb nicht überwiegend für den Bedarf der Mitarbeiter hergestellt oder vertrieben werden, soweit der Nachlass insgesamt 1 080 EUR im Kalenderjahr nicht übersteigt	• Arbeit**nehmer**beiträge zur Sozialversicherung • Erschwerniszuschläge • Weihnachtszuwendungen • Provisionen • Tantiemen • Urlaubsgeld • Entgeltfortzahlung für Feier-, Urlaubstage und im Krankheitsfall • Kraftfahrzeugüberlassung zum privaten Gebrauch • Prämien für Verbesserungsvorschläge • vermögenswirksame Leistungen

4.2.1 Gesetzliche Lohnabzüge

Gesetzliche Lohnabzüge

Steuern

- Lohnsteuer
- Kirchensteuer (für Mitglieder anerkannter Religionsgemeinschaften)
- Solidaritätszuschlag

Arbeitnehmerbeiträge zur Sozialversicherung

- Krankenversicherung
- Pflegeversicherung
- Rentenversicherung
- Arbeitslosenversicherung

4.2.1.1 Steuern

Unter Berücksichtigung der auf der Lohnsteuerkarte[1] eingetragenen Merkmale (z.B. Steuerklasse (vgl. S. 221 f.), Steuerfreibetrag, Zahl der Kinderfreibeträge) hat der Arbeitgeber bei jeder Lohnzahlung die zu entrichtende **Lohnsteuer** für Rechnung des Arbeitnehmers einzubehalten (Abzugsverfahren, vgl. S. 216). Arbeitsentgelte, die von Mit-

1 Im Rahmen einer grundlegenden Modernisierung des Lohnsteuer-/Einkommensteuerverfahrens sollen die heute gängigen **papiergebundenen Verfahren (insbesondere Lohnsteuerkarte, Lohnsteuer-Anmeldung, Einkommensteuererklärung)** durch vollelektronische Verfahren ersetzt werden. Neben einem erheblichen Bürokratieabbau auf Seiten der Arbeitgeber, der Arbeitnehmer, der Gemeinden und des Finanzamtes sollen so auch Kosten gesenkt werden. In diesem Zusammenhang plant das Bundesministerium für Finanzen z.B. die Einführung einer **elektronischen „Steuerabzugsbescheinigung"**, die ab 2010 die klassische Lohnsteuerkarte ersetzen soll.

gliedern steuererhebungsberechtigter Religionsgemeinschaften erzielt werden, unterliegen darüber hinaus auch der **Kirchensteuer.** Je nach Bundesland beträgt diese im Regelfall 8 oder 9% der Lohnsteuer. Seit dem 1. Januar 1998 wird ein **Solidaritätszuschlag** in Höhe von 5,5% der jeweiligen Lohnsteuer erhoben.

Die Höhe der gesetzlich einzubehaltenden Steuern kann sowohl **manuell** als auch **maschinell (elektronisch)** ermittelt werden.

▶ Manuelle Steuerermittlung

Die manuelle Steuerermittlung erfolgt unter Rückgriff auf die amtlichen Lohnsteuertabellen (z.B. Allgemeine Lohnsteuer-Tabelle – Monat). Dabei kommt der so genannte **Stufentarif** zur Anwendung. Dies bedeutet, dass der Arbeitgeber die Steuern für jene Stufe ermittelt, die sich für die Größe ergibt, die für die Lohnsteuerberechnung entscheidend ist. Bei der monatlichen Lohn-/Gehaltsabrechnung ist regelmäßig der vom Arbeitgeber gezahlte Arbeitslohn in Gestalt des **steuerpflichtigen Bruttoentgeltes** maßgeblich. Indem sich die zu der jeweiligen Stufe ausgewiesenen Steuerbeträge aus der Obergrenze dieser Stufe ermitteln, gelten diese Steuerbeträge für alle Löhne bzw. Gehälter, die in diese Stufe fallen.

Auszug aus der Allgemeinen Lohnsteuer-Tabelle zur Ermittlung der Steuerbeträge bei laufendem Arbeitslohn

2 069,99* MONAT

Lohn/ Gehalt	Abzüge an Lohnsteuer, Solidaritätszuschlag (SolZ) und Kirchensteuer (8%, 9%) in den Steuerklassen I–VI					I, II, III, IV		mit Zahl der Kinderfreibeträge . . . 0,5			1			1,5			2			2,5			3		
bis €*		LSt	ohne Kinderfreibeträge SolZ	8%	9%		LSt	SolZ	8%	9%	SolZ	8%	9%	SolZ	8%	9%	SolZ	8%	9%	SolZ	8%	9%	SolZ	8%	9%
2 027,99	I,IV	267,58	14,71	21,40	24,08	I	267,58	11,09	16,13	18,14	7,64	11,12	12,51	—	6,36	7,16	—	2,26	2,54	—	—	—	—	—	—
	II	237,50	13,06	19,—	21,37	II	237,50	9,51	13,84	15,57	6,15	8,94	10,06	—	4,39	4,94	—	0,74	0,83	—	—	—	—	—	—
	III	42,83	—	3,42	3,85	III	42,83	—	0,24	0,27	—	—	—	—	—	—	—	—	—	—	—	—	—	—	—
	V	563,—	30,96	45,04	50,67	IV	267,58	12,88	18,74	21,08	11,09	16,13	18,14	9,34	13,59	15,29	7,64	11,12	12,51	5,56	8,70	9,79	—	6,36	7,16
	VI	593,66	32,65	47,49	53,42																				
2 030,99	I,IV	268,33	14,75	21,46	24,14	I	268,33	11,13	16,19	18,21	7,68	11,18	12,57	—	6,42	7,22	—	2,31	2,60	—	—	—	—	—	—
	II	238,25	13,10	19,06	21,44	II	238,25	9,56	13,90	15,64	6,18	9,—	10,12	—	4,44	5,—	—	0,78	0,88	—	—	—	—	—	—
	III	43,33	—	3,46	3,89	III	43,33	—	0,26	0,29	—	—	—	—	—	—	—	—	—	—	—	—	—	—	—
	V	564,16	31,02	45,13	50,77	IV	268,33	12,92	18,80	21,15	11,13	16,19	18,21	9,38	13,65	15,35	7,68	11,18	12,57	5,71	8,76	9,86	—	6,42	7,22
	VI	595,—	32,72	47,60	53,55																				
2 033,99	I,IV	269,16	14,80	21,53	24,22	I	269,16	11,17	16,26	18,29	7,72	11,24	12,64	—	6,47	7,28	—	2,35	2,64	—	—	—	—	—	—
	II	239,08	13,14	19,12	21,51	II	239,08	9,60	13,96	15,71	6,22	9,06	10,19	—	4,49	5,05	—	0,82	0,92	—	—	—	—	—	—
	III	43,66	—	3,49	3,92	III	43,66	—	0,29	0,32	—	—	—	—	—	—	—	—	—	—	—	—	—	—	—
	V	565,33	31,09	45,22	50,87	IV	269,16	12,97	18,86	21,22	11,17	16,26	18,29	9,42	13,71	15,42	7,72	11,24	12,64	5,86	8,82	9,92	—	6,47	7,28
	VI	596,—	32,78	47,68	53,64																				
2 036,99	I,IV	270,—	14,85	21,60	24,30	I	270,—	11,22	16,32	18,36	7,76	11,30	12,71	0,13	6,53	7,34	—	2,40	2,70	—	—	—	—	—	—
	II	239,91	13,19	19,19	21,59	II	239,91	9,64	14,02	15,77	6,27	9,12	10,26	—	4,54	5,11	—	0,86	0,97	—	—	—	—	—	—
	III	44,16	—	3,53	3,97	III	44,16	—	0,32	0,36	—	—	—	—	—	—	—	—	—	—	—	—	—	—	—
	V	566,50	31,15	45,32	50,98	IV	270,—	13,01	18,92	21,29	11,22	16,32	18,36	9,47	13,78	15,50	7,76	11,30	12,71	6,01	8,88	9,99	0,13	6,53	7,34
	VI	597,33	32,85	47,78	53,75																				
2 039,99	I,IV	270,83	14,89	21,66	24,37	I	270,83	11,26	16,38	18,43	7,81	11,36	12,78	0,26	6,58	7,40	—	2,44	2,75	—	—	—	—	—	—
	II	240,66	13,23	19,25	21,65	II	240,66	9,68	14,08	15,84	6,31	9,18	10,32	—	4,60	5,17	—	0,90	1,01	—	—	—	—	—	—
	III	44,66	—	3,57	4,01	III	44,66	—	0,36	0,40	—	—	—	—	—	—	—	—	—	—	—	—	—	—	—
	V	567,83	31,23	45,42	51,10	IV	270,83	13,05	18,99	21,36	11,26	16,38	18,43	9,51	13,84	15,57	7,81	11,36	12,78	6,14	8,94	10,05	0,26	6,58	7,40
	VI	598,50	32,91	47,88	53,86																				
2 042,99	I,IV	271,66	14,94	21,73	24,44	I	271,66	11,30	16,44	18,50	7,84	11,41	12,83	0,41	6,64	7,47	—	2,48	2,79	—	—	—	—	—	—
	II	241,50	13,28	19,32	21,73	II	241,50	9,72	14,14	15,91	6,34	9,23	10,38	—	4,64	5,22	—	0,94	1,05	—	—	—	—	—	—
	III	45,16	—	3,61	4,06	III	45,16	—	0,40	0,45	—	—	—	—	—	—	—	—	—	—	—	—	—	—	—
	V	569,—	31,29	45,52	51,21	IV	271,66	13,10	19,06	21,44	11,30	16,44	18,50	9,55	13,90	15,63	7,84	11,41	12,83	6,18	9,—	10,12	0,41	6,64	7,47
	VI	599,83	32,99	47,98	53,98																				

Quelle: Monats-Lohnsteuer-Tabelle 2006, Presto-Verlag

Die obige Allgemeine Lohnsteuer-Tabelle – Monat weist für **alle Bruttolöhne bzw. -gehälter zwischen 2 028,00 EUR und 2 030,99 EUR** folgende Lohnsteuerbeträge aus, wenn keine Kinderfreibeträge zu berücksichtigen sind:

- Steuerklasse I, IV: 268,33 EUR
- Steuerklasse II: 238,25 EUR
- Steuerklasse III: 43,33 EUR
- Steuerklasse V: 564,16 EUR
- Steuerklasse VI: 595,00 EUR

▶ Maschinelle (elektronische) Steuerermittlung

Neben der manuellen Steuerermittlung kann der Arbeitgeber die Höhe der Steuern auch mit Hilfe entsprechender Software maschinell berechnen. Bereits seit 2004 kommt bei dieser elektronischen Steuerermittlung der so genannte **Formeltarif** zur Anwendung. Dabei handelt es sich um einen stufenlosen Steuertarif, bei dem die Steuern genau für die Größe ermittelt werden, die für die Lohnsteuerberechnung maßgeblich ist. Dies hat zur Folge, dass sich für jeden Cent mehr Lohn bzw. Gehalt grundsätzlich auch höhere Steuerbeträge ergeben.

Ohne Berücksichtigung von Kinderfreibeträgen führt die elektronische Steuerermittlung bei laufendem Arbeitslohn zu folgenden Lohnsteuerbeträgen:

Höhe der Lohnsteuer / Bruttolohn/-gehalt	Steuerklasse I, IV	Steuerklasse II	Steuerklasse III	Steuerklasse V	Steuerklasse VI
2028,00 EUR	267,58 EUR	237,50 EUR	42,83 EUR	563,00 EUR	593,83 EUR
2029,00 EUR	267,83 EUR	237,75 EUR	43,00 EUR	563,50 EUR	594,16 EUR
2030,00 EUR	268,08 EUR	238,00 EUR	43,16 EUR	564,00 EUR	594,50 EUR
2030,99 EUR	268,33 EUR	238,25 EUR	43,33 EUR	564,16 EUR	595,00 EUR

Die elektronisch berechneten Steuerbeträge können daher in einigen Fällen geringfügig von der manuell ermittelten Lohnsteuer (einschließlich der davon abhängigen Steuern, und zwar dem Solidaritätszuschlag und der Kirchensteuer) abweichen.

Wie der Arbeitgeber die einzubehaltende Lohnsteuer **erhebungstechnisch** zu ermitteln hat, hängt davon ab, ob die dem Arbeitnehmer im Lohnzahlungszeitraum zufließenden Bezüge dem **laufenden Arbeitslohn** oder den einmalig und nicht regelmäßig wiederkehrenden **sonstigen Bezügen** zuzurechnen sind.

▶ Ermittlung der Lohnsteuer bei laufendem Arbeitslohn *(§ 39b II EStG)*

Die einem Arbeitnehmer regelmäßig zufließenden Bezüge (z.B. Monatsgehalt, Nachzahlungen für das laufende Kalenderjahr, Mehrarbeitsvergütungen, Zuschläge) zählen zum **laufenden Arbeitslohn.** Der Arbeitgeber hat die Höhe dieses laufenden **steuerpflichtigen Arbeitslohnes** festzustellen und die sich dafür für den jeweiligen **Lohnzahlungszeitraum** (z.B. Monat) ergebenden Steuern – und zwar die Lohnsteuer, den Solidaritätszuschlag und ggf. die Kirchensteuer – manuell oder maschinell zu ermitteln und vom Arbeitslohn einzubehalten.

▶ Ermittlung der Lohnsteuer bei sonstigen Bezügen *(§ 39b III EStG)*

Zu den sonstigen Bezügen gehören insbesondere **Einmalzahlungen** (z.B. Weihnachts-, Urlaubsgeld, Gratifikationen, Tantiemen), die neben dem laufenden Arbeitslohn gewährt werden. Da sonstige Bezüge somit weder fortlaufend noch in gleich bleibender Höhe gezahlt werden, ist die Lohnsteuer nach einem besonderen Verfahren zu berechnen: Zu diesem Zweck hat der Arbeitgeber zunächst den voraussichtlichen Jahresarbeitslohn des Beschäftigten ohne den sonstigen Bezug sowie die darauf entfallende Jahreslohnsteuer zu ermitteln. Anschließend ist die Jahreslohnsteuer für den voraussichtlichen Jahresarbeitslohn einschließlich des sonstigen Bezugs festzustellen.

Die Differenz zwischen diesen beiden Steuerbeträgen ist die Lohnsteuer, die der Arbeitgeber für den sonstigen Bezug einzubehalten hat. Bei manueller Ermittlung kann die Lohnsteuer aus der Tabelle **„Sonstige Bezüge"** abgelesen werden.

Der Arbeitgeber erfüllt seine **Aufzeichnungspflichten,** indem er für jeden Beschäftigten ein **Lohnkonto** einrichtet, in das bei Lohn- und Gehaltzahlungen die entsprechenden Daten (z.B. Tag der Lohnzahlung unter Angabe des Lohnzahlungszeitraums, steuerfreie Bezüge, Bruttoarbeitslohn, Lohnsteuer, Kirchensteuer und Solidaritätszuschlag, Arbeitnehmerbeiträge zur Kranken-, Pflege-, Renten- und Arbeitslosenversicherung) einzutragen sind.

4.2.1.2 Arbeitnehmerbeiträge zur Sozialversicherung

Neben der Lohn- und ggf. Kirchensteuer sowie dem Solidaritätszuschlag mindert sich das Bruttoarbeitsentgelt sozialversicherungspflichtig Beschäftigter – jeweils bis zu der in den einzelnen Sozialversicherungszweigen maßgeblichen Beitragsbemessungsgrenze, vgl. S. 61 – um die Arbeit**nehmer**beiträge zur Sozialversicherung.

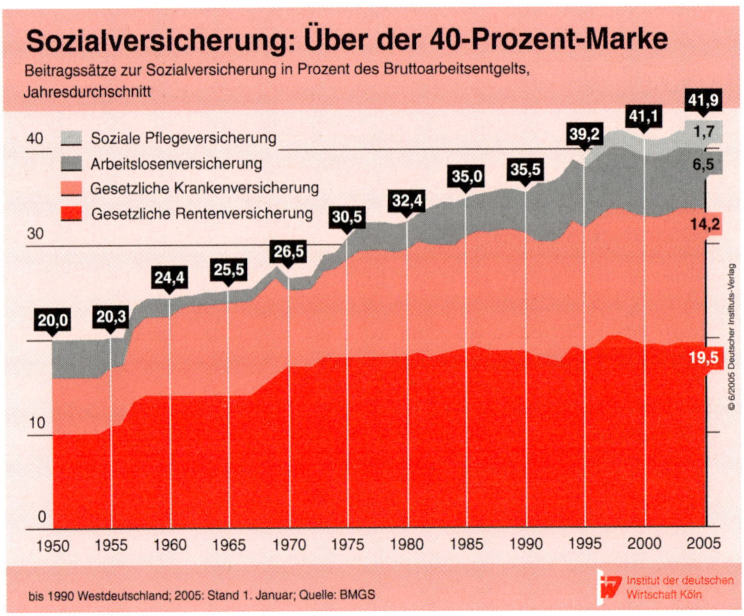

Quelle: Informationsdienst des Instituts der deutschen Wirtschaft, Nr. 6 vom 10. Februar 2005, S. 8

4.2.2 Auszahlungsbetrag

Der auf das Girokonto des Beschäftigten zu überweisende Auszahlungsbetrag ergibt sich somit als **Differenz aus dem steuer- und sozialversicherungspflichtigen Bruttoentgelt und den gesetzlichen Lohnabzügen.**

Darüber hinaus können auf privatrechtlicher Grundlage erfolgende persönliche Abzüge (z.B. vermögenswirksam angelegte Leistungen, Rückzahlung eines Arbeitgeberdarlehens, Verrechnung eines im Vormonat ausgezahlten Gehaltsvorschusses) zu einer weiteren Verminderung des **Auszahlungsbetrages** führen.

In ihrem individuell mit dem Arbeitgeber ausgehandelten Arbeitsvertrag hat eine Immobilienkauffrau ein über dem maßgeblichen Vergütungstarifvertrag liegendes monatliches Entgelt in Höhe von 1 530,00 EUR vereinbart. Aufgrund tarifvertraglicher Verpflichtung zahlt der Arbeitgeber monatlich 26,59 EUR als (steuer- und sozialversicherungspflichtigen) Arbeitgeber-Anteil zu den vermögenswirksamen Leistungen. Die vermögenswirksam angelegten Leistungen (monatlicher Sparbetrag in Höhe von 40 EUR) lässt die Angestellte auf das entsprechende Anlagekonto, und zwar einen Sparvertrag über Wertpapiere, überweisen.

Auszug aus der Gehaltsabrechnung *(bei manueller Steuerermittlung)*

Frau
Kerstin Schomm
Pirolweg 13 a
44388 Dortmund

- PERSÖNLICH -

Abrechnungsmonat 08/20..

Personal-Nr.:	12
Geburtsdatum:	22. September 1975
SV-Nr.:	53 220975 S235
Eintrittsdatum:	01. Juli 20..
Gehaltsgruppe:	V
Gehaltsstufe:	3
Gehaltskonto:	37852622
Bankverbindung:	BLZ 440 501 91 SPK Dortmund
Krankenkasse:	BEK Dortmund

Allgemeine Besteuerungsmerkmale	
Steuerklasse:	I
Steuerfreibetrag Jahr in EUR:	0
Steuerfreibetrag Monat in EUR:	0
Zahl der Kinderfreibeträge:	0,0
Konfession:	ev

Bezüge			**lfd. Monat**	**Vormonat(e)**	**Zusammenstellung**
Entgelt lt. Arbeits-/Tarifvertrag			1 530,00		
VL-Arbeitgeber-Zulage			26,59		
weitere steuerpflichtige Zahlungen			0,00		
steuer- und sozialversicherungspflichtiges Bruttoentgelt			**1 556,59**		**1 556,59**
gesetzliche Lohnabzüge					
Lohnsteuer[1]		142,08			
Solidaritätszuschlag[1]		7,81			
Kirchensteuer[1]		12,78			
Arbeitnehmerbeiträge zur SV[2]		339,34			
– Krankenversicherung	119,86				
– Pflegeversicherung	17,12				
– Rentenversicherung	151,77				
– Arbeitslosenversicherung	50,59				
Summe gesetzlicher Lohnabzüge			**502,01**		**502,01**
Nettoentgelt			**1 054,58**		**1 054,58**
private Abzüge					
VL-Sparbetrag		40,00			
sonstige Abzüge		0,00			
Summe privater Abzüge			**40,00**		**40,00**
			Auszahlungsbetrag		**1 014,58**

1 Bei elektronischer Steuerermittlung ergeben sich folgende Beträge: Lohnsteuer 142,00 EUR, Solidaritätszuschlag 7,81 EUR und Kirchensteuer 12,78 EUR.

2 Unterstellte Gesamtarbeitnehmeranteile zur Sozialversicherung: Krankenversicherung 6,8% + 0,9%, Pflegeversicherung 0,85% + 0,25%, Rentenversicherung 9,75%, Arbeitslosenversicherung 3,25%.

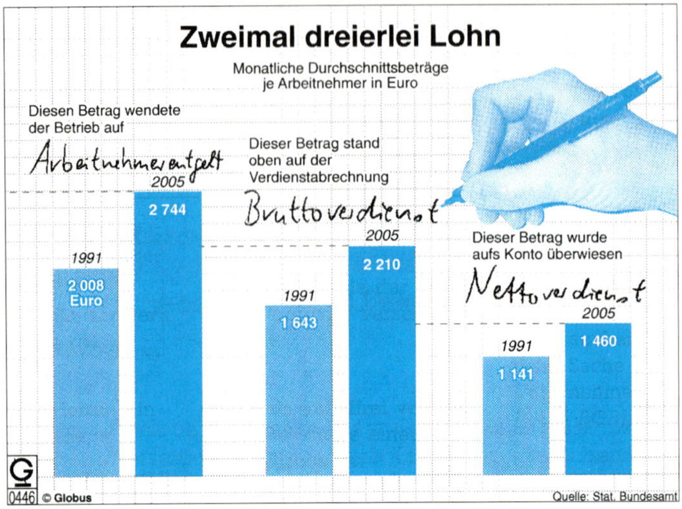

Arbeitnehmer und Arbeitgeber haben bisweilen Verständigungsschwierigkeiten, wenn sie sich über den Arbeitslohn unterhalten. Der Chef stöhnt über die hohen Personalkosten, der Mitarbeiter beklagt sein Nettoeinkommen, mit dem er einen ganzen Monat auskommen muss. Und in der Tat: Zwischen dem, was die Arbeit kostet, und dem, was sie in klingender Münze einbringt, klafft eine erhebliche Lücke. Vom Aufwand für Arbeit, wie ihn der Betrieb in seiner Kostenrechnung kalkuliert, wird nur gut die Häfte (53 Prozent) dem Konto des Arbeitnehmers gutgeschrieben. Anfang der 90er-Jahre waren es noch fast 57 Prozent. – Durchschnittlich 2744 Euro im Monat mussten die Arbeitgeber im vergangenen Jahr für jeden Mitarbeiter ausgeben. Davon sind 2210 Euro brutto auf der Verdienstabrechnung ausgewiesen. Unsichtbar für die Arbeitnehmer bleiben jene 534 Euro, die der Betrieb als Arbeitgeberbeiträge an die Sozialkassen abführt. Nach Abzug der Lohnsteuer und des Solidaritätszuschlags sowie der Arbeitnehmerbeiträge zur Renten-, Kranken-, Pflege- und Arbeitslosenversicherung bleiben lediglich 1460 Euro netto im Monat übrig. Den Unterschied zwischen Lohnkosten und Nettoverdienst – in unserem Beispiel 1284 Euro – kassiert der Staat.

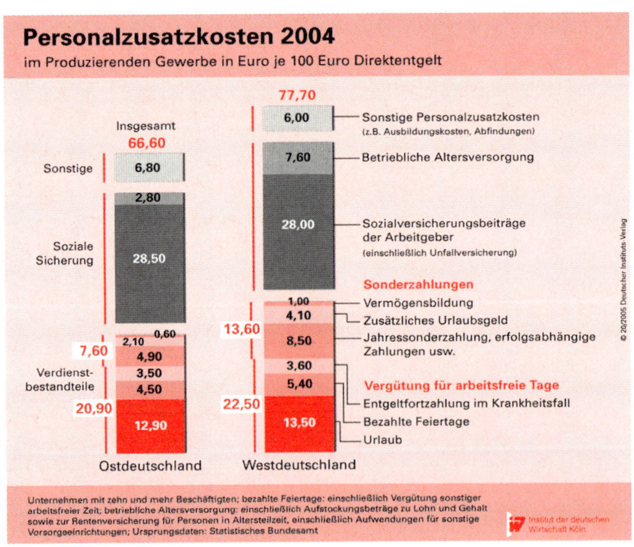

Quelle: Informationsdienst des Instituts der deutschen Wirtschaft Köln, Nr. 20 vom 15. Mai 2005, S. 8

Auf den ersten Blick kann sich die Einkommensentwicklung in Deutschland durchaus sehen lassen. Die durchschnittlichen Bruttomonatsverdienste je Arbeitnehmer erhöhten sich von 1 812 Euro im Jahr 1992 auf 2 201 Euro im Jahr 2004; das ist ein Plus von 21,5 Prozent. Und auch netto – also nach Abzug von Steuern und Sozialversicherungsbeiträgen – ist etwas hängen geblieben: Plus 17 Prozent (von 1 238 auf 1 449 Euro) lautet das Ergebnis seit 1992. Berücksichtigt man jedoch die Geldentwertung durch den Anstieg der Verbraucherpreise, dann wird deutlich, dass der Einkommensfortschritt in Wahrheit ein Einkommensrückschritt war. Denn die Kaufkraft der Nettomonatsverdienste war im Jahr 2004 um 63 Euro niedriger als im Jahr 1992. Mit anderen Worten: Die Realeinkommen der Arbeitnehmer sind von 1992 bis 2004 um rund fünf Prozent gesunken.

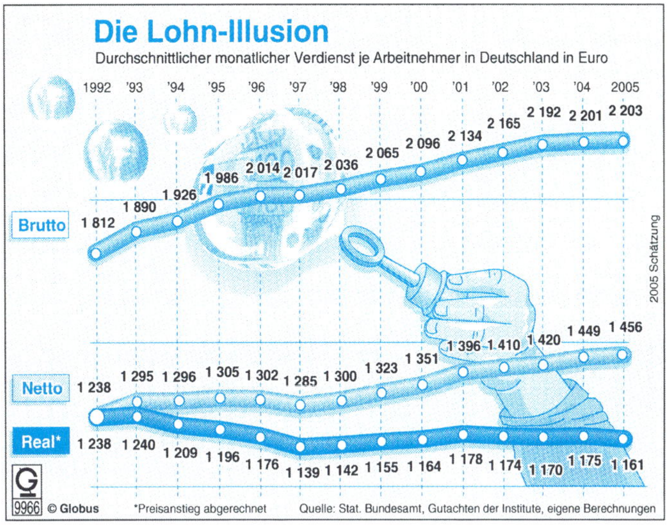

4.3 Lohnsteuer-Jahresausgleich *(§ 42 b EStG)*

Im Gegensatz zur Antragsveranlagung (vgl. S. 223 ff.), die ein Arbeitnehmer auf den amtlichen Steuerformularen durchführt, um sich vom Finanzamt nach Ablauf des Veranlagungszeitraums zu viel einbehaltene Lohnsteuer erstatten zu lassen, handelt es sich beim **Lohnsteuer-Jahresausgleich** um eine Erstattung, die der **Arbeitgeber** für seine Beschäftigten vornimmt. Beschäftigt ein Arbeitgeber am 31. Dezember des abgelaufenen Kalenderjahres weniger als 10 Arbeitnehmer, ist er unter bestimmten Voraussetzungen berechtigt, den Lohnsteuer-Jahresausgleich vorzunehmen. Handelt es sich um mindestens 10 Arbeitnehmer, so ist er zum Ausgleich verpflichtet.

Unzulässig ist die Durchführung dieses frühzeitigen Ausgleiches insbesondere dann, wenn

- der Arbeitnehmer dies beantragt oder
- der Arbeitnehmer im abgelaufenen Kalenderjahr ganz nach den Steuerklassen V oder VI oder für einen Teil des Jahres nach den Steuerklassen III, IV, V oder VI zu besteuern war.

Der Lohnsteuer-Jahresausgleich gemäß § 42 b EStG ermöglicht es damit dem Arbeitgeber, seinen Beschäftigten frühzeitig – also noch vor deren Antragsveranlagung – die im Kalenderjahr zu viel einbehaltene Lohnsteuer insofern zu erstatten, als sie die auf den Jahresarbeitslohn entfallende Jahreslohnsteuer übersteigt. Dass der Arbeitgeber – bedingt durch die Technik des Lohnsteuerabzuges – im Laufe eines Kalenderjahres zu viel Steuern einbehalten hat, ist insbesondere bei Änderung der Eintragungen auf der Steuerkarte (z. B. Wechsel in eine günstigere Steuerklasse, Kinder- oder Steuerfreibe-

6 Siekerkötter/Fehn – ISBN 978-3-8120-0065-9

träge) oder bei schwankender Höhe des Arbeitsentgeltes (z.B. bei unregelmäßig und in unterschiedlichem Umfang anfallenden Überstunden) gegeben. Im Gegensatz zur Antragsveranlagung, der die Einkommensteuertabelle, und zwar für Unverheiratete der Grundtarif und für Verheiratete der Splittingtarif, zugrunde liegt, schließt der vom Arbeitgeber durchgeführte Lohnsteuer-Jahresausgleich das Abzugsverfahren auf der Grundlage von Jahreslohnsteuertabellen ab, die aus der Einkommensteuertabelle abgeleitet sind.

4.4 Lohnsteuer-Anmeldung

Der Arbeitgeber hat dem zuständigen Finanzamt (= Betriebsstättenfinanzamt) die bei der Lohn- bzw. Gehaltszahlung vom Bruttoentgelt der Beschäftigten einzubehaltenden Steuern (Lohnsteuer, Kirchensteuer und Solidaritätszuschlag) fristgerecht anzumelden (= Anmeldungszeitraum) und zu überweisen (= Abführungszeitpunkt). Der **Lohnsteuer-Anmeldung** sind nicht nur Steuernummer sowie Anschrift des Arbeitgebers und Anzahl der beschäftigten Arbeitnehmer zu entnehmen, sondern auch die für den jeweiligen Anmeldungszeitraum maßgebliche Summe der von **allen Beschäftigten** einzubehaltenden und zu übernehmenden Steuerabzugsbeträge.

Bereits seit Januar 2005 ist die Übermittlung der Daten aus der Lohnsteuer-Anmeldung auf **elektronischem Wege** verpflichtend. Zur Vermeidung unbilliger Härten kann das Betriebsstättenfinanzamt auf Antrag auf die elektronische Übermittlung verzichten. In diesem Fall ist der entsprechende amtliche Erklärungsvordruck weiter zu verwenden, der vom Arbeitgeber oder einer zu seiner Vertretung berechtigten Person zu unterschreiben ist.

▶ **Anmeldungszeitraum**

Je nachdem, wie hoch der **Lohnsteuerbetrag im Vorjahr** gewesen ist, ist die Lohnsteuer-Anmeldung **bis spätestens zum zehnten Tag nach Ablauf des jeweiligen Lohnsteuer-Anmeldungszeitraumes** (Kalendermonat, Kalendervierteljahr oder Kalenderjahr) zu übermitteln bzw. zu übersenden. Trifft die Anmeldung nicht rechtzeitig ein, kann das Betriebsstättenfinanzamt zu der Lohnsteuer einen **Verspätungszuschlag** bis zu 10 % des anzumeldenden Betrages festsetzen.

▶ **Abführungszeitpunkt**

Die Steuerabzugsbeträge sind ebenfalls bis zu dem oben genannten Zeitpunkt, also bis spätestens zum zehnten Tag nach Ablauf des jeweiligen Anmeldungszeitraumes, an das Betriebsstättenfinanzamt zu überweisen. Im Falle der nicht rechtzeitigen Zahlung ist ein **Säumniszuschlag** zu entrichten. Dieser beträgt – für jeden angefangenen Monat der Säumnis – 1 % des rückständigen Steuerbetrages.

Anmeldungszeitraum und Abführungszeitpunkt sind somit spätestens

- der zehnte Tag nach Ablauf eines **jeden Kalendermonats** *(die abzuführende Lohnsteuer für das vorangegangene Kalenderjahr hat* **mehr als 3 000 EUR** *betragen);*
- der zehnte Tag nach Ablauf eines **jeden Kalendervierteljahres** *(die abzuführende Lohnsteuer für das vorangegangene Kalenderjahr hat* **mehr als 800 EUR, aber nicht mehr als 3 000 EUR** *betragen);*
- der zehnte Tag nach Ablauf eines **jeden Kalenderjahres** *(die abzuführende Lohnsteuer für das vorangegangene Kalenderjahr hat* **nicht mehr als 800 EUR** *betragen).*

Aus der aktuellen Lohn- und Gehaltsabrechnung der Immobilien Wohnpartner GmbH ergeben sich für den **Monat September d.J.** für die insgesamt 11 Beschäftigten folgende Beträge:

- Summe der steuer- und sozialversicherungspflichtigen Bruttoentgelte: 26 266,95 EUR
- Summe der Lohnsteuer 3 867,53 EUR
- Summe des Solidaritätszuschlags: 183,96 EUR
- Summe der evangelischen Kirchensteuer: 169,24 EUR
- Summe der römisch-katholischen Kirchensteuer: 43,00 EUR
- Summe der Arbeitnehmerbeiträge zur gesetzlichen Sozialversicherung, die **in gleicher Höhe auch vom Arbeitgeber zu tragen sind**
  - Arbeitnehmerbeiträge zur Krankenversicherung (BEK): 902,01 EUR
  - Arbeitnehmerbeiträge zur Krankenversicherung (DAK): 896,28 EUR
  - Arbeitnehmerbeiträge zur Pflegeversicherung (BEK): 114,44 EUR
  - Arbeitnehmerbeiträge zur Pflegeversicherung (DAK): 108,83 EUR
  - Arbeitnehmerbeiträge zur Rentenversicherung: 2 561,03 EUR
  - Arbeitnehmerbeiträge zur Arbeitslosenversicherung: 853,67 EUR
- Summe der Arbeitnehmerbeiträge zur Krankenversicherung (BEK), die **nur von den Beschäftigten** zur Finanzierung von Krankengeld und Zahnersatz zu tragen sind: 121,18 EUR
- Summe der Arbeitnehmerbeiträge zur Krankenversicherung (DAK), die **nur von den Beschäftigten** zur Finanzierung von Krankengeld und Zahnersatz zu tragen sind: 115,24 EUR
- Summe der Arbeitnehmerbeiträge als Zuschlag zum Pflegeversicherungsbeitrag **für Kinderlose** im Alter zwischen 23 und 64 Jahren (BEK): 18,52 EUR
- Summe der Arbeitnehmerbeiträge als Zuschlag zum Pflegeversicherungsbeitrag **für Kinderlose** im Alter zwischen 23 und 64 Jahren (DAK): 25,99 EUR
- Summe der VL-Sparbeträge: 440,00 EUR
- Summe der Auszahlungsbeträge: 15 846,03 EUR

- Bitte weiße Felder ausfüllen oder ☒ ankreuzen und Hinweise auf der Rückseite beachten -

Fallart	Steuernummer	Unterfallart
11	322/1548/139	62

2006

30 Eingangsstempel oder -datum

Finanzamt

Hamm
Grünstraße 2

59065 Hamm

Lohnsteuer-Anmeldung 2006

Anmeldungszeitraum

bei **monatlicher** Abgabe bitte ankreuzen

06 01	Jan.		06 07	Juli	
06 02	Feb.		06 08	Aug.	
06 03	März		06 09	Sept.	X
06 04	April		06 10	Okt.	
06 05	Mai		06 11	Nov.	
06 06	Juni		06 12	Dez.	

bei vierteljährlicher Abgabe bitte ankreuzen

06 41	I. Kalender-vierteljahr	
06 42	II. Kalender-vierteljahr	
06 43	III. Kalender-vierteljahr	
06 44	IV. Kalender-vierteljahr	

bei jährlicher Abgabe bitte ankreuzen

06 19	Kalender-jahr	

Arbeitgeber - Anschrift der Betriebsstätte - Telefonnummer

Immobilien Wohnpartner GmbH
Industriestraße 19
59077 Hamm
02381 75100-0

Berichtigte Anmeldung (falls ja, bitte eine „1" eintragen).... 10

Zahl der Arbeitnehmer (einschl. Aushilfs- und Teilzeitkräfte)............... 86 11

1) Negativen Beträgen ist ein **Minuszeichen** voranzustellen
2) Nach Abzug der im Lohnsteuer-Jahresausgleich erstatteten Beträge

		EUR	Ct
Lohnsteuer 1) 2)	42	3867	53
abzüglich an Arbeitnehmer ausgezahltes Kindergeld	43		
abzüglich an Arbeitnehmer ausgezahlte Bergmannsprämien	46		
abzüglich Kürzungsbetrag für Besatzungsmitglieder von Handelsschiffen	33		
Verbleiben 1)	48	3867	53
Solidaritätszuschlag 1) 2)	49	183	96
Evangelische Kirchensteuer 1) 2)	61	169	24
Römisch-Katholische Kirchensteuer 1) 2)	62	43	00
Gesamtbetrag 1)	83	4263	73

Ein Erstattungsbetrag wird auf das dem Finanzamt benannte Konto überwiesen, soweit der Betrag nicht mit Steuerschulden verrechnet wird.
Verrechnung des Erstattungsbetrags erwünscht / Erstattungsbetrag ist abgetreten (falls ja, bitte eine „1" eintragen) 29

Geben Sie bitte die Verrechnungswünsche auf einem besonderen Blatt oder auf dem beim Finanzamt erhältlichen Vordruck „Verrechnungsantrag" an.
Die **Einzugsermächtigung** wird ausnahmsweise (z. B. wegen Verrechnungswünschen) für diesen Anmeldungszeitraum **widerrufen** (falls ja, bitte eine „1" eintragen) 26
Ein ggf. verbleibender Restbetrag ist gesondert zu entrichten.

05.10.2006 Kirian

Datum, Unterschrift

Hinweis nach den Vorschriften der Datenschutzgesetze:
Die mit der Steueranmeldung angeforderten Daten werden auf Grund der §§ 149 ff. der Abgabenordnung und des § 41a des Einkommensteuergesetzes erhoben.
Die Angabe der Telefonnummer ist freiwillig.

Vom Finanzamt auszufüllen

Bearbeitungshinweis
1. Die aufgeführten Daten sind mit Hilfe des geprüften und genehmigten Programms sowie ggf. unter Berücksichtigung der gespeicherten Daten maschinell zu verarbeiten.
2. Die weitere Bearbeitung richtet sich nach den Ergebnissen der maschinellen Verarbeitung.

11 | 19 | 12

Datum, Namenszeichen/Unterschrift

Kontrollzahl und/oder Datenerfassungsvermerk

7.05 - **LStA** - Lohnsteuer-Anmeldung 2006 -

Modernisierung des Lohnsteuer-/Einkommensteuerverfahrens

Das in den 30er-Jahren des letzten Jahrhunderts entwickelte Lohnsteuerverfahren ist immer noch papiergebunden: So bilden im Zusammenspiel der Beteiligten (Gemeinde, Arbeitnehmer, Arbeitgeber und Finanzamt) die amtlichen Formulare (Lohnsteuerkarte, Lohnsteuer-Anmeldung, Ermäßigungsantrag und Einkommensteuererklärung) die Eckpfeiler des heutigen Lohnsteuerverfahrens.

Ziel der laufenden Modernisierung des heutigen Lohnsteuer-/Einkommensteuerverfahrens ist es, die sich durch die weit verbreitete Nutzung von Computern und Internet ergebenden Vereinfachungsmöglichkeiten unter Abbau bürokratischer Hürden weiter auszunutzen. Schon heute können im Rahmen des Projektes **ELSTER** (= **EL**ektronische **ST**euer**ER**klärung) Lohnsteuer-Anmeldungen vollelektronisch an das Finanzamt übermittelt werden.

In der Endstufe sollen die heute gängigen papiergebundenen durch vollelektronische Lohnsteuer-/Einkommensteuerverfahren ersetzt werden.

Vollelektronisches Lohnsteuer-/Einkommensteuerverfahren (Endstufe)

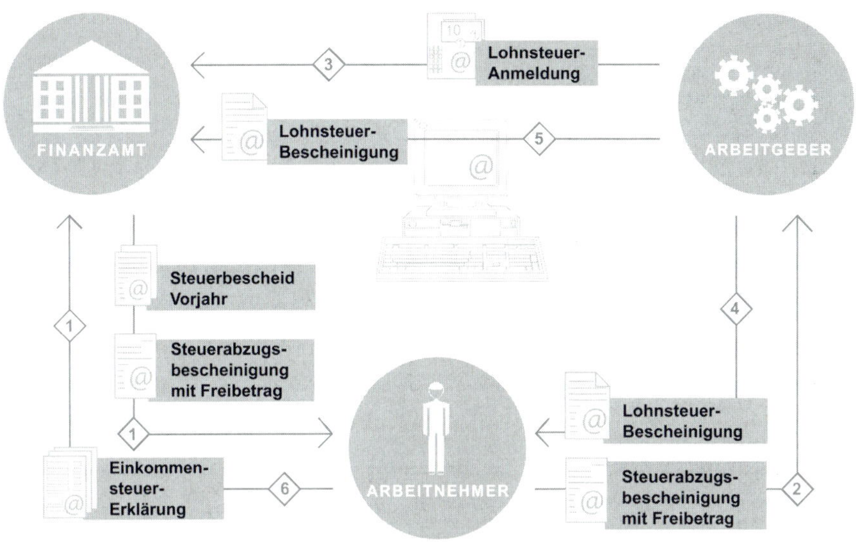

Das Finanzamt bearbeitet die (elektronische) Einkommensteuer-Erklärung des Arbeitnehmers für das Vorjahr und übermittelt den Einkommensteuerbescheid sowie eine Steuerabzugsbescheinigung (mit Freibetrag) elektronisch an den Arbeitnehmer (1).

Der Arbeitnehmer gibt die Steuerabzugsbescheinigung (mit Freibetrag) an seinen Arbeitgeber weiter. Anhand dieser Bescheinigung (Steuerklasse, Freibetrag etc.) zieht der Arbeitgeber die Lohnsteuer vom Arbeitslohn ab (2).

Mit einer elektronischen Lohnsteuer-Anmeldung meldet der Arbeitgeber die einbehaltene Lohnsteuer beim zuständigen Finanzamt an (3).

Am Jahresende erstellt der Arbeitgeber eine elektronische Lohnsteuerbescheinigung (Inhalt = Rückseite der bisherigen Lohnsteuerkarte: Arbeitslohn, Lohnsteuer, SV-Beiträge etc.), die er dem Arbeitnehmer (4) und der Finanzverwaltung übermittelt (5).

Die Daten der Lohnsteuerbescheinigung fügt der Arbeitnehmer lediglich seiner elektronischen Einkommensteuer-Erklärung bei und sendet sie verschlüsselt via Internet an die Finanzverwaltung (6).

Quelle: Bundesministerium der Finanzen

4.5 Beitragsnachweis zur Sozialversicherung

Der Arbeitgeber ist verpflichtet, die für den jeweiligen Entgeltabrechnungszeitraum (z.B. Monat) abzuführenden Beiträge zur Kranken-, Pflege-, Renten- und Arbeitslosenversicherung gegenüber der zuständigen Einzugsstelle rechtzeitig durch Datenübertragung einzureichen *(§ 28f III SGB-IV)*. Zuständig dafür ist die Krankenkasse (z.B. DAK, BEK, AOK, BKK), bei der der Arbeitnehmer krankenversichert ist.

Zu diesem Zweck hat der Arbeitgeber mit dem **Beitragsnachweis** die Summe aller Sozialversicherungsbeiträge zu ermitteln, und zwar sowohl jeweils getrennt nach Beitragsgruppen für die entsprechenden Versicherungsträger als auch zu einem Betrag, dem so genannten **Gesamtsozialversicherungsbeitrag** aufaddiert. Da die Beiträge zur Kranken-, Pflege-, Renten- und Arbeitslosenversicherung in der Regel je nur zur Hälfte von Arbeitnehmer und Arbeitgeber getragen werden, sind Arbeit**nehmer-** und Arbeit**geber**anteile zur Sozialversicherung zusammenzurechnen, um so den **Gesamtsozialversicherungsbeitrag** für alle Beschäftigten zu ermitteln.

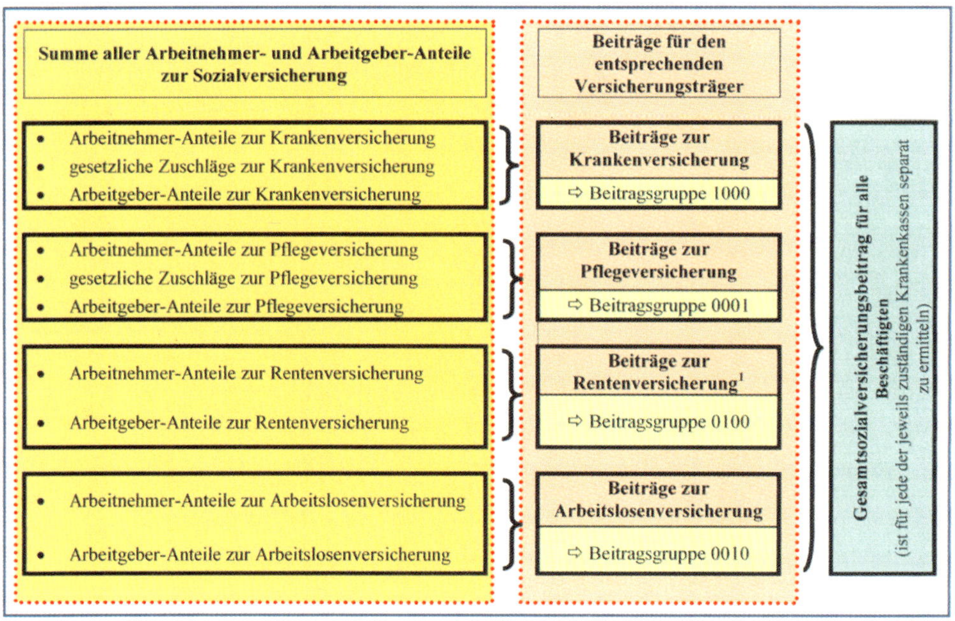

1 Seit Januar 2005 ist die Unterscheidung zwischen Arbeitern und Angestellten in der Rentenversicherung entfallen. Daher müssen für alle Meldezeiträume ab 2005 die Beiträge zur Rentenversicherung der Beitragsgruppe 0100 zugeordnet werden. Die Beitragsgruppe 0500 ist für solche Beitragsnachweise, die der Arbeitgeber für geringfügig Beschäftigte (Mini-Jobs) zu erstellen hat.

Unter der Annahme, dass die kaufmännische Angestellte Kerstin Schomm die einzige Mitarbeiterin ist, die bei der Barmer Ersatzkasse krankenversichert ist, ergibt sich auf der Grundlage der Gehaltsabrechnung (vgl. S. 79) ein Gesamtsozialversicherungsbeitrag in Höhe von 660,78 EUR.

Zweige der Sozial-versicherung	**Gesamtbeitragssatz** (inkl. gesetzlicher Zuschläge)	Arbeit-**nehmer**-anteil	Arbeit-**geber**-anteil	Gesetzliche Zuschläge **(Sonderbeitrag des Arbeitnehmers)**	**Gesamtsozialversicherungsbeitrag** (= Arbeitnehmer- **und** Arbeitgeberanteil)
1. Kranken-versicherung	*14,5 %*	*(6,8 %)* 105,85 EUR	*(6,8 %)* 105,85 EUR	*(0,9 %)* 14,01 EUR	**225,71 EUR**
2. Pflege-versicherung	*1,95 %*	*(0,85 %)* 13,23 EUR	*(0,85 %)* 13,23 EUR	*(0,25 %)* 3,89 EUR	**30,35 EUR**
3. Renten-versicherung	*19,5 %*	*(9,75 %)* 151,77 EUR	*(9,75 %)* 151,77 EUR	-	**303,54 EUR**
4. Arbeitslosen-versicherung	*6,5 %*	*(3,25 %)* 50,59 EUR	*(3,25 %)* 50,59 EUR	-	**101,18 EUR**
	Summen	**321,44 EUR**	**321,44 EUR**	**17,90 EUR**	**660,78 EUR**

▶ **Melde- und Beitragsverfahren** *(§ 28a ff. SGB-IV)*

Seit dem 1. Januar 2006 dürfen Beitragsnachweise der zuständigen Einzugsstelle nur noch vollautomatisch durch **Datenübertragung,** also auf elektronischem Wege, übermittelt werden. Dies kann durch gesicherte und verschlüsselte Datenübertragung aus zugelassenen systemgeprüften Entgeltabrechnungsprogrammen oder mittels maschinell erstellter Ausfüllhilfen erfolgen. Das bisher übliche Meldeverfahren in Papierform per Post oder Telefax ist nicht mehr zulässig.

Als Alternative zur zertifizierten systemgeprüften Software für die automatisierte Lohn- und Gehaltsabrechnung haben die gesetzlichen Krankenkassen die Meldehilfe „sv.net" (www.itsg.de) entwickelt. Diese Meldehilfe, die die problemlose Übermittlung der Beitragsnachweis-Datensätze auf elektronischem Wege ermöglicht, steht für Arbeitgeber in zwei Varianten kostenfrei zur Verfügung, und zwar sowohl als Software für die PC-Installation **(sv.net/classic)** als auch als internetbasierende Online-Anwendung **(sv.net/online).**

Reicht der Arbeitgeber den Beitragsnachweis nicht rechtzeitig ein, kann die zuständige Krankenkasse das für die Beitragsberechnung maßgebliche Arbeitsentgelt schätzen, bis der Nachweis ordnungsgemäß eingereicht wird *(§ 28 f III SGB-IV).*

Grundsätzlich ist der Beitragsnachweis für jeden Entgeltabrechnungszeitraum unter Angabe der Betriebs- bzw. Beitragskonto-Nr. des Arbeitgebers einzureichen. Sofern sich die Daten des Beitragsnachweises nicht verändern, kann der Arbeitgeber auch einen **Dauer-Beitragsnachweis** erstellen. Diese Meldung ist dann so lange gültig, bis der Arbeitgeber aufgrund veränderter Daten einen neuen Beitragsnachweis übermittelt.

Für den Entgeltabrechnungszeitraum September erstellt die Immobilien Wohnpartner GmbH (vgl. S. 83) für jene 6 Mitarbeiter, die bei der **Barmer Ersatzkasse Hamm** (= Krankenkassen-Nr. 42938966) krankenversichert sind, elektronisch den folgenden Beitragsnachweis, der die Gesamtsozialversicherungsbeiträge dieser Gruppe der Beschäftigten ausweist:

Arbeitgeber
86934044 | **Immobilien Wohnpartner GmbH, 59077 Hamm**

Zeitraum: **von** 01.09.2006 **bis** 30.09.2006

Krankenkasse
42938966

Beitragskonto-Nr. des Arbeitgebers
86934944

Rechtskreis *) Ost: ☐ West: ☑
Fälligkeit am 25. des lfd. Monats *) ☐
Dauer-Beitragsnachweis *) ☑
bisheriger Dauer-Beitragsnachweis gilt erneut ab nächsten Monat *) ☐
Beitragsnachweis enthält Beiträge aus Wertguthaben, das abgelaufenen Kalenderjahren zuzuordnen ist *) ☐
Korrektur-Beitragsnachweis für abgelaufene Kalenderjahre *) ☐

Beitragsnachweis	Beitragsgruppe	☐ DM ☑ Euro
Beiträge zur Krankenversicherung - allgemeiner Beitrag -	1000	**1 925,20**
Beiträge zur Krankenversicherung - erhöhter Beitrag -	2000	
Beiträge zur Krankenversicherung - ermäßigter Beitrag -	3000	
Beiträge zur Krankenversicherung für geringfügig Beschäftigte	6000	
Beiträge zur Rentenversicherung der Arbeiter - voller Beitrag -	0100	**2 625,28**
Beiträge zur Rentenversicherung der Angestellten - voller Beitrag -	0200	
Beiträge zur Rentenversicherung der Arbeiter - halber Beitrag -	0300	
Beiträge zur Rentenversicherung der Angestellten - halber Beitrag -	0400	
Beiträge zur Rentenversicherung der Arbeiter für geringfügig Beschäftigte	0500	
Beiträge zur Rentenversicherung der Angestellten für geringfügig Beschäftigte	0600	
Beiträge zur Arbeitsförderung - voller Beitrag -	0010	**875,10**
Beiträge zur Arbeitsförderung - halber Beitrag -	0020	
Beiträge zur sozialen Pflegeversicherung	0001	**247,40**
Umlage nach dem Lohnfortzahlungsgesetz (LFZG) für Krankheitsaufwendungen	U1	**215,41**
Umlage nach dem Lohnfortzahlungsgesetz (LFZG) für Mutterschaftsaufwendungen	U2	**36,35**
Gesamtsumme		**5 924,74**
Beiträge für freiwillig Krankenversicherte**)	zur Krankenversicherung	
	zur Pflegeversicherung	
abzüglich Erstattung gemäß § 10 LFZG		
zu zahlender Betrag/Guthaben		**5 924,74**

Es wird bestätigt, daß die Angaben mit denen der Lohn- und Gehaltsunterlagen übereinstimmen und in diesen sämtliche Entgelte enthalten sind.

27.09.2006
Datum

*) Zutreffendes ankreuzen
**) freiwillige Angabe des Arbeitgebers

▶ Ausgleichsverfahren

Zum 1. Januar 2006 ist das Ausgleichsverfahren sowohl für die **Umlage für Aufwendungen bei Krankheit (U1-Verfahren)** als auch für die **Umlage für Aufwendungen bei Mutterschaft (U2-Verfahren)** gesetzlich neu geregelt worden. Zeitgleich ist das bisher gültige Lohnfortzahlungsgesetz *(LFZG)* durch das Aufwendungsausgleichsgesetz *(AAG)* abgelöst worden. Das neu geregelte Ausgleichsverfahren zielt darauf ab, die wirtschaftlichen Risiken des Arbeitgebers

- bei der Entgeltfortzahlung im Krankheitsfall auf alle Klein- und Mittelbetriebe zu verteilen, indem nun für alle Arbeitgeber, die regelmäßig **nicht mehr als 30 Arbeitnehmer beschäftigen,** die Teilnahme an der Umlage U1 verpflichtend vorgeschrieben ist;
- bei den Aufwendungen bei Mutterschaft verfassungsgemäß zu gestalten, indem nun – unabhängig von der Anzahl der Beschäftigten – die Teilnahme an der Umlage U2 für **alle Arbeitgeber** verpflichtend ist.

Den am Ausgleichsverfahren teilnehmenden Arbeitgebern werden **auf Antrag** jene Aufwendungen erstattet *(§ 2 II AAG)*, die ihnen bei Krankheit und Mutterschaft ihrer Beschäftigten entstehen. Der Erstattungsanspruch gegenüber der jeweils zuständigen Krankenkasse beträgt

- **beim U1-Verfahren:** 80% des Bruttoarbeitsentgeltes, das an solche Arbeitnehmer fortgezahlt wird, die wegen Krankheit arbeitsunfähig sind. Zusätzlich werden die darauf entfallenden Arbeitgeberanteile zur Sozialversicherung erstattet *(§ 1 I AAG)*. Der Umfang der Erstattung kann jedoch durch die Satzung der zuständigen Krankenkasse eingeschränkt werden *(§ 9 II AAG)*.
- **beim U2-Verfahren:** 100% des gezahlten Zuschusses zum Mutterschaftsgeld sowie 100% des gezahlten Arbeitsentgeltes bei Beschäftigungsverboten nach § 11 MuSchG einschließlich der darauf entfallenden Arbeitgeberbeiträge zur Sozialversicherung *(§ 1 II AAG)*. Für die Erstattung der Arbeitgeberbeitragsanteile kann die Satzung der zuständigen Krankenkasse auch eine pauschale Erstattung vorsehen *(§ 9 II AAG)*.

Die Mittel zur Durchführung der U1- und U2-Verfahren werden von den am Ausgleich beteiligten Arbeitgebern jeweils durch gesonderte Umlagen aufgebracht *(§ 7 I AAG)*. Die Höhe der Umlagebeitragssätze wird durch die jeweilige Satzung der Krankenkasse festgelegt *(§ 9 I AAG)*. Für die Berechnung der Umlagen U1 und U2 ist jeweils die Höhe des Arbeitsentgeltes bis zu der für die Rentenversicherung maßgeblichen Beitragsbemessungsgrenze maßgeblich *(§ 7 II AAG)*.

Umlage- und Erstattungssätze der BEK – gültig ab 1. Januar 2006

Beim Ausgleich für Krankheitsaufwendungen (U1) kann maximal ein Arbeitsentgelt in Höhe der Beitragsbemessungsgrenze in der Rentenversicherung berücksichtigt werden. Die Arbeitgeberanteile an den Sozialversicherungsbeiträgen werden nicht erstattet.

Diese Beschänkungen gelten nicht beim U2-Verfahren. Ausnahme: Bei Beschäftigungsverboten nach dem Mutterschutzgesetz wird der vom Arbeitgeber zu tragende Teil des Gesamtsozialversicherungsbeitrags pauschal mit 20 Prozent des Bruttoarbeitsentgelts abgegolten.

Umlageverfahren	Erstattungssatz	Umlagebeitragssatz
U1*	50% des fortgezahlten Bruttoarbeitsentgeltes	1,1%
	65% des fortgezahlten Bruttoarbeitsentgeltes (Regelsatz)	1,6%
	80% des fortgezahlten Bruttoarbeitsentgeltes	2,9%
U2	100%	0,27%

* Der Arbeitgeber kann zwischen den drei Erstattungssätzen frei wählen.

▶ Fälligkeit des Gesamtsozialversicherungsbeitrags *(§ 23 I SGB-IV)*

Der Gesamtsozialversicherungsbeitrag ist in **voraussichtlicher Höhe der Beitragsschuld** spätestens am **drittletzten Bankarbeitstag** des Monats fällig, in dem die Beschäftigung ausgeübt wird. Ein ggf. aus dem Vormonat verbleibender Restbetrag wird zum drittletzten Bankarbeitstag des Folgemonats fällig, eine eventuelle Überzahlung aus dem Vormonat wird mit der nächsten Fälligkeit ausgeglichen.

Bei der Feststellung der drei letzten Bankarbeitstage für den Monat Dezember ist zu berücksichtigen, dass sowohl der 24. Dezember als auch der 31. Dezember eines Jahres **nicht** als bankübliche Arbeitstage gelten.

Für das vierte Quartal 2006 ergeben sich folgende Fälligkeitstage:

- Beitragsmonat Oktober: 26. Oktober bzw. 27. Oktober (für Bundesländer, in denen der 31.10.2006 nicht als Feiertag gilt)
- Beitragsmonat November: 28. November
- Beitragsmonat Dezember: 27. Dezember

Für nicht fristgerecht gezahlte Beträge wird ein **Säumniszuschlag** in Höhe von 1% erhoben. Die nicht für sie bestimmten Beiträge leitet die jeweils zuständige Krankenkasse an den entsprechenden Versicherungsträger weiter, und zwar

- die Beiträge zur Pflegeversicherung an die Pflegekassen;
- die Beiträge zur Rentenversicherung an den zuständigen Rentenversicherungsträger;
- die Beiträge zur Arbeitslosenversicherung an die Bundesagentur für Arbeit.

Zusammenfassung

Entlohnung

Lohnbegriff im engeren Sinne

alle Einkünfte eines Arbeitnehmers aus nichtselbstständiger Arbeit

Ermittlung des Auszahlungsbetrages

steuer- und sozialversicherungspflichtiges Bruttoentgelt

– Lohnsteuer – Solidaritätszuschlag – Kirchensteuer – Arbeit**nehmer**beiträge zur Kranken-, Pflege-, Renten- und Arbeitslosenversicherung	**gesetzliche Lohnabzüge**
– vermögenswirksam angelegte Leistungen	ggf. **private Lohnabzüge**
= **Auszahlungsbetrag** (zur Gutschrift auf dem Girokonto)	

Lohnsteuer-Jahresausgleich

Recht bzw. Pflicht des Arbeitgebers, zu viel einbehaltene Lohnsteuer insofern frühzeitig zu erstatten, als sie die auf den Jahresarbeitslohn entfallende Jahreslohnsteuer übersteigt.

Lohnsteuer-Anmeldung

elektronische Anmeldung der einzubehaltenden und zu übernehmenden Steuerabzugsbeträge für alle Beschäftigten in einer Summe zusammengefasst

- **zuständig:** Betriebsstättenfinanzamt
- **mögliche Anmeldungszeiträume:** Kalendermonat, -vierteljahr oder -jahr
- **Abführungszeitpunkt:** spätestens der zehnte Tag nach Ablauf des jeweiligen Anmeldungszeitraumes

Beitragsnachweis zur Sozialversicherung

elektronische Anmeldung der für alle Beschäftigten zu entrichtenden Sozialversicherungsbeiträge, und zwar getrennt für die entsprechenden Versicherungsträger als auch zum Gesamtsozialversicherungsbeitrag (Arbeitnehmer- **und** Arbeitgeberanteil zur Sozialversicherung) zusammengefasst

- **zuständig:** Krankenkasse, bei der der Arbeitnehmer krankenversichert ist
- **Anzeigezeitraum und Abführungszeitpunkt:** spätestens am drittletzten Bankarbeitstag des Monats, in dem die Beschäftigung ausgeübt wird

Aufgaben 6

(1) *Definieren Sie den Begriff des Lohns!*

(2) *Lassen sich die folgenden Einkünfte dem Lohnbegriff im engeren Sinne zuordnen? Begründen Sie Ihre Meinung!*

a) *Besoldung eines Beamten*

b) *Einkünfte eines freiberuflich tätigen Steuerberaters*

c) *Urlaubsgeld*

d) *Arbeitslosengeld*

e) *Zuwendung anlässlich der 25-jährigen Betriebszugehörigkeit*

f) *Mieteinnahmen*

g) *Einkünfte als Gesellschafter einer OHG*

h) *Zinsen*

i) *Prämie für einen Verbesserungsvorschlag*

(3) *Was versteht man unter sonstigen Bezügen im Sinne des Einkommensteuergesetzes?*

(4) *Errechnen Sie die gesamten Personalkosten, die dem Arbeitgeber durch die Beschäftigung von Frau Kerstin Schomm (vgl. S. 79) für das ganze Kalenderjahr entstehen. Lohnsteigerungen, Überstunden, Entgeltfortzahlung wegen Krankheiten, Urlaubs- und Weihnachtsgeld etc. sind dabei nicht zu berücksichtigen!*

(5) *Erstellen Sie unter Berücksichtigung des Auszuges aus der Allgemeinen Lohnsteuer-Tabelle (vgl. S. 76) für den nachfolgenden Sachverhalt eine vollständige Gehaltsabrechnung auf der Basis der zurzeit geltenden Sozialversicherungsbeiträge. Der Beitragssatz zur Krankenversicherung beträgt insgesamt 14,7 %, wobei sich der Arbeitgeberanteil auf 6,9 % beläuft.*

Das tarifliche Entgelt einer 25-jährigen kaufmännischen Angestellten beträgt 2 021,53 EUR. Die evangelische Angestellte mit Wohnsitz in Düsseldorf ist ledig und hat keine Kinder. Der Arbeitgeber leistet einen Zuschuss zu den vermögenswirksamen Leistungen in Höhe von 13,29 EUR. Die monatliche VL-Sparrate der Mitarbeiterin beträgt 40,00 EUR. Darüber hinaus ist ein im Vormonat bar ausgezahlter Gehaltsvorschuss in Höhe von 150,00 EUR zu verrechnen.

(6) *Erstellen Sie für die drei nachfolgenden Mitarbeiter, die bei einem Arbeitgeber mit Geschäftssitz in den neuen Bundesländern beschäftigt sind, unter Berücksichtigung der beiden Auszüge aus der Allgemeinen Lohnsteuer-Tabelle (vgl. S. 76 bzw. 92) die jeweilige Gehaltsabrechnung! Gehen Sie dabei von den zurzeit geltenden Beitragssätzen und Beitragsbemessungsgrenzen aus!*

a) *Daten für die Gehaltsabrechnung des Mitarbeiters 1:*

- *Entgelt lt. Arbeits-/Tarifvertrag: 1 994,70 EUR*
- *VL-Arbeitgeber-Zulage: 40,00 EUR*
- *Beide Ehepartner sind evangelisch (Kirchensteuersatz: 9,00 %)*
- *Familienstand: verheiratet; Zahl der Kinderfreibeträge: 2,0; für den Ehepartner ist eine Steuerkarte mit der Steuerklasse IV ausgestellt worden*
- *Beitragssatz zur gesetzlichen Krankenversicherung (BKK): 14,1 %, wobei sich der Arbeitgeberanteil auf 6,6 % beläuft*
- *VL-Sparbetrag: 40,00 EUR*

b) *Daten für die Gehaltsabrechnung des 28-jährigen Mitarbeiters 2:*

- *Entgelt lt. Arbeits-/Tarifvertrag: 2 458,11 EUR*
- *VL-Arbeitgeberzulage: 26,59 EUR*
- *Beide Ehepartner sind evangelisch (Kirchensteuersatz: 9,00 %)*
- *monatlicher Steuerfreibetrag: 450,00 EUR*
- *Familienstand: verheiratet; für den Ehepartner ist eine Steuerkarte mit der Steuerklasse III ausgestellt worden*
- *Beitragssatz zur gesetzlichen Krankenversicherung (BEK): 14,5 %, wobei sich der Arbeitgeberanteil auf 6,8 % beläuft*
- *VL-Sparbetrag: 40,00 EUR*

c) *Daten für die Gehaltsabrechnung der 35-jährigen Mitarbeiterin 3:*

- *Entgelt lt. Arbeits-/Tarifvertrag: 4 178,00 EUR*
- *VL-Arbeitgeber-Zulage: 13,00 EUR*
- *konfessionslos*
- *Familienstand: ledig, keine Kinder*
- *freiwillig in der gesetzlichen Krankenkasse (DAK) versichert: 13,9 %, wobei sich der Arbeitgeberanteil auf 6,5 % beläuft*
- *VL-Sparbetrag: 40,00 EUR*

4 229,99* MONAT

Abzüge an Lohnsteuer, Solidaritätszuschlag (SolZ) und Kirchensteuer (8%, 9%) in den Steuerklassen

Lohn/Gehalt bis €*	I–VI	LSt	ohne Kinderfreibeträge SolZ	8%	9%	I, II, III, IV	LSt	mit Zahl der Kinderfreibeträge … 0,5 SolZ	0,5 8%	0,5 9%	1 SolZ	1 8%	1 9%	1,5 SolZ	1,5 8%	1,5 9%	2 SolZ	2 8%	2 9%	2,5 SolZ	2,5 8%	2,5 9%	3** SolZ	3** 8%	3** 9%
4 187,99	I,IV	978,08	53,79	78,24	88,02	I	978,08	48,62	70,73	79,57	43,63	63,47	71,40	38,83	56,48	63,54	34,19	49,73	55,94	29,73	43,25	48,65	25,45	37,02	41,65
	II	935,33	51,44	74,82	84,17	II	935,33	46,36	67,43	75,86	41,45	60,29	67,82	36,71	53,40	60,08	32,16	46,78	52,63	27,78	40,41	45,46	23,58	34,30	38,59
	III	593,—	32,61	47,44	53,37	III	593,—	28,87	42,—	47,25	25,21	36,68	41,26	21,65	31,49	35,42	18,17	26,44	29,74	14,78	21,50	24,19	9,36	16,70	18,79
	V	1 467,41	80,70	117,39	132,06	IV	978,08	51,18	74,45	83,75	48,62	70,73	79,57	46,11	67,07	75,45	43,63	63,47	71,40	41,21	59,94	67,43	38,83	56,48	63,54
	VI	1 499,66	82,48	119,97	134,96																				
4 190,99	I,IV	979,25	53,85	78,34	88,13	I	979,25	48,68	70,82	79,67	43,69	63,56	71,50	38,88	56,56	63,63	34,24	49,81	56,03	29,78	43,32	48,74	25,50	37,10	41,73
	II	936,50	51,50	74,92	84,28	II	936,50	46,42	67,52	75,96	41,50	60,37	67,91	36,77	53,49	60,17	32,21	46,86	52,71	27,83	40,49	45,55	23,63	34,37	38,66
	III	594,—	32,67	47,52	53,46	III	594,—	28,92	42,06	47,32	25,26	36,74	41,33	21,69	31,56	35,50	18,22	26,50	29,81	14,83	21,57	24,26	9,50	16,76	18,85
	V	1 468,66	80,77	117,49	132,17	IV	979,25	51,25	74,54	83,86	48,68	70,82	79,67	46,17	67,16	75,55	43,69	63,56	71,50	41,26	60,02	67,52	38,88	56,56	63,63
	VI	1 500,91	82,55	120,07	135,08																				
4 193,99	I,IV	980,33	53,91	78,42	88,22	I	980,33	48,74	70,90	79,76	43,75	63,64	71,60	38,94	56,64	63,72	34,30	49,89	56,12	29,84	43,40	48,83	25,55	37,17	41,81
	II	937,66	51,57	75,01	84,38	II	937,66	46,47	67,60	76,05	41,56	60,46	68,01	36,83	53,57	60,26	32,27	46,94	52,80	27,88	40,56	45,63	23,68	34,44	38,75
	III	594,66	32,70	47,57	53,51	III	594,66	28,96	42,13	47,39	25,30	36,81	41,41	21,74	31,62	35,57	18,26	26,56	29,88	14,86	21,62	24,32	9,66	16,82	18,92
	V	1 469,91	80,84	117,59	132,29	IV	980,33	51,31	74,64	83,97	48,74	70,90	79,76	46,23	67,24	75,65	43,75	63,64	71,60	41,32	60,11	67,62	38,94	56,64	63,72
	VI	1 502,16	82,61	120,17	135,19																				
4 196,99	I,IV	981,50	53,98	78,52	88,33	I	981,50	48,81	71,—	79,87	43,81	63,73	71,69	38,99	56,72	63,81	34,35	49,97	56,21	29,89	43,48	48,91	25,60	37,24	41,90
	II	938,75	51,63	75,10	84,48	II	938,75	46,53	67,69	76,15	41,62	60,54	68,11	36,88	53,65	60,35	32,32	47,02	52,89	27,94	40,64	45,72	23,73	34,52	38,83
	III	595,50	32,75	47,64	53,59	III	595,50	29,01	42,20	47,47	25,35	36,88	41,49	21,78	31,68	35,64	18,30	26,62	29,95	14,90	21,68	24,39	9,80	16,88	18,99
	V	1 471,25	80,91	117,70	132,41	IV	981,50	51,37	74,72	84,06	48,81	71,—	79,87	46,29	67,33	75,74	43,81	63,73	71,69	41,38	60,20	67,72	38,99	56,72	63,81
	VI	1 503,41	82,68	120,27	135,30																				
4 199,99	I,IV	982,66	54,04	78,61	88,43	I	982,66	48,87	71,08	79,97	43,87	63,82	71,79	39,05	56,80	63,90	34,41	50,05	56,30	29,94	43,56	49,—	25,65	37,32	41,98
	II	939,91	51,69	75,19	84,59	II	939,91	46,59	67,78	76,25	41,68	60,63	68,21	36,94	53,73	60,44	32,38	47,10	52,98	27,99	40,71	45,80	23,78	34,59	38,91
	III	596,33	32,79	47,70	53,66	III	596,33	29,04	42,25	47,53	25,39	36,93	41,54	21,82	31,74	35,71	18,34	26,68	30,01	14,95	21,74	24,46	9,93	16,93	19,04
	V	1 472,50	80,98	117,80	132,52	IV	982,66	51,43	74,82	84,17	48,87	71,08	79,97	46,35	67,42	75,84	43,87	63,82	71,79	41,44	60,28	67,81	39,05	56,80	63,90
	VI	1 504,66	82,75	120,37	135,41																				
4 202,99	I,IV	983,83	54,11	78,70	88,54	I	983,83	48,93	71,18	80,07	43,93	63,90	71,89	39,11	56,89	64,—	34,46	50,13	56,39	29,99	43,63	49,08	25,70	37,39	42,06
	II	941,—	51,75	75,28	84,69	II	941,—	46,66	67,87	76,35	41,74	60,71	68,30	36,99	53,81	60,53	32,43	47,17	53,06	28,04	40,79	45,89	23,83	34,66	38,99
	III	597,16	32,84	47,77	53,74	III	597,16	29,10	42,33	47,62	25,43	37,—	41,62	21,87	31,81	35,78	18,38	26,74	30,08	14,98	21,80	24,52	10,10	17,—	19,12
	V	1 473,75	81,05	117,90	132,63	IV	983,83	51,49	74,90	84,26	48,93	71,18	80,07	46,41	67,50	75,94	43,93	63,90	71,89	41,50	60,36	67,91	39,11	56,89	64,—
	VI	1 505,91	82,82	120,47	135,53																				
4 205,99	I,IV	985,—	54,17	78,80	88,65	I	985,—	48,99	71,26	80,17	43,99	63,99	71,99	39,16	56,97	64,09	34,52	50,21	56,48	30,05	43,71	49,17	25,75	37,46	42,14
	II	942,16	51,81	75,37	84,79	II	942,16	46,72	67,96	76,45	41,80	60,80	68,40	37,05	53,90	60,63	32,48	47,25	53,15	28,09	40,86	45,97	23,88	34,74	39,08
	III	598,—	32,89	47,84	53,82	III	598,—	29,14	42,38	47,68	25,48	37,06	41,69	21,90	31,86	35,84	18,42	26,80	30,15	15,03	21,86	24,59	10,23	17,05	19,18
	V	1 475,—	81,12	118,—	132,75	IV	985,—	51,56	75,—	84,37	48,99	71,26	80,17	46,47	67,60	76,05	43,99	63,99	71,99	41,56	60,45	68,—	39,16	56,97	64,09
	VI	1 507,16	82,89	120,57	135,64																				

Quelle: Monats-Lohnsteuer-Tabelle 2006, Presto-Verlag

(7) *Eine Bauträger- und Immobilienhandelsgesellschaft beschäftigt insgesamt 7 Mitarbeiter als Vollzeitkräfte, von denen drei bei der Barmer Ersatzkasse und 2 bei einer örtlichen Betriebskrankenkasse (BKK) pflichtversichert sind. Zwei Beschäftigte sind bei der AOK angemeldet.*

Im Rahmen der Lohn- und Gehaltsabrechnung für den Monat August sind unter anderem auch die entsprechenden Gehalts- bzw. Lohnlisten erstellt worden, aus denen die nachfolgenden Daten entnommen worden sind:

Mit-arbeiter/ Pers.-Nr.	Arbeitnehmeranteile zur						Träger der gesetzlichen Krankenversicherung
	Krankenversicherung	Sonderbeitrag der Versicherten zur Krankenversicherung	Pflegeversicherung	Zuschlag für kinderlose Versicherte zur Pflegeversicherung	Rentenversicherung	Arbeitslosenversicherung	
100	225,80 EUR	30,33 EUR	28,65 EUR	8,43 EUR	328,59 EUR	109,53 EUR	BEK
200	207,75 EUR	27,91 EUR	26,36 EUR	7,75 EUR	302,33 EUR	100,78 EUR	BEK
201	167,56 EUR	22,51 EUR	21,26 EUR	6,25 EUR	243,84 EUR	81,28 EUR	BEK
202	184,66 EUR	25,77 EUR	24,34 EUR	7,16 EUR	279,14 EUR	93,05 EUR	BKK
300	219,98 EUR	30,70 EUR	28,99 EUR	8,53 EUR	332,53 EUR	110,84 EUR	BKK
400	191,37 EUR	24,96 EUR	23,57 EUR	6,93 EUR	270,42 EUR	90,14 EUR	AOK
401	137,71 EUR	17,96 EUR	16,96 EUR	4,99 EUR	194,59 EUR	64,86 EUR	AOK
Die jeweils maßgeblichen Beitragsbemessungsgrenzen sind bei **keinem** der Beschäftigten überschritten worden.							

Auf die Berechnung der Umlagen U1 und U2 soll hier aus Vereinfachungsgründen verzichet werden.

a) Ermitteln Sie die Gesamtsozialversicherungsbeiträge, die der Arbeitgeber für den Monat August zu erklären und an die BEK, BKK bzw. AOK abzuführen hätte!

b) Ermitteln Sie für den Monat August die Beiträge, die der Arbeitgeber an die BEK abzuführen hätte, und zwar getrennt nach Beitragsgruppen!

c) Ermitteln Sie für den Monat August die Beiträge, die der Arbeitgeber an die AOK abzuführen hätte, und zwar getrennt nach Beitragsgruppen!

d) Bis zu welchem Termin ist der Gesamtsozialversicherungsbeitrag für den Monat August spätestens fällig?

(8) Erläutern Sie den Begriff des Lohnsteuer-Jahresausgleichs!

(9) Grenzen Sie den Lohnsteuer-Jahresausgleich gegenüber der Antragsveranlagung ab!

(10) Welchen Zweck erfüllen die Lohnsteuer-Anmeldung und der Beitragsnachweis?

(11) Bis zu welchen Terminen müssen

a) die Steuerabzugsbeträge und

b) die Gesamtsozialversicherungsbeiträge

angezeigt und entrichtet werden?

Rechtliche Grundlagen des Wirtschaftens

1 Aufbau der Rechtsordnung

1.1 Privates und öffentliches Recht

Jeder Mensch benötigt zur Entfaltung seiner Persönlichkeit und zur Gestaltung des Lebens ein hohes Maß individueller Freiheit. Missbraucht der Einzelne jedoch diese Freiheitsspielräume, kann es zu Benachteiligungen und Ungerechtigkeiten gegenüber anderen kommen. Zur Ermöglichung eines sozialen Miteinanders vieler Menschen ist es daher notwendig, die persönlichen Freiheiten durch **Rechtsnormen** (Gesetze, Vorschriften, Verordnungen) zu begrenzen. Damit wird es möglich, einen Interessenausgleich zwischen den Anliegen des Einzelnen und den Erfordernissen der Gemeinschaft zu schaffen. Diese Rechtsnormen aus dem **privaten** und dem **öffentlichen Recht** bilden in ihrer Gesamtheit die **Rechtsordnung.**

Staatlich festgelegte Rechtsnormen = Rechtsordnung

Privatrecht
regelt die Rechtsbeziehungen zwischen gleichberechtigten Personen

insbesondere:
- Bürgerliches Recht
- Handelsrecht
- Gesellschaftsrecht
- Arbeitsvertragsrecht
- Scheck- und Wechselrecht

Öffentliches Recht
ordnet die Interessen einzelner Personen den Erfordernissen der Gemeinschaft unter

insbesondere:
- Arbeitsschutzrecht
- Steuerrecht
- Verwaltungsrecht
- Staatsrecht
- Kirchenrecht
- Strafrecht
- Völkerrecht

▶ **Privatrecht**

Das Privatrecht regelt die Beziehungen der einzelnen Bürger untereinander. Nach dem Grundsatz der Gleichberechtigung können die Rechtsverhältnisse zwischen den Beteiligten weitgehend frei gestaltet werden.

> Beginn, Inhalt und Zeitdauer eines Vertrages können grundsätzlich individuell geregelt werden. Dies gilt für den Fall des Erwerbs von Waren ebenso wie für den Abschluss eines Arbeitsvertrages oder die Gründung eines Unternehmens.

In Fällen bürgerlicher Rechtsstreitigkeiten müssen die Parteien eine Entscheidung vor den **Zivilgerichten** anstreben.

Der Staat greift in diese privaten Angelegenheiten nur dann ein, wenn gleichzeitig öffentliche Interessen berührt, d.h. wenn von den Vertragspartnern bestehende Rechtsnormen verletzt werden.

Öffentliches Recht

Das öffentliche Recht regelt Rechtsfragen, die von allgemeinem Interesse sind. Hier trifft der einzelne Bürger auf den Staat und dessen Organe als Vertreter der Gemeinschaft. Im öffentlichen Recht ist es **nicht** möglich, Rechtsverhältnisse wie zwischen gleichberechtigten Partnern frei zu regeln. Vielmehr muss sich der Bürger den Erfordernissen des Staates unterordnen.

Ein Arbeitgeber kann sich nicht durch einen Vertrag mit dem Staat von den für alle Betriebe geltenden Arbeitsschutzbestimmungen befreien lassen. Gleichfalls ist es nicht möglich, über die Höhe oder den Zeitpunkt von Steuerzahlungen zu verhandeln bzw. die Dauer des Wehr- oder Zivildienstes frei festzulegen.

Gegen rechtswidrige Maßnahmen des Staates kann sich der Einzelne mit Hilfe der **Verwaltungsgerichte** zur Wehr setzen.

Handelt der Staat allerdings wie „ein Bürger", schließt er also z.B. Kaufverträge ab oder gründet er selbst ein Unternehmen, **gelten auch für ihn die Bestimmungen des Privatrechts.**

1.2 Rechtsquellen

Das Grundgesetz der Bundesrepublik Deutschland bestimmt in Artikel 20 GG, dass die Rechtsprechung an „Gesetz und Recht" gebunden ist. **Gesetzesrecht** und **Gewohnheitsrecht** bilden also gemeinsam den Rechtsrahmen. Ergänzt werden diese Rechtsquellen durch die **ständige Rechtsprechung** der Gerichte. Dabei kommt vor allem den Urteilen des Bundesverfassungsgerichtes große Bedeutung zu, dessen Entscheidungen die übrigen Gerichte sowie die Organe des Bundes und der Länder binden.

Mindestens seit 1978 war der **Grundfreibetrag der Einkommensteuer** (vgl. S. 220) nach einem Beschluss des Bundesverfassungsgerichtes verfassungswidrig. Es wurde nicht gewährleistet, dass dem Bürger nach Zahlung seiner Einkommensteuerschuld von seinem Einkommen so viel verblieb, wie er zur Bestreitung seines Lebensunterhalts mindestens benötigte.

Das Einkommen, so das Bundesverfassungsgericht, müsse in der Höhe steuerfrei gestellt werden, in der der Staat Bedürftigen zur Befriedigung ihres existenznotwendigen Bedarfs öffentliche Mittel (Sozialhilfeleistungen) zur Verfügung stellt. Da nach dem Urteilsspruch des Bundesverfassungsgerichts (25. September 1992) der durchschnittliche Sozialhilfebedarf den Grundfreibetrag deutlich überstieg, wurde der Gesetzgeber aufgefordert, spätestens 1996 Abhilfe zu schaffen.

Demzufolge änderte sich der steuerliche Grundfreibetrag ab 1. Januar 1996 von 5616 DM für Ledige auf 12095 DM und für Verheiratete von 11232 DM auf 24191 DM. Dieser künftig jeweils an das Existenzminimum anzupassende Grundfreibetrag stieg 2004 auf 7664 EUR bzw. 15328 EUR und gilt auch für 2006.

Zum **Gesetzesrecht** zählen alle von staatlichen Organen erlassene Rechtsnormen.

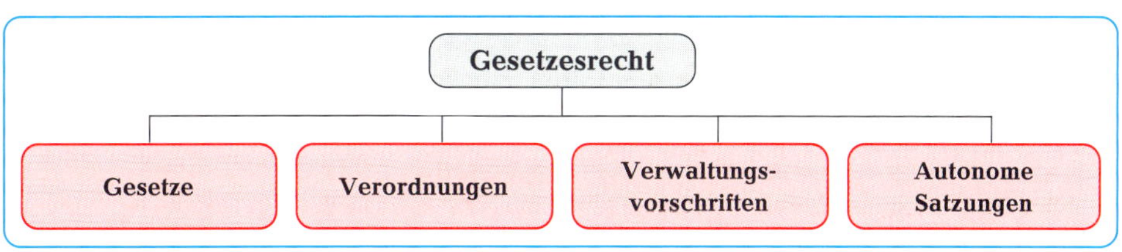

- **Gesetze** werden von den in der Verfassung bestimmten gesetzgebenden Organen (Legislative) erlassen, also durch Bundestag und Bundesrat oder die einzelnen Landtage bzw. Senate.

  > Zu den Rechtsnormen mit Gesetzesqualität zählen z.B. das Grundgesetz, das Bürgerliche Gesetzbuch, das Handelsgesetzbuch, das Strafgesetzbuch oder die Steuergesetze.

- **Verordnungen** werden von den gesetzesvollziehenden Organen (Exekutive) erlassen, also durch die Bundesregierung bzw. einen Bundesminister oder die Länderregierungen und ergänzen die von der Legislative verabschiedeten Gesetze. Voraussetzung zum Erlass einer Verordnung ist allerdings, dass vorab eine ausdrückliche Ermächtigung im betreffenden Gesetz vorgesehen wurde.

  > In § 26 UStG wird festgelegt, dass die Bundesregierung bzw. der Bundesminister der Finanzen einzelne Vorschriften dieses Gesetzes in der Umsatzsteuer-Durchführungsverordnung ändern oder ergänzen kann.

- **Verwaltungsvorschriften,** die den Handlungsrahmen für Verwaltungsbehörden beschreiben, werden von übergeordneten Behörden den untergeordneten Stellen vorgegeben.

  > Zur Ausführung des Umsatzsteuergesetzes und der Umsatzsteuer-Durchführungsverordnung durch die Finanzämter erließ der Bundesfinanzminister als vorgesetzte Dienstbehörde „Allgemeine Verwaltungsvorschriften zur Ausführung des Umsatzsteuergesetzes (Umsatzsteuer-Richtlinien)".

- **Autonome Satzungen** werden von Körperschaften, Anstalten und Stiftungen des öffentlichen Rechts zur Regelung ihrer Aufgaben und Angelegenheiten selbst erlassen.

  > - Gemeinden legen in Satzungen den Hebesatz der Gewerbe- und der Grundsteuer bzw. die Gebühren für Müllabfuhr und Straßenreinigung fest.
  > - Krankenkassen legen in den Satzungen z.B. fest, wer Mitglied werden kann und wie die Organe (Vertreterversammlung, Vorstand, Geschäftsführung) zusammengesetzt sind.

▶ Gewohnheitsrecht

Während Gesetzesrecht durch Staatsorgane erlassen und schriftlich niedergelegt wird, entsteht das ungeschriebene Gewohnheitsrecht durch **langjähriges praktisches Handeln in der Gesellschaft.** Diese allgemein anerkannten Regeln gelten häufig für solche Rechtsfelder, in denen es an einer niedergeschriebenen Rechtsnorm mangelt oder für neuere gesellschaftliche Entwicklungen, für die noch keine Gesetze oder Verordnungen erlassen worden sind. Gewohnheitsrecht hat heute allerdings nicht mehr die Bedeutung wie in früheren Zeiten.

> Ein Arbeitgeber zahlt auf freiwilliger Basis, d.h., ohne dass es im Arbeits- bzw. Tarifvertrag oder in einer Betriebsvereinbarung festgelegt ist, bereits seit zumindest drei Jahren ohne Vorbehalte ein Weihnachtsgeld in Höhe eines 13. Monatsgehaltes. In diesem Fall entsteht Gewohnheitsrecht, also ein Anspruch der Arbeitnehmer auf Weiterzahlung dieser Gratifikation.

▶ Handelsbrauch

Bei zweiseitigen Handelskäufen, bei denen also das Geschäft für beide Vertragspartner ein Handelsgeschäft ist (vgl. S. 114), gilt neben dem Gesetzesrecht auch der Handelsbrauch. Handelsbräuche sind demnach **geschäftliche Gepflogenheiten zwischen Kaufleuten,** die sich aufgrund langjähriger Praxis in verschiedenen Wirtschaftsbranchen oder an einzelnen Handelsplätzen herausgebildet haben.

Wohnen bei einem Kaufvertragsabschluss Käufer und Verkäufer in verschiedenen Städten, soll nach dem Gesetz der Verkäufer einer Ware den Teil der Versandkosten bis zur Versandstation (z.B. Bahnhof, Flughafen) tragen, während der Käufer alle anderen Kosten übernimmt. Davon abweichend kann nach Handelsbrauch *(§ 346 HGB)* jede andere Kostenaufteilung möglich sein, falls sie für eine bestimmte Branche üblich ist.

1.3 Objektives und subjektives Recht

Der durch Gesetzes- und Gewohnheitsrecht bzw. Handelsbrauch gemeinsam gebildete Rechtsrahmen wird als **objektives Recht** bezeichnet. Innerhalb dieser Rechtsnormen kann nun der Einzelne seine Interessen und Ansprüche individuell ausgestalten **(subjektives Recht).** Damit stellt das subjektive Recht eine Rechtsposition dar, deren Verwirklichung dem Willen der einzelnen Person überlassen bleibt.

Im Rahmen bestehender Gesetze (objektives Recht) kann der Einzelne (subjektives Recht):

- sein Haus vermieten, verkaufen, verschenken oder beleihen;
- bei der Lieferung einer mit Mängeln behafteten Ware nach zwei erfolglosen Nacherfüllungsversuchen zwischen den Rechten Rücktritt, Minderung, Schadensersatz oder Ersatz vergeblicher Aufwendungen wählen;
- ausstehende Geldforderungen durch eine Klage auf Zahlung oder ein gerichtliches Mahnverfahren einziehen.

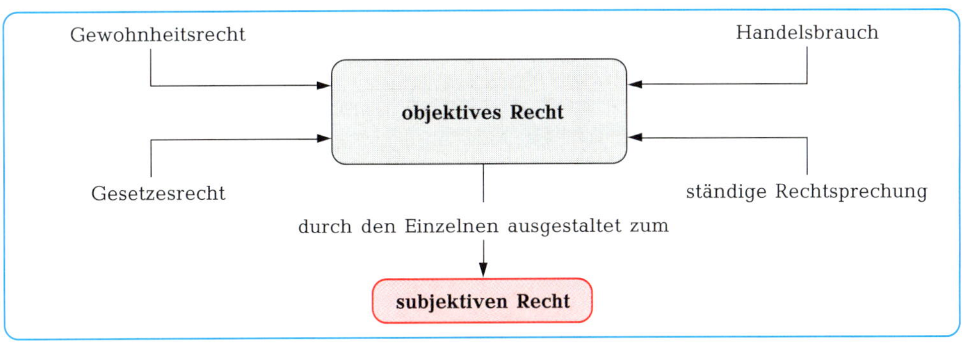

2 Rechtssubjekte

Die in der bestehenden Rechtsordnung verankerten Rechte und Pflichten setzen immer ein Rechtssubjekt, d.h. **eine Person als Träger dieser Rechte und Pflichten** voraus. Damit ist die Teilnahme am Rechts- und Geschäftsverkehr den rechts- und geschäftsfähigen natürlichen und juristischen Personen vorbehalten.

2.1 Natürliche und juristische Personen

- **Natürliche Personen** sind alle Menschen unabhängig von Alter, geistiger oder körperlicher Leistungsfähigkeit.
- **Juristische Personen** sind keine natürlichen Rechtssubjekte. Erst wenn bestimmte Auflagen, die die Rechtsordnung juristischen Personen auferlegt, erfüllt sind (z.B. Handels- bzw. Genossenschaftsregistereintragung oder staatliche Verleihung), werden sie ähnlich wie natürliche Personen zu Trägern von Rechten und Pflichten und können am Geschäftsverkehr teilnehmen.

7 Siekerkötter/Fehn - ISBN 978-3-8120-0065-9

Rechtssubjekte

natürliche Personen
- **alle Menschen**

juristische Personen

des Privatrechts
- **Kapitalgesellschaften**
  - Allianz Versicherung AG
  - Hamburg Mannheimer Versicherung AG
  - Deutsche Bank AG
- **Versicherungsverein auf Gegenseitigkeit (VVaG)**
  - Docura Brandkasse Deutscher Lehrer VVaG
  - Gothaer Lebensversicherung a.G.
- **Genossenschaften**
  - Edeka eG
  - Volks- und Raiffeisenbanken
- **eingetragene Vereine**
  - Deutsches Rotes Kreuz e.V.
  - Arbeitsgemeinschaft der Verbraucher e.V.
- **Stiftungen**
  - Stiftung Volkswagenwerk
  - Stiftung Warentest

des öffentlichen Rechts
- **Körperschaften**
  - Bund, Länder, Gemeinden
  - Kirchen
  - Industrie- und Handelskammern, Handwerkskammern
  - Allgemeine Ortskrankenkassen und Ersatzkassen
  - Deutsche Rentenversicherung Bund
  - Bundesagentur für Arbeit
- **Anstalten**
  - Rundfunk- und Fernsehanstalten
  - Sparkassen
  - Universitäten
- **Stiftungen**
  - Stiftung Preußischer Kulturbesitz
  - Deutsche Studienstiftung

2.2 Rechtsfähigkeit *(§§ 1, 21 f. BGB)*

Rechtsfähigkeit ist das Vermögen von Personen, Rechte und Pflichten übernehmen zu können.

Rechtsfähigkeit

Rechte

u.a.
- Eigentumsrecht
- Zahlungsanspruch
- Kündigungsrecht

Pflichten

u.a.
- Zahlungspflicht
- Schadensersatzpflicht
- Pflicht zur Prüfung von Waren

Natürliche Personen erlangen Rechtsfähigkeit mit der Geburt *(§ 1 BGB)* und verlieren sie mit dem Tod.

Juristische Personen des Privatrechts erlangen Rechtsfähigkeit durch Gründung oder Eintragung in ein öffentliches Register (Vereins-, Handels- oder Genossenschaftsregister) und verlieren sie durch Auflösung oder Löschung aus diesem Register.

Juristische Personen des öffentlichen Rechts, die ihre Rechtsfähigkeit durch Gesetz oder Verwaltungsakt (staatliche Verleihung) erlangen und diese durch Beschluss der jeweils zuständigen Behörde verlieren, werden insbesondere in Form der Körperschaft oder Anstalt tätig.

Juristische Personen werden - im Gegensatz zu natürlichen Personen - allein durch ihre Rechtsfähigkeit noch nicht in die Lage versetzt, selbst im Rechtsverkehr tätig zu werden. Erst mit Hilfe von natürlichen Personen, die in Organen (z.B. Aufsichtsrat und Vorstand einer AG) bestimmte Funktionen erfüllen, können Rechtshandlungen vorgenommen werden.

2.3 Geschäftsfähigkeit *(§§ 104 - 113 BGB)*

Die Rechtsordnung gestattet nur solchen Personen den Abschluss von Rechtsgeschäften, bei denen ein bestimmtes Maß an Urteilsvermögen und Entscheidungsfähigkeit vorhanden ist. Daher kann nicht jede rechtsfähige Person ohne weiteres z.B. einen Kauf-, Miet- oder Arbeitsvertrag abschließen. Dazu bedarf es der **Geschäftsfähigkeit.**

> Eine Minderjährige kann zwar rechtswirksam ein Wohnhaus erben (Rechtsfähigkeit), dieses jedoch nicht von sich aus verkaufen (Geschäftsfähigkeit).

Das Maß der Geschäftsfähigkeit hängt vom Alter sowie von der körperlichen und geistigen Leistungsfähigkeit ab. Daher sieht das Bürgerliche Gesetzbuch **drei Abstufungen** in der Geschäftsfähigkeit vor.

Geschäftsfähigkeit

Geschäftsunfähigkeit	beschränkte Geschäftsfähigkeit	unbeschränkte Geschäftsfähigkeit
• Kinder unter 7 Jahren • Personen mit dauernder Störung der Geistestätigkeit	• Kinder und Jugendliche zwischen 7 und 18 Jahren	• juristische Personen • natürliche Personen ab 18 Jahren

▶ Geschäftsunfähigkeit *(§ 104 BGB)*

Geschäftsunfähig sind Kinder unter 7 Jahren sowie dauernd Geisteskranke. Diese Personen können keine rechtsgültigen Geschäfte abschließen, für sie handeln **Eltern, Vormund oder Betreuer.**

> Die sechsjährige Petra kauft für 19 EUR eine DVD. Ein Kaufvertrag kommt dabei nicht zustande, da Petra noch geschäftsunfähig ist. Ihre Eltern können die Ware an den Einzelhändler zurückgeben und die Erstattung des Kaufpreises verlangen.
>
> Wird ein Kind allerdings von einer unbeschränkt geschäftsfähigen Person (z.B. mit einem Einkaufszettel) zu einem Einzelhändler geschickt, so tritt es dort als *Bote* auf. In diesem Fall kommt ein gültiger Kaufvertrag zwischen dem Kaufmann und dem Auftraggeber des Kindes (z.B. den Eltern) zustande.

▶ **Beschränkte Geschäftsfähigkeit** *(§ 106 BGB)*

Kinder und Jugendliche vom 7. bis 18. Lebensjahr sind beschränkt geschäftsfähig. Rechtsgeschäfte, die von beschränkt Geschäftsfähigen abgeschlossen werden, bedürfen der **Zustimmung des gesetzlichen Vertreters** *(§§ 107, 108 BGB).*

> Der Kauf eines Mountainbikes durch eine siebzehnjährige Schülerin ist nur dann endgültig, wenn die Eltern vorher ihre **Einwilligung** erteilt haben oder nachträglich ihre **Genehmigung geben.**

In bestimmten Fällen ist die Zustimmung des gesetzlichen Vertreters zu Rechtsgeschäften beschränkt Geschäftsfähiger **nicht** erforderlich:

- **wenn nur ein rechtlicher Vorteil erlangt wird (Schenkung)** *(§ 107 BGB)*

  > Ein Onkel schenkt seinem zehnjährigen Patenkind eine wertvolle Briefmarkensammlung, die es auch ohne Zustimmung seiner Eltern behalten kann.

- **wenn Rechtsgeschäfte mit Mitteln des Taschengeldes beglichen werden** *(§ 110 BGB)*

  > Eine siebzehnjährige Auszubildende kauft sich neue Jeans. Dazu braucht sie die Zustimmung ihrer Eltern nicht, da sie die Anschaffung der Hose mit ihrem laufenden Taschengeld bezahlt.

- **für Tätigkeiten, die ein beschränkt Geschäftsfähiger in einem vorher genehmigten Arbeitsverhältnis ausübt** *(§ 113 I BGB)*

  > Eine siebzehnjährige Angestellte wird beauftragt, Büromaterial zu bestellen. Dieser Kaufvertrag ist rechtswirksam, da die Angestellte durch den unterschriebenen Arbeitsvertrag die generelle Zustimmung zum Abschluss von Rechtsgeschäften hat, die sich aus einem solchen Arbeitsverhältnis ergeben.

▶ **Unbeschränkte Geschäftsfähigkeit**

Unbeschränkte Geschäftsfähigkeit besitzen alle juristischen Personen sowie alle natürlichen Personen ab 18 Jahre (Volljährigkeit gemäß § 2 BGB), sofern Letztere nicht geisteskrank sind. Diese Personen können **selbstständig alle Rechtsgeschäfte** abschließen.

3 Rechtsobjekte

Gegenstand von Rechtshandlungen sind Rechtsobjekte, also **Sachen und Rechte.** Über sie können natürliche und juristische Personen (Rechtssubjekte) im Rahmen der bestehenden Rechtsnormen verfügen.

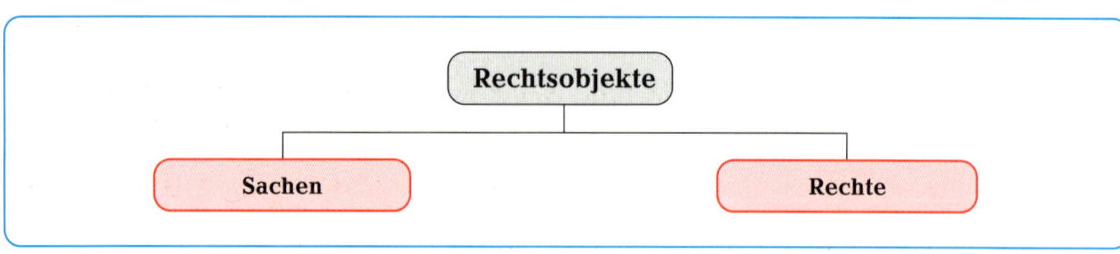

3.1 Sachen

Sachen sind körperliche Gegenstände *(§ 90 BGB).*

▶ Bewegliche und unbewegliche Sachen

Unbewegliche Sachen sind Grundstücke (sowie mit ihnen fest verbundene Bestandteile) und im weiteren Sinne auch Schiffe, die im Schiffsregister eingetragen sind. Alle anderen Gegenstände des Rechtsverkehrs zählen hingegen zu den beweglichen Sachen.

▶ Vertretbare und nicht vertretbare Sachen

Vertretbare Sachen sind bewegliche Sachen, die sich nach Zahl, Maß oder Gewicht bestimmen lassen *(§ 91 BGB).* Vertretbare Sachen werden häufig den **Gattungssachen** (vgl. S. 113) zugerechnet, da sie durch andere Sachen der gleichen Art ausgetauscht, d.h. ersetzt werden können (z.B. Geld, Kaffeemaschinen, Heizöl oder Kartoffeln).

Neben Grundstücken und eingetragenen Schiffen zählen alle Einzelstücke, d.h. solche Gegenstände, die aufgrund ihres einmaligen Charakters nicht oder nicht ohne weiteres wieder beschafft werden können, zu den nicht vertretbaren Sachen. Nicht vertretbare Sachen werden entsprechend häufig mit **Stücksachen** gleichgesetzt (vgl. S. 113).

> Bei dem Originalgemälde „Mona Lisa" von Leonardo da Vinci handelt es sich um eine nicht vertretbare Sache, während ein Poster dieses Gemäldes eine vertretbare Sache darstellt.

▶ Eigentum und Besitz an einer Sache

Im Sachenrecht ist die Unterscheidung bedeutsam, ob eine Person die **rechtliche** oder nur die **tatsächliche Herrschaft** über eine Sache ausübt.

- **Eigentum** *(rechtliche Herrschaft über eine Sache)*

Wer Eigentümer einer Sache ist, hat die rechtliche Gewalt, d.h. er darf – soweit nicht das Gesetz oder Rechte Dritter entgegenstehen – mit dieser Sache nach Belieben verfahren und andere von jeder Einwirkung ausschließen *(§ 903 BGB).*

> Der Eigentümer eines Grundstückes kann zwar andere am Betreten seines Gartens hindern, er muss allerdings die nach Gesetz zulässigen – im Interesse der Allgemeinheit liegenden – Einschränkungen dulden *(Art. 14 GG).* So muss der Eigentümer Vermessungen auf seinem Grundstück erlauben oder Sachen herausgeben, die auf sein Grundstück gelangt sind (z.B. Ball, Modellflugzeug).

Das **Eigentum an beweglichen Sachen** wird durch **Übertragung** verschafft, d.h. durch Einigung und Übergabe.

Durch einen Kauf- oder Schenkungsvertrag verpflichtet sich der eine Vertragspartner, Eigentum zu übertragen **(Verpflichtungsgeschäft).** Aus diesem vertraglichen Verhältnis ergibt sich die Verpflichtung, dass der bisherige Eigentümer die Sache dem Erwerber übergibt **(Übergabe)** und sich beide darüber verständigt haben **(Einigung),** dass auf ihn das Eigentum übergehen soll **(Erfüllungsgeschäft).**

> Der bisherige Eigentümer eines Kraftfahrzeuges schließt mit seinem Vertragspartner einen Kaufvertrag ab (Verpflichtungsgeschäft). Er übergibt dem Käufer den Pkw und übereignet die Sache durch Herausgabe des Kraftfahrzeugbriefes (Erfüllungsgeschäft).

Befindet sich die Sache bei einem Dritten, erfolgt die Eigentumsübertragung durch Einigung und Abtretung *(§ 931 BGB).*

> Zur Sicherung eines gewährten Darlehens tritt der Darlehensnehmer seine Forderungen gegenüber Dritten (Kunden) an das Kreditinstitut als Darlehensgeber ab (Zession).

Eine Besonderheit der Eigentumsübertragung wird durch § 932 BGB geregelt. In bestimmten Fällen muss der Veräußerer einer Sache nicht Eigentümer sein und trotzdem kann der Erwerber das Eigentum an der Sache erhalten.

> Verkauft ein Juwelier, der von einem Kunden einen Ring zum Schätzen angenommen hat, dieses Schmuckstück an einen **gutgläubigen Dritten,** so wird dieser Eigentümer der Sache.

Der gute Glaube schützt allerdings einen Erwerber dann nicht, wenn die Sache dem eigentlichen Eigentümer gestohlen wurde oder sonstwie abhanden gekommen ist.

Das **Eigentum an unbeweglichen Sachen** wird durch **Einigung** zwischen Veräußerer und Erwerber (Auflassung, *§ 925 BGB*) und anschließender **Eintragung** (z.B. in das Grundbuch) übertragen *(§ 873 BGB).* Zusätzlich ist die notarielle Beurkundung des zwischen beiden Parteien geschlossenen Vertrages notwendig *(§ 311 b I BGB).*

- **Besitz** *(tatsächliche Herrschaft über eine Sache)*

In den meisten Fällen ist der Eigentümer einer Sache auch ihr Besitzer. Damit hat dieser neben der rechtlichen auch die tatsächliche Gewalt über einen körperlichen Gegenstand. **Eigentümer ist, wem eine Sache gehört, Besitzer ist, wer eine Sache hat.**

> Ein Eigentümer kann sein Haus vermieten, verpachten oder verleihen und damit den Benutzer zum Besitzer machen.

Der Besitz an beweglichen und unbeweglichen Sachen wird durch die Erlangung der tatsächlichen Gewalt über die Sache erworben *(§ 854 BGB).*

> Selbst ein Dieb, der sich eine Sache widerrechtlich angeeignet hat, besitzt den körperlichen Gegenstand. Besitz bezeichnet ein „Haben" und nicht ein „Haben-dürfen", sagt somit nichts über die Berechtigung des Besitzes aus.

3.2 Rechte

Neben Sachen können auch Rechte wie z.B. Patente, Eigentums-, Bezugs- oder Stimmrechte zum Objekt des Rechtsverkehrs werden.

▶ Absolute und relative Rechte

- **Absolute Rechte** wirken gegen jedermann.

> Der Eigentümer eines Grundstückes kann:
> - andere Personen am Betreten des Grundstückes hindern;
> - das Grundstück veräußern oder mit einer Grundschuld belasten.

Zu den absoluten Rechten zählen auch die Persönlichkeitsrechte *(§ 823 I BGB)* wie z.B. das Recht auf körperliche Unversehrtheit oder der Schutz der Privatsphäre.

- **Relative Rechte** bestehen nur zwischen bestimmten Personen.

  - Ein Käufer, dem eine mangelhafte Ware geliefert worden ist, kann z.B. das Recht auf Nacherfüllung nur gegenüber dem Verkäufer der Ware geltend machen.
  - Ein Angestellter kann sein Recht auf Kündigung nur gegenüber dem Arbeitgeber durchsetzen, bei dem er beschäftigt ist.

4 Rechtsgeschäfte

4.1 Zustandekommen von Rechtsgeschäften

Die Rechtsordnung der Bundesrepublik Deutschland ermöglicht es allen natürlichen und juristischen Personen, ihre Rechtsbeziehungen untereinander durch eigenen Willen zu gestalten **(Privatautonomie).** Im Sinne des BGB ist die Erklärung, mit der eine Person ihren Willen äußert, um eine **Rechtsfolge herbeizuführen,** eine **Willenserklärung.**

- Ein Kaufmann mietet in einem Geschäftshaus Büroräume **(Schaffung eines neuen Rechtsverhältnisses).**
- Nach einiger Zeit erfolgt auf Antrag des Vermieters eine Mietpreiserhöhung **(Änderung eines bestehenden Rechtsverhältnisses).**
- Zwei Jahre später kündigt der Kaufmann den Mietvertrag **(Auflösung eines Rechtsverhältnisses).**

Alle Rechtsgeschäfte kommen durch entsprechende **Willenserklärungen** der Beteiligten zustande.

▶ Arten der Rechtsgeschäfte

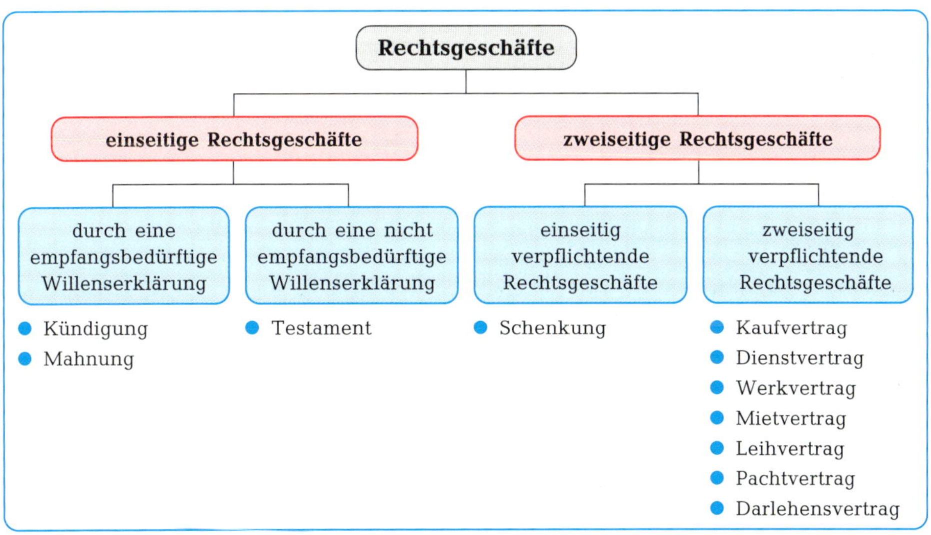

- **Einseitige und zweiseitige Rechtsgeschäfte**

  Rechtsgeschäfte, die bereits durch **eine Willenserklärung** zustande kommen, bezeichnet man als einseitige Rechtsgeschäfte. Die durch mindestens **zwei Willenserklärungen** zustande kommenden Rechtsgeschäfte nennt man zweiseitige (bzw. mehrseitige) Rechtsgeschäfte.

- **Empfangsbedürftige und nicht empfangsbedürftige Willenserklärungen**

  Zur Wirksamkeit eines Rechtsgeschäftes ist die Abgabe einer Willenserklärung allein nicht immer ausreichend. Nur bei **nicht empfangsbedürftigen Willenserklärungen** (z.B. Testament) reicht die einseitige Erklärung des Willens für das Zustandekommen des Rechtsgeschäftes bereits aus; es wird unmittelbar nach Eintritt des Erbfalles wirksam.

  Empfangsbedürftige Willenserklärungen führen nur dann zu Rechtsgeschäften, wenn sie der entsprechenden Person zugegangen sind, d.h., wenn diese Person vom Inhalt der Erklärung hätte Kenntnis nehmen können *(§ 130 I BGB)*.

  > Wird ein Brief, der eine empfangsbedürftige Willenserklärung enthält, vom Zusteller in den Briefkasten geworfen, so gilt sie als zugegangen. Allerdings sollte der Absender zur Beweisführung für den zugestellten Brief das Schreiben per Einschreiben „Eigenhändig" mit Rückschein versenden.

- **Einseitig und zweiseitig verpflichtende Rechtsgeschäfte**

  Bei einseitig verpflichtenden Rechtsgeschäften werden nur einem Vertragspartner Leistungspflichten auferlegt, während bei zweiseitig verpflichtenden Rechtsgeschäften Leistungen und Gegenleistungen zwischen den Vertragspartnern ausgetauscht werden müssen.

  > Eine Schenkung begründet in der Regel keine Leistungspflicht des Beschenkten, da die Zuwendung unentgeltlich erfolgt *(§ 516 BGB)*. Wird hingegen die Schenkung mit Auflagen verbunden *(§ 525 BGB)* – z.B. verpflichtet sich ein Kind, für das ihm von seinen Eltern übertragene Haus Ausgleichszahlungen an die Geschwister zu leisten –, so wird auch für den Beschenkten eine Leistungspflicht festgelegt.

▶ Formen der Willenserklärungen

Nach dem **Grundsatz der Formfreiheit** sind Willenserklärungen zur Herbeiführung von Rechtsgeschäften im Allgemeinen an keine besondere Form gebunden. Willenserklärungen können daher:

- mündlich (einschließlich telefonisch),
- schriftlich (einschließlich per Fax, über Internet oder E-Mail),
- durch schlüssiges Verhalten **(konkludentes Verhalten)**

abgegeben werden.

Der Wille muss nicht unbedingt ausdrücklich durch Worte erklärt werden; es genügt, wenn dieser durch ein bestimmtes Verhalten **schlüssig,** d.h. erkennbar geäußert wird.

> - Abgabe eines Antrages bei einer Versteigerung durch Handzeichen.
> - Entnahme von Waren aus Automaten.
> - Ein Kunde entnimmt Waren aus einem Regal im Supermarkt, legt sie in den Einkaufswagen und geht zur Kasse. Dort addiert eine Mitarbeiterin die Einzelbeträge und rechnet ab.

Allerdings sieht der Gesetzgeber **für einige Rechtsgeschäfte bestimmte Formen** für die Abgabe von Willenserklärungen vor:

- **Gesetzliche Schriftform** *(§ 126 BGB)*

  Kündigung von Berufsausbildungs- *(§ 22 III BBiG)* oder Arbeitsverhältnissen, wobei die elektronische Form ausgeschlossen ist *(§ 623 BGB)*.

  Kündigung eines Mietvertrages *(§ 568 I BGB)*.

  Abschluss eines Verbraucherdarlehensvertrages *(§ 492 I BGB)* einschließlich des Rechts auf Widerruf *(§ 495 I BGB)*.

- **Öffentliche Beglaubigung** *(§ 129 BGB)*

  Vor einem Notar oder Amtsgericht wird die eigenhändige Unterschrift des Erklärenden öffentlich beglaubigt.

  Ausschlagung einer Erbschaft *(§ 1945 BGB)*.

  Antrag auf Eintragung in ein öffentliches Register (z.B. Handelsregister) *(§ 12 HGB)*.

- **Notarielle Beurkundung** *(§ 128 BGB)*

  Die Beurkundung einer Willenserklärung durch einen Notar ist beim Grundstückserwerb vorgeschrieben *(§ 311 b I BGB)*.

Ein Verstoß gegen eine gesetzlich vorgeschriebene oder vereinbarte Form führt zur **Nichtigkeit** des Rechtsgeschäftes.

4.2 Nichtigkeit von Rechtsgeschäften

Werden bestimmte Voraussetzungen, die vom BGB an rechtswirksame Willenserklärungen gestellt werden, nicht erfüllt, ist das Rechtsgeschäft **nichtig,** d.h. **von Anfang an unwirksam.** Gründe für die Nichtigkeit von Rechtsgeschäften sind:

- **Abgabe einer Willenserklärung durch einen Geschäftsunfähigen** *(§ 105 I BGB)*

- **Abgabe einer Willenserklärung im Zustande der Bewusstlosigkeit oder der vorübergehenden Störung der Geistestätigkeit** *(§ 105 II BGB)*

- **Die Zustimmung durch den gesetzlichen Vertreter zum Rechtsgeschäft eines beschränkt Geschäftsfähigen erfolgt nicht** *(§ 107 BGB)*

- **Verstoß gegen eine gesetzlich vorgeschriebene oder vereinbarte Form** *(§ 125 BGB)*

- **Verstoß gegen ein gesetzliches Verbot** *(§ 134 BGB)*

  Ein Einzelhändler, der Tabakwaren an Kinder oder Jugendliche unter 16 Jahren verkauft, verstößt gegen das Jugendschutzgesetz *(§ 10 I JuSchG)*.

- **Sittenwidrigkeit eines Rechtsgeschäftes** *(§ 138 BGB)*

  Ein Kreditgeber nutzt die Zwangslage seines Vertragspartners zu Wucherzinsen aus.

- **Scheingeschäft** *(§ 117 BGB)*

> Zur Verminderung der Grunderwerbsteuer, die beim Kauf eines Grundstückes nach der Höhe des Kaufpreises zu berechnen ist, wird im Kaufvertrag ein Preis ausgewiesen, der erheblich unter dem tatsächlich vereinbarten liegt.

- **Scherzgeschäft** *(§ 118 BGB)*

> Anlässlich einer Karnevalsveranstaltung bestellt ein Gast zu vorgerückter Stunde 1000 Flaschen Sekt für seine fünf Begleiter und sich.

4.3 Anfechtbarkeit von Rechtsgeschäften

Ist ein Rechtsgeschäft wirksam zustande gekommen, kann es unter bestimmten Voraussetzungen nachträglich angefochten werden. Bis zu dieser Anfechtung ist das Rechtsgeschäft wirksam, **danach verliert es seine Gültigkeit** und wird als von Anfang an nichtig angesehen *(§ 142 BGB)*.

Eine Anfechtung ist in folgenden Fällen möglich:

- **Anfechtung wegen Erklärungs- oder Inhaltsirrtums** *(§ 119 BGB)*

> **Erklärungsirrtum:** In einem Kaufvertrag wird der tatsächliche Preis der Ware in Höhe von 5000,00 EUR versehentlich mit 500,00 EUR ausgewiesen.
>
> (Typisch für einen Erklärungsirrtum ist es, sich zu verschreiben oder zu versprechen, ohne diesen Fehler zu bemerken.)
>
> **Inhaltsirrtum:** Ein Galerist verkauft einer Kundin ein Gemälde als Reproduktion, das sich noch vor der Bezahlung des vereinbarten Preises als wertvolles Original herausstellt.

- **Anfechtung wegen falscher Übermittlung** *(§ 120 BGB)*

  Die Willenserklärung wird von einer dritten Person oder einer Institution unrichtig weitergeleitet.

> Der einer Bank erteilte Dauerauftrag wird von einem Mitarbeiter mit falschen Daten elektronisch erfasst.

- **Anfechtung wegen arglistiger Täuschung oder widerrechtlicher Drohung** *(§ 123 BGB)*

> - Der Verkäufer eines Gebrauchtwagens verneint wider besseres Wissen die Frage, ob es sich um ein Unfallfahrzeug handelt.
> - Ein Hauseigentümer verbindet die Forderung nach höherer Miete mit der Drohung, Wasser und Heizung abzustellen, falls der neue Mietpreis nicht umgehend bezahlt würde.

Zur wirksamen Anfechtung ist eine **fristgemäße Anfechtungserklärung** notwendig. Erst damit wird die zuvor rechtswirksam abgegebene Willenserklärung nichtig. Fristgemäß heißt bei Anfechtungen:

- wegen Erklärungs- oder Inhaltsirrtums bzw. unrichtiger Übermittlung ohne schuldhaftes Zögern, d.h. **unverzüglich nach Feststellung des Irrtums** *(§ 121 BGB)*,
- wegen arglistiger Täuschung oder widerrechtlicher Drohung **binnen eines Jahres nach Kenntnis der Täuschung bzw. Wegfall der Zwangslage** *(§ 124 BGB)*.

Eine Anfechtung ist grundsätzlich ausgeschlossen, wenn seit dem Zustandekommen des Rechtsgeschäftes 10 Jahre verstrichen sind.

Zusammenfassung

Grundlagen des Rechts

Rechtsgebiete

- **Privatrecht**
  regelt die Rechtsbeziehungen zwischen gleichberechtigten Partnern
- **öffentliches Recht**
  ordnet die Interessen Einzelner den Erfordernissen der Gemeinschaft unter

Rechtsquellen

- **Gesetzesrecht**
  durch Staatsorgane erlassen und schriftlich niedergelegt
  - Gesetze
  - Verordnungen
  - Verwaltungsvorschriften
  - autonome Satzungen
- **Gewohnheitsrecht**
  durch langjähriges praktisches Handeln in der Gesellschaft anerkannte Regeln
- **Handelsbrauch**
  „Gewohnheitsrecht" zwischen Kaufleuten

objektives Recht

Ausgestaltung durch ⇓ den Einzelnen zum

subjektives Recht

Rechtssubjekte

- als Rechtssubjekte **besitzen natürliche und juristische Personen Rechtsfähigkeit,** d.h., sie sind Träger von Rechten und Pflichten
- **Geschäftsfähigkeit** gestattet es ihnen, im Rechtsverkehr zu handeln, d.h. Rechtsgeschäfte abzuschließen

Rechtsobjekte

- **Sachen** sind körperliche Gegenstände
  - bewegliche Sachen
  - unbewegliche Sachen - vertretbare Sachen - nicht vertretbare Sachen
- **Eigentümer** einer Sache ist, wem sie gehört, wer die rechtliche Gewalt über sie hat.
- **Besitzer** einer Sache ist, wer sie hat, wer die tatsächliche Gewalt über sie ausübt.
- **Rechte**
  - absolute Rechte wirken gegen jedermann
  - relative Rechte wirken nur zwischen bestimmten Personen

Rechtsgeschäfte

- **Zustandekommen** durch ein- oder zweiseitige (mehrseitige) Willenserklärungen
- **Willenserklärungen** in mündlicher oder schriftlicher Form bzw. durch konkludentes Verhalten
- **Nichtige Rechtsgeschäfte** sind von Anfang an unwirksam
- **Anfechtbare Rechtsgeschäfte** verlieren mit der Anfechtung ihre Gültigkeit

Aufgaben 7

(1) *Bestimmen Sie in folgenden Fällen, ob Rechtsnormen des privaten oder öffentlichen Rechts berührt werden. Begründen Sie Ihre Meinung!*

a) *Der 21-jährige Klaus Weber erhält seinen Einberufungsbescheid zum Wehrdienst.*

b) *Die 18-jährige Irmgard Mull schließt einen Ausbildungsvertrag zur Kauffrau in der Grundstücks- und Wohnungswirtschaft ab.*

c) *Das Finanzamt Dortmund fordert von Frau Werner die Kfz-Steuer ein.*

d) *Herr Mohn wird vom Gericht aufgefordert, als Zeuge in einer Strafsache auszusagen.*

e) *Der Hobbygärtner Peter Ahl leiht sich von seinem Nachbarn einen Sack Düngetorf.*

f) *Herr Siek wird bei einer Radarkontrolle mit einer Geschwindigkeit von 65 km/h innerhalb einer geschlossenen Ortschaft von der Polizei gestoppt.*

(2) *Stellen Sie am Beispiel Ihres Ausbildungsbetriebes die Beziehungen zu den juristischen Personen des öffentlichen Rechts dar!*

(3) *Erläutern Sie den folgenden Satz: Das subjektive Recht kann innerhalb des objektiven Rechts ausgestaltet werden!*

(4) *Wie erlangen natürliche bzw. juristische Personen die Rechtsfähigkeit?*

(5) *Erläutern Sie die Abstufungen in der Geschäftsfähigkeit! Welche Gründe mögen den Gesetzgeber dazu veranlasst haben?*

(6) *Nehmen Sie zu der These Stellung, dass nur natürliche Personen über Rechtsobjekte verfügen können!*

(7) *Was versteht man unter nicht vertretbaren Sachen?*

(8) *Erläutern Sie an einem selbst gewählten Beispiel, wie das Eigentum an beweglichen Sachen verschafft wird!*

(9) *Bei einem Wohnungseinbruch wird Ihnen Ihre Stereoanlage entwendet. Wer ist Eigentümer bzw. Besitzer, wenn die Polizei das Diebesgut bei einem Hehler sicherstellt?*

(10) *Nennen Sie die drei grundsätzlichen Möglichkeiten, durch Willenserklärungen Rechtsgeschäfte herbeizuführen!*

(11) *Obwohl die Abgabe von Willenserklärungen zur Herbeiführung von Rechtsfolgen im Allgemeinen formfrei ist, hat der Gesetzgeber dennoch für einige Rechtsgeschäfte Formvorschriften erlassen. Welche Rechtsfolge tritt bei einem Verstoß gegen eine solche Formvorschrift ein?*

(12) *Grenzen Sie Nichtigkeit und Anfechtbarkeit von Rechtsgeschäften ab!*

(13) *Beurteilen Sie bei folgenden Fällen, ob die Rechtsgeschäfte nichtig bzw. anfechtbar sind!*

a) *Der 6-jährige Peter holt am Kiosk 2 Schachteln Zigaretten, indem er dem Verkäufer einen Zettel mit der schriftlichen Anweisung der Mutter zum Kauf übergibt.*

b) *Der Geschäftsführer eines abstiegsgefährdeten Bundesligaklubs vereinbart mit der gegnerischen Mannschaft für den Fall eines Sieges seines Teams die Zahlung einer Prämie von 250 000 EUR.*

c) *Der betrunkene Paul schenkt seinem Zechkumpan Erwin, ohne zu wissen was er tut, seine wertvolle Armbanduhr.*

d) *Herr Wagner verkauft an Herrn Burg seine Eigentumswohnung. Um die Notariatsgebühren einzusparen, will man auf die Beurkundung des Kaufvertrages verzichten.*

e) *Frau Werner, die ohne jede Kaufabsicht erstmals eine Auktion besucht, winkt ihrer Freundin zu. Der Versteigerer, der dieses Handzeichen als Höhergebot deutet, erteilt Frau Werner den Zuschlag, als nach seiner dreimaligen Wiederholung des neuen Höchstgebotes kein Übergebot mehr abgegeben wird, sodass Frau Werner als Meistbietende eine wertvolle Antiquität gekauft hat.*

f) *Der Rentner Paul Otto erwirbt Aktien, von denen er sich einen Anstieg des Kurses verspricht. Als die Kurse jedoch sinken, will er den Kauf rückgängig machen.*

(14) *Verdeutlichen Sie je an einem selbst gewählten Beispiel die Anfechtung wegen Inhaltsirrtums, Erklärungsirrtums und arglistiger Täuschung!*

(15) *Die Anfechtung ist eine einseitige, nicht empfangsbedürftige Willenserklärung. Nehmen Sie Stellung zu dieser Behauptung!*

5 Kaufvertrag

5.1 Zustandekommen des Kaufvertrages

Im Laufe der Vertragsverhandlungen haben sich Verkäufer und Käufer mit der **Anfrage,** dem **Angebot,** der **Bestellung** und der **Auftragsbestätigung** über die Bedingungen geeinigt, unter denen der Kaufvertrag abgewickelt werden soll.

Voraussetzung zum Abschluss eines Kaufvertrages sind jedoch nur zwei übereinstimmende Willenserklärungen, die als **Antrag** und **Annahme** bezeichnet werden. Mit dem Antrag wendet sich derjenige, der einen Kaufvertrag abschließen möchte, an seinen Partner. Die Annahme ist die Willenserklärung desjenigen, an den sich der Antrag richtet.

Antrag und Annahme können vom Verkäufer oder vom Käufer ausgehen:

- Hat der Käufer noch keine konkreten Vorstellungen über die zu erwerbende Ware, wird er seinen Kaufwunsch vortragen (Anfrage), der Antrag aber wird vom Verkäufer formuliert werden.

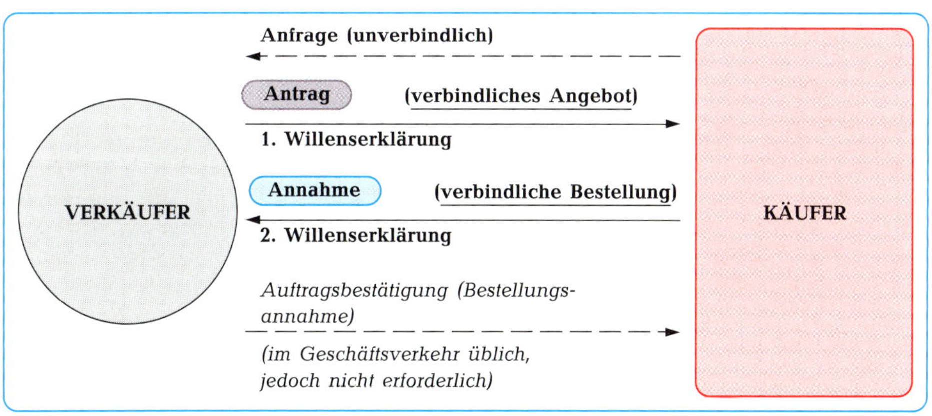

- Hat sich der Kunde bereits vorab für eine bestimmte Ware entschieden, wird er selbst den Antrag an den Verkäufer richten.

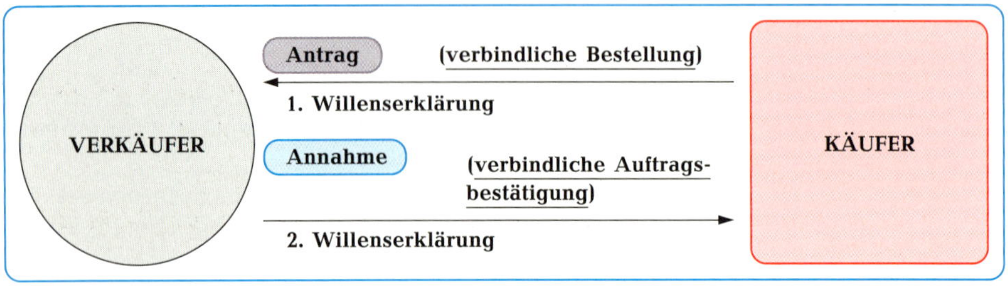

> Ein Kunde betritt eine Buchhandlung, nimmt einen Reiseführer aus dem Regal und legt diesen dem Verkäufer vor (Antrag). Der Verkäufer prüft das Exemplar und geht zur Kasse (Annahme).
>
> Wünscht der Kunde ein zurzeit nicht vorrätiges Buch (Antrag = Bestellung), kommt erst durch das Ausfüllen des Bestellscheines (Annahme = Auftragsbestätigung) ein Kaufvertrag zustande.

Der **Antrag** (Angebot) muss sich **an eine bestimmte Person** richten und so vollständig und unmissverständlich formuliert sein, dass ein Kaufvertrag durch bloße Bejahung des Kunden abgeschlossen werden kann. An diesen einmal abgegebenen Antrag ist der Verkäufer (Käufer) gebunden. In das Angebot sind aufzunehmen:

- Art, Güte und Beschaffenheit der zu liefernden Ware,
- Preis pro Einheit der Ware,
- Lieferungsbedingungen (Lieferzeit, Verpackungskosten, Beförderungskosten),
- Zahlungsbedingungen (Zahlungszeitpunkt, Preisnachlässe wie Skonto, Rabatt oder Bonus) (vgl. allgemeine Geschäftsbedingungen S. 115ff.).

Mit der **Annahme** (Bestellung) lässt der Käufer (Verkäufer) den Kaufvertrag entstehen, d.h., er erkennt die vereinbarten Vertragsbedingungen an.

5.2 Besonderheiten beim Kaufvertragsabschluss

Neben diesen beiden Grundformen des Kaufvertragsabschlusses können folgende **Besonderheiten** auftreten:

▶ Der Inhalt eines Antrages wird in der Annahme verändert

> Ein Hersteller unterbreitet einem Großhändler ein Angebot (Antrag) über 500 Küchenleuchten, auf die er 15% Rabatt gewähren will. Der Großhändler nimmt das Angebot unter der Bedingung an, dass der Rabatt auf 20% erhöht wird.

Die Annahme eines Antrages mit einer Veränderung gilt als **Ablehnung** *(§ 150 II BGB).* Gleichzeitig wird jedoch mit der Veränderung ein neuer Antrag vom Großhändler an den Hersteller gerichtet. Ein Kaufvertrag käme nur zustande, falls der Hersteller seinerseits die neuen Bedingungen akzeptieren würde.

▶ Ein Antrag wird verspätet angenommen

Nimmt sich ein Käufer für die Annahme eines Antrages länger Zeit als es der Lieferant unter normalen Umständen erwarten darf, handelt es sich um eine verspätete Annahme. Sie gilt als **neuer Antrag** *(§ 150 I BGB).* Der Kaufvertrag kommt erst dann zustande, wenn der Lieferant seinerseits diesen neuen Antrag annimmt.

▶ **Ein Antrag wird „freibleibend" unterbreitet**

Werden **Freizeichnungsklauseln** in das Angebot aufgenommen, kommt ein Kaufvertrag erst zustande durch:

- die **Annahme** (Bestellung) des Käufers **und**
- die **Auftragsbestätigung** des Verkäufers (erfolgt diese Auftragsbestätigung nicht, gilt auch das „Schweigen" unter Kaufleuten als Zustimmung zur Bestellung).

▶ **Ein Antrag erfolgt durch Zusendung unbestellter Ware**

Unbestellt zugesandte Ware stellt ein verbindliches Angebot des Verkäufers dar. Der Käufer kann den Kaufvertrag entstehen lassen durch:

- Zustimmung zur Annahme der Ware
- Bezahlung der Ware
- Ver- oder Gebrauch der Ware.

Reagiert der Empfänger auf die Zusendung der Ware nicht, so gilt das Schweigen:

- unter Kaufleuten, zwischen denen bereits Geschäftsbeziehungen bestehen, als **Annahme;**
- unter Kaufleuten, die noch keine Geschäftsbeziehungen unterhalten bzw. zwischen Kaufmann und Verbraucher, **als Ablehnung.** In diesem Fall muss die Ware aufbewahrt und zur Abholung bereitgehalten werden.

5.3 Erfüllung des Kaufvertrages

Ist ein Kaufvertrag durch zwei inhaltlich übereinstimmende Willenserklärungen zustande gekommen, ergeben sich für die Vertragsparteien bestimmte **Pflichten** *(§ 433 BGB).* Dabei sind die Pflichten des einen Vertragspartners zugleich die Rechte des anderen:

Pflichten aus dem Kaufvertrag *(§ 433 BGB)*

Pflichten des Verkäufers = Rechte des Käufers	**Pflichten des Käufers** = Rechte des Verkäufers
• ordnungsgemäße Übergabe (zur richtigen Zeit am richtigen Ort) der mangelfreien Ware • Eigentumsübertragung	• Annahme der ordnungsgemäß gelieferten Ware • Zahlung des vereinbarten Kaufpreises

Bei Lieferung einer bestellten Warensendung wird der Käufer zunächst deren Ordnungsgemäßheit (Adresse, Stückzahl und Transportverpackung sowie die Mangelfreiheit der Ware überprüfen **(Wareneingangsprüfung).**

▶ **Adresse, Stückzahl und Transportverpackung**

Beim **Wareneingang** sind die Adresse und die Anzahl der gelieferten Versandstücke zu kontrollieren und mit den Begleitpapieren (z.B. Lieferschein oder Frachtbrief) zu vergleichen. Werden Unstimmigkeiten in der gelieferten Stückzahl festgestellt oder ist die Transportverpackung beschädigt, wird ein entsprechender Vermerk in den Begleitpapieren angebracht und vom Transporteur (Fahrer des Lieferanten, Beauftragter der

Deutschen Post AG, der Deutschen Bahn AG oder privater Fuhrunternehmen und Paketdienste, Spediteur) bestätigt. Damit wird sichergestellt, dass:

- die fehlenden Stücke nachgeliefert werden müssen,
- bei einer später festgestellten (aufgrund der Verpackungsbeschädigung eingetretenen) Warenbeeinträchtigung eine Reklamation erfolgreich durchgesetzt werden kann.

Ist die Warenlieferung nicht für den Käufer bestimmt oder weist die Transportverpackung erhebliche Beschädigungen auf bzw. lehnt der Transporteur die Bestätigung des Mangels ab, sollte die Annahme der Sendung verweigert werden.

Erst wenn sichergestellt ist, dass die Lieferung äußerlich nicht zu beanstanden ist, wird der Käufer den Erhalt der Sendung quittieren.

► **Mängel der Ware**

Die **Warenlieferung** durch den Hersteller oder Großhändler stellt für das bestellende Unternehmen einen zweiseitigen Handelskauf (Kaufvertrag zwischen Kaufleuten – vgl. S. 114) dar. Damit ist es verpflichtet, die Waren **unverzüglich** auf Mängel zu untersuchen. Wird im Rahmen der Wareneingangsprüfung ein Sach- oder Rechtsmangel festgestellt, ist umgehend eine schriftliche Mitteilung an den entsprechenden Lieferanten zu veranlassen *(§ 377 HGB)*.

Ist die Ware hingegen mangelfrei, wird sie in das Lager aufgenommen und dort eingeordnet. Der Neuzugang wird erfasst.

Erst nach der erfolgten Wareneingangsprüfung kann die Ware endgültig angenommen werden.

Vor Bezahlung des auf der **Rechnung** ausgewiesenen Kaufpreises ist es allerdings unbedingt erforderlich, die angegebenen Beträge und die Zahlungsbedingungen mit dem Angebot bzw. der Bestellung zu vergleichen **(Rechnungsprüfung).** Ergeben sich Beanstandungen, ist die Rechnung umgehend beim Lieferanten zu reklamieren.

5.4 Besondere Arten des Kaufvertrages

Arten des Kaufvertrages

nach der Art und Beschaffenheit der Ware

- Stückkauf
- Gattungskauf
- Kauf auf Probe oder auf Besichtigung
- Kauf zur Probe
- Spezifikationskauf
- Ramschkauf

nach den Vertragspartnern

Kaufvertrag
- zwischen Verbrauchern
- zwischen Verbraucher und Unternehmer
- zwischen Kaufleuten

nach dem Zahlungszeitpunkt (ggf. als Fixgeschäft bzw. Fixhandelskauf)

- Zahlung vor Lieferung
- Zahlung bei Lieferung
- Zahlung nach Lieferung

nach der Lieferzeit der Ware (ggf. als Fixgeschäft bzw. Fixhandelskauf)

- Tageskauf/Sofortkauf
- Terminkauf
- Kauf auf Abruf

▸ Kaufvertragsarten nach der Art und Beschaffenheit der Ware

- Bei einem **Stückkauf** handelt es sich um den Erwerb einer genau **identifizierbaren Ware,** die bei Zerstörung oder Verlust nicht ersetzbar ist.

  Modellkleid; Gemälde; Gebrauchtwagen der Marke X, Baujahr 20. ., Kilometerstand 10280

- Bei einem **Gattungskauf** wird die Ware durch die Vertragspartner nach **Gattungsmerkmalen** wie Farbe, Material, Gewicht usw. festgelegt. Die Auswahl des einzelnen Stückes aus dieser Gattung wird dem Verkäufer überlassen.

  Kauf eines Neuwagens mit dreimonatiger Lieferzeit; Kauf von 3000 l Heizöl

- Bei einem **Kauf auf Probe oder auf Besichtigung** *(§ 454 BGB)* überlässt der Verkäufer dem Käufer die Ware für eine bestimmte Zeit. Der Käufer erhält damit die Möglichkeit, die Ware auszuprobieren, zu prüfen und sich anschließend **zum Kauf oder zur Rückgabe zu entschließen.** Durch den Kauf auf Probe ist ein Kaufvertrag erst bedingt zustande gekommen, d.h., der Kaufvertrag entsteht erst, wenn der Käufer nach der Prüfung sein Einverständnis erklärt.

  Ein Pianist beabsichtigt, ein neues Klavier zu erwerben. Bevor er sich fest zum Kauf entschließt, möchte er das Instrument eine Woche testen.

- Beim **Kauf zur Probe** bezieht der Käufer zunächst **eine kleinere Menge Ware, um diese auszuprobieren.** Es liegt ein endgültiger (unbedingter) Kauf vor, bei dem der Käufer dem Verkäufer unverbindlich zu erkennen gibt, dass Nachbestellungen erfolgen werden, wenn die gelieferte Ware den Erwartungen entspricht. Diese Form des Kaufs ist bei der Einführung neuer Waren üblich.

  Ein Weinhändler bestellt 10 Flaschen einer bestimmten Spätlese zur Probe mit dem Hinweis, dass bei Gefallen weitere 500 Flaschen derselben Qualität zum selben Preis geliefert werden müssten.

- Beim **Spezifikationskauf** (Bestimmungskauf) *(§ 375 HGB)* bestimmt der Käufer **zunächst nur die Warenart und die Gesamtmenge.** Innerhalb einer bestimmten Frist hat er das Recht, die Ware nach Form, Farbe, Maß usw. näher festzulegen. Versäumt der Käufer diese Frist, wird die Spezifizierung der Ware durch den Verkäufer vorgenommen.

  Auf einer Modemesse im Frühjahr bestellt ein Einzelhändler 100 Herrenanzüge zur Lieferung im September. Bis Ende Juni wird er mitteilen, in welchen Farben und Größen er die Anzüge benötigt.

- Beim **Ramschkauf** wird Ware **„in Bausch und Bogen" bzw. „en bloc"** erworben. Die gesamte Warenmenge wird ohne Rücksicht auf den Zustand einzelner Stücke in der Regel zu einem Pauschalpreis gekauft.

  Bei der Geschäftsauflösung eines Möbelhauses wird der gesamte Warenbestand von einem Händler zum Pauschalpreis von 100000 EUR erworben.

▸ Kaufvertragsarten nach den Vertragspartnern

Zu unterscheiden sind hierbei:

- **Kaufverträge zwischen Privatpersonen (Verbrauchern)** *(§§ 433 ff. BGB)*

  Hier werden die Geschäfte nur zu privaten Zwecken durchgeführt **(bürgerlicher Kauf). Verbraucher** ist jede natürliche Person, die ein Rechtsgeschäft zu einem

8 Siekerkötter/Fehn - ISBN 978-3-8120-0065-9

Zweck abschließt, der weder ihrer gewerblichen noch ihrer selbstständigen beruflichen Tätigkeit zugerechnet werden kann *(§ 13 BGB).*

▮ Aufgrund einer privaten Kleinanzeige erwirbt ein Rentner einen gebrauchten Pkw.

- **Kaufverträge, bei denen ein Verbraucher (Privatperson) bewegliche Sachen von einem Unternehmer erwirbt** *(§§ 433ff. BGB und die speziellen Vorschriften zum Verbrauchsgüterkauf gemäß §§ 474ff. BGB)*

  Unternehmer sind natürliche oder juristische Personen, die beim Abschluss eines Rechtsgeschäfts in Ausübung ihrer gewerblichen oder selbstständigen beruflichen Tätigkeit handeln *(§ 14 BGB).*

  ▮ Ein Rentner kauft einen Neuwagen in einem Autohaus.

- **Kaufverträge zwischen Kaufleuten** *(zweiseitiger Handelskauf gemäß §§ 343ff. HGB)*

  ▮ Ein Bauunternehmer erwirbt bei einem Hersteller von Nutzfahrzeugen einen Lkw.

▶ **Kaufvertragsarten nach dem Zahlungszeitpunkt**

- Bei der **Zahlung vor Lieferung** wird entweder der gesamte Kaufpreis oder es werden Teilbeträge vor Lieferung der Ware entrichtet.
- Die **Zahlung bei Lieferung** ist die **gesetzlich vorgeschriebene Regelung,** bei der die Warenlieferung und die Zahlung des Kaufpreises „Zug um Zug" erfüllt werden.
- Bei der **Zahlung nach Lieferung** wird dem Käufer ein Zahlungsaufschub gewährt. Er begleicht die Rechnung innerhalb einer bestimmten Frist (Zielkauf) oder kommt seiner Zahlungsverpflichtung in Teilbeträgen nach (Ratenkauf).

Die pünktliche Erfüllung der Zahlungsverpflichtung des Käufers kann auch Gegenstand eines **Fixgeschäftes** *(§ 323 II Nr. 2 BGB)* unter Nichtkaufleuten bzw. - bei Handelskäufen - eines **Fixhandelskaufes** *(§ 376 HGB)* sein. In diesem Fall steht und fällt das Geschäft mit der **Einhaltung oder dem Versäumnis des Zahlungszeitpunktes** seitens des Käufers, der sich vertraglich verpflichtet hat, seine Leistung - **nämlich die Zahlungspflicht** - genau zu einer festbestimmten Zeit oder innerhalb einer festbestimmten Frist zu bewirken. Je nach Vertragspartner führen Fixkäufe zu unterschiedlichen Rechten des Gläubigers (vgl. S. 115). Die pünktliche Erfüllung der Lieferpflicht (siehe unten) kann ebenfalls Gegenstand eines Fixgeschäftes sein.

▶ **Kaufvertragsarten nach der Lieferzeit der Ware**

- Beim **Tageskauf (Sofortkauf)** hat der Verkäufer unmittelbar nach Abschluss des Kaufvertrages zu liefern.
- Beim **Terminkauf** hat die Lieferung innerhalb einer vereinbarten Frist zu erfolgen.
- Beim **Kauf auf Abruf** kann der Käufer innerhalb einer angemessenen Frist den Zeitpunkt der Lieferung selbst bestimmen.

Die pünktliche Erfüllung der Lieferpflicht des Verkäufers kann auch Gegenstand eines **Fixgeschäftes** *(§ 323 II Nr.2 BGB)* unter Nichtkaufleuten bzw. - bei Handelskäufen - eines **Fixhandelskaufes** *(§ 376 HGB)* sein. In diesem Fall steht und fällt das Geschäft mit der **Einhaltung oder dem Versäumnis des vereinbarten Liefertermins** seitens des Verkäufers, der sich vertraglich verpflichtet hat, seine Leistung - **nämlich die Lieferpflicht** - genau zu einer festbestimmten Zeit oder innerhalb einer festbestimmten Frist zu erfüllen.

Im Handelsverkehr ergibt sich der Fixcharakter eines Geschäftes aus Klauseln wie „fix", „präzis", „genau" oder „exakt", die der Zeitbestimmung hinzugefügt werden. Formulierungen wie „schleunigst" oder „umgehend" führen ebenso wenig zu einem Fixgeschäft wie die alleinige Angabe einer Zeitbestimmung, die lediglich den Fälligkeitszeitpunkt der Leistung festlegt.

Bei typischen Saisonartikeln wie z.B. Weihnachtsbäumen oder Osterhasen liegt demgegenüber ein Fixkauf vor, ohne dass es eines besonderen Hinweises bedarf. Hier ergibt sich der Fixcharakter des Geschäftes aus der erkennbaren Zweckbestimmung.

Im Gegensatz zum **relativen Fixgeschäft** gemäß § 323 II Nr. 2 BGB bzw. § 376 HGB, bei dem es bei Nichteinhaltung der Leistungszeit grundsätzlich möglich ist, das Versäumte nachzuholen, ist die Leistungszeit beim **absoluten Fixgeschäft** so entscheidend, dass die Leistung bei Nichteinhaltung nicht mehr nachholbar ist. Es liegt Unmöglichkeit vor. Dies ist etwa der Fall, wenn sich eine Band, die anlässlich eines Polterabends zum Tanz aufspielen soll, verspätet und erst gegen ca. 01:30 Uhr erscheint.

Je nach Vertragspartner (bürgerlicher Kauf bzw. Handelskauf) lassen sich **Fixgeschäfte** *(§ 323 II Nr. 2 BGB)* bzw. **Fixhandelskäufe** *(§ 376 HGB)* unterscheiden. Dabei führt die Nichteinhaltung der Leistungszeit bzw. -frist (d.h. der Lieferpflicht des Verkäufers oder der Zahlungspflicht des Käufers) zu **unterschiedlichen Rechtsfolgen:**

- **Rechte des Gläubigers beim Fixgeschäft** *(§ 323 II Nr. 2 BGB)*
  - Bei Nichteinhaltung der Leistungszeit bzw. -frist ist der Gläubiger berechtigt, ohne Mahnung **vom Vertrag zurückzutreten.** Unterbleibt der Rücktritt, der nach Ablauf der festbestimmten Frist erklärt werden muss, besteht der Anspruch des Gläubigers auf Leistungserfüllung gegenüber dem Schuldner weiter.
  - **Schadensersatz** ist nach den allgemeinen Regeln des BGB zum Schuldnerverzug geltend zu machen. Dies bedeutet, dass der Schuldner die Verspätung der Leistung zu vertreten haben muss *(§ 286 IV BGB).*
- **Rechte des Gläubigers beim Fixhandelskauf** *(§ 376 HGB)*
  - Da das Handelsrecht Interessenwegfall unterstellt, muss der Gläubiger, falls er an der Erfüllung des Vertrages noch interessiert ist, dies gegenüber dem Schuldner sofort anzeigen, nachdem der Leistungszeitpunkt bzw. die -frist verstrichen ist. Mit dieser Erklärung geht jedoch der Charakter des Fixgeschäftes verloren.
  - Besteht der Gläubiger nicht auf Erfüllung des Vertrages, kann er ohne Mahnung und Nachfristsetzung **vom Vertrag zurücktreten** und – sofern der Schuldner in Verzug ist, d.h. die Nichteinhaltung der Leistungszeit zu vertreten hat – **Schadensersatz wegen Nichterfüllung verlangen.** Die Nachfristsetzung ist nicht erforderlich.

5.5 Vertragsfreiheit und allgemeine Geschäftsbedingungen

Die Vertragsfreiheit ist im Grundgesetz der Bundesrepublik Deutschland *(Art. 2 GG)* fest verankert. Jedermann hat das Recht, Willenserklärungen abzugeben, den Inhalt eines Vertrages frei zu gestalten und über den Zeitpunkt des Abschlusses oder der Auflösung des Vertrages nach eigenem Ermessen zu entscheiden.

Obwohl die Inhalte eines Kaufvertrages grundsätzlich von den Vertragspartnern im Rahmen der **Privatautonomie** frei bestimmbar sind, erfährt dieser Grundsatz eine Einschränkung. Um den Ablauf des täglichen Geschäftsverkehrs einfacher und zeitsparender zu gestalten, enthalten die vom Verkäufer einheitlich vorformulierten Vertragsbedingungen, die so genannten **allgemeinen Geschäftsbedingungen,** Bestimmungen zu Lieferungs- und Zahlungsbedingungen, Garantiezeiten, Folgen aus Störungen bei der Abwicklung eines Kaufvertrages, Eigentumsvorbehalt sowie Erfüllungsort und Gerichtsstand. Man findet die allgemeinen Geschäftsbedingungen in der Regel als **Kleingedrucktes** auf der Rückseite von Angeboten oder Kaufvertragsformularen.

Allgemeine Geschäftsbedingungen finden auch bei Werk-, Dienst-, Miet-, Pacht- und Gelddarlehensverträgen Anwendung.

Allgemeine Geschäftsbedingungen der LBS Immobilien GmbH Berlin – Hannover

Unser Angebot ist freibleibend und unverbindlich. Die Objektdaten stammen vom Anbieter. Eine Gewähr für die Richtigkeit und Vollständigkeit wird nicht übernommen. Das Angebot ist nur für Sie bestimmt und darf nicht an Dritte weitergegeben werden. Eine Weitergabe verpflichtet zur Zahlung der Courtage, falls ein Dritter dadurch zum Vertragsabschluss kommt. Die Courtage inclusive Mehrwertsteuer ist bei Abschluss eines Vertrages durch unseren Nachweis oder unsere Vermittlung fällig. Die Kontaktaufnahme zwischen Käufer und Verkäufer ist grundsätzlich über uns einzuleiten. Bei Direktverhandlungen ist auf uns Bezug zu nehmen und uns über das Ergebnis Nachricht zu geben. Soweit keine andere Regelung vereinbart ist, darf eine Innenbesichtigung nur im Einvernehmen mit uns und der Verkäuferseite vorgenommen werden.

LBS IMMOBILIEN

© Bild: LBS Immobilien GmbH

▶ Regelung des Rechts der Allgemeinen Geschäftsbedingungen *(§§ 305 ff. BGB)*

Regelung des Rechts der Allgemeinen Geschäftsbedingungen

Voraussetzungen, unter denen allgemeine Geschäftsbedingungen Vertragsbestandteil werden
- ausdrücklicher Hinweis auf allgemeine Geschäftsbedingungen
- Möglichkeit, vom Inhalt in zumutbarer Weise Kenntnis zu nehmen
- Zustimmung des Käufers zu den allgemeinen Geschäftsbedingungen

wesentliche Bestimmungen
- persönliche Absprachen haben Vorrang vor Bestimmungen in allgemeinen Geschäftsbedingungen
- der Käufer darf durch allgemeine Geschäftsbedingungen nicht unangemessen benachteiligt werden

unwirksame Bestimmungen in allgemeinen Geschäftsbedingungen
- überraschende Klauseln
- mehrdeutige Klauseln
- kurzfristige Preiserhöhungen
- Verkürzung der Gewährleistungsfrist (gesetzliche Garantiezeit)

Die Regelungen des BGB zu den allgemeinen Geschäftsbedingungen gelten zwar grundsätzlich auch für Verträge zwischen **Unternehmern** (vgl. S. 114), bezwecken jedoch in erster Linie den **Schutz des Verbrauchers.**[1]

- **Voraussetzungen, unter denen allgemeine Geschäftsbedingungen Vertragsbestandteil werden** *(§ 305 BGB)*

  Allgemeine Geschäftsbedingungen werden nur unter folgenden Voraussetzungen Bestandteil eines Vertrages **zwischen Unternehmer** und **Verbraucher:**

  - Der Verkäufer muss den Käufer ausdrücklich oder durch deutlich sichtbaren Aushang am Ort des Vertragsabschlusses auf die allgemeinen Geschäftsbedingungen hinweisen.
  - Dem Käufer ist die Möglichkeit zu geben, in zumutbarer Weise vom Inhalt der Geschäftsbedingungen Kenntnis zu nehmen.
  - Der Käufer muss sein Einverständnis zu den vorformulierten Vertragsbedingungen abgeben.

  Bei schriftlichen Verträgen befinden sich die „Allgemeinen Geschäftsbedingungen" entweder auf der Rückseite des Vertrages oder auf einem beigefügten Blatt. Bei täglichen Geschäften, die durch „schlüssiges Verhalten" zustande kommen, muss durch einen Aushang mitgeteilt werden, wo die allgemeinen Geschäftsbedingungen eingesehen werden können. Dies gilt für Kaufhäuser, Parkhäuser, Reinigungen usw.

- **Wesentliche Bestimmungen**

  Folgende Regelungen gelten sowohl für Geschäfte **zwischen Unternehmern,** als auch für solche **zwischen Unternehmern und Verbrauchern.**

  - **Persönliche Absprachen,** die zwischen Verkäufer und Käufer getroffen werden, haben **Vorrang** vor allgemeinen Geschäftsbedingungen *(§ 305b BGB).*

    In den allgemeinen Geschäftsbedingungen einer Unternehmung steht: „Liefertermine sind unverbindlich." Haben sich jedoch Verkäufer und Käufer auf den Liefertermin 1. Juni 20.. geeinigt, so gilt diese individuelle Absprache.

  - **Unangemessene Benachteiligungen** des Käufers dürfen durch allgemeine Geschäftsbedingungen nicht hervorgerufen werden. Alle Klauseln, die wesentliche Rechte des Käufers einschränken oder ausschließen, sind **unzulässig** *(Inhaltskontrolle gemäß § 307 BGB).*

- **Unwirksame Bestimmungen in allgemeinen Geschäftsbedingungen**

  - **Überraschende Klauseln,** die in allgemeinen Geschäftsbedingungen stehen und mit denen der Käufer nicht zu rechnen braucht, sind **unwirksam** *(§ 305c BGB).*

    In den allgemeinen Geschäftsbedingungen eines Fotohändlers ist die Bestimmung enthalten, dass der Käufer einer Digitalkamera im ersten Halbjahr verpflichtet ist, monatlich einen Speicherchip bei diesem Händler zu erwerben. Diese Klausel ist so ungewöhnlich, dass sie nicht Vertragsbestandteil wird.

  - **Mehrdeutige Klauseln:** Zweifel bei der Auslegung allgemeiner Geschäftsbedingungen gehen zu Lasten des Verwenders *(§ 305c BGB).*
  - Bestimmungen in allgemeinen Geschäftsbedingungen, die die **Möglichkeit von kurzfristigen Preiserhöhungen** bei einer Warenlieferung innerhalb von vier Monaten nach Abschluss des Kaufvertrages einräumen, sind **für Konsumenten unwirksam** *(§ 309 I BGB).*

---

1 Zu weiteren Regelungen des Verbraucherschutzes vgl. S. 156ff.

In einem am 1. Februar abgeschlossenen Kaufvertrag über die Lieferung einer Einbauküche ist als Liefertermin der 15. Mai festgelegt. Eine in der Zwischenzeit erfolgte Preiserhöhung bleibt für den Käufer ohne Bedeutung.

- Eine **Kürzung der gesetzlichen Garantiefrist** (Gewährleistungsfrist) durch Allgemeine Geschäftsbedingungen ist **für Konsumenten unwirksam** *(§ 309 Nr. 8b BGB)*.

Die allgemeinen Geschäftsbedingungen eines Einzelhändlers enthalten die Bestimmung, dass die Garantiezeit für einen Kühlschrank 18 Monate betrage. Diese Regelung ist unwirksam, da die gesetzliche Mindestgarantiezeit gemäß § 438 I Satz 3 BGB zwei Jahre beträgt.

Zusammenfassung

Der Kaufvertrag

Zustandekommen des Kaufvertrages
durch zwei übereinstimmende Willenserklärungen
- Antrag (Angebot oder Bestellung)
- Annahme (Bestellung oder Auftragsbestätigung bzw. sofortige Lieferung)

Pflichten aus dem Kaufvertrag

Pflichten des Verkäufers
- Übergabe der mangelfreien Ware (der Käufer wird Besitzer)
- Eigentumsübertragung an der Ware (der Käufer wird Eigentümer)

Pflichten des Käufers
- Annahme der Ware
- Zahlung des Kaufpreises

Arten des Kaufvertrages

nach der Art und Beschaffenheit der Ware
- Stückkauf
- Gattungskauf
- Kauf auf Probe oder auf Besichtigung
- Kauf zur Probe
- Spezifikationskauf
- Ramschkauf

nach den Vertragspartnern
Kaufvertrag
- zwischen Verbrauchern
- zwischen Verbraucher und Unternehmer
- zwischen Kaufleuten

nach dem Zeitpunkt der Zahlung
- Zahlung vor Lieferung
- Zahlung bei Lieferung
- Zahlung nach Lieferung

nach der Lieferzeit der Ware
- Tageskauf/Sofortkauf
- Terminkauf
- Kauf auf Abruf

ggf. – je nach Vertragspartner – als **Fixgeschäft** bzw. **Fixhandelskauf**

Inhalt des Kaufvertrages
- Verkäufer und Käufer bestimmen in freier Absprache
  - Warenart
  - Warenmenge
  - Warenpreis
- Allgemeine Geschäftsbedingungen legen als vorformulierte Vertragsbestandteile fest
  - Lieferungs- und Zahlungsbedingungen
  - Garantiezeiten
  - Folgen aus Kaufvertragsstörungen
  - Eigentumsvorbehalt
  - Erfüllungsort und Gerichtsstand

Aufgaben

(1) *Ein Unternehmen bestellt aufgrund der Anzeige eines Herstellers in einer Fachzeitschrift Waren. Erläutern Sie die einzelnen Schritte, die zum Abschluss des Kaufvertrages notwendig sind!*

(2) *Ist die Aussage, dass der Antrag stets vom Käufer, die Annahme immer vom Verkäufer ausgehe, richtig oder falsch? Begründen Sie Ihre Meinung!*

(3) *Damit die schriftlich zwischen einem Kaufinteressenten und einem möglichen Lieferanten geführten Vertragsverhandlungen zum rechtswirksamen Abschluss eines Kaufvertrages führen, bedarf es eines Antrages und einer Annahme. Dabei ist es möglich, dass dem Antrag eine Anfrage vorausgegangen ist. Grenzen Sie die Begriffe „Antrag", „Annahme" und „Anfrage" gegeneinander ab!*

(4) *Der Einzelhändler Peters bestellt schriftlich bei der Krause KG einen Schreibtischsessel der Marke „Soft" mit braunem Stoffbezug zum Preis von 650 EUR. Krause bestätigt diesen Auftrag, kann allerdings den gewünschten Sessel nur noch mit schwarzem Bezug liefern. Ist ein Kaufvertrag zustande gekommen?*

(5) *Ein Lieferant unterbreitet ein Angebot mit der Freizeichnungsklausel „Preisänderungen vorbehalten". Was ist erforderlich, um in diesem Fall einen Kaufvertrag entstehen zu lassen?*

(6) *Ein Großhändler sendet einem Einzelhandelsunternehmen, zu dem er seit langem gute Geschäftsbeziehungen unterhält, unaufgefordert einen günstigen Warenposten zu. Das Einzelhandelsunternehmen reagiert auf diese Warensendung nicht. Beurteilen Sie, ob ein Kaufvertrag zustande gekommen ist!*

(7) *Geben Sie jeweils ein Beispiel für einen zweiseitigen Handelskauf und einen Verbrauchsgüterkauf!*

(8) *Um welche Kaufvertragsarten handelt es sich in den folgenden Fällen?*

a) *Die Geschäftsführerin einer GmbH kauft für ihren Sohn aufgrund einer Kleinanzeige einen gebrauchten Computer.*

b) *Zur optimalen Nutzung seiner CAD-Anlage will ein Hersteller von Aluminiumfenstern einen 21-Zoll-Farbbildschirm mit der dazugehörigen Grafikkarte für einen Zeitraum von 14 Tagen testen.*

c) *Ein Vorstandsmitglied einer AG erhält einen neuen Dienstwagen.*

d) *Ein Spediteur bestellt in einem Sportfachgeschäft eine Taucherausrüstung. Wunschgemäß zahlt der Kunde einen Betrag von 250 EUR an.*

e) *Auf der CeBIT in Hannover bestellt ein Einzelhändler bei einem taiwanischen Aussteller 1 000 Festplatten, die exakt am 12. August geliefert werden sollen. Zugriffszeiten, Speicherkapazitäten und Bauhöhe will er jedoch erst im Mai festlegen.*

f) *In einem Räumungsverkauf eines Werkzeug- und Eisenwarengeschäftes wegen Aufgabe des Geschäftsbetriebes gelingt es Herrn Müller, einem begeisterten Heimwerker, am letzten Tag des Verkaufs den gesamten Vorrat an Werkzeugen zu einem äußerst günstigen Preis zu erstehen.*

g) *Aufgrund der großen Nachfrage ordert der Inhaber eines Sportfachgeschäftes im Februar noch 100 Paar Schlittschuhe mit dem Hinweis, dass die Lieferung der Sportgeräte bis spätestens 5. März erfolgen müsse.*

h) *Für den bevorstehenden 75. Geburtstag der Oma bestellt die Enkelin in einer Konditorei genau zum 18. Februar eine Torte.*

(9) *Im Anschluss an die Aufsichtsratssitzung am 18. Mai 20.. soll ein kaltes Buffet angeboten werden. Der Partyservice sichert die Lieferung der Speisen und Getränke fix zu 19:00 Uhr zu.*

Der Fahrer des Lieferanten, der während der Mittagspause kräftig dem Alkohol zugesprochen hat, verursacht um 18:35 Uhr einen Verkehrsunfall, bei dem die Speisen durch auslaufendes Benzin ungenießbar werden. Die Schadensersatzforderungen des Kunden (Bewirtungskosten in einem nahe gelegenen Restaurant) weist der Partyservice zurück, da weder eine Nachfrist gesetzt noch der Nachweis des Interessenwegfalles geführt worden sei.

Nehmen Sie kritisch Stellung zu diesem Vorfall und begründen Sie Ihre Meinung!

(10) *Verdeutlichen Sie am Beispiel des Kaufvertrages, inwieweit der Grundsatz der Privatautonomie durch allgemeine Geschäftsbedingungen eingeschränkt wird!*

(11) *Wann werden bei einem Verbrauchsgüterkauf allgemeine Geschäftsbedingungen gemäß BGB Bestandteil des Kaufvertrages?*

(12) *Nennen Sie Bestimmungen, die nach dem BGB unwirksam sind, sofern sie in die allgemeinen Geschäftsbedingungen aufgenommen wurden!*

6 Störungen von Rechtsgeschäften und deren Folgen am Beispiel des Kaufvertrages

Mit dem Abschluss eines Kaufvertrages haben sich die Vertragsparteien – wie bei jedem anderen Vertrag – zur Ausführung bestimmter Leistungen verpflichtet. Bei der Nichterfüllung dieser Pflichten kann es zu Störungen kommen, die erhebliche Folgen für denjenigen haben, dem ein derartiges Versäumnis nachzuweisen ist.

Pflichten aus dem Kaufvertrag und mögliche Störungen

Verkäufer (Warenschuldner)		Käufer (Geldschuldner)	
Pflichten	**Störungen**	**Pflichten**	**Störungen**
Übergabe der Ware und Eigentumsübertragung, d.h.		● Annahme der Ware	● Annahmeverzug
● rechtzeitige Lieferung	● Lieferungsverzug	● Zahlung des Kaufpreises	● Zahlungsverzug
● mangelfreie Lieferung	● Lieferung mangelhafter Ware		

6.1 Lieferungsverzug

▶ Wesen des Lieferungsverzuges

Eine der sich aus dem Abschluss eines Kaufvertrages ergebenden Pflichten für den Verkäufer ist die rechtzeitige (termingerechte) Lieferung der vereinbarten Ware an den Käufer. Leistet der Verkäufer nicht oder nicht rechtzeitig, gerät er in Lieferungsverzug.

▶ Voraussetzungen des Lieferungsverzuges

● Fälligkeit der Lieferung

● Bei unbestimmter Lieferzeit

Ist im Kaufvertrag keine bestimmte Lieferzeit vereinbart, hat die Leistung sofort zu erfolgen *(§ 271 BGB)*. Geschieht dies nicht, muss der Käufer den Verkäufer formlos zur dringenden Lieferung auffordern. Erst mit dem Zugang dieser Mahnung kommt der Lieferer in Verzug *(§ 286 I BGB)*. Diese Mahnung muss bestimmt und eindeutig formuliert sein und nach Eintritt der Fälligkeit erfolgen. Der Verkäufer soll informiert werden, dass der Käufer die Leistung gerade zu diesem Zeitpunkt erwartet.

● Bei kalendermäßig bestimmter Lieferzeit

Bereits ohne Mahnung kommt der Verkäufer in Verzug, wenn die im Kaufvertrag festgelegte Lieferung kalendermäßig bestimmt ist *(§ 286 II BGB)*.

> Lieferung am 22. Mai 20..
> Lieferung in der neunten Woche des Jahres

Darüber hinaus kommt es vor, dass nach dem Willen der vertragschließenden Parteien der Zeitpunkt, an dem der Verkäufer die Leistung erbringen muss, so wesentlich ist, dass mit der Einhaltung das gesamte Geschäft stehen oder fallen soll. Handelt es sich um einen **Fixhandelskauf** zwischen Kaufleuten (vgl. S. 114 f.), kann der Käufer – bei Nichteinhaltung des Liefertermins seitens des Verkäufers – ohne Mahnung und Nachfristsetzung sofort vom Vertrag zurücktreten *(§ 376 HGB)*, da das Handelsgeschäft für ihn sinnlos geworden ist.

> Anlässlich seines 25-jährigen Geschäftsjubiläums am 1. Oktober 20.. bestellt der Inhaber einer Bauträgergesellschaft bei einem Partyservice ein kaltes Büfett, um seine Mitarbeiter, Kollegen und Geschäftsfreunde bewirten zu können. Werden die Speisen zu diesem genau fixierten Zeitpunkt nicht geliefert, ist eine Nachholbarkeit der Leistung für ihn ohne Interesse.

● Verschulden des Lieferers

Eine grundsätzliche Voraussetzung für den Lieferungsverzug ist das Verschulden des Verkäufers *(§ 286 IV BGB)*. Ein Verschulden liegt vor bei:

- **Fahrlässigkeit,** d.h., der Verkäufer handelt nicht so sorgfältig wie es erforderlich ist.
- **Vorsatz,** d.h., der Verkäufer liefert mit Absicht nicht rechtzeitig.

Den Verkäufer trifft kein Verschulden, wenn die Lieferungsverzögerung durch höhere Gewalt (Hochwasser, Erdbeben, Streik usw.) entstanden ist.

- **Nachholbarkeit der Lieferung**

  Der Lieferungsverzug ist lediglich eine vorübergehende Leistungsstörung, d.h., der Verkäufer liefert zwar nicht rechtzeitig, er kann die Ware aber später liefern. Kann die Lieferung allerdings **auf Dauer** nicht mehr erbracht werden, so wird die Durchführung des gesamten Kaufvertrages unmöglich *(§ 275 I BGB)* und somit liegt auch kein Lieferungsverzug vor.

  > Der Inhaber einer Galerie verkauft ein Originalgemälde an einen Kunden. Bevor das Bild ausgeliefert werden kann, wird es zerstört. In diesem Fall ist die Leistung nicht nachholbar.

▶ Rechte des Käufers aus dem Lieferungsverzug

Ist ein Verkäufer in Lieferungsverzug, so kann der Käufer unter verschiedenen Rechten wählen:

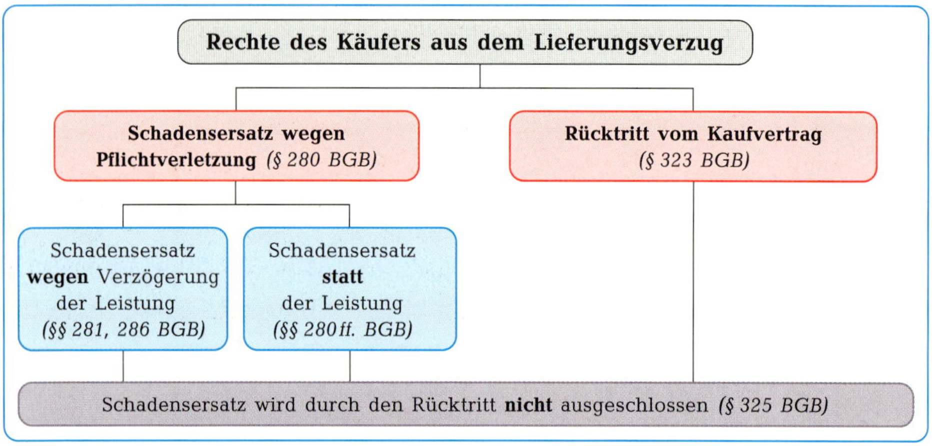

- **Schadensersatz wegen Pflichtverletzung**

  Verletzt der Verkäufer die Lieferpflicht, kann der Käufer Ersatz des entstandenen Schadens verlangen, wenn der Schuldner vorsätzlich oder fahrlässig gehandelt hat. Der zu ersetzende Schaden umfasst neben den entstandenen Kosten auch einen entgangenen Gewinn *(§ 252 BGB)*.

  - **Schadensersatz wegen Verzögerung der Leistung**

    Liefert der Verkäufer nicht rechtzeitig und leistet er auch auf eine Mahnung des Käufers nicht, so gerät er durch die Mahnung in Lieferungsverzug *(§ 286 I BGB)*, es sei denn, die Lieferung ist kalendermäßig fest bestimmt.

    > Ein Bau- und Heimwerkermarkt hat für den 1. April 20.. die Wiedereröffnung vorgesehen. Die Lieferung der benötigten Ladeneinrichtung ist für den 15. März 20.. fest zugesagt. Der Lieferant kommt in Lieferungsverzug, sodass die Eröffnung auf den 2. Mai 20.. verschoben werden muss. Der für diesen Zeitraum entgangene Gewinn von 10000 EUR wird beim Lieferanten als Schaden geltend gemacht.

  - **Schadensersatz statt der Leistung**

    Liefert der Verkäufer nicht, kann der Käufer Schadensersatz statt der Leistung verlangen, wenn er eine angemessene Frist zur Leistung oder Nacherfüllung bestimmt hat *(§§ 280 III, 281 BGB)*. Dies ist nicht erforderlich, wenn der Verkäufer die Lieferung endgültig verweigert hat.

Zur Eröffnung einer Facharztpraxis kann das unbedingt benötigte EKG-Gerät von diesem Lieferanten endgültig nicht mehr geliefert werden. Eine Reihe von bereits fest terminierten Untersuchungen kann daher nicht durchgeführt werden. Der entgangene Gewinn von 1 000 EUR wird beim Lieferanten als Schaden geltend gemacht.

- **Rücktritt vom Kaufvertrag**

Der Käufer kann auch vom Vertrag zurücktreten. In diesem Fall muss er dem Verkäufer eine angemessene Nachfrist zur Warenlieferung einräumen *(§ 323 I BGB)*.

Diese Möglichkeit wird der Käufer dann wählen, wenn er die Ware sofort von einem anderen Lieferanten beziehen kann, möglicherweise sogar zu einem günstigeren Preis.

BESONDERHEIT

Zur Wahrnehmung der Rechte „Schadensersatz" oder „Rücktritt vom Kaufvertrag" muss der Käufer grundsätzlich eine Nachfrist für die Lieferung gesetzt haben.

Die Nachfristsetzung beim Recht auf „Schadensersatz" ist jedoch dann entbehrlich, wenn der Verkäufer die Leistung endgültig verweigert *(§ 281 II BGB)*.

Die Nachfristsetzung beim „Rücktritt vom Kaufvertrag" entfällt, wenn

- der Verkäufer die Leistung endgültig verweigert *(§ 323 II BGB)* oder
- der Verkäufer die Leistung zu einem im Vertrag bestimmten Termin nicht bewirkt und der Käufer im Vertrag sein Interesse an der Leistung an die Rechtzeitigkeit gebunden hat *(§ 323 II BGB)*.

6.2 Annahmeverzug

▶ Wesen des Annahmeverzuges

Während es sich beim Lieferungsverzug um eine Pflichtverletzung des Verkäufers handelt, liegt beim Annahmeverzug eine Pflichtverletzung durch den Käufer vor. Der Käufer gerät in Annahmeverzug, wenn er:

- die angebotene Leistung nicht annimmt *(§ 293 BGB)* oder
- Mitwirkungshandlungen unterlässt, wodurch die Ausführung der Warenlieferung verhindert wird.

Die Richard Meyer GmbH hat beim Einrichtungshaus Groll AG 320 m^2 Teppichboden für ihre Geschäftsräume bestellt. Bei Abschluss des Kaufvertrages behielt sich die Richard Meyer GmbH vor, den Teppichboden erst dann abzurufen, wenn die Renovierung der Geschäftsräume abgeschlossen ist, spätestens jedoch nach 6 Monaten (Kauf auf Abruf). Fordert die GmbH den Teppichboden nicht innerhalb dieser Frist an, gerät sie in Annahmeverzug.

▶ Voraussetzung des Annahmeverzuges

- **Fälligkeit der Leistung**
  - In der Regel wird eine Leistung zu einem festgelegten Termin fällig.
  - Ist kein Zeitpunkt für die Lieferung bestimmt, muss die beabsichtigte Warenzustellung eine angemessene Zeit vorher angekündigt werden. Erfolgt diese

Ankündigung nicht und wird die Ware überraschend geliefert, kommt der Käufer nicht in Annahmeverzug, wenn er die Lieferung nicht entgegennimmt *(§§ 271, 299 BGB)*.

- **Angebot der Leistung**

  Der Verkäufer hat dem Käufer die Leistung in der Form anzubieten, wie sie im Kaufvertrag vereinbart wurde *(§ 294 BGB)*. Daraus folgt, dass die Ware:

  - zur richtigen Zeit
  - an den richtigen Ort
  - in der richtigen Art und Weise (mangelfrei)

  geliefert wird.

- **Nichtannahme der Leistung**

  Der Annahmeverzug tritt ein, wenn der Käufer die ihm ordnungsgemäß angebotene Ware nicht annimmt *(§ 293 BGB)*.

BESONDERHEITEN

- Der Annahmeverzug verbessert die Rechtsposition des Verkäufers, der einen am Verhalten des Käufers gescheiterten Leistungsversuch unternommen hat **(Haftungsminderung):** Für die Zeit des Annahmeverzuges hat der Verkäufer nicht mehr jede Fahrlässigkeit, sondern nur noch **grobe Fahrlässigkeit und Vorsatz** zu vertreten *(§ 300 I BGB)*. Damit trägt der Käufer das Risiko der Verschlechterung des zu liefernden Gegenstandes, wenn die sich während des Annahmeverzuges ereignenden Umstände dem Verkäufer nur als normale Fahrlässigkeit anzurechnen sind. Dasselbe gilt, wenn die Erbringung der Leistung für den Verkäufer unmöglich wird *(§ 275 I BGB)*.

  > Ein Kaufvertrag über einen Neuwagen enthält die Vereinbarung, das Fahrzeug am 15. November auszuliefern. Krankheitsbedingt kann der Käufer diesen Termin nicht einhalten. Durch ein am darauf folgenden Tag plötzlich einsetzendes Unwetter wird der Pkw, den der Verkäufer aus Platzmangel im Freien auf dem Betriebsgelände abgestellt hat, erheblich beschädigt. Ein Schadensersatzanspruch des Käufers besteht nicht, da der Verkäufer nicht vorsätzlich oder grob fahrlässig gehandelt hat.

- Im Gegensatz zum Lieferungsverzug ist es beim Annahmeverzug keine Voraussetzung, dass den Gläubiger ein Verschulden trifft.

  > Der Käufer kommt auch dann in Annahmeverzug, wenn er die Waren deshalb nicht annimmt, weil er sich aufgrund eines Unfalls zur stationären Behandlung in ein Krankenhaus begeben musste.

▶ **Rechte des Verkäufers aus dem Annahmeverzug**

Rechte des Verkäufers aus dem Annahmeverzug

- **Klage auf Annahme der Ware**
- **Selbsthilfeverkauf** (Versteigerung, freihändiger Verkauf)
- **Kostenerstattung**

- **Klage auf Annahme der Ware**

  Hat der Käufer die Ware nicht angenommen, ist der Verkäufer trotzdem nicht von seiner Leistungspflicht befreit, d.h., er muss weiterhin in der Lage bleiben, die Ware zu liefern. Der Verkäufer wird jedoch gegebenenfalls:

  - **den Käufer** auf Annahme der Ware **verklagen** und
  - **die Ware** in der Zwischenzeit auf Kosten und Gefahr des Käufers in einem „öffentlichen Lagerhaus" oder in „sonst sicherer Weise" (z.B. beim Amtsgericht) **hinterlegen.**

  Beim **Handelskauf** ist jede Art von Waren hinterlegungsfähig *(§ 373 I HGB)*; beim **bürgerlichen Kauf** nur Geld, Wertpapiere, Urkunden und andere Wertgegenstände *(§ 372 BGB).*

- **Selbsthilfeverkauf (Versteigerung, freihändiger Verkauf)**

  Eine Klage auf Annahme der Ware nimmt in der Regel längere Zeit in Anspruch. Der Verkäufer kann somit bis zu einer Gerichtsentscheidung nicht über den ihm aus dem Kaufvertrag zustehenden Geldbetrag verfügen. Aus diesem Grunde wird er versuchen, einen **Selbsthilfeverkauf** durchzuführen.

  Beim **Handelskauf** kann jede Ware zum Selbsthilfeverkauf gebracht werden *(§ 373 HGB)*, beim **bürgerlichen Kauf** sind Waren, die sich nicht zur Hinterlegung eignen, zu versteigern oder freihändig zu verkaufen *(§§ 383 I, 385 BGB).*

  Macht der Verkäufer von einem dieser Rechte Gebrauch, muss er Folgendes beachten *(§§ 383, 385 BGB und § 373 HGB):*

  - Der Selbsthilfeverkauf muss dem Käufer **angedroht** werden, es sei denn, es handelt sich um leicht verderbliche Waren wie Fisch, Obst, Gemüse usw. **(Notverkauf).**
  - Nimmt der Käufer trotz Androhung des Selbsthilfeverkaufs die Ware nicht an, kann sie **öffentlich versteigert** werden. Ort und Zeit der Versteigerung, die durch einen Gerichtsvollzieher oder einen Notar vorgenommen wird, sind dem Käufer mitzuteilen, damit er selbst mitbieten kann. Den Mindererlös zwischen Rechnungsbetrag und Versteigerungspreis hat der Käufer zu ersetzen, ein eventueller Mehrerlös (abzüglich der Kosten) muss ihm ausgezahlt werden.
  - Waren mit einem **Börsen- oder Marktpreis** (derjenige Preis, zu dem eine Ware zu einem bestimmten Zeitpunkt allgemein erhältlich ist) müssen nicht öffentlich versteigert, sondern können z.B. durch einen öffentlich bestellten Handelsmakler **„freihändig verkauft"** werden.

- **Kostenerstattung**

  Der Verkäufer kann vom Käufer den Ersatz seiner Mehrkosten verlangen, die ihm durch Ausgaben für die Lagerung oder die Pflege der Ware entstanden sind *(§ 304 BGB).*

6.3 Lieferung mangelhafter Ware

▶ Wesen der Lieferung mangelhafter Ware

Der Verkäufer ist verpflichtet, dem Käufer die Ware **frei von Sach- und Rechtsmängeln** zu liefern.

Arten von Mängeln

- **Sachmangel** *(§ 434 BGB)*
  - vereinbarte Beschaffenheit fehlt *(§ 434 I Satz 1 BGB)*
  - Beschaffenheit ist **nicht** vereinbart *(§ 434 I Satz 2 BGB)*
    - Ware eignet sich **nicht** zu der im Vertrag vereinbarten Verwendung *(§ 434 I Satz 2 Nr. 1 BGB)* oder
    - Ware eignet sich nicht zur gewöhnlichen Verwendung **und** weist **nicht** die Beschaffenheit auf, die bei Waren gleicher Art üblich ist und die der Käufer erwarten kann *(§ 434 I Satz 2 Nr. 2 BGB)*
  - vereinbarte Montage wird unsachgemäß ausgeführt *(§ 434 II BGB)*
  - eine andere Sache **oder** eine zu geringe Menge wird geliefert *(§ 434 III BGB)*
- **Rechtsmangel** *(§ 435 BGB)*

● Sachmangel

Eine Sache ist frei von Sachmängeln, wenn sie die **vereinbarte Beschaffenheit hat.** Fehlt diese Beschaffenheit, ist die Ware mängelbehaftet.

- Kratzer auf einem fabrikneuen Pkw
- defekte Fernbedienung bei einem DVD-Recorder
- Schraube mit Gewindefehler
- Verkauf eines gebrauchten Pkw unter Angabe einer falschen Kilometerlaufleistung

Ist die **Beschaffenheit der Sache nicht vereinbart,** liegen in folgenden Fällen Sachmängel vor:

- Die Ware eignet sich nicht zu der im Vertrag vereinbarten Verwendung.
- Die Ware eignet sich nicht zur gewöhnlichen Verwendung und weist nicht die Beschaffenheit auf, die bei Waren der gleichen Art üblich ist und die der Käufer erwarten kann.

  - frostsichere Fliesen
  - wasserundurchlässiges Zelt
  - Waschmaschine ohne defekte Steuerungselektronik

- Auch wenn in der Werbung des Händlers oder Herstellers Eigenschaften hervorgehoben werden (z.B. besonders Energie sparender Kühlschrank), die die Ware anschließend nicht besitzt, liegt ein Sachmangel vor. Dies ist allerdings dann nicht der Fall, wenn die Werbeaussage für jedermann als offensichtlich übertrieben erkannt werden muss (z.B. „Mit unseren Vitamindragees lernen Sie fliegen!").

Auch dann, wenn die vereinbarte Montage vom Verkäufer unsachgemäß ausgeführt wird, liegt ein Sachmangel vor.

- Bei der Montage der Einbauküche werden die einzubauenden Elektrogeräte beschädigt.
- Auch wenn der Käufer die Montage – etwa eines erworbenen Schrankes – selbst übernimmt, die Bauanleitung aber so schlecht ist, dass ihm dies unmöglich ist, liegt ein Sachmangel vor.

Ein Sachmangel ist ebenfalls gegeben, wenn eine andere Sache oder eine zu geringe Menge geliefert wird.

- Lieferung von A4-Papier anstelle von Papier im Format A3
- statt der bestellten 50 werden nur 20 Tintenpatronen geliefert

- **Rechtsmangel**

Ein Rechtsmangel liegt vor, wenn Dritte gegen den Käufer mehr Rechte in Anspruch nehmen können, als dies im Kaufvertrag vereinbart wurde. (Aus dem Kaufvertrag ist nicht ersichtlich, dass Dritte Rechte an der Sache haben.)

- Ein Auszubildender veräußert einen Laptop, obwohl er diesen noch nicht abgezahlt hat.
- Der Verkauf von CD-Raubkopien stellt ebenfalls einen Rechtsmangel dar, da dem Käufer verschwiegen wird, dass die Rechte Dritter (hier Urheberrechte) verletzt werden.

Liegt ein Sach- oder Rechtsmangel vor, kann der Käufer gemäß § 437 BGB

- Nacherfüllung verlangen,
- vom Vertrag zurücktreten oder den Kaufpreis mindern,
- Schadensersatz oder Ersatz vergeblicher Aufwendungen verlangen.

Voraussetzung dafür ist jedoch, dass **kein Mangelausschluss** vorliegt und dass die vorgeschriebenen **Rügefristen** eingehalten worden sind.

▶ Mangelausschluss

Der Käufer wird eine erworbene Ware stets auf eventuelle Mängel prüfen. Bleibt ihm ein Mangel jedoch in Folge grober Fahrlässigkeit unbekannt, kann der Käufer seine Rechte nur noch dann geltend machen, wenn der Verkäufer:

- **entweder den Mangel arglistig verschwiegen hat**

Verschweigt ein Gebrauchtwagenhändler, dass der vom Käufer zu erwerbende Pkw einen Unfallschaden hatte, stehen dem Käufer die Gewährleistungsrechte auch dann zu, wenn er das Fahrzeug in keiner Weise auf Mängelfreiheit geprüft hat.

- **oder eine Garantie für die Beschaffenheit der Sache übernommen hat** *(§§ 442, 444 BGB)*

Der Gebrauchtwagenhändler gibt eine dreijährige Garantie auf „alle laufenden Teile" und der Käufer überprüft die Mangelfreiheit nicht. Dennoch behält er seine Gewährleistungsansprüche, da der Verkäufer die Mangelfreiheit garantiert hat.

▶ Rügefristen bei der Verjährung von Mängelansprüchen *(§ 438 BGB)*

Gewährleistungsansprüche verjähren nach unterschiedlichen Zeiträumen. Danach kann der Käufer die ihm zustehenden Rechte nicht mehr durchsetzen.

Wichtige Verjährungsfristen von Mängelansprüchen

5 Jahre	3 Jahre	2 Jahre
bei **Bauwerken und bei Sachen, die für ein Bauwerk verwendet worden sind** Beispiel: - Einbau einer Heizung in ein Einfamilienhaus	bei **Mängeln, die der Verkäufer arglistig verschwiegen hat** Beispiel: - ein als unfallfrei verkaufter Pkw hatte einen Unfallschaden	bei **Verbrauchsgüterkäufen** (alle Käufe, bei denen ein Verbraucher eine bewegliche Sache bei einem Unternehmer erwirbt *[§ 474 BGB])*

Der Zeitraum, innerhalb dessen der Käufer seine Gewährleistungsansprüche geltend machen kann, wird als **Rügefrist** bezeichnet. Bei Nichtbeachtung dieser vorgeschriebenen Rügefristen verliert der Käufer seine Rechte, die sich aus der mangelhaften Lieferung einer Ware ergeben. Daher wird der Käufer festgestellte Mängel in einer so genannten **Mängelrüge,** die zwar formfrei ist, in der Regel aber aus Beweisgründen schriftlich abgefasst wird, genau bezeichnen.

▶ Rügefristen nach den Vertragspartnern

- **Verbrauchsgüterkauf** *(§§ 474 ff. BGB)*

  Beim Kaufvertrag zwischen einer Privatperson und einem Unternehmen beträgt die **gesetzliche Gewährleistungsfrist zwei Jahre.** Besonders vorteilhaft für den Verbraucher ist dabei die **Beweislastumkehr:** Der Unternehmer muss nachweisen, dass die Ware zum Zeitpunkt der Übergabe mangelfrei gewesen ist. Diese Beweislastumkehr gilt jedoch nur während **der ersten 6 Monate nach dem Kauf** *(§ 476 BGB).*

  Beim Kaufvertrag über gebrauchte Waren beträgt die Gewährleistungsfrist **ein Jahr.**

- **Bürgerliche Käufe**

  Bei Kaufverträgen zwischen Privatpersonen können Gewährleistungsansprüche ausgeschlossen werden.

- **Handelskäufe** *(§ 377 HGB)*

  Bei Käufen zwischen Unternehmern hat der Käufer die Ware nach der Lieferung **unverzüglich zu prüfen.** Verstößt er gegen diese Pflicht, gilt die Ware als genehmigt, es sei denn, dass der Mangel nicht erkennbar gewesen ist. Wird ein solcher **offener Mangel** festgestellt, muss der Käufer prüfen, ob es sich um einen Platzkauf oder einen Distanzkauf handelt:

  - Beim **Platzkauf** (Käufer und Verkäufer wohnen im selben Ort) kann der Käufer die Annahme der mangelhaften Lieferung verweigern und die Ware sofort zurückschicken.
  - Beim **Distanzkauf** (Käufer und Verkäufer wohnen in unterschiedlichen Orten) muss der Käufer bei Beanstandung der Ware zunächst für deren ordnungsgemäße Lagerung sorgen *(§ 379 HGB).*

Hat ein **nicht erkennbarer Mangel** vorgelegen, muss die Mängelrüge unverzüglich nach Entdeckung des Mangels erfolgen, spätestens allerdings innerhalb von **2 Jahren.**

Im Falle **arglistig verschwiegener Mängel** verjähren die Ansprüche nach **3 Jahren** *(§ 197 BGB)*.

▶ Gewährleistungsrechte des Käufers aus der Lieferung mangelhafter Ware

Gewährleistungsrechte des Käufers aus der Lieferung mangelhafter Ware

Nacherfüllung *(§ 439 BGB)*	**Rücktritt vom Kaufvertrag** *(§ 323 BGB)* **oder Minderung des Kaufpreises** *(§ 441 BGB)*	**Schadensersatz** *(§§ 280, 281, 283 BGB)* **oder Ersatz vergeblicher Aufwendungen** *(§ 284 BGB)*

- **Mangelbeseitigung** (Nachbesserung = Reparatur) **oder**
- **Lieferung mangelfreier Ware** (Ersatzlieferung)

- **Nacherfüllung**

Dem Kunden steht es frei, sich für die **Mangelbeseitigung** (Nachbesserung, Reparatur) zu entscheiden oder die **Lieferung mangelfreier Ware** zu beanspruchen (Ersatzlieferung). Allerdings kann der Verkäufer dann auf einer dieser beiden Möglichkeiten bestehen, falls die Alternative für ihn mit unverhältnismäßig hohen Kosten verbunden ist.

Gelingt die Nacherfüllung nicht, d.h., ist der Käufer anschließend nicht im Besitz einer mangelfreien Ware (nach § 440 BGB hat der Käufer zwei Nachbesserungsversuche zuzulassen), hat der Käufer **nun** wahlweise folgende Rechte:

- **Rücktritt vom Kaufvertrag oder Minderung des Kaufpreises**

Rücktritt vom Kaufvertrag bedeutet, dass der Käufer die Ware gegen Erstattung des Kaufpreises zurückgibt. Bei der Minderung erhält der Käufer demgegenüber einen Preisnachlass auf die erstandene Ware.

> Vom Kaufvertrag zurücktreten wird der Käufer dann, wenn er die gewünschte Ware sofort anderweitig und eventuell sogar günstiger erwerben kann. Von der Minderung wird der Käufer dann Gebrauch machen, wenn der Mangel relativ unerheblich und die Preisherabsetzung angemessen ist.

- **Schadensersatz oder Ersatz vergeblicher Aufwendungen**

Ist dem Käufer durch die mangelhafte Ware ein erkennbarer Schaden entstanden, so kann er entsprechend Schadensersatz verlangen.

> Eine vom Verkäufer ausdrücklich als nicht ausfärbend bezeichnete Bluse verliert bei der ersten Wäsche die Farbe und verdirbt sämtliche andere in der Maschine befindlichen Textilien.

9 Siekerkötter/Fehn - ISBN 978-3-8120-0065-9

Sind dem Käufer im Vertrauen auf den Erhalt der mangelfreien Leistung zusätzliche Aufwendungen entstanden, kann er diese einfordern.

Eine genau auf die örtlichen Gegebenheiten abgestimmte Einbauküche wird nicht geliefert und der Verkäufer hat die Lieferung endgültig abgelehnt. Alle im Vorfeld bauseits notwendigen Vorbereitungsmaßnahmen wie die Verlegung von Strom- und Wasseranschlüssen bzw. die Fliesenarbeiten sind damit hinfällig. Alle ihm dafür entstandenen Kosten wird der Käufer nun vom Verkäufer zurückverlangen.

6.4 Zahlungsverzug

▶ Wesen des Zahlungsverzuges

Aufgrund eines Kaufvertrages ist der Verkäufer verpflichtet, die Ware mangelfrei und rechtzeitig zu liefern, der Käufer muss die Lieferung annehmen und den vereinbarten Kaufpreis zahlen. Erfüllt der Käufer die Zahlungspflicht nicht oder nicht rechtzeitig, kommt er in Zahlungsverzug *(§ 433 II BGB).*

▶ Voraussetzung des Zahlungsverzuges

● Fälligkeit der Zahlung

● Bei unbestimmtem Zahlungstermin

Ist kein genauer Zahlungszeitpunkt festgelegt worden, kommt der Käufer spätestens 30 Tage nach Fälligkeit und Zugang einer Rechnung oder einer gleichwertigen Zahlungsaufstellung (z. B. Mahnung) in Verzug. Für einen **Verbraucher** als Schuldner gilt dies jedoch nur, wenn der Verkäufer auf diese Folgen zuvor in der Rechnung oder Zahlungsaufstellung besonders hingewiesen hat *(§ 286 III BGB).*

Der Immobilien Wohnpartner GmbH wird am 30. April eine Eingangsrechnung zugestellt. Damit wäre der Käufer automatisch am 31. Mai in Verzug.

● Bei kalendermäßig bestimmtem Zahlungstermin

Ist ein fester Termin zur Zahlung des Kaufpreises vereinbart, kommt der Käufer sofort in Verzug, wenn er nicht bis zum festgelegten Zeitpunkt gezahlt hat *(§ 286 II BGB).*

Zahlung bis zum 15. März 20..

▶ Rechte des Verkäufers aus dem Zahlungsverzug

Ist ein Käufer in Zahlungsverzug geraten, so kann der Verkäufer unter verschiedenen Rechten wählen:

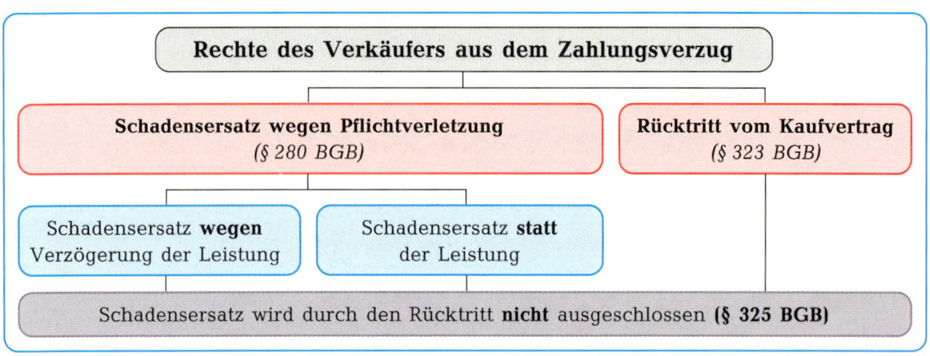

- **Schadensersatz wegen Pflichtverletzung**

  Neben der Forderung auf Zahlung des Kaufpreises kann der Verkäufer zusätzlich Ersatz des ihm entstandenen Schadens verlangen *(§ 280 I BGB)*.

  - **Schadensersatz wegen Verzögerung der Leistung**

    Zahlt der Käufer nicht rechtzeitig, kann der Verkäufer Verzugsschäden geltend machen.

    - **Verzugszinsen**

      Ab Verzug ist der Verkäufer berechtigt, ohne weiteres Verzugszinsen zu verlangen. Der Verzugszinssatz beträgt für das Jahr 5%-Punkte über dem **Basiszinssatz** *(§ 288 I BGB)*. Dieser Basiszinssatz, der jeweils zum 1. Januar und 1. Juli eines jeden Jahres angepasst wird, beträgt zurzeit (Januar 2006) 1,37% *(§ 247 I BGB)*. Bei Rechtsgeschäften, an denen ein **Verbraucher nicht** beteiligt ist, beträgt der Zinssatz 8%-Punkte über dem Basiszinssatz *(§ 288 II BGB)*.

    - **Verzugsschaden**

      Entsteht dem Verkäufer ein höherer Verzugsschaden, etwa durch die Notwendigkeit einer Kreditaufnahme infolge des ausstehenden Zahlungseinganges, so kann er diese Aufwendungen ebenfalls geltend machen *(§ 288 IV BGB)*. Für diese Mehraufwendungen besteht allerdings **Nachweispflicht.**

  - **Schadensersatz statt der Leistung**

    Zahlt der Käufer nicht, kann der Verkäufer Schadensersatzansprüche geltend machen, wenn der Verkäufer eine angemessene Frist zur Zahlung bestimmt hat *(§ 281 BGB)*. Dies ist nicht erforderlich, wenn der Käufer die Zahlung endgültig verweigert hat.

    > Auf dieses Recht wird der Verkäufer dann zurückgreifen, wenn er die nicht bezahlte Ware an einen anderen Kunden verkaufen kann, allerdings zu einem niedrigeren Preis. Die Differenz zwischen diesem Verkaufserlös und dem im Kaufvertrag zuvor vereinbarten höheren Preis wird er als Schaden geltend machen.

- **Rücktritt vom Kaufvertrag**

  Der Verkäufer kann auch vom Kauf zurücktreten. In diesem Fall muss er dem Käufer eine angemessene Nachfrist zur Zahlung einräumen *(§ 323 I BGB)*.

  > Von dieser Möglichkeit wird der Verkäufer z.B. dann Gebrauch machen, wenn er in Erfahrung gebracht hat, dass der Käufer nicht zahlen kann. Durch Rücktritt vom Kaufvertrag würde der Verkäufer wenigstens seine Ware zurückerhalten.

BESONDERHEIT

Eine Nachfristsetzung für die Wahrnehmung der Rechte „Schadensersatz" bzw. „Rücktritt vom Kaufvertrag" ist in folgenden Fällen **nicht** notwendig:

- der Käufer verweigert die Zahlung endgültig;
- es handelt sich um einen Fixhandelskauf *(§ 376 HGB)*.

Zusammenfassung

Störungen aus dem Kaufvertrag und deren Folgen

Lieferungsverzug	**Annahmeverzug**	**Lieferung mangelhafter Ware**	**Zahlungsverzug**
Die vertraglich vereinbarte Lieferung erfolgt nicht oder nicht termingerecht	Die Annahme der Ware erfolgt nicht oder nicht termingerecht	Die gelieferte Ware hat einen Sach- oder Rechtsmangel	Die Zahlung des Kaufpreises erfolgt nicht oder nicht termingerecht
↓	↓	↓	↓
Wahlweise Rechte des **Käufers:** ● Schadensersatz wegen Pflichtverletzung – wegen Verzögerung der Leistung – statt der Leistung ● Rücktritt vom Kaufvertrag	Wahlweise Rechte des **Verkäufers:** ● Klage auf Annahme der Ware ● Selbsthilfeverkauf ● Kostenerstattung	Rechte des **Käufers:** ● Nacherfüllung – Mangelbeseitigung oder – Lieferung mangelfreier Ware **nach zwei erfolglosen Versuchen:** ● Rücktritt vom Kaufvertrag oder Minderung des Kaufpreises ● Schadensersatz oder Ersatz vergeblicher Aufwendungen	Wahlweise Rechte des **Verkäufers:** ● Schadensersatz wegen Pflichtverletzung – wegen Verzögerung der Leistung – statt der Leistung ● Rücktritt vom Kaufvertrag

Aufgaben 9

(1) Welche Voraussetzungen müssen erfüllt sein, damit ein Verkäufer in Lieferungsverzug kommt?

(2) Wann kann bei nicht rechtzeitiger Lieferung auf eine Mahnung verzichtet werden?

(3) Vereinbarungsgemäß sollte die Lieferung einer neuen Fakturierungsoftware umgehend erfolgen. Bis heute ist die Lieferung allerdings noch nicht eingetroffen. Der Besteller ist der Meinung, man könne sofort vom Vertrag zurücktreten. Nehmen Sie zu diesem Sachverhalt kritisch Stellung!

(4) Welches dem Käufer beim Lieferungsverzug zustehende Recht würden Sie in den folgenden Fällen in Anspruch nehmen?

a) Nach der Auftragserteilung sind die Preise um 6 % gefallen und ein anderer Lieferant kann kurzfristig liefern.

b) Die Ware ist bei einem anderen Lieferanten zu einem allerdings 8 % höheren Preis sofort erhältlich.

c) Die bestellte Ware ist bei keinem anderen Lieferanten erhältlich.

(5) Warum bezeichnet man den Annahmeverzug auch als Gläubigerverzug?

(6) Erläutern Sie die beim Annahmeverzug eintretende Haftungsminderung des Verkäufers!

(7) Beschreiben Sie die Rechte des Verkäufers beim Annahmeverzug!

(8) Nennen Sie am Beispiel Ihres Ausbildungsbetriebes mindestens je zwei Beispiele für Sachmängel, bei denen die vereinbarte Beschaffenheit der Ware fehlt und bei denen die Ware sich nicht zu der im Vertrag vereinbarten Verwendung eignet.

(9) Um welchen Mangel handelt es sich in den nachfolgenden Fällen? Benennen Sie dabei auch den nach Ihrer Meinung zutreffenden Paragrafen des BGB!

a) Statt eines digitalen ISDN-Telefons wird ein analoges Telefon geliefert.

b) Ein 17-Zoll-TFT-Bildschirm weist an 4 Stellen einen großflächigen Ausfall von Pixeln auf. Insgesamt sind ca. 20 % der gesamten Bildschirmfläche davon betroffen.

c) Auf einem Laptop, der laut Kaufvertrag mit dem Betriebssystem „Windows XP Professional" ausgeliefert werden sollte, ist „Windows 98 SE" installiert worden.

d) Ein Hersteller wirbt für seinen Energiedrink: „Red Bull verleiht Flügel!"

e) Ein Händler verkauft Software, ohne die dazu erforderliche Lizenz des Softwareherstellers als geistiger Urheber zu besitzen.

f) Ein Neuwagen verbraucht durchschnittlich 10,9 l Kraftstoff auf 100 km, obwohl der Hersteller in seiner Werbung einen wesentlich geringeren Durchschnittsverbrauch von 7,0 l/100 km hervorgehoben hat.

g) Kauf einer Musik-CD, die sich auf dem heimischen CD-Player nicht abspielen lässt.

h) Bedingt durch eine fehlerhafte Montageanleitung eines Hersteller aus Übersee kann der Aufbau eines neuen Fitnessgerätes ...

1. ... nicht erfolgen.

2. ... dennoch erfolgreich abgeschlossen werden.

i) Kauf einer Musik-CD, die sich nicht auf einem PC abspielen lässt. Auf der Verpackung der CD ist dies mit einem deutlich sichtbaren Hinweis des Herstellers vermerkt.

j) Von den bestellten 1 000 Paketen DIN-A4-Kopierpapier, weiß, 80 g/m^2 erhält der Kunde nur 990 Pakete.

(10) Welche Rügefristen gibt es bei der Verjährung von Mängelansprüchen?

(11) Was versteht man unter einem Verbrauchsgüterkauf?

(12) Erläutern Sie an einem selbst gewählten Fall die Gewährleistungsfristen beim Verbrauchsgüterkauf und definieren Sie den Begriff „Beweislastumkehr"!

(13) Was versteht man unter Nacherfüllung?

(14) Erläutern Sie, wann ein Käufer, dem mangelhafte Ware geliefert worden ist, vom Recht auf Nacherfüllung, Rückstritt, Minderung, Schadensersatz oder Ersatz vergeblicher Aufwendungen Gebrauch machen wird!

(15) Welche Voraussetzung muss erfüllt sein, damit ein Zahlungsverzug vorliegt?

(16) Unter welchen Umständen gerät eine Bauträgergesellschaft, der Baustoffe auf Rechnung geliefert worden sind, in Zahlungsverzug?

(17) Welche gesetzlichen Verzugszinsen können beim Zahlungsverzug eingefordert werden?

(18) Unter welcher Voraussetzung ist es möglich, dass ein Verkäufer von einem säumigen Kunden einen höheren Zinssatz als den aktuellen Mahnzins fordern kann?

6.5 Mahnverfahren

Erfüllt ein Schuldner **(Geld- oder Warenschuldner)** seine Verpflichtungen aus dem Kaufvertrag nicht, wird er in der Regel durch eine Mahnung aufgefordert, die entsprechende Schuld zu begleichen. Prinzipiell nimmt der Gläubiger bei Verzug nicht sofort die Hilfe von Gerichten in Anspruch (gerichtliches Mahnverfahren), sondern mahnt den Schuldner erst mehrfach selbst an (außergerichtliches oder kaufmännisches Mahnverfahren).

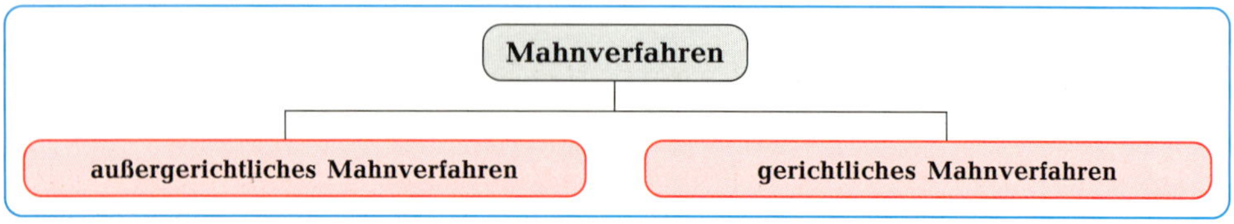

6.5.1 Außergerichtliches Mahnverfahren

▶ **Wesen des außergerichtlichen Mahnverfahrens**

Die im außergerichtlichen Mahnverfahren durchgeführte Mahnung ist eine dringende Aufforderung des Gläubigers an den Schuldner, die im Kaufvertrag vereinbarte Leistung **(Geldzahlung bzw. Warenlieferung)** jetzt durchzuführen. Diese Mahnung ist zwar formfrei, aus Gründen der Beweissicherheit wird allerdings in der Regel die schriftliche Form gewählt. Die inhaltliche Gestaltung der Mahnung ist keinen festen Regeln unterworfen. Ein Hinweis auf Verzugsfolgen, Rechtsnachteile und Zahlungsfristen ist im allgemeinen Geschäftsverkehr üblich bzw. gegenüber Verbrauchern sogar vorgeschrieben.

▶ **Durchführung des außergerichtlichen Mahnverfahrens**

In der Praxis wird der Gläubiger beim Mahnen die jeweiligen Geschäftsverbindungen mit dem Schuldner insgesamt würdigen. So ist es z.B. möglich, dass ein sonst guter Kunde lediglich eine Zahlungsverpflichtung übersehen oder vergessen hat. Eine abgestufte Mahnfolge ist daher in den meisten Fällen sinnvoll, aber nicht Bedingung. Bezogen auf einen Zahlungsverzug ergäbe sich beispielsweise folgende Reihenfolge:

- **Persönliches Erinnerungsschreiben**

  Die 1. Mahnung gilt als höfliche **Zahlungserinnerung.** Eine Kopie der Rechnung wird mit der Bitte beigefügt, das Konto auszugleichen.

- **Ausdrückliche Mahnung**

  Mit der 2. Mahnung wird ausdrücklich auf die Fälligkeit der Zahlung hingewiesen, eine Frist gesetzt und ein kombinierter Überweisungsauftrag/Zahlschein (vgl. S. 330 f.) beigefügt.

- **Androhung des Einzugs durch ein Inkassoinstitut (3. Mahnung)**

  Der Schuldner wird aufgefordert – unter Hinweis auf die zusätzlich entstehenden Kosten und unter erneuter Fristsetzung – die Leistung umgehend zu bewirken. Bei überfälligen Zahlungsverpflichtungen wird der Einzug durch ein Inkassoinstitut angedroht. **Inkassoinstitute** sind Unternehmen, die gewerbsmäßig Forderungen bei Geldschuldnern einziehen. Für den Gläubiger liegt der Vorteil der Inanspruchnahme eines Inkassoinstituts darin, dass er Kosten bei der Überwachung der Zahlungseingänge sparen kann. Anfallende Gebühren und Verzugszinsen werden dem säumigen Schuldner in Rechnung gestellt.

- **Klageandrohung (4. Mahnung)**

  Ist die Leistung aufgrund der 3. Mahnung noch nicht erfolgt, d.h., hat der Schuldner bei Zahlungsforderungen die Zahlung an das Inkassoinstitut verweigert, so erfolgt eine scharfe vierte Mahnung mit der Bestimmung einer endgültig letzten Frist. Die Klage auf Zahlung oder die Einleitung eines gerichtlichen Mahnverfahrens wird angedroht.

6.5.2 Gerichtliches Mahnverfahren *(§§ 688–703d ZPO)*

▶ Wesen und Zulässigkeit des gerichtlichen Mahnverfahrens

Hat der Gläubiger mit der letzten Mahnung im außergerichtlichen Mahnverfahren keinen Erfolg, kann er entweder sofort Klage auf Zahlung (vgl. S. 139) erheben oder aber – sofern nicht mit Einwendungen des Schuldners zu rechnen ist – ein gerichtliches Mahnverfahren einleiten. Gegenüber dem normalen Zivilprozess eröffnet das gerichtliche Mahnverfahren dem Gläubiger die Möglichkeit, seine Forderungen schnell und Kosten sparend einzutreiben, ohne dass es einer langwierigen Prozessführung bedarf.

Allerdings können durch dieses Verfahren nur Geldschulden eingefordert werden. Damit der Mahnbescheid dem Antragsgegner auch tatsächlich zugestellt werden kann, muss der Aufenthaltsort des Schuldners, also dessen Wohn- (bei natürlichen Personen) bzw. Geschäftssitz (bei juristischen Personen), bekannt sein. Darüber hinaus darf der im gerichtlichen Mahnverfahren geltend gemachte Anspruch **nicht** von einer noch nicht erbrachten Gegenleistung abhängig sein.

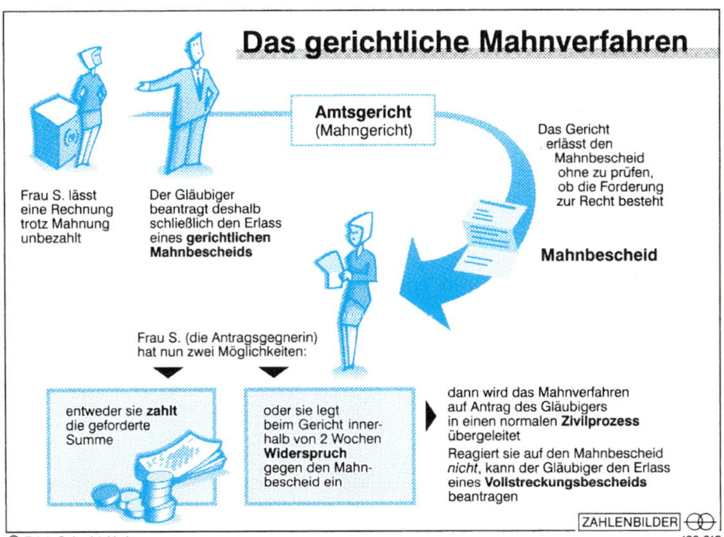

© Erich Schmidt Verlag

Um seinen Anspruch auf Zahlung des Kaufpreises gegenüber dem Käufer auf dem Wege des gerichtlichen Mahnverfahrens geltend machen zu können, müsste entweder der Verkäufer die Ware bereits geliefert haben oder es müsste zwischen den Vertragsparteien vereinbart worden sein, den gesamten Kaufpreis bzw. einen bestimmten Teilbetrag vor der Lieferung der Ware zu entrichten.

▸ Zuständigkeit und Durchführung des gerichtlichen Mahnverfahrens

Sachlich wird das Mahnverfahren von den Amtsgerichten durchgeführt, wobei eine maschinelle Bearbeitung zulässig ist. Die entsprechenden bundeseinheitlichen Vordrucke bzw. Vordrucksätze können z.B. über den Schreibwareneinzelhandel bezogen werden.

Mahnverfahren bei Gerichten, die die Verfahren maschinell bearbeiten

Bei maschineller Bearbeitung des Mahnverfahrens ist der Antrag auf Erlass eines Mahnbescheides unter Benutzung des dafür gesetzlich vorgeschriebenen Vordruckes **ausschließlich** bei dem im jeweiligen Bezirk dafür zuständigen Amtsgericht, dem **zentralen Mahngericht,** zu stellen. Die Verwendung einheitlicher Formulare, der Einsatz elektronischer Datenverarbeitung sowie die Konzentration aller Mahnverfahren auf zentrale Mahngerichte sollen eine schnellere und rationellere Bearbeitung gerichtlicher Mahnverfahren gewährleisten.

So müssen z.B. Gläubiger mit Wohn- bzw. Geschäftssitz in Baden-Württemberg ihre Anträge auf Erlass eines Mahnbescheides beim Amtsgericht Stuttgart einreichen. Dieses zentrale Mahngericht weist alle Mahnverfahren zurück, die nicht auf maschinell zu bearbeitenden Vordrucken beantragt werden.

In Nordrhein-Westfalen sind – je nach OLG-Bezirk – entweder das Amtsgericht Hagen (OLG-Bezirke Hamm, Düsseldorf) oder das Amtsgericht Euskirchen (OLG-Bezirk Köln) als zentrales Mahngericht zuständig.

Der in gut lesbarer Blockschrift oder mit einer Schreibmaschine ausgefüllte Vordruck mit seinen 53 fortlaufend nummerierten Zeilen ist in einfacher Ausfertigung einzureichen. Hinweise zum sachgerechten Ausfüllen des entsprechenden Formulars sind bei den Amtsgerichten erhältlich. Wesentlich ist, dass die Hauptforderung (Zeilen 32 – 34 des Antragsformulars) durch eine entsprechende **Anspruchskatalognummer** beschrieben werden muss.

Hauptforderungs-Katalog *(Auszug)*
Die Hinweise in Klammern bitte unbedingt beachten.

Bezeichnung	Katalog-Nr.	Bezeichnung	Katalog-Nr.
Anzeigen in Zeitungen u.a.	1	⋮	
Ärztliche oder zahnärztliche Leistung	2		
Bürgschaft	3	Vergleich, außergerichtlicher	39
Darlehensrückzahlung	4	Vermittlungs-/Maklerprovision (nicht aus Ehemaklervertrag)	40
Dienstleistungsvertrag (keine Ansprüche aus Arbeitsvertrag – Zuständigkeit des Arbeitsgerichts)	5	Versicherungsprämie/-beitrag	41
		Versorgungsleistung – Strom, Wasser, Gas – (Abn./Zähler-Nr. in Zeile 32 - 34 in der 3. Spalte eintragen.)	42
Frachtkosten	6		
Geschäftsbesorgung durch Selbstständige (z.B. Rechtsanwälte, Steuerberater)	7	Warenlieferungen	43
Handwerkerleistung	8	Werkvertrag/Werklieferungsvertrag	44
Heimunterbringung	9	Zeitungs-/Zeitschriftenbezug	45
Hotelkosten (z.B. Übernachtung, Verzehr, Getränke)	10	Zinsrückstände/Verzugszinsen (gilt nur für Zinsen, bei denen die zugrunde liegende Forderung nicht gleichzeitig geltend gemacht wird. Zinsen in diesen Fällen nicht in Zeile 40 – 43 bezeichnen.)	46
Kaufvertrag	11		
⋮			

Im Fall der Geldforderung aus einem Kaufvertrag ist die Katalognummer 11 zu notieren.

Das zentrale Mahngericht speichert die im eingehenden Antragsformular enthaltenen Angaben in einem Datensatz, der für das jeweilige Verfahren angelegt wird. Ist der Antrag vollständig und zulässig ausgefüllt, erstellt das Amtsgericht maschinell den **Mahnbescheid.**

- **Mahnverfahren bei Gerichten, die die Verfahren nicht maschinell bearbeiten**

  Zur Einleitung des gerichtlichen Mahnverfahrens füllt der Gläubiger (Antragsteller) einen amtlichen Vordrucksatz aus. Der vollständig ausgefüllte Vordrucksatz ist bei dem am Wohn- bzw. Geschäftssitz des Gläubigers örtlich zuständigen Amtsgericht zur Bearbeitung einzureichen.

Der Mahnbescheid wird dem Schuldner von Amts wegen zugestellt *(§ 693 I ZPO)*. Das Gericht prüft **nicht,** ob dem Antragsteller der geltend gemachte Anspruch zusteht. Der Bescheid enthält die Aufforderung, innerhalb von zwei Wochen nach Zustellung des Mahnbescheides zu zahlen oder **Widerspruch** einzulegen. Unternimmt der Antragsgegner innerhalb dieser Frist nichts, kann der Gläubiger einen **Vollstreckungsbescheid** erwirken. Bestreitet der Schuldner jedoch die gegen ihn geltend gemachte Forderung entweder durch Erhebung des Widerspruchs gegen den Mahnbescheid oder durch Einlegung des **Einspruchs** gegen den Vollstreckungsbescheid, wird das Mahnverfahren in ein normales Zivilgerichtsverfahren übergeleitet. Das entsprechende Verfahren wird dann vor dem dafür jeweils sachlich zuständigen Gericht durchgeführt. Sofern nicht vertraglich ein anderer Gerichtsstand vereinbart worden ist, ist das Gericht zuständig, in dessen Bezirk der Antragsgegner wohnt bzw. seinen Geschäftssitz hat.

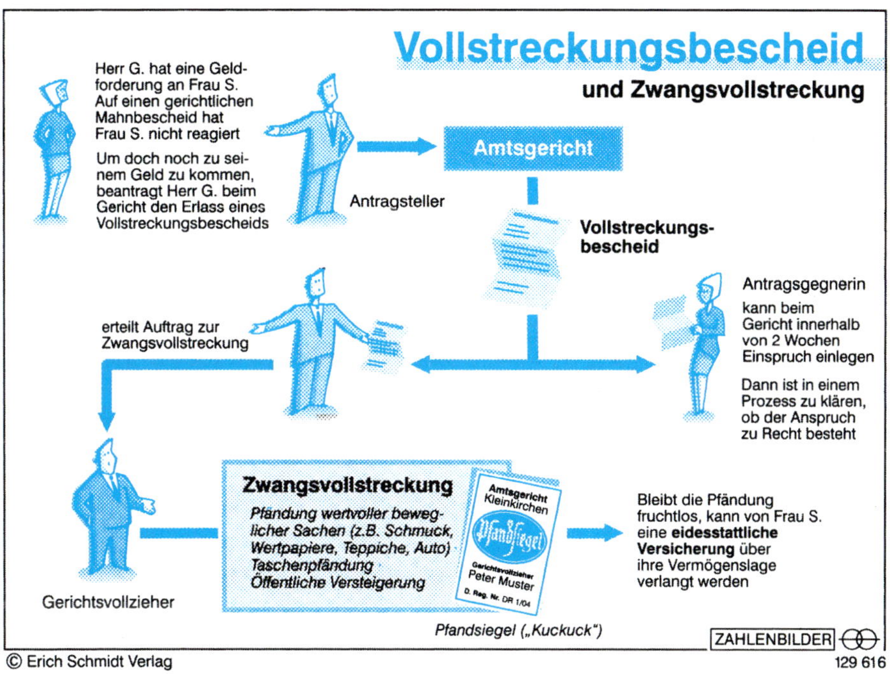

© Erich Schmidt Verlag

▶ Wirkungen des gerichtlichen Mahnverfahrens

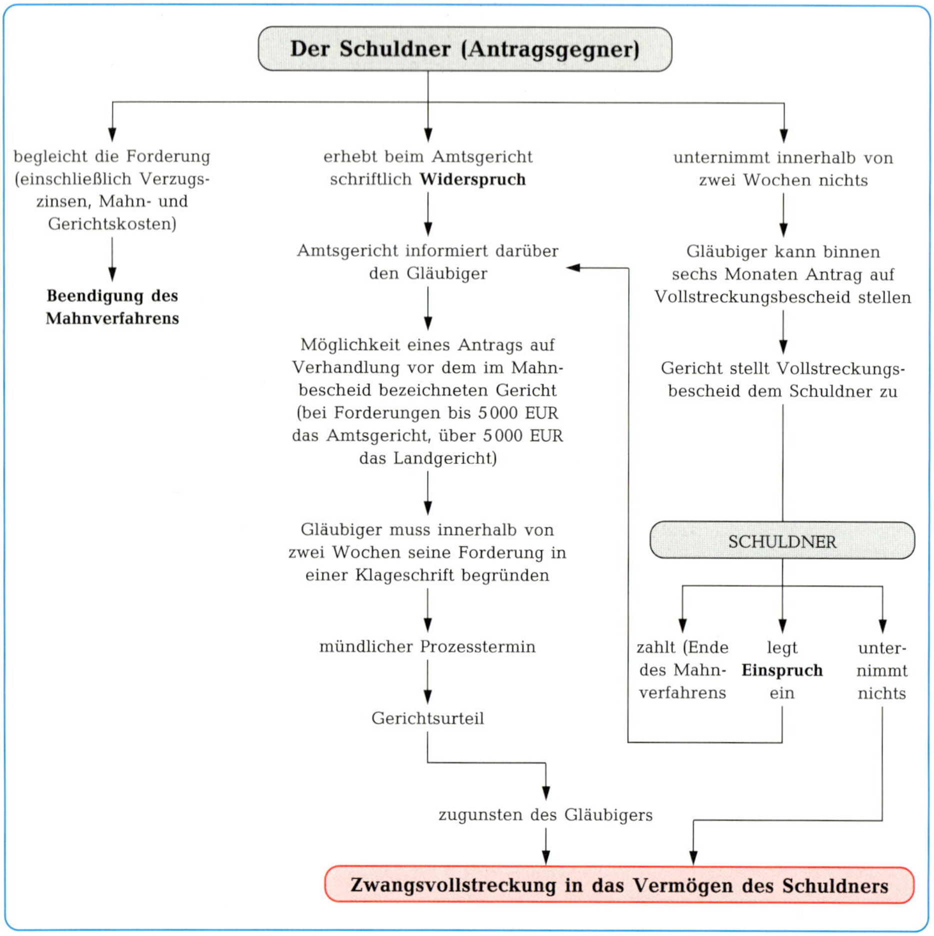

6.6 Klage auf Zahlung

Ist der Gläubiger allerdings der Ansicht, dass der Schuldner der Forderung im gerichtlichen Mahnverfahren widersprechen wird, ist es zweckmäßig, sofort **Klage auf Zahlung** zu erheben **(Klageverfahren).** Zuständig für dieses Verfahren sind ebenfalls die Instanzen der Zivilgerichtsbarkeit.

6.7 Zwangsvollstreckung *(§§ 704–945 ZPO)*

▶ Wesen der Zwangsvollstreckung

Können die Forderungen des Gläubigers auch durch das gerichtliche Mahnverfahren nicht durchgesetzt werden, kommt es zur Zwangsvollstreckung in das Vermögen des Schuldners. Zuständig für die Vollstreckung ist das Mahngericht bzw. der gerichtlich bestellte Gerichtsvollzieher. Die hierdurch erzielten Geldbeträge dienen zum Ausgleich der Forderungen des Gläubigers.

▶ Zwangsvollstreckung wegen Geldforderungen

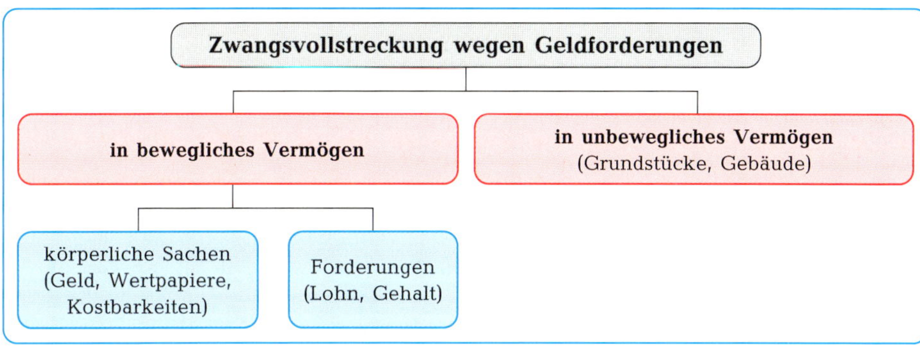

Zwangsvollstreckung in bewegliches Vermögen

Körperliche Sachen

Körperliche Sachen werden dadurch gepfändet, dass sie der Gerichtsvollzieher in Besitz nimmt oder sie im Gewahrsam des Schuldners belässt und ein Pfandsiegel anbringt.

Nicht pfändbar sind die für den Lebensunterhalt und die Berufsausübung notwendigen Gegenstände wie Kleidung, Haushaltsgeräte, Werkzeuge eines Handwerkers oder Fachbücher.

Nach der Pfändung werden die Gegenstände durch den Gerichtsvollzieher öffentlich versteigert.

Forderungen

Die Zwangsvollstreckung in Forderungen erfolgt ebenfalls durch Pfändung, allerdings in diesem Fall durch das Amtsgericht. Lohn- und Gehaltsforderungen sind nur ab einem bestimmten Betrag (für Alleinstehende 930 EUR im Monat), der für die Lebensführung als unbedingt notwendig angesehen wird, pfändbar *(§ 850c ZPO)*.

- **Zwangsvollstreckung in unbewegliches Vermögen**

  Eine Zwangsvollstreckung in unbewegliches Vermögen kann durch Versteigerung von Grundstücken oder Gebäuden erfolgen. Darüber hinaus können die Erträge aus unbeweglichem Vermögen (Miete oder Pacht) dem Gläubiger zur Verfügung gestellt werden (Zwangsverwaltung).

▶ **Eidesstattliche Versicherung des Schuldners**

Bleibt eine Pfändung erfolglos, kann sich der Gläubiger eine genaue Übersicht über die Vermögenslage des Schuldners verschaffen. Der Schuldner hat auf Antrag des Gläubigers ein **Vermögensverzeichnis** anzufertigen und diese Angaben an **Eides statt** zu versichern. Über Schuldner, die eine eidesstattliche Versicherung abgeben mussten, wird beim Amtsgericht ein **Schuldnerverzeichnis** geführt. Verweigert der Schuldner diese eidesstattliche Versicherung, wird auf Antrag des Gläubigers vom Gericht die Haft angeordnet.

Trotz aller Möglichkeiten, die das gerichtliche Mahn- und Vollstreckungsverfahren bietet, werden die Bemühungen zur Durchsetzung von Forderungen dann erfolglos verlaufen, wenn der Schuldner mittellos ist. In diesem Fall muss der Gläubiger die Forderungen zunächst abschreiben, wenngleich er bis zur Verjährung noch 30 Jahre lang Anspruch auf diese besitzt.

6.8 Verjährung

▶ **Wesen der Verjährung**

Forderungen aus Kaufverträgen (z.B. Gewährleistungsansprüche, Zahlung des Kaufpreises) müssen innerhalb eines bestimmten Zeitraumes – **der Verjährungsfrist** – geltend gemacht werden. Ohne Verjährung würde ein Schuldner oft in Beweisschwierigkeiten kommen, da ihm nicht zugemutet werden kann, seine Beweismittel (z.B. Rechnungen, Quittungen, Bankbelege) über unbegrenzte Zeit aufzubewahren. Nach längerer Zeit können die wirklichen Rechtsverhältnisse häufig nicht mehr eindeutig festgestellt werden.

Ist eine Forderung verjährt, kann der Schuldner die Leistung verweigern *(§ 214 I BGB)*; sie kann dann auch nicht mehr eingeklagt werden.

▶ **Verjährungsfristen**

Verjährungsfristen	betroffene Ansprüche	Beispiele
3 Jahre	Regelverjährungsfrist *(§ 195 BGB)*	• Gewährleistungsansprüche wegen arglistig verschwiegener Mängel • Ansprüche aus Arzthaftung
2 Jahre	Verbrauchsgüterkäufe *(§ 475 BGB)*	Gewährleistungsansprüche wegen mangelhafter Ware
5 Jahre	Bauwerke und Sachen, die für ein Bauwerk verwendet worden sind *(§ 438 BGB)*	Baumängel an Gebäuden
10 Jahre	Rechte an Grundstücken *(§ 196 BGB)*	Kaufpreisforderung
30 Jahre	Ansprüche aus rechtskräftigen Urteilen und vollstreckbaren Urkunden *(§ 197 BGB)*	• Gerichtsurteile • Vollstreckungsbescheide • notariell beurkundete Forderungen

Beginn der Verjährungsfristen

Beginn der Verjährungsfristen

Verjährungsfrist von 3 Jahren

Beginn mit dem **Ablauf des Jahres, in dem der Anspruch entstanden ist,** d.h. zum 31. Dezember 20..

Verjährungsfristen von 2, 5, 10 oder 30 Jahren

Beginn in der Regel mit dem **Entstehen des Anspruchs,** z.B. 17. Juli 20..

Hemmung und Neubeginn der Verjährung

Hemmung der Verjährung

Bei der Hemmung wird die Verjährungsfrist **um den Zeitraum der Hemmung verlängert.** Die Verjährung wird u.a. gehemmt:

- für den Zeitraum von Verhandlungen zwischen Schuldner und Gläubiger, ob ein Anspruch gerechtfertigt ist, bis einer der Vertragsparteien die Fortsetzung der Verhandlungen verweigert: Die Verjährung tritt frühestens **3 Monate** nach dem Ende der Hemmung ein *(§ 203 BGB).*
- durch Klageerhebung, die Zustellung eines Mahnbescheides, den Beginn eines Schiedsverfahrens oder die Anmeldung von Ansprüchen im Insolvenzverfahren: Die Hemmung endet **6 Monate** nach einer rechtskräftigen Entscheidung oder anderweitigen Erledigung des Rechtsstreites *(§ 204 BGB).*

Neubeginn der Verjährung

Mit dem Neubeginn der Verjährungsfrist wird die bereits verstrichene Zeit hinfällig. Damit beginnt die **volle Verjährungsfrist von neuem.** Gründe für den Neubeginn können sein *(§ 212 BGB):*

- Der Schuldner erkennt den Anspruch des Gläubigers z.B. durch Abschlags- oder Zinszahlungen an bzw. er bittet um Stundung der Schuld.
- Es wird eine gerichtliche oder behördliche Vollstreckungshandlung vorgenommen oder beantragt.

Hemmung und Neubeginn am Beispiel der zweijährigen Verjährungsfrist

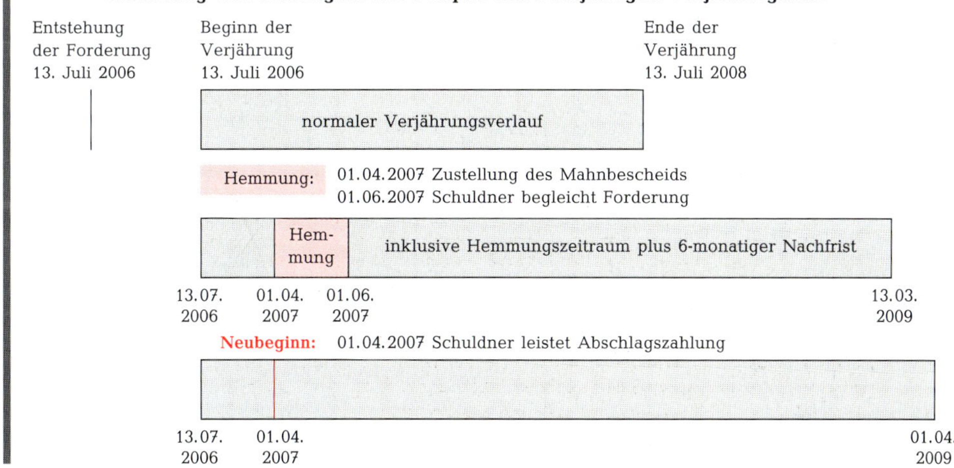

Wird ein bereits verjährter Anspruch irrtümlich erfüllt, so kann der Schuldner das Geleistete nicht zurückfordern *(§ 214 II BGB)*.

Beispiele für wichtige Verjährungsfristen	
Frist und Fristbeginn	**Anspruch**
sofort nach Lieferung	Untersuchungs- und Rügepflicht bei zweiseitigem Handelskauf *(§ 377 I HGB)*
unverzüglich nach Festellung des Irrtums	Anfechtungsfrist für die Anfechtung einer Willenserklärung wegen Erklärungs- oder Inhaltsirrtums *(§ 121 I BGB)*
2 Wochen ab Zustellung des Mahnbescheides	Widerspruch des Antragsgegners gegen einen gerichtlichen Mahnbescheid *(§ 694 I ZPO)*
3 Wochen ab Zugang der Kündigung eines Arbeitsverhältnisses	Anrufung des Arbeitsgerichtes zwecks Feststellung, ob eine Kündigung sozial ungerechtfertigt ist *(§ 4 I KSchG)*
30 Tage nach Fälligkeit und Zugang einer Rechnung oder einer gleichwertigen Zahlungsaufforderung	Zahlungsverzug eines Geldschuldners *(§ 286 III BGB)*
6 Monate ab Zugang der deutlich gestalteten Widerrufsbelehrung beim Verbraucher	Widerrufsrecht bei Verbraucherverträgen *(§ 355 I BGB)*
1 Jahr nach Kenntnis der Täuschung bzw. Wegfall der Zwangslage	Anfechtungsfrist für die Anfechtung einer Willenserklärung wegen Täuschung oder Drohung *(§ 124 I BGB)*

Zusammenfassung

Überwachung und Einzug von Außenständen (Geldforderungen)

Mahnverfahren

außergerichtliches Mahnverfahren

- dringende Aufforderung an den Schuldner, seinen Verpflichtungen nachzukommen
- formfrei, aus Beweisgründen in der Regel allerdings schriftlich
- abgestufte Mahnfolge:
  1. Mahnung: höfliche Zahlungserinnerung
  2. Mahnung: ausdrückliche Mahnung mit Zahlungsfristsetzung
  3. Mahnung: Androhung des Einzugs durch ein Inkassoinstitut
  4. Mahnung: Setzen einer endgültig letzten Frist u. Androhung der Klage auf Zahlung oder der Einleitung eines gerichtlichen Mahnverfahrens

gerichtliches Mahnverfahren

- Mahnbescheid
- Vollstreckungsbescheid
- Zwangsvollstreckung

Verjährung von Forderungen

- Wirkung der Verjährung: nach Ablauf der Frist können die Forderungen nicht mehr eingeklagt werden
- Fristen
  - **3 Jahre:** Beginn der Frist mit Ablauf des Jahres, in dem der Anspruch entstanden ist
  - **2, 5, 10 oder 30 Jahre:** Beginn der Frist mit Entstehung des Anspruchs
- Hemmung und Neubeginn der Verjährung:
  - **Hemmung:** Verjährung läuft nach Wegfall des Hemmungsgrundes weiter, wobei die Verjährungsfrist um den entsprechenden Zeitraum verlängert wird
  - **Neubeginn:** die bereits verstrichene Zeit wird hinfällig, die volle Verjährungsfrist beginnt erneut

Aufgaben

10

(1) *Aus welchem Grund ist es für ein Unternehmen bedeutsam, ausstehende Forderungen innerhalb bestimmter Fristen anzumahnen?*

(2) *Erläutern Sie den zentralen Unterschied zwischen außergerichtlichem und gerichtlichem Mahnverfahren!*

(3) *Warum ist im allgemeinen Geschäftsverkehr eine abgestufte Mahnfolge innerhalb des außergerichtlichen Mahnverfahrens sinnvoll?*

(4) *Muss ein außergerichtliches Mahnverfahren durchgeführt worden sein, um ein gerichtliches Mahnverfahren einleiten zu können?*

(5) *Welche Gründe sprechen für die Einleitung eines gerichtlichen Mahnverfahrens gegenüber der sofortigen Klageerhebung?*

(6) *Unter welchen Voraussetzungen ist die Einleitung eines gerichtlichen Mahnverfahrens zulässig?*

(7) *Aus welchem Grund überprüft das zuständige Amtsgericht nicht die Rechtmäßigkeit einer Forderung beim Erlass eines Mahnbescheids?*

(8) *Welches Amtsgericht wäre für die Bearbeitung eines von Ihrem Ausbildungsbetrieb eingeleiteten gerichtlichen Mahnverfahrens zuständig?*

(9) *Welche Konsequenzen ergeben sich für einen Schuldner, der auf einen Mahnbescheid*

a) nicht reagiert,

b) Widerspruch erhebt?

(10) *Welche Folgen ergeben sich für einen Schuldner, der auf einen zugestellten Vollstreckungsbescheid*

a) nicht reagiert,

b) Einspruch einlegt?

(11) *Beschreiben Sie die Durchführung einer Zwangsvollstreckung in „körperliche Sachen"!*

(12) *Der Gerichtsvollzieher Schnell soll beim Malermeister Enders e.Kfm. eine Pfändung durchführen. Welche der folgenden Gegenstände dürfte Herr Schnell nicht in die Pfändung einbeziehen: hochwertige Hi-Fi-Anlage, Vorrat an Farben, Wertpapiere, Waschmaschine, antike Eichentruhe, wertvolle Wandteppiche, Bücher über Speziallackierungen, größere Summe Bargeld?*

(13) *Beschreiben Sie an einem selbst gewählten Beispiel den Unterschied zwischen Hemmung und Neubeginn der Verjährung!*

(14) *Für welche Ansprüche gelten die Verjährungsfristen von zwei bzw. drei Jahren und wann setzen diese ein?*

(15) *Nach längerer Zeit überweist ein Schuldner einen Teilbetrag der Rechnungsforderung an den Gläubiger. Welche Auswirkung hat diese Zahlung auf die Verjährung des Anspruchs?*

(16) *Wodurch kann die Verjährungsfrist gehemmt werden oder neu beginnen?*

7 Vertragsarten im Überblick

Verträge sind Rechtsgeschäfte, bei denen mindestens zwei Personen ihren Willen übereinstimmend äußern. Diese beiden Willenserklärungen werden als **Antrag** und **Annahme** abgegeben.

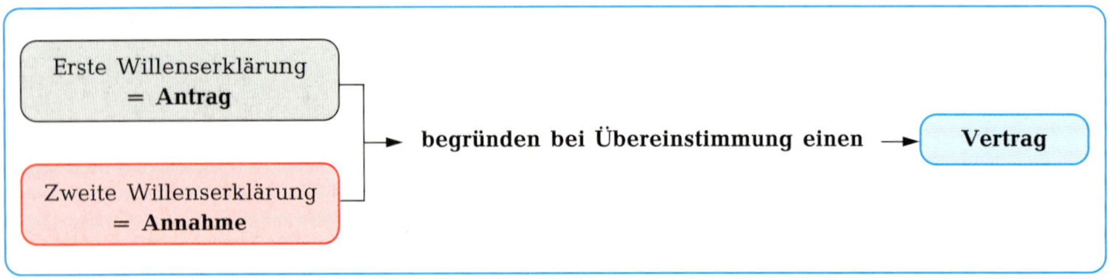

▶ **Kaufvertrag** *(§§ 433 ff. BGB)*

In einem Kaufvertrag vereinbaren die Vertragschließenden, folgende Leistungen auszutauschen (vgl. S. 111):

- Der Verkäufer liefert die bestellte Ware rechtzeitig und frei von Sach- und Rechtsmängeln.
- Der Käufer nimmt diese Ware entgegen und zahlt den vereinbarten Kaufpreis.

> Ein Kunde bestellt in einem Möbelhaus eine Wohnzimmereinrichtung. Als diese zum vereinbarten Zeitpunkt mangelfrei geliefert wird, nimmt der Käufer sie entgegen und entrichtet den Kaufpreis.

Eine Ware liefern bedeutet, dass der Verkäufer sie übergeben und übereignen muss. Zu unterscheiden sind also die **Übergabe** einer Ware und deren **Eigentumsübertragung.**

Durch die Übergabe allein wird der Käufer nur **Besitzer** (vgl. S. 102). Er hat damit lediglich vorübergehend die tatsächliche Herrschaft über die Ware erworben, die er bereits nutzen kann. Erst mit der Eigentumsübertragung wird der Käufer zum **Eigentümer** (vgl. S. 101 f.). Damit erlangt er die rechtliche Gewalt über die Ware.

> Wird ein Server einem Unternehmen mit einem Zahlungsziel von 30 Tagen geliefert, ist der Käufer, der die Anlage jedoch bereits einsetzen kann, zunächst nur Besitzer. Erst mit Zahlung des Kaufpreises erfolgt die Eigentumsübertragung durch den Lieferanten.

▶ **Dienstvertrag** *(§§ 611 ff. BGB)*

Durch den Abschluss eines Dienstvertrages verpflichtet sich ein Partner, bestimmte Tätigkeiten (Dienste) auszuführen, der andere, die vereinbarte Vergütung zu zahlen. Bei diesem Vertragsverhältnis steht nicht der Arbeitserfolg im Mittelpunkt, sondern **die Tätigkeit als solche,** d.h. das Bemühen um sorgfältige Ausführung des Dienstes.

> Der Patient, der einen Arzt aufsucht, schließt mit diesem in der Regel einen Dienstvertrag. Der Mediziner wird bemüht sein, durch seine Behandlung die Gesundheit des Patienten wiederherzustellen, ohne aber den Erfolg seiner Arbeit garantieren zu können.

Dienstverträge nach dem BGB werden mit Angehörigen freier Berufe abgeschlossen wie z.B. mit frei praktizierenden Ärzten sowie Rechtsanwälten, Steuerberatern oder Wirtschaftsprüfern.

Für Dienstverträge, die mit abhängig Beschäftigten (Arbeitnehmern) geschlossen werden, gelten hingegen insbesondere die Vorschriften des Arbeitsvertragsrechts. Solche Verträge bezeichnet man als **Arbeitsverträge** (vgl. S. 32). Ihre Inhalte werden heute nur noch selten zwischen dem einzelnen Arbeitnehmer und Arbeitgeber ausgehandelt, sondern durch Tarifverträge für eine Vielzahl von Beschäftigten festgelegt. Tarifvertragsparteien sind dabei Gewerkschaften, einzelne Arbeitgeber oder Vereinigungen von Arbeitgebern (Sozialpartner; vgl. S. 48).

- **Werkvertrag** *(§§ 631 ff. BGB)*

Mit dem Abschluss eines Werkvertrages verpflichtet sich **der Beauftragte nicht nur eine Tätigkeit auszuführen, sondern auch einen bestimmten Erfolg, und zwar ein von Sach- und Rechtsmängeln freien Werkes, zu garantieren.** Der Auftraggeber muss die Erstellung des vereinbarten Werkes bezahlen.

> Reparatur einer Uhr, Übersetzung eines Buches, Anlegen eines Besucherparkplatzes durch einen Bauunternehmer, Tapezieren der Geschäftsräume.

- **Mietvertrag** *(§§ 535 ff. BGB)*

Durch einen Mietvertrag verpflichtet sich der Vermieter, **eine Sache einem anderen auf Zeit zum Gebrauch zu überlassen.** Der Mieter hat dafür den vereinbarten Mietpreis zu entrichten.

> Vermietet werden häufig Geschäftsräume, Lagerhallen, Wohnungen und möblierte Zimmer.
>
> Gegenstand von Mietverträgen sind allerdings auch Autos oder Boote. Die im täglichen Sprachgebrauch verwandten Begriffe wie Auto- oder Bootsverleih sind daher irreführend.

- **Leihvertrag** *(§§ 598 ff. BGB)*

Die Leihe ist eine **unentgeltliche Überlassung einer Sache zum Gebrauch.** Der Entleiher ist verpflichtet, die Sache pfleglich zu behandeln, sie nicht weiterzuverleihen und nach Ablauf der vereinbarten Zeit zurückzugeben.

> Herr Wagner verleiht seine Fotoausrüstung und Angelgeräte für die Dauer eines dreiwöchigen Urlaubs an seinen Freund.

- **Pachtvertrag** *(§§ 581 ff. BGB)*

Die Pacht unterscheidet sich von der Miete dadurch, dass sie **nicht nur den Gebrauch eines Gegenstandes umfasst, sondern auch den in der Pachtzeit erwirtschafteten Ertrag.** Der Pächter hat den vereinbarten Pachtzins zu entrichten.

> Verpachtet werden Werkshallen mit Maschinen, Tankstellen, Gaststätten, land- und forstwirtschaftliche Flächen.
>
> Erträge resultieren aus der Herstellung bzw. dem Verkauf der mit den gepachteten Maschinen und Anlagen produzierten Güter oder aus der Verwertung von Früchten und Holz.

- **Darlehensvertrag** *(§§ 488 ff. BGB bzw. §§ 607 ff. BGB)*

Beim Darlehensvertrag verpflichtet sich der Darlehensgeber, dem Darlehensnehmer entweder

10 Siekerkötter/Fehn - ISBN 978-3-8120-0065-9

- einen Geldbetrag in der vereinbarten Höhe (= **Gelddarlehensvertrag** – vgl. S. 251 f.) zur Verfügung zu stellen **oder**
- eine vereinbarte andere vertretbare Sache (= **Sachdarlehensvertrag**) zu überlassen.

Darlehensvertrag

Gelddarlehensvertrag *(§§ 488 ff. BGB)*		**Sachdarlehensvertrag** *(§§ 607 ff. BGB)*
● **Zahlung des geschuldeten Zinses** (sofern nichts anderes vertraglich vereinbart worden ist: nach Ablauf je eines Jahres und – wenn das Darlehen vor Ablauf eines Jahres zurückzuerstatten ist – bei der Rückerstattung) ● **Rückerstattung des zur Verfügung gestellten Geldbetrages bei Fälligkeit**	*vertragstypische Pflichten des Darlehensnehmers*	● **Zahlung eines Darlehensentgeltes** (spätestens bei Rückerstattung der überlassenen Sache) ● **Rückerstattung von Sachen gleicher Art, Güte und Menge bei Fälligkeit**
von der Kündigung des Darlehensgebers oder des Darlehensnehmers unter Einhaltung einer dreimonatigen Kündigungsfrist	*Wovon hängt die Fälligkeit ab, wenn für die Rückerstattung vertraglich keine Zeit bestimmt ist?*	**von der Kündigung** des Darlehensgebers oder des Darlehensnehmers, wobei ein auf unbestimmte Zeit abgeschlossener Sachdarlehensvertrag **jederzeit** von jedem Vertragspartner ganz oder teilweise gekündigt werden kann

- **Gelddarlehen:** Eine Auszubildende nimmt bei ihrer Bank ein Darlehen in Höhe von 3200 EUR auf, um den Kauf eines gebrauchten Pkw zu finanzieren. Während der vertraglich vereinbarten Laufzeit entrichtet die Auszubildende Zinsen.
- **Sachdarlehen:** Ein Hobbygärtner besorgt sich bei seinem Nachbarn einen Sack Torf. Der Empfänger verpflichtet sich dabei, Torf in gleicher Art, Güte und Menge zurückzugeben und gleichzeitig das eventuell vereinbarte Darlehensentgelt zu entrichten.

Zusammenfassung

Vertragsarten

Verträge sind Rechtsgeschäfte, bei denen mindestens zwei Personen ihren Willen übereinstimmend äußern.

- **Kaufvertrag**
  - Erwerb einer Sache
  - **Eine Sache wird übereignet, d.h., der Empfänger wird Eigentümer**
- **Dienstvertrag**
  - Verpflichtung zur sorgfältigen Ausführung einer bestimmten Tätigkeit
  - **Eine Tätigkeit wird geschuldet**

- **Werkvertrag**
  - Erstellung eines mangelfreien Werkes
- **Mietvertrag**
  - Überlassung einer Sache zum Gebrauch gegen Entgelt
- **Leihvertrag**
  - unentgeltliche Überlassung einer Sache zum Gebrauch
- **Pachtvertrag**
  - entgeltliche Überlassung von Sachen zum Gebrauch und zur Erwirtschaftung von Erträgen

Eine Sache wird überlassen, d.h., der Empfänger wird vorübergehend Besitzer

- **Darlehensvertrag**
  - Überlassung von Geld **(Gelddarlehensvertrag)** oder
  - Überlassung einer anderen vertretbaren Sache **(Sachdarlehensvertrag)**
  - **Eine Sache wird übereignet, d.h., der Empfänger wird Eigentümer**

Aufgaben 11

(1) Grenzen Sie Kauf-, Dienst-, Werk-, Miet-, Leih-, Pacht- und Darlehensvertrag voneinander ab!

(2) Um welche Vertragsarten handelt es sich bei den nachfolgenden Vorgängen?

a) Eine Kauffrau in der Grundstücks- und Wohnungswirtschaft bestellt im Katalog eines Versandhauses per Nachnahme eine Schreibtischleuchte. Als diese durch den Postzusteller geliefert wird, nimmt die Kundin die Ware entgegen und entrichtet den vereinbarten Preis.

b) Eine Bauträgergesellschaft stellt eine Mitarbeiterin für die Personalabteilung ein.

c) Ein Unternehmen überlässt einer benachbarten Großhandlung unentgeltlich einen Gabelstapler für 1 Woche.

d) Eine Auszubildende überzieht das Girokonto bei der Hausbank.

e) Eine Schneiderin näht für eine Kundin ein Abendkleid.

f) Bei einem Betriebsausflug unternehmen die Mitarbeiter einer Immobiliengesellschaft eine Kanufahrt auf der Mosel. Der Preis beträgt 300,00 EUR.

g) Eine Immobiliengesellschaft lässt durch ein auf Klimatechnik spezialisiertes Unternehmen eine neue Klimaanlage liefern und in die Geschäftsräume einbauen.

h) Eine Verkäuferin arbeitet in einem Supermarkt für ein Monatsgehalt in Höhe von 1 350,00 EUR.

i) Ein Landwirt stellt seinem Nachbarn gegen Entgelt eine Ackerfläche zur Verfügung, die dieser zum Anbau von Getreide nutzt.

j) Eine von starken Zahnschmerzen geplagte Angestellte sucht ihre Zahnärztin zwecks Behandlung auf.

k) Eine Auszubildende stellt ihre Digitalkamera unentgeltlich ihrer Freundin für deren dreiwöchigen Urlaub zur Verfügung.

l) Beim Backen eines Geburtstagskuchens für ihre Enkelin stellt eine Großmutter fest, dass sie vergessen hat, Zucker einzukaufen. Deshalb geht sie zur Nachbarin und borgt sich 1 kg Zucker.

8 Unternehmenskrisen

Fehler bei Finanzierungs- und Investitionsentscheidungen können maßgeblich dazu beitragen, dass ein Unternehmen in wirtschaftliche Schwierigkeiten gerät, die – indem sie die **Zahlungs- und Ertragsfähigkeit bedrohen** – seinen Fortbestand gefährden. Zu den Anzeichen einer nachhaltigen und empfindlichen Störung des betrieblichen Leistungsprozesses zählen vor allem:

- **drastischer Umsatzrückgang;**
- **rückläufige Gewinne, die schließlich in Verluste umschlagen;**

> Verluste
>
> - mindern bei **Einzelunternehmen** (bzw. **Personengesellschaften**) unmittelbar die ausgewiesenen Eigenmittel, indem die Verluste auf das variable Kapitalkonto (bzw. anteilig auf die für jeden Gesellschafter getrennt zu führenden Kapitalkonten) übertragen werden;
> - sind bei **Kapitalgesellschaften** gesondert als „Verlustvortrag", „Jahresfehlbetrag" bzw. „Bilanzverlust" auszuweisen, sofern die Verluste nicht durch Gewinnrücklagen gedeckt sind. Das auf einen festen Nennbetrag oder Stückanteil lautende Grundkapital (bei einer AG) bzw. Stammkapital (bei einer GmbH) bleibt zunächst unverändert.

- **steigende Verschuldung:** ständig abnehmendes Eigenkapital bei zunehmendem Fremdkapital;
- **Zahlungsunfähigkeit (Insolvenz):** voraussichtlich andauernde Unfähigkeit, den Zahlungsverpflichtungen nachzukommen.

Diese Krisenanzeichen können darüber hinaus von Massenentlassungen, hoher Fluktuation der Beschäftigten, Verkäufen von Gegenständen des Anlagevermögens unter ihrem Verkehrswert oder – bei Kapitalgesellschaften – dem Austausch der gesamten Unternehmensleitung (z.B. Vorstand einer AG) begleitet sein.

8.1 Ursachen für Unternehmenskrisen

Grundsätzlich können Krisenursachen sowohl aus innerbetrieblichen Fehlentscheidungen resultieren als auch auf Einflussgrößen von außen zurückgeführt werden.

Ursachen für Unternehmenskrisen

innerbetriebliche Krisenursachen

- **Entscheidungsfehler im Finanzbereich** durch Über- oder Unterfinanzierung
- **Fehlplanungen und -entscheidungen der Geschäftsleitung** im Investitions-, Produkt- und Sortimentsbereich
- mangelhafte Auswahl von Mitarbeitern und **unzureichende Personalführung**
- **Über- oder Unterorganisation** im Betrieb
- **fehlerhafte Kapazitätsstruktur** durch zu großes oder zu geringes Anlage- und/oder Umlaufvermögen
- **hohe Privatentnahmen** (bei Personenunternehmen)

außerbetriebliche Krisenursachen

- **Absatzeinbußen** durch allgemeinen Konjunkturrückgang, Nachfrageverschiebungen (z.B. Modewandel) oder Veränderungen in der Wettbewerbssituation
- Ausfall von Forderungen
- einschneidende **Verknappung oder Verteuerung von Rohstoffen** bzw. der zum Weiterverkauf bestimmten Güter
- **Verluste durch höhere Gewalt** (z.B. Naturkatastrophen, Streiks)
- Einbußen infolge **politischer Maßnahmen** (z.B. Steuererhöhungen, Beschränkungen im Im- und Export)

8.2 Maßnahmen bei Krisen im Unternehmen

Befindet sich ein Unternehmen in einer Krisensituation, können zur Abwendung der aufgetretenen Schwierigkeiten verschiedene Maßnahmen ergriffen werden. Gelingt es jedoch nicht, die Zahlungs- und Ertragsfähigkeit des Unternehmens

- aus eigener Kraft,
- mit Hilfe der Eigentümer oder
- mit Hilfe der Gläubiger

wiederherzustellen, ist das Unternehmen freiwillig oder gerichtlich aufzulösen.

Maßnahmen bei Krisen im Unternehmen

Sanierung	Liquidation	Insolvenz
• Einleitung organisatorischer und finanzieller Maßnahmen zur Wiederherstellung der Zahlungs- und Ertragsfähigkeit ohne Hilfe der Gläubiger	• freiwillige Auflösung aufgrund persönlicher oder sachlicher Gründe • Umwandlung aller Vermögenswerte in liquide Mittel, um bestehende Verbindlichkeiten zu begleichen	• gerichtliche Lösung von Zahlungsschwierigkeiten • Insolvenzplan: einvernehmliche Lösung von Zahlungsschwierigkeiten

8.2.1 Sanierung

▶ **Begriff der Sanierung**

Unter Sanierung versteht man alle Maßnahmen organisatorischer und finanzieller Art, die ein in Schwierigkeiten geratenes Unternehmen aus eigener Kraft wieder funktions- und leistungsfähig machen sollen.

▶ **Organisatorische Maßnahmen**

- **Neugestaltung des Unternehmens** im kaufmännischen und/oder technischen Bereich;
- Veränderungen im **Personalbestand;**
- Überprüfung und gegebenenfalls Änderung des **Sortiments bzw. Produktionsprogramms;**
- Einleitung von **Rationalisierungsmaßnahmen;**
- verstärkte Bemühungen im **Absatzbereich** durch Auftragsbeschaffung und Werbeaktionen;
- Ausweichen auf **neue Geschäftsbereiche.**

▶ **Finanzielle Maßnahmen zur Neuordnung der Kapitalverhältnisse**

- **Eigenfinanzierung** z.B. durch Zuführung neuer Mittel wie Kapitalerhöhung durch die bisherigen Eigentümer oder Aufnahme weiterer Gesellschafter;
- **Fremdfinanzierung z.B. durch Aufnahme von Darlehen oder Lieferantenkrediten.**

Weder finanzielle Maßnahmen noch die rein buchtechnische Beseitigung entstandener Verluste können jedoch allein den Fortbestand des Unternehmens gewährleisten. Vielmehr gilt es, die Krisenursachen zu erkennen und durch Ergreifen entsprechender organisatorischer Gegenmaßnahmen zu beseitigen.

8.2.2 Liquidation

Begriff

Die Liquidation ist die freiwillige Auflösung des Unternehmens: Bestehende Verbindlichkeiten werden mit den aus dem Verkauf der Vermögenswerte stammenden liquiden Mitteln und den eingezogenen Forderungen beglichen. Der Restbetrag steht dem bzw. den Eigenkapitalgebern zu. Eine solche Auflösung ist dann sinnvoll, wenn die künftige wirtschaftliche Existenz des Unternehmens nicht mehr gesichert erscheint.

Liquidationsgründe

Gründe für die freiwillige Auflösung einer Unternehmung können persönlicher oder sachlicher Natur sein.

- **Persönliche Gründe**
  - Krankheit bzw. Arbeitsunfähigkeit;
  - hohes Alter;
  - Tod des Inhabers;
  - Ausscheiden eines Gesellschafters;
  - Streit unter den Gesellschaftern oder Erben.
- **Sachliche Gründe**
  - Erreichen der Unternehmensziele;
  - erdrückender Wettbewerb;
  - Konjunkturkrisen.

Liquidationsdurchführung

Der Beginn der Liquidation ist beim Handelsregister anzumelden *(§ 143 I HGB)*. Während der Liquidation erhält die Firma den Zusatz **„i. L."** („in Liquidation"). Nach Beendigung wird die Firma im Handelsregister gelöscht *(§ 157 HGB)*.

8.2.3 Insolvenz

Unternehmen[1] können in finanzielle Probleme geraten, die so schwer wiegen, dass Zahlungsunfähigkeit (Insolvenz) die Folge ist. Für diese Fälle regelt die **Insolvenzordnung** *(InsO)*, wie die finanziellen Schwierigkeiten zwischen Schuldner und Gläubigern gelöst werden können.

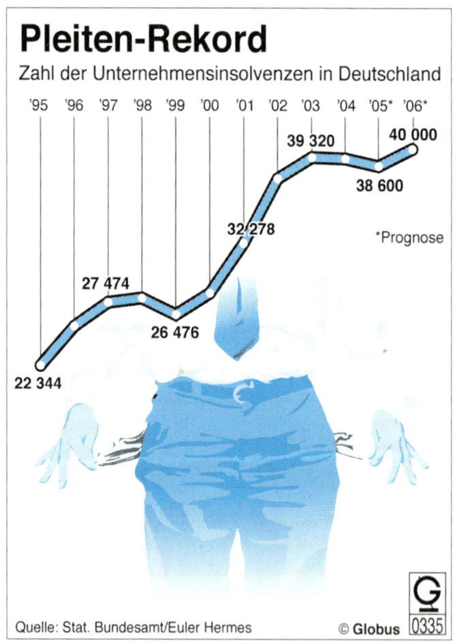

Die Pleitestatistik in Deutschland verzeichnet wohl 2006 einen neuen Rekord. Zwar könnte im laufenden Jahr die Zahl der Unternehmensinsolvenzen leicht zurückgehen; doch für das kommende Jahr erwarten Experten einen Anstieg auf 40 000 Fälle. Nach der aktuellen Prognose der Euler Hermes Kreditversicherung werden sich die Forderungsausfälle im laufenden Jahr auf 25 Milliarden Euro summieren. Stark gefährdet sind Unternehmen in Sachsen-Anhalt, dort beträgt die Pleitenhäufigkeit 245 je 10 000 Unternehmen; Baden-Württemberg steht am unteren Ende mit 74 Pleiten je 10 000 Unternehmen. Besonders anfällig ist das Baugewerbe mit 262 Insolvenzen je 10 000 Unternehmen, gefolgt von der Industrie mit 132 und den Dienstleistern mit 118. Die niedrigste Insolvenzhäufigkeit gibt es im Handel mit 112 Pleiten je 10 000 Unternehmen.

1 Verbraucherinsolvenzverfahren vgl. S. 163 ff.

8.2.3.1 Insolvenzverfahren

Zur Eröffnung des Insolvenzverfahrens ist ein Antrag an das Insolvenzgericht erforderlich. Antragsberechtigt sind - je nach Antragsgrund - Gläubiger oder Schuldner. Bei juristischen Personen besteht, spätestens drei Wochen nach Zahlungsunfähigkeit oder nachdem sich eine Überschuldung ergeben hat, nicht nur eine Antragsberechtigung, sondern eine Antragspflicht.

Das Insolvenzgericht prüft, ob ein Eröffnungsgrund gegeben ist und ob das Vermögen des Schuldners die Kosten des Verfahrens decken wird, sonst wird der Antrag auf Eröffnung des Insolvenzverfahrens „mangels Masse" abgelehnt *(§§ 16, 22 InsO)*. Liegen die Eröffnungsvoraussetzungen vor, erlässt das Gericht einen Insolvenzeröffnungsbeschluss. Wird der Eröffnungsantrag mangels Masse abgelehnt, können die Gläubiger in Einzelverfahren versuchen, ihre Forderungen durchzusetzen.

▶ Insolvenzeröffnung

Ein Insolvenzverfahren kann aus folgenden drei Gründen eröffnet werden:

- **Zahlungsunfähigkeit** des Schuldners, d.h., er ist nicht mehr in der Lage, seinen Zahlungsverpflichtungen nachzukommen *(§ 17 InsO)*.
- Die **Zahlungsunfähigkeit des Schuldners droht,** d.h., er ist voraussichtlich nicht mehr in der Lage, seinen Zahlungsverpflichtungen zum Fälligkeitszeitpunkt nachzukommen *(§ 18 InsO)*.
- Beim Schuldner wird **Überschuldung** festgestellt (allerdings nur bei juristischen Personen wie einer GmbH oder AG), d.h., sein Vermögen deckt nicht mehr die bestehenden Verbindlichkeiten *(§ 19 InsO)*.

▶ Insolvenzgericht

Für das Insolvenzverfahren zuständig sind die Amtsgerichte *(§ 2 InsO)*, und zwar jeweils das Amtsgericht, bei dem der Schuldner seinen allgemeinen Gerichtsstand hat *(§ 3 InsO)*. Das Insolvenzgericht ernennt bei Eröffnung des Insolvenzverfahrens einen Insolvenzverwalter (dies sind in der Regel Rechtsanwälte, Steuerberater oder Wirtschaftsprüfer), der die Abwicklung des Verfahrens übernimmt *(§ 27 InsO)*.

▶ Folgen der Insolvenzeröffnung

Wird ein Insolvenzverfahren eröffnet, hat dies einschneidende Auswirkungen:

- Der Beschluss ist sofort öffentlich bekannt zu machen (im Bundesanzeiger und einer örtlichen Publikation) sowie den Gläubigern und Schuldnern des Schuldners und dem Schuldner selbst besonders zuzustellen *(§§ 30, 9 InsO)*.
- Ist der Schuldner z.B. im Handels- oder Genossenschaftsregister eingetragen, so hat die Geschäftsstelle des Insolvenzgerichtes diesem Registergericht eine Ausfertigung des Eröffnungsbeschlusses zu übermitteln *(§ 31 InsO)*.
- Der Insolvenzverwalter wird benannt (nur vorläufig, da die Gläubiger in der ersten Gläubigerversammlung auch eine andere Person bestimmen können - *§ 56 InsO)*.
- Die Gläubiger müssen ihre Forderungen innerhalb bestimmter Fristen dem Insolvenzverwalter melden *(§ 28 InsO)*.
- Die Schuldner des Insolvenzschuldners werden aufgefordert, ihre Verbindlichkeiten nur noch an den Insolvenzverwalter zu leisten *(§ 28 InsO)*.
- Der Termin für die Gläubigerversammlung wird festgelegt *(§ 29 InsO)*.

Insolvenzverfahren *(gemäß Insolvenzordnung)*

Eröffnungsgründe

① Zahlungsunfähigkeit *(§ 17 InsO)*
② drohende Zahlungsunfähigkeit *(§ 18 InsO)*
} Schuldner ist natürliche oder juristische Person

③ Überschuldung *(§ 19 InsO)* } Schuldner ist juristische Person

↓

Gläubiger oder Schuldner stellt beim **Amtsgericht** den **Antrag auf Eröffnung des Insolvenzverfahrens** *(§ 13 InsO)*

↓

Amtsgericht

hat alle Maßnahmen zu treffen, die erforderlich erscheinen, um bis zur Entscheidung über den Antrag eine den Gläubigern nachteilige Veränderung in der Vermögenslage des Schuldners zu verhüten *(§ 21 InsO)*. Das Amtsgericht kann:

1. einen vorläufigen **Insolvenzverwalter bestellen,**
2. ein **Verfügungsverbot bzw. eine Verfügungseinschränkung erlassen,**
3. **Maßnahmen der Zwangsvollstreckung** gegen den Schuldner **untersagen oder einstellen.**

Antrag auf Eröffnung des Insolvenzverfahrens wird **mangels Masse abgelehnt** *(§ 26 InsO)*.

↓

Schuldner wird ins **Schuldnerverzeichnis** eingetragen. Soweit betroffen, werden auch die zuständigen Registergerichte informiert, also z.B. das Handels- oder das Genossenschaftsregistergericht.

Dem Antrag auf Eröffnung des Insolvenzverfahrens wird **stattgegeben** *(§ 27 ff. InsO)*.

- Das Amtsgericht
  - ernennt einen Insolvenzverwalter *(§ 27 InsO)*,
  - gibt den **Eröffnungsbeschluss** unverzüglich öffentlich bekannt *(§ 30 InsO)* und informiert – soweit betroffen – die zuständigen Registergerichte *(§ 31 InsO)*.
- Dieser Eröffnungsbeschluss enthält:
  1. Firma oder Namen und Vornamen, Geschäftszweig oder Beschäftigung, gewerbliche Niederlassung oder Wohnort des Schuldners;
  2. Namen und Anschrift des Insolvenzverwalters;
  3. Stunde der Eröffnung.

  Gleichzeitig werden:
  - die Gläubiger aufgefordert, ihre Forderungen innerhalb einer Frist (mind. 2 Wochen und höchstens 3 Monate) beim Insolvenzverwalter anzumelden *(§ 28 InsO)*;
  - Termine für die **Gläubigerversammlung** bestimmt *(§ 29 InsO)*:

Gläubigerversammlung

- teilnahmeberechtigt sind *(§ 74 InsO)*:
  a) alle absonderungsberechtigten Gläubiger,
  b) alle Insolvenzgläubiger,
  c) der Insolvenzverwalter sowie
  d) der Schuldner;
- beschließt, ob ein Gläubigerausschuss eingesetzt werden soll bzw. ob der vom Amtsgericht eingesetzte Gläubigerausschuss beibehalten werden soll *(§ 68 I InsO)*;
- kann die vom Amtsgericht bestellten Mitglieder abwählen und andere oder zusätzliche Mitglieder des Gläubigerausschusses wählen *(§ 68 II InsO)*.

Gläubigerausschuss

- Amtsgericht kann vor der ersten Gläubigerversammlung einen Gläubigerausschuss einsetzen *(§ 67 InsO)*.
- Gläubigerausschuss hat den Insolvenzverwalter bei seiner Geschäftsführung zu unterstützen und zu überwachen *(§ 69 InsO)*.

---

2 Möglichkeiten der Verwertung und Verteilung des schuldnerischen Vermögens

1. Möglichkeit: **Zwangsverteilung**

- Die **Schlussverteilung,** die nur mit Zustimmung des Amtsgerichts vorgenommen werden darf, erfolgt, sobald die Verwertung der Insolvenzmasse beendet ist *(§ 196 InsO)*.
- Die Insolvenzgläubiger können danach ihre restlichen Forderungen gegen den Schuldner unbeschränkt geltend machen *(§ 201 InsO)*.
- Natürliche Personen können auf Antrag **Restschuldbefreiung** erlangen *(§§ 286 – 303 InsO)*.

2. Möglichkeit: **Insolvenzplan**

- Ziel ist der Erhalt des Unternehmens.
- Schuldner und Gläubiger stimmen zu, dass die Abwicklung des Schuldnervermögens **abweichend** von den gesetzlichen Vorschriften der InsO (z.B. als Sanierung) erfolgt *(§§ 235 ff. InsO)*.
- Insolvenzplan bedarf der Bestätigung durch das Amtsgericht *(§ 248 InsO)*.

↓

Amtsgericht beschließt **die Aufhebung des Insolvenzverfahrens** *(§ 200 bzw. § 258 InsO)*

- **Wirkungen der Insolvenzeröffnung**
  - Der Schuldner kann nicht mehr über sein zur Insolvenzmasse gehörendes Vermögen verfügen oder dies verwalten *(§ 80 InsO)*. Dies obliegt dem Insolvenzverwalter.
  - Der Schuldner kann nicht mehr über eigene Gegenstände verfügen *(§ 81 InsO)*.
  - Die Zwangsvollstreckung einzelner Gläubiger ist während der Dauer des Insolvenzverfahrens nicht zulässig *(§ 89 InsO)*.

- **Gläubigerausschuss** *(§§ 67 ff. InsO)*

  Das Insolvenzgericht kann von sich aus einen vorläufigen Gläubigerausschuss bestimmen *(§ 67 InsO)*, der allerdings durch die Gläubigerversammlung noch verändert werden kann *(§ 68 InsO)*. Er soll insbesondere die absonderungsberechtigten Gläubiger, die Insolvenzgläubiger mit den höchsten Forderungen und die Kleingläubiger vertreten *(§ 67 InsO)*. Die Mitglieder des Ausschusses haben den Insolvenzverwalter zu unterstützen und zu überwachen.

- **Arten von Gläubigern**
  - **Aussonderungsberechtigte Gläubiger** *(§ 47 InsO)* haben Eigentumsrechte (Eigentumsvorbehalt; vermietete, verpachtete oder verliehene Gegenstände) an den Gegenständen des Schuldners. Sie unterliegen nicht dem Insolvenzverfahren, sondern das Eigentum kann vorrangig zurückgefordert werden.
  - **Absonderungsberechtigte Gläubiger** *(§ 49 ff. InsO)* haben ein besonderes Recht zur Befriedigung ihrer Forderungen. Zu ihnen gehören Gläubiger, deren Forderungen durch Pfandrechte oder Sicherungsübereignung in besonderer Weise geschützt sind.
  - **Massegläubiger** *(§ 53 ff. InsO)* sind solche Gläubiger, deren Forderungen erst **nach** Eröffnung des Insolvenzverfahrens entstehen (u. a. Sozialplanansprüche der Arbeitnehmer, Gerichtskosten, Ansprüche des Insolvenzverwalters).
  - **Insolvenzgläubiger** *(§ 38 InsO)* haben zur Zeit der Eröffnung des Insolvenzverfahrens einen persönlichen Vermögensanspruch gegen den Insolvenzschuldner.
  - **Nachrangige Insolvenzgläubiger** *(§ 39 InsO)* sind solche, denen nach der Eröffnung des Insolvenzverfahrens entweder Kosten aus dem Insolvenzverfahren oder Zinsforderungen aus den Insolvenzverfahren entstanden sind.

- **Gläubigerversammlung** *(§ 74 I InsO)*

  Die Gläubigerversammlung ist das oberste Organ des Insolvenzverfahrens. Sie hat u. a. folgende Aufgaben:
  - die Bestätigung oder Wahl eines Insolvenzverwalters *(§ 57 InsO)*;
  - die Bestellung oder Abwahl eines Gläubigerausschusses *(§§ 68, 70 InsO)*;
  - die Beschlussfassung über die Schlussrechnung im Insolvenzverfahren *(§ 197 InsO)*;
  - die Abstimmung vor Einstellung des Verfahrens mangels Masse *(§ 207 InsO)*.

- **Berichts- und Prüfungstermin**

  Im Berichtstermin *(§ 156 InsO)* wird darüber befunden, ob das Vermögen des Schuldners liquidiert wird oder aber ob Aussicht besteht, das Unternehmen im Ganzen oder in Teilen zu erhalten. Im Prüfungstermin *(§ 176 InsO)* werden die von den Gläubigern angemeldeten Forderungen geprüft.

▶ **Verwertung der Insolvenzmasse**

Nach dem Berichtstermin hat der Insolvenzverwalter unverzüglich das zur Insolvenzmasse gehörende Vermögen zu verwerten *(§ 159 InsO)*. Dies kann etwa durch Zwangsversteigerung oder Zwangsverwaltung beziehungsweise Verkauf einzelner Gegenstände geschehen.

▶ **Schlussverteilung**

Ist die Verwertung der Insolvenzmasse beendet, erfolgt die Schlussverteilung *(§ 196 InsO)*. Zunächst werden die Forderungen der absonderungsberechtigten Gläubiger und der Massegläubiger berücksichtigt. Können die Forderungen der Insolvenzgläubiger dann nicht mehr in voller Höhe befriedigt werden, erfolgt die Verteilung nach Bruchteilen *(§ 196 InsO)*.

Erlöse aus der Insolvenzmasse	300 000 EUR
– Forderungen der absonderungsberechtigten Gläubiger	100 000 EUR
– Forderungen der Massegläubiger	50 000 EUR
= für Insolvenzgläubiger verbleiben	150 000 EUR
Forderungen von Insolvenzgläubigern	450 000 EUR

$$\textbf{Insolvenzquote} = \frac{100\,\% \cdot 150\,000 \text{ EUR}}{450\,000 \text{ EUR}} = \mathbf{33{,}33\,\%}$$

▶ **Beendigung des Insolvenzverfahrens**

Ist die Schlussrechnung vollzogen, beschließt das Insolvenzgericht die Aufhebung des Verfahrens. Danach können die Insolvenzgläubiger ihre restlichen Forderungen gegen den Schuldner unbeschränkt geltend machen *(§ 201 InsO)*.

8.2.3.2 Insolvenzplan

Eine Alternative zur unverzüglichen Verwertung des zur Insolvenzmasse gehörenden Vermögens ist der **Insolvenzplan.** Die Aufstellung eines Insolvenzplanes kann von der Gläubigerversammlung oder vom Schuldner beantragt werden *(§ 218 InsO)*.

Im Insolvenzplan können

- die Befriedigung der absonderungsberechtigten Gläubiger und der Insolvenzgläubiger,
- die Verwertung der Insolvenzmasse und deren Verteilung sowie
- die Haftung des Schuldners nach Aufhebung des Insolvenzverfahrens

abweichend von den Vorschriften der Insolvenzordnung geregelt werden *(§ 217 InsO)*.

Der Insolvenzplan zielt darauf ab, Schuldner und Gläubiger besser zu stellen, als es nach dem Insolvenzverfahren denkbar wäre. So ist es möglich festzustellen,

- das Unternehmen doch noch zu sanieren,
- dass die Gläubiger auf einen Teil ihrer Forderungen verzichten oder ihre Forderungen stunden.

Mit dem im Insolvenzplan vorgesehenen Umfang der Befriedigung der Forderungen der Insolvenzgläubiger (Teilverzicht) ist der Schuldner dann von seinen restlichen Verbindlichkeiten gegenüber diesen Gläubigern befreit.

Über den Insolvenzplan stimmen die Gläubiger ab, deren Rechte und Pflichten davon berührt werden *(§ 237 InsO)*. Der Plan bedarf noch der Zustimmung des Insolvenzgerichts *(§ 248 InsO)*.

Zusammenfassung

Unternehmenskrisen

- gefährden den Fortbestand des Unternehmens, indem sie die Zahlungs- und Ertragsfähigkeit bedrohen

Anzeichen

- drastischer Umsatzrückgang
- rückläufige Gewinne, die schließlich in Verluste umschlagen
- steigende Verschuldung
- Zahlungsunfähigkeit

Ursachen

- **innerbetrieblich**
  - Entscheidungsfehler im Finanzbereich
  - Fehlplanungen und -entscheidungen im Investitions-, Produkt- und Sortimentsbereich
  - unzureichende Personalpolitik
  - Über- oder Unterorganisationen im Betrieb
  - fehlerhafte Kapazitätsstruktur
  - hohe Privatentnahmen
- **außerbetrieblich**
  - Absatzeinbußen
  - Ausfall von Forderungen
  - Verknappung oder Verteuerung von Rohstoffen
  - Verluste durch höhere Gewalt
  - Einbußen infolge politischer Maßnahmen

Maßnahmen bei Krisen im Unternehmen

- **Sanierung**

  organisatorische und finanzielle Bemühungen zur Fortführung durch das Unternehmen selbst
- **Liquidation**

  freiwillige Auflösung durch Umwandlung der Vermögenswerte in Geld, Forderungseinzug und Begleichung der Verbindlichkeiten sowie Einstellung des Geschäftsbetriebes
- **Insolvenz**
  - gerichtliche Lösung bei Zahlungsunfähigkeit, drohender Zahlungsunfähigkeit oder Überschuldung des Schuldners durch Zwangsverteilung des schuldnerischen Vermögens gemäß Insolvenzordnung
  - Insolvenzplan: einvernehmliche Lösung von Zahlungsschwierigkeiten abweichend von den gesetzlichen Vorschriften der Insolvenzordnung zwecks Erhalt des Unternehmens

Aufgaben ⑫

(1) *Erläutern Sie, inwieweit Zahlungsunfähigkeit und Ertragslosigkeit die Existenz eines Unternehmens bedrohen können!*

(2) *Welche Anzeichen können auf Unternehmenskrisen hindeuten?*

(3) *Beschreiben Sie die Ursachen, die zu Unternehmenskrisen führen können!*

(4) *Mit welchen Maßnahmen kann eine Sanierung durchgeführt werden?*

(5) *Nehmen Sie kritisch Stellung zu der Behauptung, dass alle finanziellen Sanierungsmaßnahmen immer nur flankierenden Charakter besitzen können!*

(6) *Wann wird ein Insolvenzverfahren eröffnet?*

(7) *Was bedeutet es, wenn ein Insolvenzverfahren mangels Masse abgelehnt wird?*

(8) *Unterscheiden Sie die Gläubigerarten im Insolvenzverfahren!*

(9) *Ermitteln Sie die Insolvenzquote, wenn die Erlöse aus der Insolvenzmasse 2 Millionen EUR betragen, die absonderungsberechtigten Gläubiger 1,5 Millionen EUR fordern, die Massegläubiger 300 000 EUR und die Forderungen der Insolvenzgläubiger 500 000 EUR umfassen.*

(10) *Welchen Zweck verfolgt der Insolvenzplan?*

(11) *Worin besteht im Ergebnis ein zentraler Unterschied zwischen dem Insolvenzverfahren und dem Insolvenzplan?*

9 Verbraucherschutz

Selbst in einer sozialen Marktwirtschaft wie die der Bundesrepublik Deutschland befindet sich der **private Endverbraucher** in der schwächeren Marktposition. Auf den in der Realität vorzufindenden unvollkommenen Märkten, die zudem durch Kooperations- und Konzentrationsbestrebungen der Anbieter gekennzeichnet sind, besitzen die Unternehmen grundsätzlich einen Informationsvorsprung sowie in der Regel größeren politischen Einfluss und wirtschaftliche Macht, sodass sie das Marktgeschehen stärker bestimmen, als es aus sozialen Gesichtspunkten für den Endverbraucher wünschenswert ist.

Entsprechend gehört es zu den gesellschaftspolitischen Aufgaben, die Stellung der Konsumenten direkt und indirekt zu stärken. In diesem Sinne versteht man unter **Verbraucherschutz** alle Maßnahmen, die unmittelbar dazu geeignet sind, den Endverbraucher vor Täuschungen, Übervorteilungen und Gefährdungen seiner Sicherheit und Gesundheit zu bewahren.

Zunächst müssen Informationsdefizite bei den Verbrauchern abgebaut werden. Neben den Anbietern selbst tragen dazu heute vor allem die Massenmedien und Verbraucherverbände bei. Zu diesen **Informationen** zählen Angaben über Produkte und deren Beschaffenheit, Preise, Einkaufsstätten sowie die Aufklärung über Rechte und Pflichten bei Vertragsabschlüssen.

Säulen der Verbraucherberatung sind insbesondere die in der **Arbeitsgemeinschaft der Verbraucher** (AgV) zusammengeschlossenen Verbraucherzentralen mit ihren Beratungsstellen in vielen Städten des Bundesgebietes. Sie informieren im Rahmen ihrer **Presse- und Öffentlichkeitsarbeit** über die Qualität von Waren und Dienstleistungen, vergleichen Angebote (Stiftung Warentest) und berichten über aktuelle Verbraucherfragen. Darüber hinaus gewähren die Beratungsstellen - unter Mithilfe von Fachleuten aus den Verbraucherzentralen - im Rahmen der **Einzelfallberatung** gezielt Hilfe und Rat etwa in Versicherungs-, Kredit-/Umschuldungs-, Energie-, Umwelt-, Reise-, Ernährungs- und Rechtsfragen.

Besondere Bedeutung kommt dem **rechtlichen Verbraucherschutz** zu, der **direkt** die Stellung des Endverbrauchers am Markt stärken will.

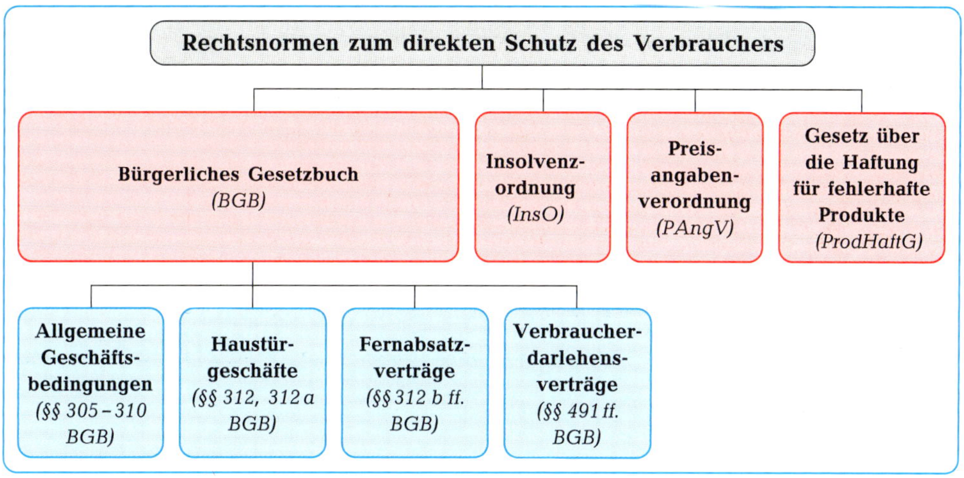

9.1 Bürgerliches Gesetzbuch *(BGB)*

Um die Rechtsstellung des Verbrauchers am Markt direkt zu stärken, regelt das BGB allgemeine Geschäftsbedingungen, Haustürgeschäfte, Fernabsatzverträge und Verbraucherdarlehensverträge.

9.1.1 Allgemeine Geschäftsbedingungen

Die Bestimmungen des BGB zu den allgemeinen Geschäftsbedingungen *(§§ 305-310 BGB)* sollen den Verbraucher vor solchen Vertragsbestandteilen in **allgemeinen Geschäftsbedingungen** („dem Kleingedruckten") schützen, die ihn gegenüber den Anbietern unverhältnismäßig benachteiligen (vgl. S. 115 ff.).

9.1.2 Haustürgeschäfte

Die Bestimmungen des BGB zu den Haustürgeschäften *(§§ 312, 312 a BGB)* sollen eine Benachteiligung des Käufers bei solchen **Barzahlungskäufen** verhindern, die zwischen einem Unternehmer und einem Verbraucher

- durch mündliche Verhandlungen am **Arbeitsplatz** oder in der **Privatwohnung,**
- bei von einem Unternehmer durchgeführten **Freizeitveranstaltungen,**
- **in öffentlichen Verkehrsmitteln** oder auf **Straßen**

zustande kommen.

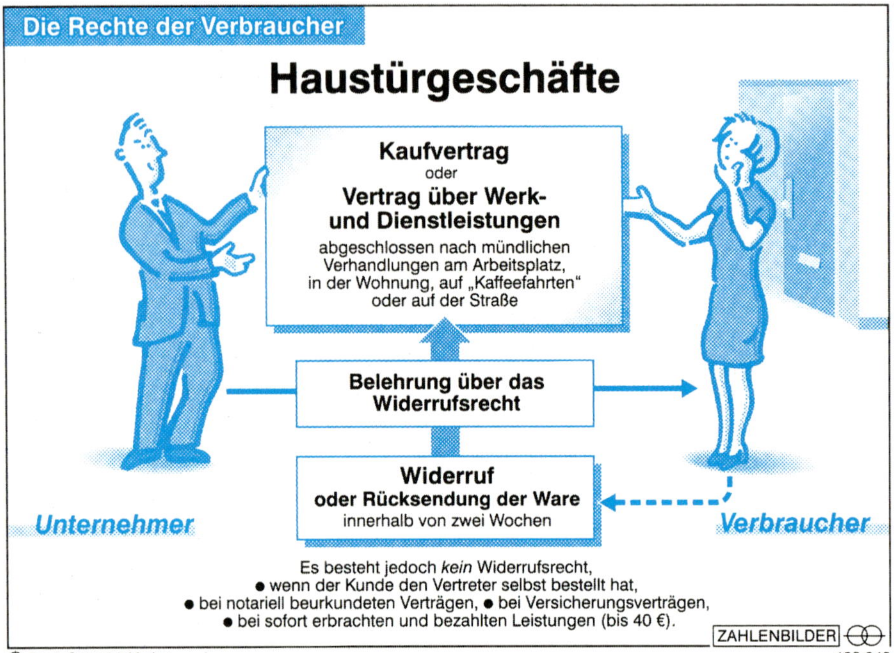

© Erich Schmidt Verlag 128 042

Die Vorschriften gelten **nicht:**

- für Versicherungsverträge;
- für Kaufvertragsverhandlungen, die auf Wunsch des Kunden erfolgen;
- für so genannte **Bagatellgeschäfte,** d.h. für solche Kaufverträge, bei denen der Kaufpreis sofort bezahlt wird und 40 Euro nicht übersteigt.

Sind die entsprechenden Voraussetzungen des BGB erfüllt, steht dem Verbraucher ein **Widerrufsrecht** gemäß § 355 BGB zu *(§ 312 I Satz 1 BGB).* Anstelle des Widerrufsrechts kann dem Verbraucher auch ein **Rückgaberecht** nach § 356 BGB eingeräumt werden *(§ 312 I Satz 2 BGB).*

Exkurs: Widerrufs- und Rückgaberecht bei Verbraucherverträgen

Widerrufsrecht
(§ 355 BGB)

- Die **Kenntnisnahme des Widerrufsrechts ist gesondert zu unterschreiben** oder mit einer elektronischen Signatur zu versehen *(§ 355 II Satz 2 BGB)*.
- Der Widerruf muss keine Begründung enthalten und ist **innerhalb von zwei Wochen** gegenüber dem Unternehmer in Textform oder durch Rücksendung der Ware zu erklären *(§ 355 I Satz 2 BGB)*.
- Die 14-tägige Frist beginnt mit dem Zeitpunkt, zu dem dem Verbraucher eine **deutlich gestaltete Belehrung über sein Widerrufsrecht,** die ihm entsprechend den Erfordernissen des eingesetzen Kommunikationsmittels seine Rechte deutlich macht, **in Textform mitgeteilt worden ist,** die auch Namen und Anschrift des Unternehmers sowie einen Hinweis auf den Fristbeginn enthält *(§ 355 II BGB)*.
- Spätestens 6 Monate nach dem Vertragsabschluss erlischt das Widerrufsrecht *(§ 355 III BGB)*.

Rückgaberecht
(§ 356 BGB)

- Das Widerrufsrecht nach § 355 BGB kann beim Vertragsabschluss aufgrund eines Verkaufsprospektes im Vertrag durch ein **uneingeschränktes Rückgaberecht** ersetzt werden *(§ 356 I BGB)*. Dies ist an folgende drei Voraussetzungen gebunden *(§ 356 I BGB)*:
  - Im Verkaufsprospekt ist eine **deutlich gestaltete Belehrung über das Rückgaberecht** enthalten.
  - Der Verbraucher konnte den **Verkaufsprospekt in Abwesenheit des Unternehmers eingehend zur Kenntnis nehmen.**
  - Dem Verbraucher wird das **Rückgaberecht in Textform** eingeräumt.
- Das Rückgaberecht kann innerhalb der Widerrufsfrist, die jedoch nicht vor Erhalt der Ware beginnt, nur durch Rücksendung der Ware oder, wenn die Ware nicht als Paket versandt werden kann, durch Rücknahmeverlangen ausgeübt werden *(§ 356 II Satz 1 BGB)*.
- Die Rückgabe muss keine Begründung enthalten und ist **innerhalb von zwei Wochen** gegenüber dem Unternehmer in Textform oder durch Rücksendung der Ware zu erklären *(§ 355 I Satz 2 BGB)*.

- Bei Ausübung des Widerrufsrechts ist der Verbraucher zur **Rücksendung verpflichtet,** wenn die Ware durch Paket versandt werden kann *(§ 357 II BGB)*.
- **Kosten und Gefahr der Rücksendung** trägt bei Widerruf und Rückgabe **der Unternehmer** *(§ 357 II BGB)*.
- Besteht bei einem Fernabsatzvertrag (vgl. S. 160f.) ein Widerrufsrecht, dürfen dem **Verbraucher die Rücksendekosten vertraglich** auferlegt werden,
  - wenn der Preis der Retourware unter 40 EUR liegt oder
  - wenn bei einem höheren Preis der Retourware der Verbraucher die Ware zum Zeitpunkt des Widerrufs bereits voll bezahlt oder angezahlt hat.

  Der Unternehmer trägt die Rücksendekosten in jedem Fall, wenn die gelieferte Ware nicht der bestellten entspricht *(§ 357 II BGB)*.
- Statt der Rückgewähr hat der Verbraucher Wertersatz zu leisten, wenn
  - die Rück- oder Herausgabe nach der Natur der Ware ausgeschlossen ist *(§ 346 II BGB)*,
  - er die empfangene Ware verbraucht, veräußert, belastet, verarbeitet oder umgestaltet hat *(§ 346 II BGB)*,
  - die empfangene Ware sich verschlechtert hat oder untergegangen ist,
  - durch die bestimmungsgemäße Ingebrauchnahme der Ware eine Verschlechterung eingetreten ist **und** der Verbraucher spätestens bei Vertragsabschluss in Textform auf diese Rechtsfolge **und** eine Möglichkeit hingewiesen worden ist, sie zu vermeiden *(§ 346 II BGB i. V. m. § 357 III BGB)*.

9.1.3 Fernabsatzverträge

Die Bestimmungen des BGB zu den Fernabsatzverträgen *(§§ 312 b ff. BGB)* regeln die Anbahnung und den Abschluss von Verträgen zwischen einem Unternehmer und einem Verbraucher über die Lieferung von Waren oder über die Erbringung von Dienstleistungen, die **ausschließlich über Fernkommunikationsmittel** abgewickelt werden. Zudem muss der Vertragsabschluss im Rahmen eines für den Fernabsatz organisierten Vertriebs- oder Dienstleistungssystems erfolgen *(§ 312 b I BGB)*. Als Fernabsatz wird nicht nur der Abschluss von Verträgen per Internet (online-Shopping im Rahmen des E-Commerce), sondern auch **jede andere Art von Fernkommunikation** wie insbesondere Briefe, Kataloge, Telefonate, Telefaxe, E-Mails sowie Rundfunk-, Tele- und Mediendienste verstanden *(§ 312 b II BGB)*.

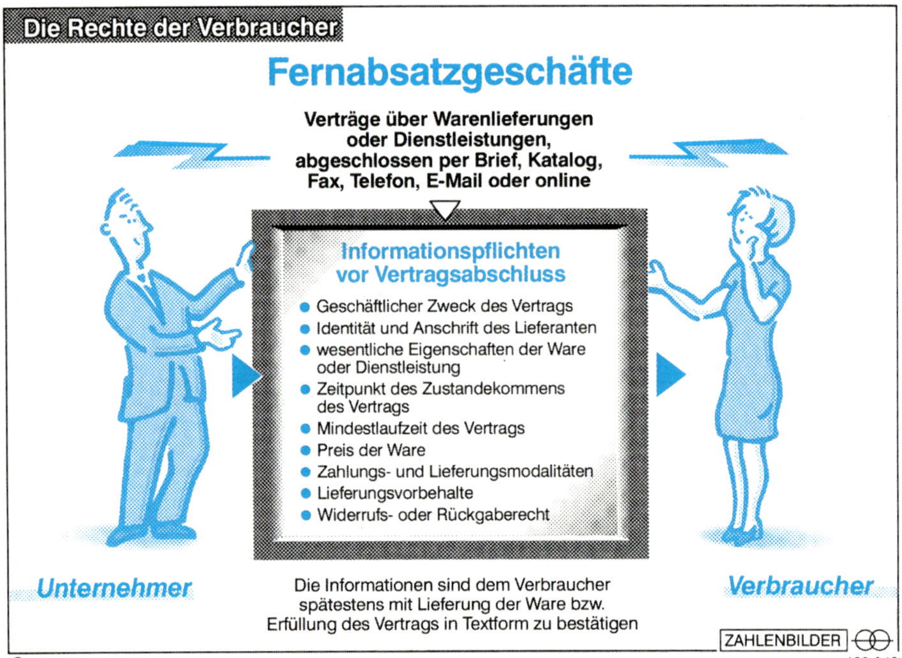

© Erich Schmidt Verlag

Die Vorschriften für Fernabsatzverträge finden **keine** Anwendung auf *(§ 312 b III BGB)*:

- Fernunterricht,
- Teilzeitwohnrechtsverträge,
- Finanzdienstleistungen (z.B. Bankgeschäfte, Versicherungsverträge),
- Immobilienverträge,
- Verträge über die Lieferung von Lebensmitteln, Getränken oder sonstigen Gegenständen des täglichen Bedarfs,
- Beförderung oder Lieferung von Speisen und Getränken,
- Automatenverträge und
- Telefondienste.

Bei Fernabsatzverträgen steht dem Verbraucher ein **Widerrufsrecht nach § 355 BGB** (vgl. S. 159) zu *(§ 312 d I BGB)*. Anstelle des Widerrufsrechts kann auch ein **Rückgaberecht nach § 356 BGB** (vgl. S. 159) eingeräumt werden *(§ 312 d I BGB)*.

Vor Abschluss eines Fernabsatzvertrages muss der Unternehmer den Verbraucher u.a. informieren über *(§ 312 c I BGB)*:

- den geschäftlichen Zweck des Vertrages,
- Identität und Anschrift des Unternehmers,
- wesentliche Merkmale der Ware oder Dienstleistung,
- Zeitpunkt des Zustandekommens des Vertrages,
- ggf. die Mindestlaufzeit des Vertrages,
- den Preis einschließlich aller Steuern und sonstiger Preisbestandteile, ggf. zusätzlich anfallender Liefer- und Versandkosten,
- Einzelheiten hinsichtlich der Zahlung und der Lieferung oder Erfüllung,
- das Widerrufs- oder Rückgaberecht (vgl. S. 159).

Online Shoppen ohne Risiko

Wer bei Unternehmen oder gewerblichen Anbietern im Internet Waren bestellt, kann diese innerhalb von zwei Wochen nach Erhalt der Ware ohne Angabe von Gründen zurückschicken *(Widerrufsrecht)*.

Weist der Anbieter nicht ausreichend und eindeutig auf diese Rechte hin, verlängert sich die Rückgabefrist.

Ausgenommen sind:

- verderbliche Waren
- individuell nach Wunsch gefertigte Artikel
- Verträge über Pauschalreisen
- CDs, DVDs, Videos und Software, deren Siegel geöffnet wurde

Ab einem Bestellwert von 40 Euro geht der Rücktransport auf Kosten und Risiko des Händlers. Der Kunde ist allerdings verpflichtet, die Ware richtig einzupacken.

Achtung:

- Vor der Rücksendung darf die Ware nur getestet, nicht genutzt werden; sonst kann der Lieferant Wertersatz verlangen!
- **Kein Rückgaberecht gibt es bei Käufen von Privatanbietern!**

Treten Schäden innerhalb des ersten halben Jahres auf, kann die Ware in der Regel auch zu einem anderen Zeitpunkt zurückgegeben werden (Reklamation). Transportschäden müssen sofort geltend gemacht werden.

Bezahlen am besten per Rechnung nach Erhalt der Ware oder mittels Einzugsermächtigung *(kann rückgängig gemacht werden)*.

© Globus 0273

Grundsätzlich erlischt das Widerrufsrecht des Verbrauchers spätestens sechs Monate nach Vertragsabschluss. Bei Warenlieferungen beginnt die Frist mit dem Tag der Lieferung beim Empfänger *(§ 355 III BGB)*. Ein eventuelles Rückgaberecht muss innerhalb von zwei Wochen erklärt werden *(§ 355 I Satz 2 BGB)*.

11 Siekerkötter/Fehn - ISBN 978-3-8120-0065-9

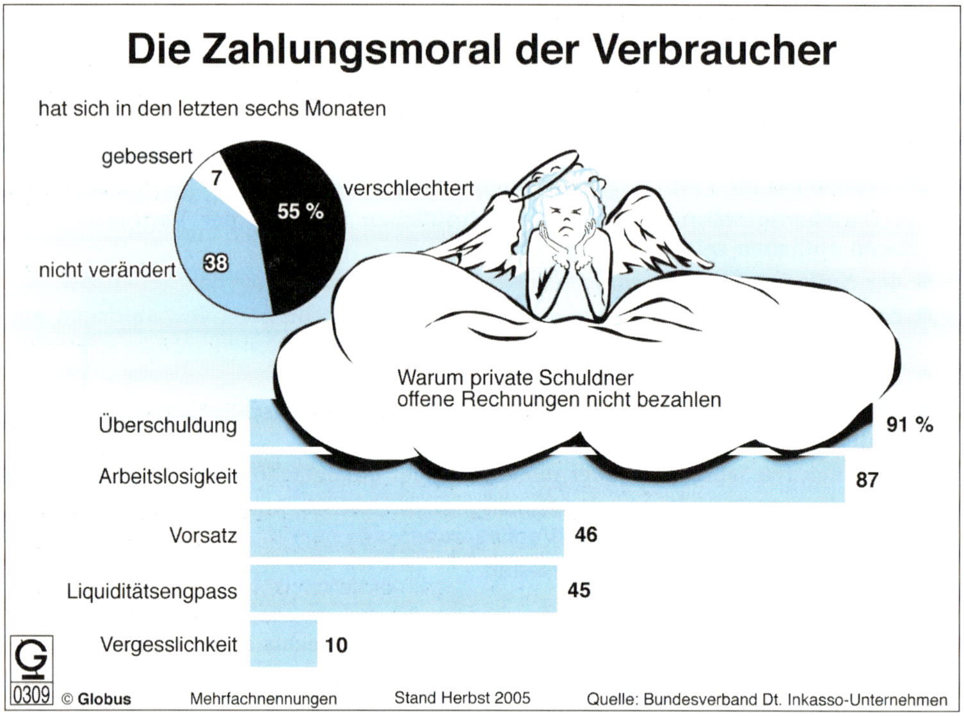

Dieses Ziel soll zunächst dadurch erreicht werden, dass der Schuldner mit den Gläubigern in zwei Stufen den Versuch unternimmt, sich **gütlich** über eine Schuldenbereinigung zu einigen.

Mittellosen Schuldnern werden auf Antrag die Kosten des Entschuldungsverfahrens gestundet.

Außergerichtliches Schuldenbereinigungsverfahren

Bei der ersten Stufe des **außergerichtlichen Schuldenbereinigungsverfahrens** wendet sich der Schuldner an eine zur qualifizierten Schuldnerberatung geeignete Person (z. B. Rechtsanwalt, Notar) oder Stelle (z. B. Schuldnerberatungsstelle der Kommunen oder der freien Wohlfahrtsverbände wie etwa Caritas, Arbeiterwohlfahrt). Mit deren Hilfe legt der Schuldner den Gläubigern für den Einigungsversuch seine Einkommens- und Vermögensverhältnisse offen und unterbreitet einen konkreten Vorschlag zur Schuldenbereinigung (= erster Schuldenbereinigungsplan), der an alle Gläubiger versandt wird.

▶ Gerichtliches Schuldenbereinigungsverfahren

Kommt eine außergerichtliche Einigung nicht zustande, beginnt die zweite Stufe, das **gerichtliche Schuldenbereinigungsverfahren.** Zu diesem Zweck stellt der Schuldner beim Amtsgericht den Antrag auf Eröffnung des Insolvenzverfahrens. Dazu hat er vorzulegen:

- den Nachweis über den – innerhalb der letzten sechs Monate vor Antragstellung – erfolglosen außergerichtlichen Einigungsversuch mit den Gläubigern;
- den Antrag auf Erteilung der Restschuldbefreiung oder die Erklärung, dass die Restschuldbefreiung nicht beantragt werden soll;
- ein Verzeichnis des vorhandenen Vermögens und Einkommens (Vermögensverzeichnis);
- ein Verzeichnis der Gläubiger und der ihnen geschuldeten Beträge;
- einen weiteren Schuldenbereinigungsplan, der auch berücksichtigt, ob und inwieweit Bürgschaften, Pfandrechte und andere Sicherheiten der Gläubiger den Plan berühren sollen *(gegenüber dem ersten Schuldenbereinigungsplan handelt es sich hier um einen eigenständigen Plan, der sich jedoch weitgehend auf diesen stützt)*;
- eine Erklärung, dass der pfändbare Teil des Einkommens für die Dauer von sechs Jahren an einen vom Gericht bestimmten Treuhänder abgetreten werden wird sowie
- die Erklärung, dass die Angaben in den eingereichten Verzeichnissen richtig und vollständig sind.

Dieser Antrag auf Verfahrenseröffnung bewirkt, dass

- Gehaltsabtretungen des Schuldners drei Jahre nach Verfahrenseröffnung unwirksam werden;
- Gehaltspfändungen nur für einen Monat nach Verfahrenseröffnung Bestand haben;
- Zwangsvollstreckungen einzelner Gläubiger unzulässig sind.

▶ Vereinfachtes Insolvenzverfahren

Scheitert auch der erneute Versuch einer gütlichen Einigung, wird nun der **Antrag auf Eröffnung des gerichtlichen Insolvenzverfahrens wieder aufgenommen.** Nachdem die pfändbaren Einkünfte und das restliche pfändbare Vermögen des Schuldners an die Gläubiger verteilt worden sind, wird die Restschuldbefreiung angekündigt, sofern sich der Schuldner während der **Wohlverhaltensperiode** redlich verhält.

▶ Wohlverhaltensperiode

Nach Ablauf der 6-jährigen Wohlverhaltensperiode, die bereits mit der Eröffnung des Verbraucherinsolvenzverfahrens begonnen hat, kann der redliche Schuldner, der während dieses Zeitraumes seinen Verpflichtungen nachgekommen ist, von einem Gericht durch Beschluss für schuldenfrei erklärt werden **(Restschuldbefreiung).** Das bedeutet, dass der Schuldner von den Gläubigern wegen der nicht erfüllten Verbindlichkeiten nun nicht mehr behelligt werden darf. Nachdem die Entscheidung des Insolvenzgerichts rechtskräftig geworden ist, wird das Insolvenzverfahren aufgehoben. Der rechtskräftige Beschluss ist zusammen mit dem Beschluss über die Aufhebung des Verfahrens öffentlich bekannt zu machen.

Allerdings ist diese Restschuldbefreiung an mehrere Voraussetzungen gebunden:

- Der Schuldner zahlt den pfändbaren Teil seines Arbeitseinkommens (aufgrund der Abtretungserklärung durch Überweisung des Arbeitgebers) an einen **Treuhänder,** der diese Beträge einmal jährlich an alle Gläubiger verteilt, sofern die gestundeten Verfahrenskosten beglichen sind. Als zusätzlichen Anreiz erhält der Schuldner vom Treuhänder im 5. Jahr 10% des pfändbaren Teils der Bezüge und im 6. Jahr 15% als „Belohnung" für sein redliches Verhalten zurück.
- Der Schuldner übt eine angemessene Erwerbstätigkeit aus oder bemüht sich um eine solche und nimmt jede zumutbare Tätigkeit an.
- Der Schuldner verpflichtet sich, Vermögen, das er durch Erbschaft erwerben sollte, zur Hälfte an den Treuhänder herauszugeben.
- Der Schuldner zeigt jeden Wechsel des Wohnsitzes und der Arbeitsstätte an.

Die Restschuldbefreiung ist zu versagen, wenn dies im Schlusstermin von einem Insolvenzgläubiger beantragt worden ist und wenn der Schuldner:

- wegen einer Insolvenzstraftat (z.B. Bankrott) rechtskräftig verurteilt worden ist;
- in den letzten drei Jahren vor dem Antrag auf Eröffnung des Insolvenzverfahrens oder nach diesem Antrag vorsätzlich oder grob fahrlässig schriftlich unrichtige oder unvollständige Angaben über seine wirtschaftlichen Verhältnisse gemacht hat, um einen Kredit zu erhalten, Leistungen aus öffentlichen Kassen zu beziehen oder Leistungen an öffentliche Kassen zu vermeiden;
- in den letzten 10 Jahren vor Antragstellung Restschuldbefreiung erteilt oder versagt worden ist;
- im letzten Jahr vor Antragstellung unangemessen Schulden gemacht oder Vermögen verschwendet hat;
- Auskunfts- oder Mitwirkungspflichten vorsätzlich oder grob fahrlässig verletzt hat oder
- in den zur Verfahrenseröffnung vorzulegenden Verzeichnissen seines Vermögens und seines Einkommens, seiner Gläubiger und der gegen ihn gerichteten Forderungen vorsätzlich oder grob fahrlässig unrichtige oder unvollständige Angaben gemacht hat.

Die Versagung der Restschuldbefreiung ist öffentlich bekannt zu machen.

Ablauf des maximal 4-stufigen Verbraucherinsolvenzverfahrens gemäß Insolvenzordnung (InsO)

Zahlungsunfähigkeit *(§ 17 InsO)*
einer natürlichen Person *(§ 304 InsO)*

1. Außergerichtliches Schuldenbereinigungsverfahren *(§ 305 I (1) InsO)*

Der Schuldner verhandelt *ohne das Gericht* mit den Gläubigern, um auf der Basis eines konkreten Vorschlags zur Schuldenbereinigung (= **erster Schuldenbereinigungsplan** – z.B. Zahlungs- und Tilgungsplan) gütlich eine Einigung zu erzielen.

erfolgreich →

z.B.:
- **Ratenzahlung**
- **Teilerlass**
- **Stundung**

erfolglos ↓

2. Gerichtliches Schuldenbereinigungsverfahren *(§§ 305 – 310 InsO)*

Der Schuldner stellt beim Amtsgericht – unter Vorlage entsprechender Unterlagen, darunter auch ein **weiterer Schuldenbereinigungsplan** – den Antrag auf Eröffnung des gerichtlichen Insolvenzverfahrens.
Das Gericht unternimmt einen erneuten Versuch einer gütlichen Einigung zwischen Gläubigern und Schuldner, indem es

- die beteiligten Gläubiger zur Stellungnahme auffordert. Im Gegensatz zum außergerichtlichen Verfahren gilt das Schweigen eines Gläubigers nun als Zustimmung.
- auf Antrag eines Gläubigers oder des Schuldners die Zustimmung einzelner Gläubiger ersetzen kann, wenn mehr als die Hälfte der Gläubiger nach Kopfzahl und nach der Höhe der Forderungen zustimmt.

Während dieser Zeit ruht der Antrag auf Eröffnung des gerichtlichen Insolvenzverfahrens.

erfolgreich *(= Annahme des Schuldenbereinigungsplans hat die Wirkung eines Vergleichs im Sinne des § 794 I Nr. 1 ZPO)* →

Vergleich
Gericht stellt die Annahme des Schuldenbereinigungsplans durch Beschluss fest *(§ 308 I InsO)*.

erfolglos (bei Einwendungen gegen den Schuldenbereinigungsplan) ↓

3. Vereinfachtes Insolvenzverfahren *(§§ 311 – 314 i. V. m. §§ 286 – 303 InsO)*

Der Antrag auf Eröffnung des gerichtlichen Insolvenzverfahrens wird wieder aufgenommen:

- Das Gericht fordert die Gläubiger auf, ihre Forderungen anzumelden. Zu diesem Zweck wird die Eröffnung des Insolvenzverfahrens im Bundesanzeiger und ggf. auch in der örtlichen Tagespresse veröffentlicht.
- Der vom Gericht eingesetzte **Treuhänder** verteilt die pfändbaren Einkünfte und das restliche pfändbare Vermögen des Schuldners an die Gläubiger.
- Die Restschuldbefreiung wird angekündigt, sofern der Schuldner während der Wohlverhaltensperiode seinen Verpflichtungen nachkommt, sich also redlich verhält.

Schuldner kann Verfahrenskosten nicht bezahlen. →

Antrag auf Eröffnung des gerichtlichen Insolvenzverfahrens wird **abgelehnt.** Die Gläubiger haben weiterhin Anspruch auf die volle Höhe ihrer Forderungen.

4. Wohlverhaltensperiode

Der Schuldner kommt sechs Jahre seinen Verpflichtungen nach. Das bedeutet u.a., dass er den pfändbaren Teil seines Arbeitseinkommens (aufgrund der Abtretungserklärung durch Überweisung des Arbeitgebers) an einen **Treuhänder** zahlt, der diese Beträge einmal jährlich gleichmäßig an alle Gläubiger verteilt.

bei unredlichem Verhalten → **keine** Restschuldbefreiung

bei redlichem Verhalten ↓

Restschuldbefreiung
Der Schuldner wird vom Gericht für schuldenfrei erklärt. Damit ist er von allen Vermögensansprüchen befreit, die zum Zeitpunkt der Verfahrenseröffnung (z.B. Kredit-, Bürgschafts- oder Steuerschulden) gegen ihn bestanden haben. Geldstrafen, Unterhaltsverpflichtungen und Schadensersatz sind jedoch auch nach Ende der Wohlverhaltensperiode weiter zu zahlen.

9.3 Preisangabenverordnung *(PAngV)*

Die **Preisangabenverordnung** regelt die Auszeichnung von Waren, die für Endverbraucher bestimmt sind.

Wer Endverbrauchern Waren oder Leistungen anbietet bzw. für Waren oder Leistungen unter Angabe von Preisen wirbt, hat die Preise so anzugeben, wie sie einschließlich Umsatzsteuer und sonstigen Preisbestandteilen (außer Rabatten) zu zahlen sind (**Endpreise** – *§ 1 I PAngV*). Mit den Preisen sind auch die üblichen Verkaufs- oder Leistungseinheiten und die Gütebezeichnungen anzugeben *(§ 1 I PAngV)*.

Der Einzelhandel ist zur doppelten Preisauszeichnung verpflichtet: Neben dem Endpreis ist auch der so genannte **Grundpreis je Mengeneinheit** (einschließlich der Umsatzsteuer und sonstiger Preisbestandteile, jedoch außer Rabatten) in unmittelbarer Nähe des Endpreises anzugeben *(§ 2 I PAngV)*.

Diese doppelte Preisauszeichnungspflicht erstreckt sich auf alle Waren, die nach Gewicht, Volumen, Länge oder Fläche

- in Fertigpackungen (z.B. abgepacktes Obst, eingeschweißte Käsestücke),
- in offenen Packungen (z.B. Schälchen mit Heidelbeeren) oder
- als Verkaufseinheiten ohne Umhüllung (z.B. Wand- oder Bodenfliesen)

angeboten werden *(§ 2 I PAngV)* und zuvor in Abwesenheit des Verbrauchers abgepackt und verschlossen, abgefüllt oder abgemessen worden sind. In der Regel ist die Mengeneinheit für den Grundpreis jeweils auf 1 Kilogramm, 1 Liter, 1 Kubikmeter, 1 Meter oder 1 Quadratmeter der Ware bezogen *(§ 2 III PAngV)*.

Bietet ein Einzelhändler Letztverbrauchern jedoch unverpackte Waren an, die in deren Anwesenheit abgemessen werden, so ist lediglich der Grundpreis anzugeben *(§ 2 II PAngV)*.

Auf die Angabe des Grundpreises kann verzichtet werden, wenn dieser mit dem Endpreis identisch ist. Von der Grundpreisauszeichnung ausgenommen sind insbesondere Waren, die in Automaten oder in kleinen Einzelhandelsgeschäften (z.B. Kiosken) angeboten werden, bei denen die Warenausgabe überwiegend im Wege der Bedienung erfolgt *(§ 9 II Abs. 3 PAngV)*.

▶ Auszeichnungspflicht für Waren

- Waren, die in **Schaufenstern** und **Schaukästen** oder **Verkaufsständen** ausgestellt werden, sind mit Preisschildern oder Beschriftungen zu versehen. Diese Preisangaben sind an den Waren selbst oder den Behältnissen bzw. Regalen anzubringen *(§ 4 II PAngV)*.
- Bei Waren, die nach **Musterbüchern** angeboten werden (z.B. bei Tapeten, Teppichböden, Stoffen), müssen die Preise für die Verkaufseinheit auf den Mustern oder den damit verbundenen Preisschildern bzw. in Preisverzeichnissen angegeben sein *(§ 4 III PAngV)*.
- Waren, die nach **Katalogen, Warenlisten** oder auf **Bildschirmen** angeboten werden, sind dadurch zu kennzeichnen, dass die Preise neben den Warenabbildungen oder -beschreibungen angegeben werden bzw. den Anmerkungen oder angeschlossenen Preisverzeichnissen entnommen werden können *(§ 4 IV PAngV)*.

Ausnahmen von der Auszeichnungspflicht

Ausnahmen von der Preisauszeichnungspflicht gelten für:

- Kunstgegenstände, Sammlerstücke und Antiquitäten;
- Waren, die in Werbevorführungen angeboten werden;
- Blumen und Pflanzen, die unmittelbar vom Freiland oder Treibhaus verkauft werden *(§ 9 V PAngV)*.

9.4 Gesetz über die Haftung für fehlerhafte Produkte

(Produkthaftungsgesetz - ProdHaftG)

Bedeutung des Produkthaftungsgesetzes

Die Bestimmungen dieses Gesetzes beziehen sich **ausschließlich auf den Ersatz für Folgeschäden,** die durch den Ge- und Verbrauch eines Produktes an anderen Sachen oder an Personen entstehen. Bei Mängeln am Produkt selbst gilt jedoch - wie bisher - z.B. die kaufvertraglichen Gewährleistungsrechte aus der Lieferung mangelhafter Ware (vgl. S. 129f.). Insofern ergänzt das Produkthaftungsgesetz die bislang bestehenden gesetzlichen Regelungen.

Bestimmungen des Produkthaftungsgesetzes

Derjenige, der ein **fehlerhaftes Produkt** ausliefert, haftet für anschließend damit verursachte Personen- und Sachschäden. Entscheidend ist dabei allerdings nicht das Herstellungs-, sondern das Auslieferungsdatum, also der Termin, zu dem das Produkt „in den Verkehr gebracht worden ist" *(§§ 16, 19 ProdHaftG)*.

Die **Produkthaftung** gilt für bewegliche Sachen *(§ 2 ProdHaftG)*, also alle Waren außer Grundstücken mit ihren Bestandteilen sowie Schiffen, die ins Schiffsregister eingetragen sind. Ausgenommen von der Haftung sind zudem landwirtschaftliche Produkte *(§ 2 ProdHaftG)*. Die Beweislast, dass ein Schaden eingetreten ist, liegt beim Geschädigten. Voraussetzung ist nicht, dass den Auslieferer ein Verschulden trifft.

Fehlerhaft ist ein Produkt dann, wenn es nicht die Sicherheit bietet, die vom Käufer erwartet werden kann *(§ 3 ProdHaftG)*. Dies ist insbesondere dann der Fall, wenn das Produkt bei der Auslieferung nicht dem aktuellen Stand von Wissenschaft und Technik entspricht *(§ 1 ProdHaftG)*.

> Eine Ware, die bereits vor einem Jahr hergestellt wurde, bisher auf Lager lag und jetzt erst an den Kunden ausgeliefert wird, muss dem derzeitigen technischen und wissenschaftlichen Know-how entsprechen.

Das Produkthaftungsgesetz geht also von einem wesentlich schärfer formulierten **Fehlerbegriff** aus als das Gewährleistungsrecht des BGB bei der Lieferung mangelhafter Waren (vgl. S. 126f.). Während das BGB dann von mangelhafter Ware spricht, wenn eine Sache einen Sach- oder Rechtsmangel aufweist, ist nach dem ProdHaftG **jeder Sicherheitsmangel** ein Fehler.

Zur Haftung verpflichtet ist zunächst der **Hersteller des Produktes.** Als Hersteller gelten auch *(§ 4 ProdHaftG):*

- Lieferanten von Teilen des Endproduktes;
- Personen, die sich durch das Anbringen ihres Namens oder ihrer Marke am Produkt als Hersteller ausgeben;
- Lieferanten, die Waren aus Ländern außerhalb der Europäischen Union beziehen.

Kann der Hersteller eines Produktes nicht festgestellt werden, haftet zunächst der **Lieferant der Ware.** Ist es diesem allerdings innerhalb eines Monats nach Aufforderung durch einen Geschädigten möglich, den Hersteller oder seinen eigenen Lieferanten zu benennen, ist er von der Haftung befreit.

Wird eine Person durch ein fehlerhaftes Produkt geschädigt, haftet der Hersteller oder Lieferant bis zum Höchstbetrag von 85 Millionen EUR *(§ 10 ProdHaftG).* Bei Sachschäden erhält der Geschädigte bis zu einem Betrag von 500 EUR keinen Ausgleich. Erst für Sachschäden, die diese Selbstbeteiligungsgrenze überschreiten, haftet der Hersteller oder Lieferant *(§ 11 ProdHaftG).* Schmerzensgeld als Ersatz für immaterielle Schäden sieht das Gesetz nicht vor.

Die **Haftungspflicht** erlischt grundsätzlich 10 Jahre nach dem Zeitpunkt, zu dem das Produkt ausgeliefert wurde *(§ 13 ProdHaftG).* Ein Geschädigter muss allerdings innerhalb von drei Jahren nach Eintritt des Schadens und nachdem er den Produktfehler entdeckt und den Haftenden ausfindig gemacht hat, seine **Ansprüche anmelden** *(§ 12 ProdHaftG).*

Zusammenfassung

Verbraucherschutz

Bürgerliches Gesetzbuch

- Schutz vor unangemessenen Bestimmungen in allgemeinen Geschäftsbedingungen
- Schutz bei bestimmten Barzahlungskäufen
- Schutz vor Fernabsatzverträgen, die per Internet oder jede andere Art von Fernkommunikation zustande gekommen sind
- insbesondere Schutz bei kreditfinanzierten Käufen

Insolvenzordnung

Verbraucherinsolvenzverfahren ermöglicht zahlungsunfähigen Verbrauchern durch Ratenzahlung, Teilerlass, Stundung, Vergleich oder Restschuldbefreiung einen finanziellen Neubeginn

Preisangabenverordnung

Schutz vor unzureichender oder falscher Preisauszeichnung

Produkthaftungsgesetz

- Schutz vor fehlerhaften Produkten
- Ersatz der durch den Ge- oder Verbrauch eines Produktes entstandenen Folgeschäden

Aufgaben 13

(1) *Selbst in einer sozialen marktwirtschaftlichen Ordnung ist Verbraucherschutz notwendig. Begründen Sie diese Aussage und beschreiben Sie, was unter dem Begriff „Verbraucherschutz" zu verstehen ist!*

(2) *Welche Bedeutung kommt den Rechtsvorschriften zu, die auf den direkten Schutz des privaten Endverbrauchers abzielen?*

(3) *Benennen Sie diejenigen Barzahlungskäufe zwischen einem Unternehmer und einem Verbraucher, für die gemäß BGB die Möglichkeit besteht, den Kauf innerhalb von zwei Wochen zu widerrufen!*

(4) *Was versteht man im Zusammenhang mit Haustürgeschäften unter einem „Bagatellgeschäft"?*

(5) *Erläutern Sie das Widerrufsrecht, das bei Verbraucherverträgen zur Anwendung kommt!*

(6) *Definieren Sie die nachfolgenden Begriffe:*
   a) Fernabsatzvertrag und
   b) Verbraucherdarlehensvertrag!

(7) *Stellen Sie in einem Kurzvortrag die wichtigsten Bestimmungen des BGB zum direkten Verbraucherschutz vor! Benutzen Sie dabei auch die Zahlenbilder 128 042 „Haustürgeschäfte" (vgl. S. 158) bzw. 128 043 „Fernabsatzgeschäfte" (vgl. S. 160), um Ihre Ausführungen zu präsentieren.*

(8) *Welche Einzelangaben muss der schriftliche Verbraucherdarlehensvertrag enthalten?*

(9) *Zählen Sie die vier Stufen des Verbraucherinsolvenzverfahrens auf!*

(10) *Was versteht man unter Restschuldbefreiung?*

(11) *An welche Voraussetzungen ist die Restschuldbefreiung geknüpft?*

(12) *Verschaffen Sie sich unter Rückgriff auf die Zusammenschau zum „Ablauf des maximal 4-stufigen Verbraucherinsolvenzverfahrens gemäß Insolvenzordnung" (vgl. S. 167) einen Überblick über das Entschuldungsverfahren. Klären Sie dabei auch alle wichtigen Begriffe! Stellen Sie anschließend Ihre Ergebnisse in Form eines Kurzvortrages anhand der von Ihnen erstellten Stichpunkte vor!*

(13) *Welcher Unterschied besteht zwischen dem Endpreis und dem Grundpreis gemäß Preisangabenverordnung?*

(14) *Der Grundpreis für eine Ware liegt bei 34,99 EUR je Quadratmeter. Ermitteln Sie für eine Menge von 135 m^2 den vom Verbraucher zu entrichtenden Endpreis unter Berücksichtigung von 15 % Rabatt!*

(15) *Frau Wending erwirbt bei einem Radio- und Fernseheinzelhändler zusammen mit einem Farbfernsehgerät einen modernen Videorecorder. In einem Möbelfachgeschäft ersteht sie eine zu ihrer Wohnungseinrichtung passende TV-/Videoeinheit.*

Erläutern Sie, durch welche Rechtsnormen Frau Wending in den folgenden Fällen geschützt ist und stellen Sie die Rechte dar, die die Kundin zur Wahrnehmung ihrer Interessen ausüben wird!

a) *Bereits sechs Wochen nach dem Kaufdatum zerreißt der Recorder eine bespielte Videokassette, die sich Frau Wending von einer Videothek gemietet hat.*

b) *Durch das Gewicht der Elektrogeräte stürzt das Möbelstück in sich zusammen. Dabei erleiden das Fernsehgerät und der Videorecorder Totalschaden.*

c) *Die Fernbedienung des Fernsehgerätes versagt ihren Dienst.*

Ziele und Rahmenbedingungen für unternehmerisches Handeln

1 Zielsetzungen von Unternehmen

Wirtschaftliches Handeln ist stets bewusstes Handeln. Die dabei von Unternehmen verfolgten Zielsetzungen, die in zunehmendem Maße auch dem aktiven betrieblichen **Umweltschutz** (wie etwa eine ökologisch orientierte Materialbeschaffung oder eine verbesserte Recycling- und Entsorgungseignung von Erzeugnissen) Rechnung tragen, richten sich zunächst nach der grundsätzlichen Aufgabe, die es zu erfüllen gilt.

Grundsätzliche Ziele von Unternehmen

erwerbswirtschaftliches Ziel	gemeinwirtschaftliches Ziel	genossenschaftliches Ziel
bestmögliche Verzinsung des eingesetzten Kapitals, d.h. Gewinnerzielung	Erfüllung staatlich vorgegebener Aufgaben, d.h. bestmögliche Versorgung der Bevölkerung mit Waren und Dienstleistungen nach dem Kostendeckungsprinzip	gegenseitige Unterstützung gleichberechtigter Mitglieder

1.1 Ziele erwerbswirtschaftlicher Unternehmen

Erwerbswirtschaftliche Unternehmen sollen vorrangig die finanziellen Einkünfte und damit den Lebensstandard der Eigenkapitalgeber (z.B. Einzelunternehmer, Gesellschafter einer KG, OHG oder GmbH, Anteilseigner einer AG) sichern. Zwar ist die **Gewinnerzielung** grundsätzliches Ziel aller privatwirtschaftlichen Unternehmen (in der Wirtschaftstheorie wird sogar unterstellt, dass alle Aktivitäten auf Gewinnmaximierung ausgerichtet seien), die langfristige Sicherung des Einzelunternehmens am Markt verlangt dabei aber die Beachtung weiterer Aspekte u.a.:

- Erhaltung oder Erhöhung des **Marktanteils,**
- Ausbau der **Marktmacht,**
- **Kapazitätsausweitung** und **Umsatzsteigerung,**
- **Liquiditätssicherung,**
- **Kostensenkung,**
- Berücksichtigung **gesamtgesellschaftlicher Entwicklungen** (z.B. Umweltschutz),
- die Gewährleistung eines **qualifizierten Mitarbeiterstammes** (z.B. durch betriebliche Aus- und Fortbildung sowie durch freiwillige Sozialleistungen).

Die Verfolgung dieser unternehmerischen Einzelziele hat stets Auswirkungen auf den Einzelnen und die Gesamtgesellschaft.

- Die Erhöhung der Marktmacht großer Einzelhandelsunternehmen hat dazu geführt, dass kleinere Unternehmen vom Markt verschwanden. Die häufig am Stadtrand angesiedelten Einkaufszentren haben insofern Einfluss auf den Einzelnen, dass Einkäufe nicht täglich, sondern in größeren Abständen und mit größeren Einkaufsmengen pro Einkauf getätigt werden.
- Eine qualifizierte Berufsaus- und -fortbildung sichern gesamtwirtschaftlich den hohen Leistungsstandard der deutschen Wirtschaft und ermöglichen dem Einzelnen – neben einem größeren Handlungs- und Entscheidungsspielraum – ein höheres Einkommen.
- Entwickelt der Betreiber eines Kohlekraftwerkes ein neues Verfahren, um den Ausstoß an schädlichen Emissionen durch den Einsatz eines speziellen Filtersystems zu drosseln, eröffnet dieses technische Know-how gesamtwirtschaftliche Absatzmöglichkeiten im In- und Ausland. Für den Einzelnen ist der Einsatz einer solchen Technologie mit einer Verbesserung der Lebensqualität durch den geringeren Schadstoffanteil in der Luft verbunden.

Erwerbswirtschaftlich geführte Unternehmen verfolgen zwar in erster Linie das Ziel der bestmöglichen Verzinsung des eingesetzten Kapitals, tragen bei dieser Zielerreichung aber auch zur Erfüllung gemeinwirtschaftlicher Aufgaben bei. Ein mengen- und qualitätsmäßig ausreichendes Angebot an Gütern, die Aus- und Fortbildung breiter Bevölkerungsschichten, die Erhaltung bzw. Schaffung von Arbeitsplätzen oder die Umsetzung umweltpolitischer Notwendigkeiten liegen auch im gesamtgesellschaftlichen Interesse.

Nicht immer gelingt es allerdings, die zur Zielerreichung notwendigen unternehmerischen Mittel mit den Wünschen des Einzelnen in Übereinstimmung zu bringen. So kann u.a. eine aus betriebswirtschaftlichen Überlegungen notwendige Rationalisierungsmaßnahme (Mehreinsatz von Maschinen bei gleichzeitiger Freisetzung von Arbeitskräften) dem Ziel der Arbeitsplatzsicherung widersprechen.

Kennzahlen der Zielerreichung

Um Aussagen über den Erfolg eines Unternehmens am Markt (den Grad der Zielerreichung) machen zu können, bedarf es bestimmter Messgrößen. Datenmaterial für diese Kennzahlen liefert das betriebliche Rechnungswesen. Wichtige Kennzahlen sind Produktivität, Wirtschaftlichkeit, Rentabilität und Liquidität.

Produktivität

Das Verhältnis der mengenmäßigen Ausbringung (gemessen in Stück, kg, hl usw.) zum mengenmäßigen Einsatz der Produktionsfaktoren (Faktoreinsatz gemessen in Arbeitsstunden, Werkstoffen und Betriebsmitteln) wird als **Produktivität** bezeichnet.

$$\textbf{Produktivität} = \frac{\text{Ausbringungsmenge (Output)}}{\text{Faktoreinsatzmenge (Input)}}$$

Je nach Einsatzfaktor lassen sich folgende **Teilproduktivitäten** unterscheiden:

$$\textbf{Arbeitsproduktivität} = \frac{\text{Ausbringungsmenge (je Periode z.B. 1 Jahr)}}{\text{geleistete Arbeitsstunden (je Periode)}}$$

Durch den Einsatz verbesserter Fördermittel (z.B. Rutschen, Rollen) kann die zwischen den einzelnen Arbeitsschritten bestehende Taktzeit (Zeit, die eine Arbeitsverrichtung benötigt) einer Fließbandfertigung von 6 auf 5 Minuten verkürzt werden. Durch die Taktzeitverkürzung steigt die Menge der produzierten Werkstücke je Stunde von 10 auf 12 Einheiten. Die Arbeitsproduktivität je Stunde erhöht sich damit von 2,5 auf 3.

$$\textbf{Betriebsmittelproduktivität} = \text{z.B. } \frac{\text{Ausbringungsmenge (je Periode)}}{\text{Maschinenlaufzeit in Stunden (je Periode)}}$$

$$\textbf{Kapitalproduktivität} = \frac{\text{Ausbringungsmenge (je Periode)}}{\text{eingesetztes Kapital (je Periode)}}$$

Wirtschaftlichkeit

Die Erfolgsmesszahl aus dem Verhältnis von Leistungen (in Geld gemessene Ausbringungsmenge der im betrieblichen Prozess erstellten Wirtschaftsgüter) zu **Kosten** (in Geld gemessener Verzehr von wirtschaftlichen Gütern zur Erstellung und zum Absatz von Gütern) einer vergangenen Wirtschaftsperiode bezeichnet man als **Wirtschaftlichkeit.** Diese Größe gibt das Verhältnis von erbrachter Leistung zu den hierfür aufgewendeten Mitteln an. Auf diese Weise wird der Ergiebigkeits- und Sparsamkeitsgrad bei der Erstellung einer Leistung gemessen.

$$\textbf{Wirtschaftlichkeit} = \frac{\text{Leistung}}{\text{Kosten}}$$

Aus dem betrieblichen Rechnungswesen eines Herstellers genormter Kunststoffhaustüren lassen sich für die letzten 3 Geschäftsjahre (01 bis 03) folgende **Daten** feststellen:

Geschäftsjahr	01	02	03
Mitarbeiterzahl	20	29	25
Lohn pro Arbeitsstunde	11,25 EUR	12,27 EUR	12,78 EUR
Gesamtarbeitsstunden	51 200	51 100	64 000
sonstige Kosten	55 000,00 EUR	42 500,00 EUR	60 000,00 EUR
Preis pro abgesetztem Gut	2 000,00 EUR	2 200,00 EUR	2 350,00 EUR
hergestellte und abgesetzte Einheiten	450	440	550

Die Berechnung der **Arbeitsproduktivitätskennzahlen**

$$\left(\frac{\text{Ausbringungsmenge pro Jahr}}{\text{geleistete Arbeitsstunden pro Jahr}} \right)$$

ergibt:

01	$\frac{450}{51\,200}$ =	**0,00879**
02	$\frac{440}{51\,100}$ =	**0,00861**
03	$\frac{550}{64\,000}$ =	**0,00859**

Als **Wirtschaftlichkeitskennzahlen**

$$\left(\frac{\text{Leistung (pro Jahr)}}{\text{Kosten (pro Jahr)}} \right)$$

können ermittelt werden:

01	$\frac{900\,000}{631\,000}$ =	**1,43**
02	$\frac{968\,000}{669\,497}$ =	**1,45**
03	$\frac{1\,292\,500}{877\,920}$ =	**1,47**

Obwohl die Arbeitsproduktivität abnimmt, konnte die Wirtschaftlichkeit gesteigert werden. Dieses Ergebnis ist auf den am Markt zu erzielenden höheren Verkaufspreis zurückzuführen, selbst bei steigenden Kosten der Leistungserstellung. Insgesamt hat sich das Verhältnis von Ausbringungsmenge zu geleisteten Arbeitsstunden verschlechtert, während das Verhältnis Leistung zu Kosten günstiger gestaltet werden konnte.

Rentabilität

Die Rentabilitätsberechnung gibt Aufschluss darüber, ob sich der Einsatz des Kapitals im Unternehmen gelohnt hat, also rentabel war. Die absolute Höhe des Jahresgewinns, die in der Gewinn- und Verlustrechnung als Ergebnis ausgewiesen wird, sagt hierzu nur wenig aus. Der Gewinn muss vielmehr prozentual zum **Kapital (Kapitalrentabilität)** bzw. zum **Umsatz (Umsatzrentabilität)** in Beziehung gesetzt werden.

Je nachdem, zu welcher Bezugsgröße der Gewinn ins Verhältnis gebracht wird, können verschiedene **Rentabilitätskennzahlen** unterschieden werden.

Kapitalrentabilität

Hierbei wird der Reingewinn eines Geschäftsjahres zum Eigenkapital oder zum Gesamtkapital in Beziehung gesetzt:

- **Eigenkapitalrentabilität**

$$\textbf{Eigenkapitalrentabilität} = \frac{\text{Reingewinn x 100\%}}{\text{Eigenkapital}}$$

Die Kennzahl gibt an, welche Rendite – also welche Verzinsung – das im Unternehmen eingesetzte Eigenkapital erzielt hat.

- **Gesamtkapitalrentabilität**

$$\textbf{Gesamtkapitalrentabilität} = \frac{\text{(Reingewinn + Fremdkapitalzinsen) x 100\%}}{\text{Gesamtkapital}}$$

Der Gewinn des Unternehmens wurde mit dem Gesamtkapital (Eigenkapital + Fremdkapital) erwirtschaftet. Insofern wird in dieser Berechnung auch der Gewinn mit dem eingesetzten Gesamtkapital verglichen. Da in der Gewinn- und Verlustrechnung der Gewinn zuvor um die Zinsen für Fremdkapital vermindert worden ist, müssen diese Zinsaufwendungen nun dem Gewinn hinzugerechnet werden.

Durch die Kennzahl zur Gesamtkapitalrentabilität ermittelt das Unternehmen, ob sich der Einsatz von Fremdkapital gelohnt hat. Dies ist dann der Fall, wenn die Eigenkapitalrentabilität größer ist als die Gesamtkapitalrentabilität. Die Aufnahme von Fremdkapital ist so lange sinnvoll, wie der dadurch erreichte Gewinnzuwachs größer als die Fremdkapitalzinsen ist.

Umsatzrentabilität

$$\textbf{Umsatzrentabilität} = \frac{\text{Reingewinn x 100\%}}{\text{Umsatz}}$$

Bei dieser Rentabilitätsberechnung wird der Jahresgewinn zum Umsatz des Unternehmens in Beziehung gesetzt. Das Ergebnis zeigt den Prozentsatz des Reingewinns vom Umsatz.

Frau Berger beabsichtigt, ihre ersparten Mittel als Beteiligung an einer Aktiengesellschaft anzulegen. Dabei möchte sie ihre Entscheidung nicht nur vom derzeitigen Kurswert der Aktie abhängig machen, sondern sich zudem Informationen zur wirtschaftlichen Lage der Gesellschaft verschaffen. Aus den Jahresabschlüssen der letzten drei Jahre ermittelt sie die **Rentabilitätskennzahlen** (Zahlenangaben in 1 000 EUR):

Geschäftsjahr / **Rentabilitätskennzahlen**	**01**	**02**	**03**
Eigenkapitalrentabilität $= \frac{\text{Gewinn x 100\%}}{\text{Eigenkapital}}$	$\frac{-2910 \text{ x } 100\%}{19815}$ = **– 14,69 %**	$\frac{-4906 \text{ x } 100\%}{14909}$ = **– 32,91 %**	$\frac{+3425 \text{ x } 100\%}{18799}$ = **+ 18,22 %**
Gesamtkapitalrentabilität $= \frac{\text{(Gewinn + Fremdkapitalzinsen) x 100\%}}{\text{Gesamtkapital}}$	$\frac{(-2910 + 2552) \text{ x } 100\%}{78048}$ = **– 0,46 %**	$\frac{(-4906 + 2331) \text{ x } 100\%}{74619}$ = **– 3,45 %**	$\frac{(+3425 + 2516) \text{ x } 100\%}{84041}$ = **+ 7,07 %**
Umsatzrentabilität $= \frac{\text{Gewinn x 100\%}}{\text{Umsatz}}$	$\frac{-2910 \text{ x } 100\%}{107503}$ = **– 2,71 %**	$\frac{-4906 \text{ x } 100\%}{103256}$ = **– 4,75 %**	$\frac{+3425 \text{ x } 100\%}{125108}$ = **+ 2,74 %**

In den Geschäftsjahren 01 und 02 hat anstelle einer „angemessenen Verzinsung des eingesetzten Kapitals" ein „Kapitalverzehr" stattgefunden. Lediglich das Jahr 03 weist eine positive Rentabilität auf und deutet auf eine Trendwende in der wirtschaftlichen Lage des Unternehmens hin. Nachdem Frau Berger zusätzlich durch eine Gewinnanalyse erkennt, dass das positive Jahresergebnis 03 auf die Erhöhung des ordentlichen Betriebsergebnisses zurückzuführen ist, beschließt sie, die Beteiligung vorzunehmen.

Liquidität

Ein Unternehmen benötigt stets ausreichende finanzielle Mittel, um seinen Zahlungsverpflichtungen termingerecht nachkommen zu können. Zur Überprüfung einer gesicherten Zahlungsbereitschaft müssen Liquiditätskontrollen durchgeführt werden. Dabei unterscheidet man verschiedene **Stufen der Liquidität:**

Liquidität 1. Grades

Sie gibt Auskunft darüber, ob die **baren Mittel** (Bargeld, Bank- und Postbankguthaben) ausreichen, um sofort fällige Verbindlichkeiten zu begleichen.

$$\textbf{Liquidität 1. Grades} = \frac{\text{Barmittel x 100\%}}{\text{sofort fällige Verbindlichkeiten}}$$

Liquidität 2. Grades

Hierbei handelt es sich um **einzugsbedingte Mittel,** die erst durch Einzug zu flüssigen Mitteln werden (Forderungen gegen Kunden, Wechselforderungen); sie dienen zum Ausgleich kurzfristiger Verbindlichkeiten.

$$\textbf{Liquidität 2. Grades} = \frac{\text{(Barmittel + kurzfristige Forderungen) x 100\%}}{\text{sofort fällige + kurzfristige Verbindlichkeiten}}$$

12 Siekerkötter/Fehn - ISBN 978-3-8120-0065-9

- **Liquidität 3. Grades**

Dies sind Bestandteile des Vermögens, die als **umsatzbedingte Mittel** erst durch Verkauf zu flüssigen Mitteln werden (Warenbestände). Hierdurch wird die Zahlungsbereitschaft über einen mittelfristigen Zeitraum gesichert.

$$\textbf{Liquidität 3. Grades} = \frac{(\text{Barmittel} + \text{kurzfr. Forderungen} + \text{Warenbest.}) \times 100\,\%}{\text{sofort fällige, kurz- u. mittelfristige Verbindlichkeiten}}$$

Ein Unternehmen weist in der Bilanz des letzten Geschäftsjahres folgende Barmittel und Forderungen sowie sofort fällige und kurzfristige Verbindlichkeiten aus:

Bilanz

Aktiva (in 1 000 EUR)		Passiva (in 1 000 EUR)	
⋮		⋮	
Forderungen aus Lieferungen und Leistungen	18 357	Verbindlichkeiten aus Wechseln	5 853
Kassenbestand	277	Verbindlichkeiten aus Lieferungen und Leistungen	4 150
Wechsel und Guthaben bei Kreditinstituten	977	sonstige kurzfristige Verbindlichkeiten	24 153
⋮		⋮	
	49 118		49 118

Die Liquiditätskontrolle (2. Grades) ergibt:

$$\frac{19\,611 \text{ EUR} \times 100\,\%}{34\,156 \text{ EUR}} = \mathbf{57{,}42\,\%}$$

Für dieses Unternehmen kann also eine **Unterdeckung** und damit eine **Finanzierungslücke** festgestellt werden. 42,58% der Verbindlichkeiten sind nicht mit zeitlich entsprechend zu erwartenden Forderungseingängen abgedeckt. Eine Umwandlung der sonstigen kurzfristigen Verbindlichkeiten in mittel- oder langfristige Verbindlichkeiten scheint geboten.

▶ Kennzahlenvergleich

Die einzelnen Kennzahlen besitzen allein wenig Aussagekraft zur Beschreibung der wirtschaftlichen Lage eines Unternehmens. Erst im Rahmen von Vergleichen verschiedener Perioden oder zwischen branchengleichen Unternehmen werden die Kennzahlen aussagefähig und geben der Unternehmensleitung Aufschluss über den Grad der Zielerreichung. Sie ermöglichen es, geeignete Maßnahmen einzuleiten, damit bei unerwünschter Wirtschaftsentwicklung gegengesteuert werden kann. So wäre es denkbar, den Absatz auszuweiten (Preispolitik, Werbung u.a.), die Kostenstruktur zu ändern, zusätzliche finanzielle Mittel zu beschaffen oder das Produktions- bzw. Vertriebsprogramm umzustellen.

1.2 Ziele gemeinwirtschaftlicher Unternehmen

Gemeinwirtschaftliche Zielsetzung ist die Erfüllung öffentlicher Aufgaben, d.h. die **Deckung des Bedarfs** der Bevölkerung an bestimmten Waren und Dienstleistungen.

- Versorgung mit Gas, Wasser und Elektrizität (allerdings nur durch öffentlich-rechtliche Anbieter wie z.B. Stadtwerke)
- Aufrechterhaltung der Kranken- und Altersversorgung (z.B. durch die AOK oder die Deutsche Rentenversicherung Bund)
- Bereitstellung von Bildungs-, Ausbildungs- und Informationsangeboten (z.B. durch Universitäten, Theater, Industrie- und Handelskammern, ARD und ZDF)

Zur Durchführung ihrer Aufgaben, eine bestmögliche Versorgung der Gemeinschaft in bestimmten Bereichen zu sichern, müssen sich gemeinwirtschaftliche Betriebe häufig damit begnügen, die Kosten zu decken **(Prinzip der Kostendeckung),** oder sie sind sogar auf **Zuschüsse** der öffentlichen Hand angewiesen. Allerdings ist die Erzielung von Gewinn nicht grundsätzlich ausgeschlossen. Häufig werden in Teilbereichen Gewinne erwirtschaftet (z.B. bei Elektrizitäts-, Gas- und Wasserwerken), die für Ersatz- und Erweiterungsinvestitionen dienen bzw. zur Deckung von Verlusten (z.B. städtische Verkehrsbetriebe) herangezogen werden.

1.3 Ziele genossenschaftlicher Unternehmen

Als genossenschaftliches Ziel steht nicht die Gewinnerzielung, sondern die **Selbsthilfe** der Mitglieder (Genossen) durch gegenseitige Förderung im Mittelpunkt wirtschaftlicher Tätigkeit (etwa bei Einkaufs-, Produktions-, Absatz- oder Kreditgenossenschaften). Erzielte Gewinne werden häufig in die Rücklagen eingestellt, um den Betrieb der Genossenschaft in möglichen Problemsituationen der Zukunft zu sichern (vgl. S. 206ff.).

Zusammenfassung

Wirtschaftliche Zielsetzungen von Unternehmen

Erwerbswirtschaftliche Unternehmen

- **Gewinnstreben** (erwerbswirtschaftliches Prinzip)
  - **Produktivität:** Verhältnis von mengenmäßiger Ausbringung zu mengenmäßigem Einsatz von Produktionsfaktoren
  - **Wirtschaftlichkeit:** Verhältnis von Leistungen zu Kosten bei der Erstellung und Verwertung von Waren und Dienstleistungen
  - **Rentabilität:** Verhältnis von erwirtschaftetem Gewinn zu eingesetztem Kapital
  - **Liquidität:** Verhältnis von Vermögensteilen zu Verbindlichkeiten

Gemeinwirtschaftliche Unternehmen

- **Bedarfsdeckung** (gemeinwirtschaftliches Prinzip)

Genossenschaftliche Unternehmen

- **Unterstützung zur Selbsthilfe der Mitglieder** (genossenschaftliches Prinzip)

Aufgaben

(1) *Erläutern Sie den grundlegenden Unterschied in den Zielsetzungen erwerbswirtschaftlicher und gemeinwirtschaftlicher Unternehmen!*

(2) *Welche „Unterziele" werden erwerbswirtschaftliche Unternehmen bei der langfristigen Gewinnerzielung berücksichtigen müssen?*

(3) *Die Verwirklichung von Unternehmenszielen hat auch Auswirkungen auf den Einzelnen und die Gesamtgesellschaft. Verdeutlichen Sie diese Aussage an zwei Beispielen!*

(4) *Nehmen Sie zu der nachfolgenden Aussage kritisch Stellung und begründen Sie Ihre Meinung!*

Die Gewinnmaximierung ist stets oberstes Ziel unternehmerischen Handelns.

(5) *Welche Kennzahlen sind geeignet, um Aussagen über den unternehmerischen Erfolg am Markt machen zu können?*

(6) *Unterscheiden Sie zwischen Wirtschaftlichkeit und Rentabilität!*

(7) *Welche Rentabilitätskennzahlen können je nach Bezugsgröße, zu der der Gewinn ins Verhältnis gesetzt wird, unterschieden werden?*

(8) *Ein Unternehmen erwirtschaftet einen Reingewinn in Höhe von 165 000 EUR. Das Eigenkapital betrug in diesem Jahr 300 000 EUR, das Fremdkapital – für das 12 % Zinsen bezahlt werden mussten – belief sich auf 250 000 EUR.*

Ermitteln Sie die Kennzahlen der Kapitalrentabilität. Welche Aussagen lassen die errechneten Kennzahlen zu?

(9) *Zu welchem Zweck sind Liquiditätskennzahlen erforderlich?*

(10) *Warum besitzen einzelne Kennzahlen allein nur eine geringe Aussagekraft?*

(11) *Nennen Sie gemeinwirtschaftliche Unternehmen, die Verluste erwirtschaften und solche, die Gewinne erzielen!*

(12) *Beschreiben Sie Zielsetzungen von Genossenschaften anhand selbst gewählter Beispiele!*

2 Notwendigkeit des Wirtschaftens

2.1 Bedürfnisse und Bedarf

Ausgangspunkt wirtschaftlichen Handelns sind die Wünsche des Menschen nach Wohnung, Kleidung und Nahrung. Darüber hinaus hat er zahlreiche weitere Anliegen (wie z.B. Besuch von Theatern oder Museen), deren Ausführung dazu beiträgt, sein Leben angenehmer zu gestalten.

Zur Erfüllung der zum Teil lebensnotwendigen Wünsche entstehen beim Menschen **Mangelgefühle,** die er zu beseitigen sucht. Diese Mangelempfindungen werden im wirtschaftlichen Sprachgebrauch als **Bedürfnisse** bezeichnet, die das Bestreben hervorrufen, den Mangel zu beheben.

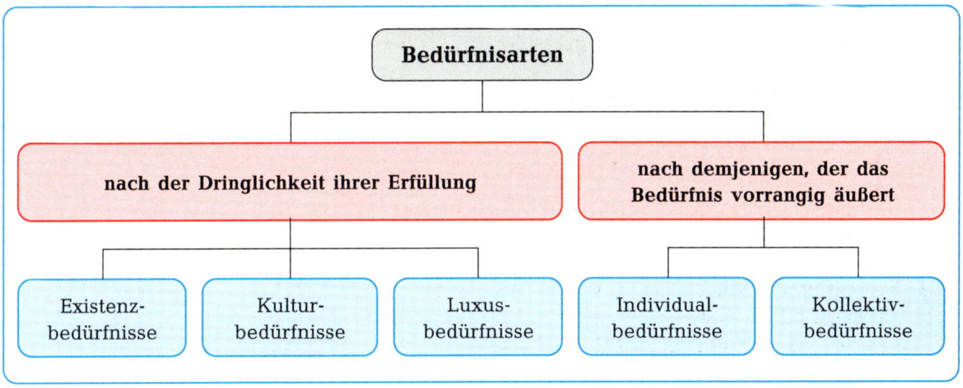

▶ Bedürfnisarten nach der Dringlichkeit ihrer Erfüllung

Eine wichtige Unterscheidung der Bedürfnisse ist die nach ihrer Dringlichkeit:

- **Existenzbedürfnisse** wie Essen, Trinken oder Wohnen müssen vorrangig behoben werden, da ihre Befriedigung lebensnotwendig ist.
- **Kulturbedürfnisse** gehen über das Existenzminimum hinaus und werden dadurch geweckt, dass der Mensch in einer bestimmten Gesellschaft mit einer besonderen Kultur lebt. Die Befriedigung dieser Bedürfnisse wie z.B. Unterhaltung, Bildung oder Reisen wird in der Gesellschaft weitgehend als selbstverständlich betrachtet.
- **Luxusbedürfnisse** sind solche, die prinzipiell als entbehrlich anzusehen sind (Sportwagen, wertvoller Schmuck).

Welchem Bereich ein bestimmtes Bedürfnis zuzuordnen ist, hängt häufig von der spezifischen Situation des Menschen ab. Einzelne Bedürfnisse können von bestimmten Personen als selbstverständlich betrachtet werden (Durchführung einer Weltreise), während sie von Mitgliedern anderer sozialer Schichten als Luxus empfunden werden. Bedürfnisse sind auch im Zeitablauf wandelbar und ändern sich durch technische und gesellschaftliche Entwicklungen. Der Wunsch nach einer Auslands-Urlaubsreise oder nach einem Computer war zunächst ein Luxusbedürfnis, wird jedoch heute eher als üblich eingestuft.

- **Bedürfnisarten nach demjenigen, der das Bedürfnis vorrangig äußert**

  Bedürfnisse können weiter in **Individual- und Kollektivbedürfnisse** unterschieden werden, und zwar je nachdem, ob ein Bedürfnis eher von einer einzelnen Person ausgeht oder alle Mitglieder der Gesellschaft dieses Bedürfnis gleichermaßen äußern.

  - **Individualbedürfnisse:** ein Nahrungsmittel, ein Möbelstück, eine Erholungsreise.
  - **Kollektivbedürfnisse** (Gemeinschafts- oder Sozialbedürfnisse): Schulen, Krankenhäuser, Straßen, Umweltschutz, Rechtssicherheit.

Inwieweit der Mensch seine Bedürfnisse tatsächlich befriedigen kann, hängt in der Regel von seiner Vermögens- und Einkommenssituation, d.h. von der ihm zur Verfügung stehenden **Kaufkraft** ab. Die Summe der mit Kaufkraft versehenen Bedürfnisse wird als **Bedarf** bezeichnet. Dieser kann durch den Erwerb bestimmter Güter gedeckt werden. Wird der Bedarf auf diese Weise durch einen Kaufentschluss am Markt wirksam, wird er zur **Nachfrage.**

2.2 Güter als Mittel der Bedürfnisbefriedigung

Alle Mittel, die die Bedürfnisse befriedigen, nennt man **Güter.** Sie sind für den Menschen von Nutzen, weil sie ein bestehendes Mangelgefühl beseitigen.

- **Freie Güter**

  Nicht alle Güter werden durch wirtschaftliche Tätigkeit erstellt. Mittel, die die Natur unbeschränkt und unentgeltlich zur Verfügung stellt (Luft, Sonnenlicht, Meerwasser, Wüstensand, Steine im Gebirge), ohne dass zu ihrer Erlangung Arbeit geleistet werden muss, nennt man **freie Güter.** Sie sind im Verhältnis zu den Bedürfnissen reichlich vorhanden und deshalb **nicht** Gegenstand des Wirtschaftens.

  Infolge der zunehmenden Einwirkungen des Menschen auf die Natur durch Umweltbelastungen (Luft- und Gewässerverschmutzung) werden die freien Güter allerdings nicht nur oft nachhaltig in ihrer Qualität geschädigt, sondern auch stetig verringert. Aufgrund dieser zunehmenden Knappheit ergibt sich zusehends die Notwendigkeit, auch mit freien Gütern wirtschaften zu müssen.

- **Wirtschaftliche Güter**

  Ökonomisch von Bedeutung sind vor allem die wirtschaftlichen Güter, die durch folgende **Merkmale** charakterisiert sind:

  - Die meisten Güter, die der Mensch benötigt, stellt die Natur nur in einem begrenzten Umfang und meist nicht in direkt verbrauchsgerechtem Zustand zur Verfügung (Rohstoffe, Energie). Diese nur unter Arbeitseinsatz nutzbaren Güter sind **knapp** und deshalb muss mit ihnen **gewirtschaftet** werden. Ein Gut wird dann knapp, wenn bei gleich bleibendem Angebot die Nachfrage steigt. **Relativ knapp** sind Güter, die prinzipiell in beliebiger Menge hergestellt werden können; **absolut knapp** sind Güter, die sich nicht vermehren lassen (z.B. der Boden).
  - Die Herstellung bzw. die Bearbeitung wirtschaftlicher Güter verursachen **Kosten.**
  - Wirtschaftliche Güter werden am **Markt** angeboten und erzielen einen **Preis.**

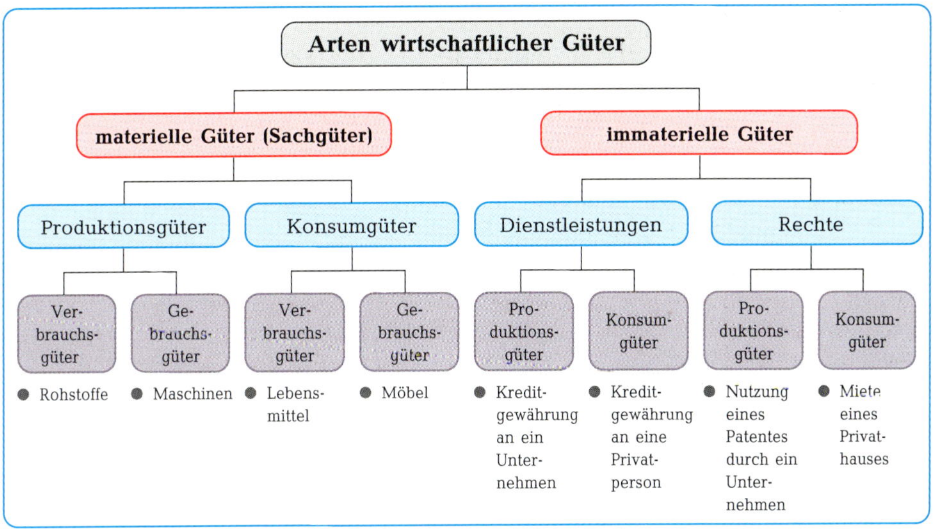

- **Materielle Güter (Sachgüter)** sind körperlicher Natur und dienen entweder als **Produktionsgüter** zur Herstellung wirtschaftlicher Güter oder finden in Form von **Konsumgütern** unmittelbare Verwendung zur Bedürfnisbefriedigung.

  Sowohl Produktions- als auch Konsumgüter können **Verbrauchsgüter** (das Gut wird beim Verbrauchsvorgang „vernichtet") oder **Gebrauchsgüter** (das Gut wird über einen längeren Zeitraum „genutzt") sein.

- **Immaterielle Güter** sind **Dienstleistungen** (menschliche Leistungen, die der Bedürfnisbefriedigung dienen, z.B. bereitgestellt durch Rechtsanwälte, Ärzte, Banken, Versicherungen) und **Rechte** (Patente, Lizenzen).

Immaterielle Güter kommen wie materielle Güter sowohl im Produktions- als auch im Konsumbereich vor.

2.3 Ökonomisches Prinzip

Wirtschaftliche Entscheidungen müssen planvoll und vernünftig (rational) getroffen werden, wenn der angestrebte Erfolg bestmöglich erreicht werden soll. Wirtschaftlich arbeiten bedeutet, mit knappen Gütern eine **optimale Bedürfnisbefriedigung** zu erzielen. Als Grundsatz wirtschaftlichen Handelns gilt das ökonomische Prinzip **(Rationalprinzip, Prinzip der Wirtschaftlichkeit),** wobei in zwei Einzelprinzipien unterschieden werden kann:

▶ Maximalprinzip

Mit einem gegebenen Einsatz von Mitteln soll der größtmögliche (maximale) Erfolg (Nutzen, Leistung) erzielt werden.

- Eine Hausfrau versucht, mit dem zur Verfügung stehenden Haushaltsgeld einen höchstmöglichen Nutzen für die Familie zu erreichen.
- Ein Textilunternehmen ist bestrebt, aus einer bestimmten Menge Stoff durch geeignetes Zuschneiden möglichst viele Damenblusen anzufertigen.

▶ **Minimalprinzip**

Ein bestimmter Erfolg soll mit dem geringsten (minimalen) Einsatz von Mitteln erreicht werden.

- Ein Konsument ist bestrebt, für den Kauf bestimmter Lebensmittel möglichst wenig Geld auszugeben.
- Für den Warenversand wird die preisgünstigste Versandart gewählt.

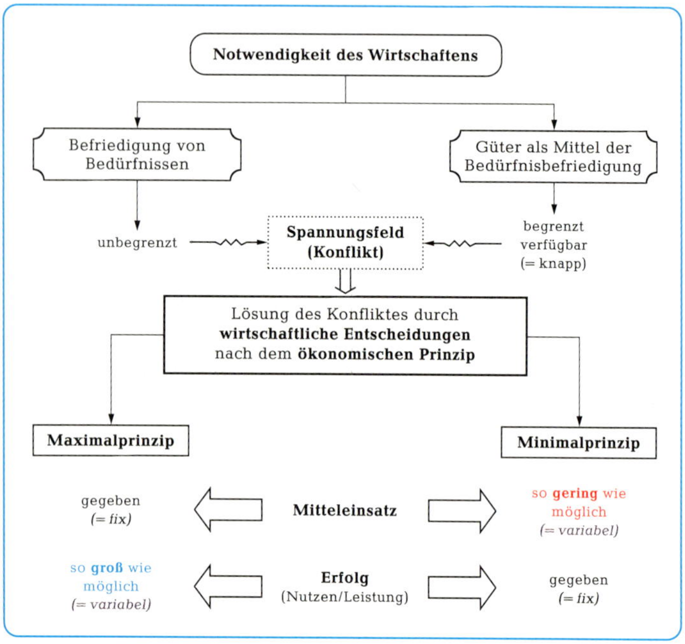

Beim ökonomischen Prinzip werden Aufwand und Nutzen in ein Verhältnis zueinander gesetzt. Das Ergebnis gibt Aufschluss über den **Erfolg wirtschaftlichen Handelns.** Das Maximalprinzip erfordert die Ergiebigkeit der Mittelverwendung, das Minimalprinzip bedingt die Sparsamkeit der einzusetzenden Mittel.

Spätestens seitdem die **Belastungen der Umwelt** weltweit bedrohliche Ausmaße (z.B. Waldsterben, Ozonloch, Klimaveränderungen) angenommen haben, die unsere natürlichen Lebensgrundlagen erschüttern, ist deutlich geworden, dass wirtschaftliches Handeln auch **ökologischen Erfordernissen** gerecht werden muss. Die Realisierung von Umweltschutzmaßnahmen berührt daher stets auch ökonomische Interessen.

So erfordern die Vermeidung oder Beseitigung von Umweltbelastungen zusätzliche Investitionen, die oft einen erheblichen Kapitaleinsatz bedingen. Die dadurch verursachten Kosten stehen der erwerbswirtschaftlichen Zielsetzung des Unternehmens, die bestmögliche Verzinsung des eingesetzten Kapitals zu erreichen, entgegen. Andererseits können innovative Umweltschutzmaßnahmen (wie etwa die Entwicklung eines Rohstoff oder Energie sparenden Produktionsverfahrens) zukunftsorientierte Märkte eröffnen.

Bei Zielkonflikten im Spannungsfeld zwischen ökonomischen Belangen und ökologischen Notwendigkeiten sollte immer dann der **Ökologie** der Vorrang eingeräumt werden, wenn bei der Verfolgung wirtschaftlicher, politischer und gesellschaftlicher Interessen mit Beeinträchtigungen der Umwelt (z.B. Gefahren für die menschliche Gesundheit oder Bedrohung unserer natürlichen Lebensgrundlagen) zu rechnen ist.

Zusammenfassung

Notwendigkeit des Wirtschaftens

- **Bedürfnisse** des Menschen als Mangelempfindungen
  - Existenzbedürfnisse
  - Kulturbedürfnisse
  - Luxusbedürfnisse
  - Individualbedürfnisse
  - Kollektivbedürfnisse
- **Bedarf** als Summe der durch Kaufkraft zu realisierenden Bedürfnisse
- **Güter** als Mittel der Bedürfnisbefriedigung
  - freie Güter: Luft, Sonnenlicht, Meerwasser
  - wirtschaftliche Güter: knappe Güter, mit denen gewirtschaftet werden muss:
    materielle Güter (Sachgüter) als Produktions- oder Konsumgüter
    immaterielle Güter in Form von Dienstleistungen und Rechten
- **Ökonomisches Prinzip** (Rationalprinzip, Prinzip der Wirtschaftlichkeit)
  - Maximalprinzip (mit gegebenen Mitteln den größtmöglichen Erfolg erzielen)
  - Minimalprinzip (einen bestimmten Erfolg mit geringsten Mitteln erreichen)

Aufgaben (15)

(1) Nennen Sie 15 Bedürfnisse, die Sie selbst haben, und ordnen Sie diese nach ihrer Dringlichkeit!

(2) Warum wird der Wunsch nach Rechtssicherheit des Bürgers zu den Kollektivbedürfnissen gezählt?

(3) Erläutern Sie die Begriffe: Bedürfnis, Bedarf und Nachfrage!

(4) Wodurch kann ein freies Gut zu einem wirtschaftlichen Gut werden?

(5) Welche Beispiele kann man bei folgender Einteilung anführen?
  a) Produktionsgüter als Verbrauchs- bzw. Gebrauchsgüter;
  b) Konsumgüter als Verbrauchs- bzw. Gebrauchsgüter.

(6) Geben Sie jeweils zwei Dienstleistungen für den Produktions- und Konsumgüterbereich an!

(7) Nennen Sie Beispiele aus Ihrem Ausbildungsbetrieb für die Anwendung des Maximalprinzips und des Minimalprinzips!

3 Handelsrechtliche Rahmenbedingungen

3.1 Kaufmannseigenschaft

Im täglichen Sprachgebrauch ist es üblich, diejenigen Mitarbeiter eines Unternehmens, die kaufmännische Tätigkeiten ausüben, als „Kaufleute" zu bezeichnen.

Kaufmann im Sinne des Handelsgesetzbuches ist dagegen nur derjenige, der ein **Handelsgewerbe betreibt** *(§ 1 I HGB).*

Nach dem Handelsgesetzbuch *(§ 1 II HGB)* ist ein Handelsgewerbe **jeder Gewerbebetrieb,** es sei denn, dass das Unternehmen nach Art oder Umfang **keinen** in kaufmännischer Weise eingerichteten Geschäftsbetrieb erfordert.

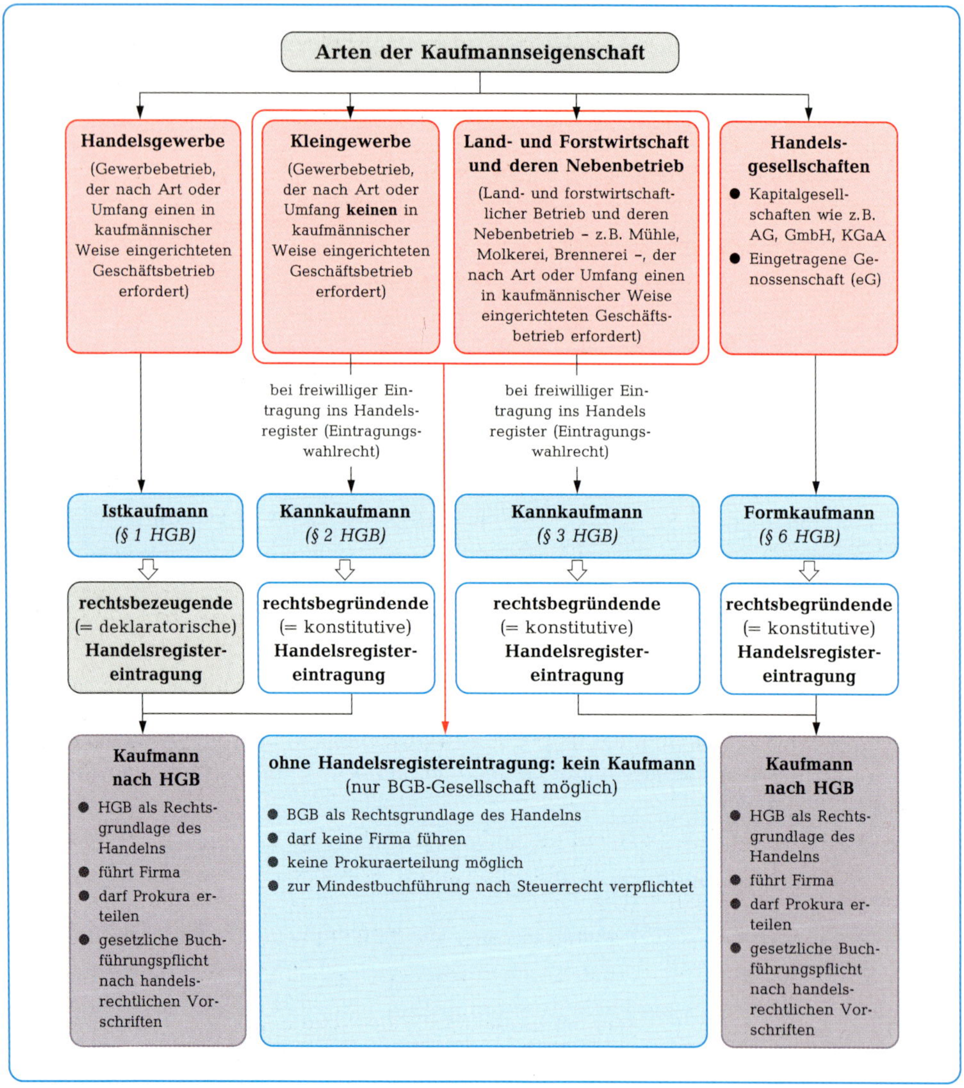

Ein Handelsgewerbe ist dann gegeben, wenn folgende Kennzeichen vorliegen:

- Eine **selbstständige auf Dauer** angelegte Tätigkeit,
- die **nach außen erkennbar ist** und
- die mit **Gewinnerzielungsabsicht** durchgeführt wird.

BESONDERHEIT:

Angehörige **freier Berufe** (Ärzte, Rechtsanwälte, Steuerberater, Künstler, Architekten) betreiben **kein** Gewerbe, obwohl die aufgeführten Merkmale auch auf sie zutreffen.

Notwendigkeit eines in kaufmännischer Weise eingerichteten Geschäftsbetriebes

Wann im Einzelfall Art oder Umfang der Tätigkeit einen in kaufmännischer Weise eingerichteten Geschäftsbetrieb erfordern, ist gesetzlich nicht geregelt. Vielmehr hat der Bundesgerichtshof dazu in einem Urteil festgestellt, dass bei einer solchen Entscheidung über die **Notwendigkeit kaufmännischer Einrichtungen** die Verhältnisse des einzelnen Betriebes *in ihrer Gesamtheit zu würdigen sind.*

Insbesondere sind dabei in Betracht zu ziehen:

- die Zahl der Beschäftigten und die Art ihrer Tätigkeit,
- der Umsatz,
- das Anlage- und Betriebskapital,
- die Vielfalt der erbrachten Leistungen und Geschäftsbeziehungen,
- die Inanspruchnahme von Kredit,
- die Teilnahme am Wechselverkehr.

Die Entscheidung, ob ein in kaufmännischer Weise eingerichteter Geschäftsbetrieb notwendig ist, trifft das Amtsgericht – ggf. mit Unterstützung der zuständigen Industrie- und Handelskammer oder Handwerkskammer.

Ein in kaufmännischer Weise eingerichteter Geschäftsbetrieb wird zudem an einer kaufmännischen Buchführung erkennbar. Die Steuergesetzgebung legt fest, wer buchführungspflichtig ist.

§ 141 I Abgabenordnung (AO) nennt **vier Kriterien,** nach denen gewerbliche Unternehmer sowie Land- und Forstwirte verpflichtet sind, selbst dann Bücher zu führen und aufgrund jährlicher Bestandsaufnahmen Abschlüsse zu erstellen, wenn sich aus § 140 AO aufgrund anderer Gesetze (wie z.B. HGB, AktG, GmbHG oder GenG) keine **Buchführungspflicht** ergibt:

- Umsätze von mehr als 350 000 EUR im Kalenderjahr **oder**
- selbst bewirtschaftete land- und forstwirtschaftliche Flächen mit einem Wirtschaftswert von mehr als 25 000 EUR **oder**
- ein Gewinn aus Gewerbebetrieb von mehr als 30 000 EUR im Wirtschaftsjahr **oder**
- ein Gewinn aus Land- und Forstwirtschaft von mehr als 30 000 EUR im Kalenderjahr.

Ist eines dieser Kriterien zur Buchführungspflicht erfüllt, wird davon ausgegangen, dass auch ein in kaufmännischer Weise eingerichteter Geschäftsbetrieb erforderlich ist.

Benötigt ein Unternehmen **keinen** in kaufmännischer Weise eingerichteten Geschäftsbetrieb (z.B. bei kleineren Betrieben wie Imbissstände oder Kioske), so gilt es trotzdem dann als Handelsgewerbe, wenn die Firma des Unternehmens ins Handelsregister eingetragen ist (Kannkaufmann gemäß § 2 HGB). Der Unternehmer kann freiwillig entscheiden, ob er dies tun will oder nicht.

© Erich Schmidt Verlag

3.2 Firma

Allen Kapitalgesellschaften, Personenhandelsgesellschaften und Einzelkaufleuten ist freigestellt, wie sie die Firma, also den Namen des Unternehmens, festlegen wollen. Generell müssen dabei allerdings folgende Grundsätze beachtet werden:

▶ Grundsätze der Firmenwahl

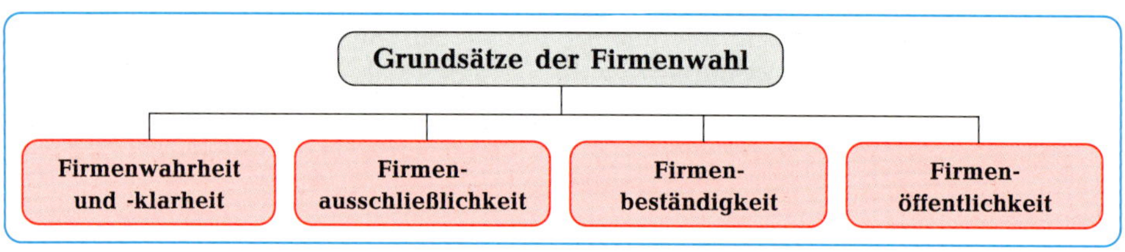

Firmenwahrheit und -klarheit

Die Firma muss zur Kennzeichnung des Kaufmanns geeignet sein und Unterscheidungskraft besitzen. Sie darf keine Angaben enthalten, die geeignet sind, über gesellschaftliche Verhältnisse, die für die angesprochenen Verkehrskreise wesentlich sind, irrezuführen *(§ 18 HGB)*.

- Beim „Schuhhaus Georg Albers e.K." erwarten Kunden, dass es sich um ein Schuhe anbietendes Fachgeschäft handelt und nicht etwa um einen Betrieb, der ausschließlich Schuhe repariert.
- Die Firma „Bayreuther Lebensversicherung AG" erweckt den Eindruck, es handele sich um die einzige oder doch mindestens bedeutendste Unternehmung dieser Branche am Ort. Ist dies nicht der Fall, dürfte die Firma unter dieser Bezeichnung nicht geführt werden.

- **Firmenausschließlichkeit**

  Die Firma muss sich von den bereits am Ort vorhandenen Handelsnamen deutlich unterscheiden *(§ 30 HGB).*

- **Firmenbeständigkeit**

  Wechselt der Inhaber eines Unternehmens, darf die bisherige Firma beibehalten werden. Voraussetzung ist allerdings, dass der frühere Geschäftsinhaber oder seine Erben zustimmen *(§ 22 HGB).*

  Mit der Firma wird häufig ein Bild, eine Vorstellung über das Unternehmen und seine Leistungen verbunden **(Image).** Ist es im Laufe langjähriger Geschäftstätigkeit gelungen, sowohl durch die Qualität der Produkte und Dienstleistungen als auch durch eine ansprechende Geschäftspolitik das Vertrauen der Kunden zu gewinnen, stellt der Name eines Unternehmens einen erheblichen Wert dar. Dieser **Firmenwert** sollte auch beim Wechsel des Geschäftsinhabers erhalten bleiben können.

  > Herrmann Jüttner möchte aus Altersgründen sein Unternehmen, eine bekannte und angesehene Facheinzelhandlung, an Martin Bonhoff veräußern. Beide einigen sich, dass das Unternehmen unter der alten Firma weitergeführt werden soll, da der gute Ruf, der mit diesem Namen verbunden ist, Bonhoff den Eintritt in das Geschäftsleben erleichtern kann. Bonhoff firmiert also weiter unter „Spielwaren Hermann Jüttner e.Kfm". Denkbar wäre auch der Zusatz „Spielwaren Hermann Jüttner e.Kfm. – Nachfolger".

  Nicht möglich ist es, die Firma ohne das dazugehörige Handelsgeschäft zu veräußern *(§ 23 HGB).*

  > Herrmann Jüttner könnte daher nicht die Einzelhandlung aufgeben und einem anderen Unternehmen erlauben, seinen bisherigen Handelsnamen zu führen, ohne dass dieses auch das Handelsgeschäft weiterführt.

- **Firmenöffentlichkeit**

  Jeder Kaufmann ist verpflichtet, die Firma oder mögliche spätere Änderungen des Handelsnamens zur Eintragung in das Handelsregister anzumelden *(§§ 29, 31 HGB).* Damit wird gewährleistet, dass die Öffentlichkeit – also Kunden, Lieferanten, Banken und Behörden – erfährt, unter welcher Firma Geschäftsvorgänge abgewickelt werden.

▸ Firmierung verschiedener Unternehmensformen

- Die Firma des **Einzelkaufmanns** muss die Bezeichnung „eingetragener Kaufmann" oder „eingetragene Kauffrau" oder eine Abkürzung dieser Begriffe wie „e.K.", „e.Kfm." oder „e.Kfr." enthalten *(§ 19 HGB).*

- Bei der **offenen Handelsgesellschaft** *(§ 19 HGB),* der **Kommanditgesellschaft** *(§ 19 HGB),* der **Gesellschaft mit beschränkter Haftung** *(§ 4 GmbHG)* und der **Aktiengesellschaft** *(§ 4 AktG)* muss die Firma entweder die vollständige Angabe der Rechtsform (etwa Aktiengesellschaft) enthalten oder eine allgemein verständliche Abkürzung (z.B. bei der Aktiengesellschaft: „AG").

- Bei der **Genossenschaft** muss die Firma die Bezeichnung „Genossenschaft" oder die Abkürzung „e.G." enthalten *(§ 3 GenG).*

3.3 Handels- und Genossenschaftsregister

▶ Begriff

Das Handelsregister ist ein öffentliches Verzeichnis **aller Kaufleute.** In dieses Register müssen eine Reihe von Informationen über das Unternehmen eingetragen werden, die für die Öffentlichkeit, insbesondere die Geschäftspartner der Kaufleute, wesentlich sind. Damit dient das Handelsregister der Sicherheit im Rechts- und Geschäftsverkehr mit Kaufleuten.

Zuständig für die Eintragung ist das Amtsgericht, in dessen Bezirk sich die Niederlassung des Kaufmanns befindet *(§ 8 HGB).*

Das Handelsregister wird in zwei Abteilungen geführt:

- **Abteilung A**
  Einzelkaufleute und Personengesellschaften (OHG, KG, GmbH & Co. KG)
- **Abteilung B**
  Kapitalgesellschaften (GmbH, AG, KGaA) und Versicherungsvereine auf Gegenseitigkeit

Für **Genossenschaften** wird ein gesondertes **Genossenschaftsregister** bei den Amtsgerichten geführt.

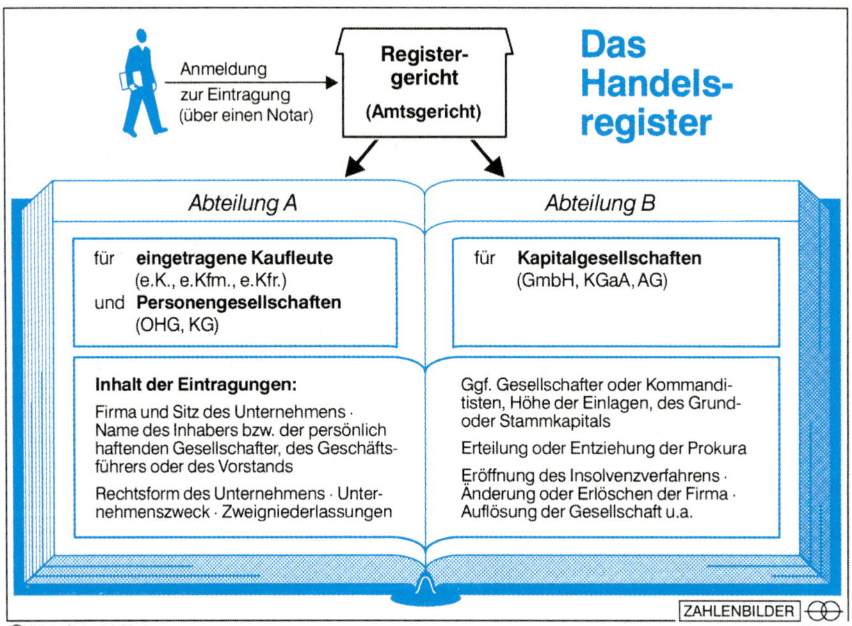

© Erich Schmidt Verlag 201 315

▶ Veröffentlichung

Das Amtsgericht muss die Registereintragungen durch den Bundesanzeiger und mindestens eine weitere Zeitung (Tagespresse oder Fachzeitschrift, die im Amtsgerichtsbezirk erscheinen) veröffentlichen lassen *(§ 10 I HGB).*

Jeder Interessierte kann Einsicht in das Handelsregister nehmen und Abschriften der Eintragung erhalten *(§ 9 HGB).*

Anmeldung

Eintragungen erfolgen aufgrund einer öffentlich beglaubigten schriftlichen Erklärung des Kaufmanns oder seines Vertreters *(§ 12 HGB).*

Die Anmeldung erfolgt bei Personengesellschaften durch die Gesellschafter, bei der GmbH durch die Geschäftsführer, bei der AG durch Gründer, Vorstands- und Aufsichtsratsmitglieder.

Inhalt und Wirkung der Eintragung

Der Kaufmann kann nicht beliebige Tatsachen, die er der Öffentlichkeit mitteilen möchte, in das Handelsregister aufnehmen lassen. Er muss sich daran halten, was das Gesetz als **eintragungsfähig** ansieht. Dazu gehören u. a.:

- Firma und Ort der Niederlassung *(§ 29 HGB),*
- entsprechend der Unternehmensform die Inhaber, Gesellschafter, Geschäftsführer oder Vorstandsmitglieder,
- Änderungen der Firma, ihrer Inhaber oder eine Verlegung der Niederlassung *(§ 31 HGB),*
- Erteilung und Widerruf von Prokura *(§ 53 HGB)* **(nicht von Handlungsvollmacht!),**
- Auflösung des Unternehmens *(§ 31 HGB).*

Grundsätzlich soll das Handelsregister nur Tatsachen bekannt machen, die bereits entstanden sind. Diese Eintragungen haben **rechtsbezeugende** (deklaratorische) **Wirkung.**

Erteilung und Widerruf der Prokura sind auch ohne Eintragung in das Handelsregister wirksam. In diesem Fall wird daher nur eine Tatsache der Öffentlichkeit bekannt gegeben.

In einigen Fällen ist dagegen die Eintragung notwendig, um eine Rechtslage überhaupt erst zu schaffen. Diese Eintragungen haben **rechtsbegründende** (konstitutive) **Wirkung.**

Kleinbetriebe werden erst durch die Eintragung in das Handelsregister zum Kaufmann.

Schutz des Vertrauens

Sind Informationen über ein Unternehmen in das Handelsregister eingetragen **und** bekannt gemacht worden, darf der Kaufmann darauf vertrauen, dass sie von der Öffentlichkeit zur Kenntnis genommen wurden *(§ 15 II HGB).*

Wurde einem Prokuristen die Vollmacht entzogen (Löschung im Handelsregister und Veröffentlichung) und schließt dieser danach noch einen Kaufvertrag mit einem Lieferanten ab, ist diese Vereinbarung für den Inhaber der Unternehmung nicht mehr bindend.

Hat sich der Lieferant als Kaufmann nicht über die Bekanntmachung der Handelsregistereintragung informiert, handelt er fahrlässig und hat keinen Anspruch auf Erfüllung des Geschäftes.

Elektronisches Handelsregister

Ab 2007 soll das Handelsregister nur noch elektronisch geführt werden.[1] Außerdem sollen ab diesem Zeitpunkt alle publikationspflichtigen Unternehmensdaten über das Internet zentral aus einer Datenbank abrufbar sein. Zu diesem Zweck wird derzeit nach Maßgabe des Entwurfs eines „Gesetzes über elektronische Handelsregister und Genossenschaftsregister sowie das Unternehmensregister *(EHUG)*" bundesweit ein einheitliches elektronisches Unternehmensregister aufgebaut, das unter der Internet-Adresse „www.unternehmensregister.de" den schnellen und komfortablen Datenabruf ermöglichen soll.

Zusammenfassung

Handelsrechtliche Grundlagen des Unternehmens

Kaufmann/Kauffrau

- benötigt entweder einen in kaufmännischer Weise eingerichteten Geschäftsbetrieb
  oder
- lässt sich freiwillig in das Handels- bzw. Genossenschaftsregister eintragen

Firma (Handelsname)

- **Kaufleute** führen eine Firma und melden diese beim Handels- bzw. Genossenschaftsregister an.
- Die **Wahl des Handelsnamens** ist abhängig sowohl von der gewählten Rechtsform des Unternehmens als auch von den Grundsätzen der Firmenwahl.

Eintragung in das Handels- bzw. Genossenschaftsregister

dem Verzeichnis aller Kaufleute, das von den Amtsgerichten geführt wird

1 Dies gilt auch für das Genossenschafts- und Partnerschaftsregister.

Aufgaben 16

(1) *Was ist unter einem Handelsgewerbe zu verstehen?*

(2) *Entscheiden Sie, ob in den genannten Fällen ein Handelsgewerbe vorliegt oder nicht. Begründen Sie Ihre Meinung!*

a) *Beim Sommerfest in einer Kleingartenanlage werden Getränke an die Gäste verkauft.*

b) *Eine 27-jährige kaufmännische Angestellte gibt in einem Autohaus ihren alten Kleinwagen in Zahlung, als das von ihr bestellte Neufahrzeug ausgeliefert wird.*

c) *Zwei Freundinnen schließen sich zusammen, um für alte und kranke Menschen ambulante Pflegedienstleistungen anbieten zu können.*

d) *Eine pensionierte Lehrerin spekuliert ab und zu an der Börse.*

e) *Der Hausmeister eines Berufskollegs verkauft während der großen Pausen Getränke an die Schüler.*

f) *Nach Absolvierung der Meisterprüfung eröffnet Erich Letter eine Buchdruckerei.*

(3) *Prüfen Sie in den folgenden Fällen, ob und welche Kaufmannseigenschaft im Sinne des HGB vorliegt!*

a) *Huber OHG, Büromaschinengroßhandel*

b) *Zementwerke GmbH mit 53 Beschäftigten*

c) *Grillstube*

d) *Kino als Familienbetrieb*

e) *Spedition Wagner e. Kfm.*

f) *Hotel mit 30 Beschäftigten*

g) *Werbeagentur mit jährlichen Umsätzen von mehr als 350 000 EUR*

h) *Schreinermeister Wurm macht sich zusammen mit seinem Gesellen selbstständig*

i) *die als Nebenbetrieb zur Landwirtschaft anzusehende Kornbrennerei mit einem jährlichen Umsatz von mehr als 50 000 EUR*

(4) *Verdeutlichen Sie, was unter der Firma eines Unternehmens zu verstehen ist!*

(5) *Welche Gründe könnten einen neuen Geschäftsinhaber dazu veranlassen, das Unternehmen unter der alten Firma fortzuführen?*

(6) *Gegen welchen Grundsatz der Firmenwahl verstößt Tobias Sinn-Leffers, der sein neu einzurichtendes Bekleidungsgeschäft mit „Sinn-Leffers GmbH" firmieren möchte?*

(7) *Ein Kaufmann will folgende Tatbestände über sein Unternehmen in das Handelsregister eintragen lassen. Prüfen Sie, welche Eintragungen nicht zulässig sind!*

a) *Erteilung von Prokura*

b) *Umsatz im letzten Geschäftsjahr*

c) *Anzahl der Mitarbeiter*

d) *Erteilung von Handlungsvollmacht*

e) *Ort der Niederlassung*

(8) *Erläutern Sie die Begriffe „rechtsbezeugende" und „rechtsbegründende" Wirkung der Handelsregistereintragung!*

(9) *Welchen besonderen Schutz bieten Eintragungen in das Handelsregister und deren Bekanntmachungen für das entsprechende Unternehmen?*

13 Siekerkötter/Fehn - ISBN 978-3-8120-0065-9

4 Unternehmensformen des privaten Rechts

Bei der Gründung eines Unternehmens wird die **Wahl der geeigneten Rechtsform** insbesondere durch folgende Gegebenheiten bestimmt:

- **Was ist der Gegenstand des Unternehmens,** d.h., welche Produkte sollen hergestellt, welche Waren verkauft oder welche Dienstleistungen angeboten werden?

  > Für bestimmte Unternehmenstätigkeiten schreibt der Gesetzgeber Unternehmensformen vor: Privatrechtliche Versicherungsunternehmen können zwischen der Rechtsform einer AG und der eines Versicherungsvereins auf Gegenseitigkeit (VVaG) wählen; freiberuflich Tätige können sich in Form der BGB-Gesellschaft oder einer Partnerschaft zusammenschließen.

- **Wie viele Personen sind an der Unternehmensgründung beteiligt?**
- **Wie viel Kapital ist vorhanden bzw. kann beschafft werden?**
- **Soll nur mit dem Geschäftsvermögen des Unternehmens oder auch mit dem Privatvermögen der Beteiligten gehaftet werden?**
- **In welcher Art beabsichtigen die Gründer im Unternehmen „mitzuarbeiten",** d.h., wollen sie nur Kapital zur Verfügung stellen oder auch ihre Arbeitskraft einsetzen?

Innerhalb des Privatrechts stehen folgende Unternehmensformen zur Wahl:

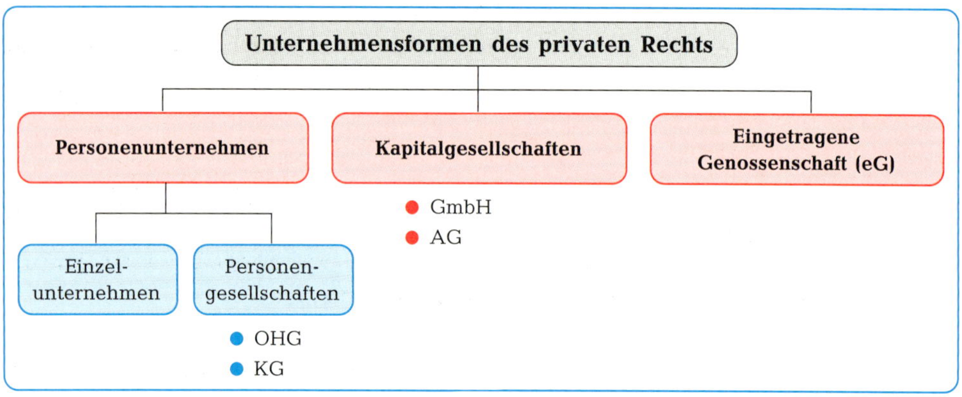

4.1 Personenunternehmen

4.1.1 Einzelunternehmen

Die meisten Unternehmen in der Bundesrepublik Deutschland sind Einzelunternehmen. Der Inhaber trägt alle Pflichten und kann sämtliche Rechte in Anspruch nehmen, die sich aus dem Geschäftsbetrieb ergeben.

- Der Einzelunternehmer bringt das **Kapital** allein aus seinem Privatvermögen oder durch Bankkredite auf.
- Hieraus folgt die gesamte Übernahme des Risikos bei Kapitalverlust, d.h., er haftet **unbeschränkt** mit dem **Geschäfts- und Privatvermögen.** Allerdings fällt ihm auch der gesamte erwirtschaftete **Gewinn** zu.
- Der Inhaber eines Einzelunternehmens leitet das Geschäft allein, muss also seine **Entscheidungen** nicht mit anderen abstimmen und kann somit rasch handeln.

Einzelunternehmen

- **alleinige Kapitalaufbringung**
- **alleinige Geschäftsführung**
- **unbeschränkte Haftung mit Geschäfts- und Privatvermögen**
- **alleiniger Gewinnanspruch**

▶ Nachteile eines Einzelunternehmens

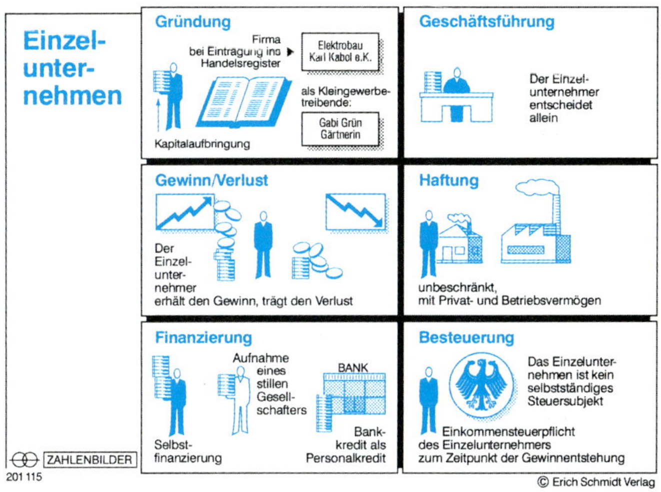

Die Nachteile dieser Unternehmensform bestehen zunächst in der Übernahme des Haftungsrisikos auch mit dem **Privatvermögen** des Einzelunternehmers. Probleme können sich zudem daraus ergeben, dass er Entscheidungen allein treffen muss.

Eine besondere Schwierigkeit liegt in der nur begrenzt möglichen Erhöhung von Eigen- und Fremdkapital, die z. B. für eine Geschäftserweiterung notwendig werden kann. Das **Eigenkapital** kann nur erhöht werden durch:

- Übertragung von Privatvermögen auf das Unternehmen oder
- nicht entnommenen Gewinn.

Für eine einzelne Person ist diese Art der Bereitstellung von Kapital nur in beschränktem Umfang möglich. Auch die Zuführung von **Fremdkapital** scheitert häufig an den nicht ausreichend vorhandenen Sicherheiten (Grundstücke, Gebäude, Wertpapiere), die von Banken gefordert werden.

4.1.2 Personengesellschaften

Bei Personengesellschaften schließen sich mindestens zwei Personen zusammen, um ein Unternehmen zu gründen. In diesem Fall haften einer oder mehrere der Beteiligten unbeschränkt mit dem **Geschäfts- und Privatvermögen** für die Verbindlichkeiten des Unternehmens, mindestens ein Gesellschafter leitet das Unternehmen **persönlich.**

4.1.2.1 Offene Handelsgesellschaft (OHG) *(§§ 105 – 160 HGB)*

▶ **Begriff** *(§ 105 I HGB)*

Bei einer OHG schließen sich mindestens zwei Personen mit dem Ziel zusammen, ein Handelsgewerbe unter gemeinsamer Firma zu betreiben. Alle Gesellschafter haften für die Verbindlichkeiten des Unternehmens **unbeschränkt mit ihrem Geschäfts- und Privatvermögen.**

Gründung

Die Gründung einer OHG setzt den Abschluss eines Gesellschaftsvertrages voraus. In ihm werden die Rechte und Pflichten der einzelnen Gesellschafter festgelegt. Der Vertrag ist zwar an keine bestimmte Form gebunden, wird in der Regel jedoch schriftlich abgefasst. Er muss nur dann notariell beurkundet werden, wenn einer der Gesellschafter ein Grundstück in das Unternehmen einbringt.

Die OHG wird in das Handelsregister eingetragen, wodurch der Geschäftsbetrieb offiziell aufgenommen wird. Wird ein Unternehmen als OHG gegründet und ist ein in kaufmännischer Weise eingerichteter Geschäftsbetrieb erforderlich (Istkaufmann), so entsteht dieses Unternehmen in der Regel schon mit dem Beginn der Geschäfte, selbst wenn zu diesem Zeitpunkt noch keine Handelsregistereintragung erfolgt ist.

Pflichten und Rechte der Gesellschafter untereinander (INNENVERHÄLTNIS)

(§§ 109 – 122 HGB)

Die Rechte und Pflichten der Gesellschafter können im **Gesellschaftsvertrag** frei vereinbart werden. Nur wenn dort zu bestimmten Punkten **keine Regelungen** vorgesehen sind, gelten die entsprechenden **gesetzlichen Bestimmungen** (HGB, BGB), die im Folgenden dargestellt werden.

Pflichten der Gesellschafter

Einlagepflicht *(§ 706 BGB)*

Bei der Gründung der OHG ist jeder Gesellschafter verpflichtet, die vereinbarten Einlagen (Geld, Wertpapiere, Grundstücke, Gebäude, Maschinen, Werkzeuge, Geschäftseinrichtungen usw.) zu leisten. Damit werden diese Geld- oder Sachleistungen Bestandteile des Gesellschaftsvermögens.

Pflicht zur Mitarbeit *(§ 114 HGB)*

Jeder Gesellschafter ist zur Mitarbeit in der Geschäftsführung berechtigt und verpflichtet. Der Gesellschaftsvertrag kann allerdings einen oder mehrere Gesellschafter von der Geschäftsführung ausschließen.

Wettbewerbsverbot *(§ 112 I HGB)*

Ohne Einwilligung der anderen darf kein Gesellschafter im gleichen Handelszweig Geschäfte auf eigene Rechnung ausführen oder als persönlich haftender Gesellschafter einem anderen Unternehmen der gleichen Branche angehören.

Verlustbeteiligung *(§ 121 III HGB)*

Endet ein Geschäftsjahr mit einem Verlust, so muss dieser von allen Gesellschaftern zu gleichen Teilen getragen werden. Es erfolgt eine entsprechende Kürzung der auf den Kapitalkonten der Gesellschafter geführten Anteile.

Rechte der Gesellschafter

Geschäftsführung *(§§ 114 – 117 HGB)*

Sind alle oder mehrere Gesellschafter zur Geschäftsführung berechtigt, darf jeder von ihnen allein handeln, es sei denn, einer der anderen geschäftsführenden Gesellschafter widerspricht einer bestimmten Handlung. Ist im Gesellschaftsvertrag festgelegt, dass die geschäftsführenden Gesellschafter nur gemeinsam handeln können, so bedarf jeder Geschäftsabschluss der Zustimmung aller.

Die Möglichkeit für einen geschäftsführenden Gesellschafter, Geschäfte allein abzuschließen, ist allerdings auf gewöhnliche Geschäfte (täglich anfallende Vorgänge wie der An- und Verkauf von Waren) beschränkt. Für nicht alltägliche Geschäfte (z. B. Kauf eines Grundstücks, grundlegende Veränderung im Warenangebot, Gewährung eines besonders hohen Kredits an einen Kunden) ist der Beschluss aller Gesellschafter bzw. bei der Erteilung von Prokura der Beschluss aller geschäftsführenden Gesellschafter notwendig.

- **Gewinnverteilung** *(§ 121 HGB)*

  Vom erwirtschafteten Gewinn erhält jeder Gesellschafter am Ende des Geschäftsjahres zunächst 4% seines Kapitalanteils. Der gegebenenfalls darüber hinausgehende Betrag wird zu gleichen Teilen (also „nach Köpfen") verteilt.

  Ein Jahresgewinn von 90000 EUR soll gemäß dieser Regelung verteilt werden:

Gesellschafter	Kapitalanteil (Einlage)	4% Zinsen auf die Einlage	Kopfanteil	Gesamtgewinn
Weiß	90000 EUR	3600 EUR	42000 EUR	45600 EUR
Schwarz	60000 EUR	2400 EUR	42000 EUR	44400 EUR
	150000 EUR	6000 EUR	84000 EUR	90000 EUR

  Der Gesamtbetrag, den jeder Gesellschafter erhält, wird seinem Kapitalkonto gutgeschrieben.

- **Privatentnahme** *(§ 122 HGB)*

  Jeder Gesellschafter kann bereits während des Jahres Geld bis zum Betrag von 4% seines Kapitalanteils der Geschäftskasse entnehmen. Damit soll ihm die Bestreitung seines Lebensunterhaltes ermöglicht werden. Diese vorab entnommenen Beträge werden mit dem späteren Gewinnanteil verrechnet.

  Im Gesellschaftsvertrag einer OHG wird in der Regel folgende Vereinbarung über Entnahmen und Gewinnverteilung getroffen:

  Die Gesellschafter erhalten ein monatliches Geschäftsführergehalt in bestimmter Höhe (Entnahmen). Am Jahresende wird der verbleibende Reingewinn in der Weise aufgeteilt, dass zunächst ein bestimmter Prozentsatz als Verzinsung auf die jeweiligen Kapitalanteile der Gesellschafter an diese ausgeschüttet wird. Der Rest wird nach Köpfen verteilt.

- **Kündigungsrecht** *(§ 132 HGB)*

  Jeder Gesellschafter ist berechtigt, den Gesellschaftsvertrag zum Schluss eines Geschäftsjahres mit einer Frist von mindestens sechs Monaten zu kündigen.

▶ Das Verhältnis der Gesellschaft gegenüber Dritten (AUSSENVERHÄLTNIS) *(§§ 123–130 b HGB)*

Während die Gesellschafter untereinander (Innenverhältnis) ihre Rechtsbeziehungen im Gesellschaftsvertrag frei regeln können, sind sie in ihrem Verhältnis zu Kunden, Lieferanten, Banken usw. (Außenverhältnis) an bestimmte gesetzliche Vorgaben gebunden.

- **Vertretung** *(§§ 125 f. HGB)*

  Jeder Gesellschafter ist grundsätzlich berechtigt, die OHG allein gegenüber Außenstehenden zu vertreten **(Einzelvertretungsmacht).** Selbst dann, wenn einer der Gesellschafter einen Vertrag mit einem Kunden, Lieferanten oder einer Bank abschließt und seine Mitgesellschafter die ausgehandelten Bedingungen später ablehnen, ist die Vereinbarung rechtswirksam. Die Einzelvertretungsmacht gilt sowohl für gewöhnliche als auch für außergewöhnliche Rechtsgeschäfte.

> Bold und Krause, die beiden Gesellschafter einer OHG, haben im Gesellschaftsvertrag „Gesamtgeschäftsführung" vereinbart (Innenverhältnis). Krause erwirbt ohne Zustimmung Bolds eine neue Kühlanlage. Der Kaufvertrag ist wirksam, da Krause „Einzelvertretungsmacht" hat (Außenverhältnis). Allerdings verstößt er in diesem Fall gegen die vereinbarte Gesamtgeschäftsführung. Bold könnte, falls durch den Kauf der Anlage der OHG ein Schaden entstünde, Krause zum Ersatz dieses Schadens heranziehen.

Im Gesellschaftsvertrag kann allerdings festgelegt werden, dass einzelne Gesellschafter von der Vertretung ausgeschlossen sind.

Abweichend von der Regelung zur Einzelvertretung kann zudem **„Gesamtvertretung"** (d.h., alle oder mehrere Gesellschafter sind nur gemeinsam zur Vertretung berechtigt) vereinbart werden oder es wird bestimmt, dass ein Gesellschafter nur gemeinsam mit einem Prokuristen handeln darf. Derartige Änderungen der gesetzlichen Vertretungsmacht sind allerdings nur zulässig, wenn sie ins Handelsregister eingetragen werden, damit sich Außenstehende über diese Sachlage informieren können.

- **Haftung** *(§§ 128–130 HGB)*

Grundsätzlich entspricht die Haftung der Gesellschafter einer OHG der des Einzelunternehmers. Die Haftung ist:

- **unbeschränkt,** d.h., sie bezieht sich auf das Geschäfts- und Privatvermögen;
- **unmittelbar,** d.h., ein Gläubiger kann sich zum Ausgleich bestehender Verbindlichkeiten direkt an einen (beliebigen) Gesellschafter wenden;
- **solidarisch** (gesamtschuldnerisch), d.h., jeder Gesellschafter haftet allein für alle Schulden der Gesellschaft.

Jeder Gesellschafter, der aus der OHG ausscheidet, haftet noch fünf Jahre für die bei seinem Ausscheiden bestehenden Verbindlichkeiten. Tritt ein Gesellschafter neu in die OHG ein, so haftet auch er für die zu diesem Zeitpunkt bestehenden Schulden.

- **Auflösung** *(§§ 131 ff. HGB)*

Auflösungsgründe einer OHG können sein:

- Ablauf der vereinbarten Dauer der OHG,
- Auflösungsbeschluss der Gesellschafter,
- gerichtliche Entscheidung,
- Eröffnung des Insolvenzverfahrens über das Vermögen der OHG oder eines Gesellschafters.

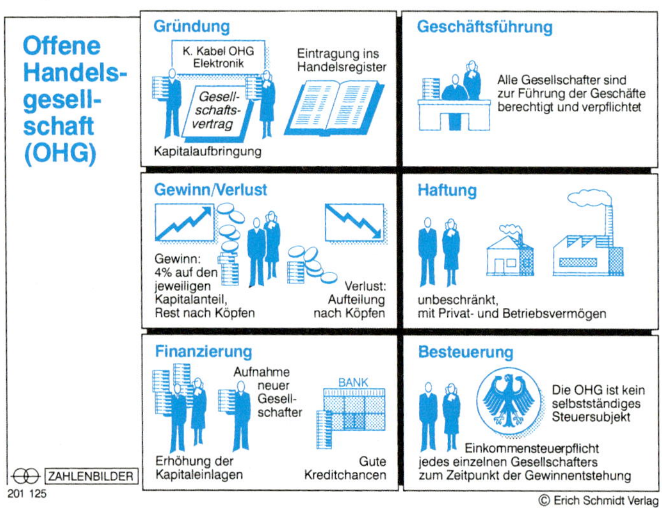

- **Bedeutung der OHG**

Die OHG ist eine typische Personengesellschaft. Wie der Einzelunternehmer, so bringen die Gesellschafter der OHG das Kapital selbst auf, führen das Unternehmen persönlich und tragen das volle Risiko. Die OHG bietet die Möglichkeit der Aufgabenverteilung auf die Gesellschafter bei gleicher Verantwortung und ist aufgrund der unbeschränkten, unmittelbaren und solidarischen Haftung von hoher Kreditwürdigkeit. Gleichzeitig bewirkt dieses Haftungsrisiko (mit Geschäfts- und Privatvermögen) allerdings, dass nur noch selten kleine und mittlere Unternehmen in dieser Rechtsform gegründet werden.

4.1.2.2 Kommanditgesellschaft (KG) *(§§ 161 – 177 a HGB)*

- **Begriff** *(§ 161 HGB)*

Die Kommanditgesellschaft (KG) ist wie die offene Handelsgesellschaft (OHG) eine Personengesellschaft, deren Zweck auf den Betrieb eines Handelsgewerbes unter gemeinschaftlicher Firma gerichtet ist. Allerdings unterscheidet man bei ihr zwei Arten von Gesellschaftern:

- **Komplementär**

  Dieser haftet für die Verbindlichkeiten des Unternehmens wie alle Gesellschafter einer OHG, nämlich mit seinem Privat- und Geschäftsvermögen **(Vollhafter).**

- **Kommanditist**

  Er haftet gegenüber Dritten als Gesamtschuldner nur bis zur Höhe seiner noch nicht geleisteten Kapitaleinlage **(Teilhafter).** Diese persönliche Haftung entfällt, wenn die Kommanditeinlage geleistet ist.

- **Gründung** *(§ 162 HGB)*

Mindestens ein Komplementär und ein Kommanditist schließen einen Gesellschaftsvertrag ab. In das Handelsregister werden eingetragen:

- die Namen aller Gesellschafter,
- die Höhe der Kapitaleinlagen der Kommanditisten.

Nur die Anzahl der Kommanditisten wird öffentlich bekannt gegeben.

- **Pflichten und Rechte der Gesellschafter untereinander** **(INNENVERHÄLTNIS)** *(§§ 164 – 169 HGB)*

- **Komplementär**

  Für die Vollhafter gelten die **gleichen Bestimmungen wie für die Gesellschafter der OHG** *(§ 161 II HGB)*, d. h., sie führen die Geschäfte des Unternehmens.

- **Kommanditist**

  - **Einlagepflicht** laut Gesellschaftsvertrag (Geld- oder Sachwerte) *(§ 706 BGB)*
  - **Geschäftsführung** *(§ 164 HGB)*
    Die Kommanditisten sind von der Geschäftsführung ausgeschlossen. Bei außergewöhnlichen Geschäften steht ihnen allerdings ein Widerspruchsrecht zu, d. h., ihre Zustimmung ist erforderlich.

● **Kontrollrecht** *(§ 166 I HGB)*

Die Kommanditisten können den Jahresabschluss anhand der entsprechenden Einzelunterlagen überprüfen.

● **Gewinnbeteiligung** *(§ 168 HGB)*

Komplementäre und Kommanditisten erhalten zunächst vom Gewinn 4% als Verzinsung ihres Kapitalanteils. Der Rest wird in einem angemessenen Verhältnis verteilt, d.h., die Mitarbeit und die Vollhaftung der Komplementäre werden stärker bewertet als die Teilhaftung der Kommanditisten.

Im Gesellschaftsvertrag ist festgelegt, dass alle Teilhaber gemäß HGB zunächst 4% ihrer Kapitalanteile erhalten. Der Restgewinn soll zu 75% an den Komplementär und zu je 12,5% an die beiden Kommanditisten fallen. Bei einem Jahresgewinn von 312000 EUR ergibt sich folgende Gewinnverteilung:

Gesellschafter	**Kapitalanteil (Einlage)**	**4% Zinsen auf die Einlage**	**Kopfanteil**	**Gesamtgewinn**
Komplementär	100000 EUR	4000 EUR	225000 EUR	229000 EUR
Kommanditist 1	100000 EUR	4000 EUR	37500 EUR	41500 EUR
Kommanditist 2	100000 EUR	4000 EUR	37500 EUR	41500 EUR
	300000 EUR	12000 EUR	300000 EUR	312000 EUR

● **Kündigungsrecht** *(§ 132 HGB)*

Der Kommanditist kann mit einer Frist von sechs Monaten zum Ende des Geschäftsjahres kündigen.

► Das Verhältnis der Gesellschafter gegenüber Dritten (AUSSENVERHÄLTNIS)

● **Komplementär**

Für die Vollhafter gelten die **gleichen Bestimmungen wie für die Gesellschafter der OHG** *(§ 161 II HGB)*, d.h., sie vertreten das Unternehmen nach außen.

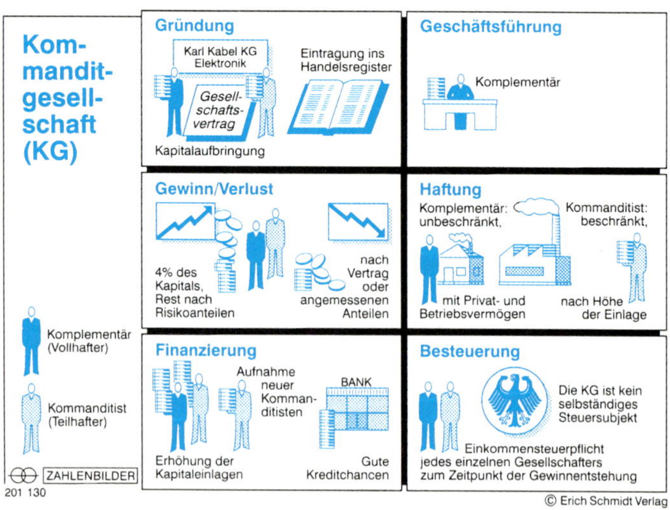

© Erich Schmidt Verlag

● **Kommanditist**

● **Vertretung** *(§ 170 HGB)*

Kommanditisten sind **nicht** zur Vertretung der KG gegenüber Dritten berechtigt.

- **Haftung** *(§ 171 I HGB)*

  Die Kommanditisten haften gegenüber Dritten als Gesamtschuldner nur bis zur Höhe ihrer noch nicht geleisteten Kapitaleinlage. Diese persönliche Haftung entfällt, wenn die Kommanditeinlage geleistet ist.

- **Auflösung**

  Für die KG gelten die gleichen Auflösungsgründe wie für die OHG *(§ 131 HGB)*. Allerdings ist der Tod eines Kommanditisten kein Auflösungsgrund *(§ 177 HGB)*.

▶ **Bedeutung der KG**

Die KG bietet dem Einzelunternehmen oder der OHG die Möglichkeit zur Erweiterung der Kapitalgrundlage, ohne dem Geldgeber (Kommanditist) Einfluss auf die Geschäftsführung oder gar die Vertretung einzuräumen. Ferner ist das Unternehmen nicht mit festen Zinsverpflichtungen belastet wie bei einem Darlehen oder Bankkredit.

4.2 Kapitalgesellschaften

Bei **Personengesellschaften** haftet mindestens ein Gesellschafter mit seinem Geschäfts- und Privatvermögen (Ausnahme: GmbH & Co. KG), der die Geschäfte des Unternehmens führt und die Gesellschaft nach außen vertritt.

Demgegenüber kennen **Kapitalgesellschaften keine persönliche Haftung.** Hier ist es nur das von den Gesellschaftern aufgebrachte Kapital (Gesellschaftsvermögen), das für die Verbindlichkeiten des Unternehmens einsteht. Diese Gesellschafter sind aber häufig nicht an der Unternehmensleitung beteiligt. Während für Personengesellschaften natürliche Personen (Eigentümer) charakteristisch sind, besitzen Kapitalgesellschaften eine **eigene Rechtspersönlichkeit,** d. h., sie sind **juristische Personen.** Darüber hinaus zeichnen sich Kapitalgesellschaften dadurch aus, dass der Gesetzgeber mit dem Drittelbeteiligungsgesetz 2004 *(DrittelbG)*, dem Mitbestimmungsgesetz 1976 *(MitbestG)* bzw. dem MontanMitbestimmungsgesetz 1951 *(MontanMitbestG)* eine Interessenvertretung und Mitbestimmung der Arbeitnehmer in den Unternehmensorganen (Vorstand/Aufsichtsrat – vgl. S. 54 ff.) vorschreibt, um so zu einer Demokratisierung der Arbeitswelt beizutragen.

4.2.1 Gesellschaft mit beschränkter Haftung (GmbH) *(§§ 1 – 86 GmbHG)*

▶ **Begriff**

Bei einer GmbH haftet nur das Gesellschaftsvermögen für die Verbindlichkeiten des Unternehmens.

▶ **Gründung** *(§§ 1 ff. GmbHG)*

Die zu **jedem gesetzlich zulässigen Zweck** zu errichtende GmbH kann durch eine oder mehrere Personen gegründet werden. Der Inhalt des Gesellschaftsvertrages **(Satzung)** kann von den Gesellschaftern (wie bei OHG oder KG, aber im Gegensatz zur AG) frei gestaltet werden, ist allerdings von einem Notar zu beurkunden. Zunächst müssen die Geschäftsführer bestimmt werden. Diese können entweder die Gesellschafter selbst sein oder andere Personen werden zu Geschäftsführern bestellt. Die Gesellschafter haben ihre Einlagen zu leisten und die GmbH ist beim Handelsregister anzumelden. Bis zur Gründung (konstitutive Wirkung der Handelsregistereintragung) haften die Gesellschafter persönlich und solidarisch.

Für die GmbH ist ein Mindestkapital von 25 000 EUR vorgeschrieben **(Stammkapital oder gezeichnetes Kapital).** Es setzt sich aus den Stammeinlagen (mindestens 100 EUR) der einzelnen Gesellschafter zusammen.

Organe der GmbH

- **Geschäftsführer** *(§§ 6, 35 ff. GmbHG)*

  Der oder die Geschäftsführer leiten das Unternehmen und vertreten es nach außen.

- **Gesellschafterversammlung** *(§§ 48 ff. GmbHG)*

  Sie wird durch den oder die Geschäftsführer einberufen und hat folgende Aufgaben:

  - Feststellung des Jahresabschlusses und der Gewinnverteilung,
  - Bestellung und Abberufung von Geschäftsführern,
  - Bestellung von Prokuristen,
  - Überwachung der Geschäftsführung.

  Beschlüsse werden mit einfacher Mehrheit gefasst, wobei auf jede 50 EUR eines Geschäftsanteils eine Stimme entfällt.

- **Aufsichtsrat** *(§ 52 GmbHG)*

  Die Bestellung eines Aufsichtsrates kann durch die Satzung vorgeschrieben sein.

  Für eine GmbH mit mehr als 500 Arbeitnehmern ist nach den Mitbestimmungsgesetzen ein Aufsichtsrat zu bilden. In diesem Fall werden auch Vertreter der Arbeitnehmer an der Überwachung der Geschäftsführung beteiligt.

Pflichten und Rechte der Gesellschafter

- **Einzahlung der Stammeinlagen** *(§ 19 GmbHG)*

- **Gewinnbeteiligung** *(§ 29 GmbHG)*

  Die Verteilung des Jahresüberschusses erfolgt im Verhältnis der Geschäftsanteile.

Auflösung der GmbH *(§§ 60 ff. GmbHG)*

Auflösungsgründe einer GmbH können sein:

- Ablauf der im Gesellschaftsvertrag bestimmten Zeit,
- Auflösungsbeschluss der Gesellschafter mit Dreiviertelmehrheit,
- Eröffnung des Insolvenzverfahrens.

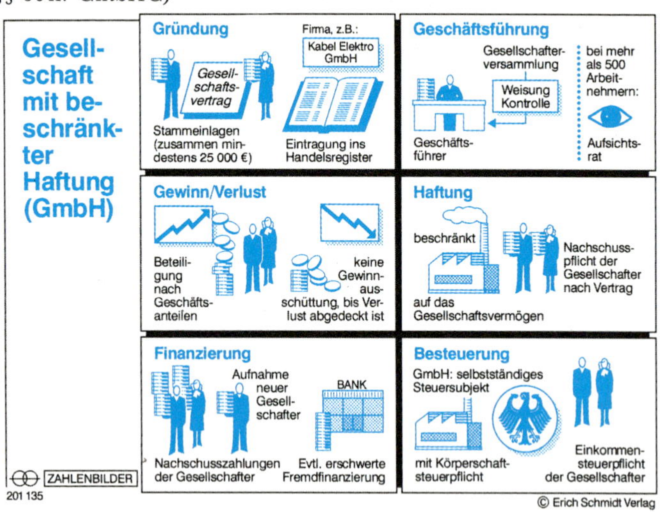

▶ **Bedeutung der GmbH**

Die GmbH hat in den letzten Jahren zunehmend an Bedeutung gewonnen. Die Vielzahl der Neugründungen ist auf das geringe Mindestkapital und insbesondere auf die Möglichkeit der Haftungsbeschränkung im Vergleich zu den Personengesellschaften (OHG, KG) zurückzuführen.

4.2.2 Aktiengesellschaft (AG) *(§§ 1–410 AktG)*

▶ **Begriff**

Die Aktiengesellschaft gilt als **Handelsgesellschaft,** auch wenn der Gegenstand des Unternehmens **nicht im Betrieb eines Handelsgewerbes** (vgl. S. 186f.) besteht *(§ 3 AktG).* Die Gesellschafter einer AG **(Aktionäre),** die mit Einlagen an dem in Anteile **(Aktien)** zerlegten **Grundkapital** beteiligt sind, haften nicht persönlich für die Verbindlichkeiten der Gesellschaft, sondern nur bis zur Höhe ihrer Beteiligung (Aktien).

▶ **Gründung** *(§§ 2ff. AktG)*

Zur Gründung einer AG sind eine oder mehrere Personen erforderlich. Sie schließen einen Gesellschaftsvertrag **(Satzung)** ab, der durch einen Notar beurkundet werden muss. Aufsichtsrat und Vorstand werden gebildet. Mindestens ein Viertel des notwendigen Grundkapitals muss zur Verfügung gestellt werden. Anschließend wird die AG durch den oder die Gründer, den Aufsichtsrat und den Vorstand beim Handelsregister angemeldet.

▶ **Grundkapital** *(§§ 1, 6ff. AktG)*

Die AG besitzt ein in Aktien zerlegtes Grundkapital (= gezeichnetes Kapital). Die Mindesthöhe des Grundkapitals beträgt 50 000 EUR. Aktien sind Urkunden über die Beteiligung an einer AG. Maßgebend für die Größe dieser Beteiligung ist der auf der Nennbetragsaktie aufgedruckte Betrag, der **Nennwert.** Der Mindestnennwert ist ein Euro, höhere Beträge müssen auf volle Euro lauten. Möglich ist auch, das Grundkapital auf **Stückaktien** aufzuteilen, die keinen eigenen Nennbetrag besitzen, sondern einen bestimmten Anteil am Grundkapital verbriefen.

Aktien

Nennbetragsaktien	Stückaktien
● lauten auf mindestens einen Euro ● höhere Aktiennennbeträge müssen auf volle Euro lauten ● Anteil am Grundkapital bestimmt sich nach dem Verhältnis ihres Nennbetrags zum Grundkapital	● lauten auf keinen Nennbetrag, sodass sie in gleichem Umfang am Grundkapital der AG beteiligt sind ● der auf die einzelne Aktie entfallende Betrag des Grundkapitals darf einen Euro nicht unterschreiten ● Anteil am Grundkapital bestimmt sich nach der Zahl der Aktien

Das Grundkapital einer Aktiengesellschaft beträgt 500000 EUR.

- Die Aktien werden als **Nennbetragsaktien** herausgegeben. Dabei ist z.B. folgende Stückelung möglich:

10000 Aktien zu je	10 EUR	=	100000 EUR
1000 Aktien zu je	100 EUR	=	100000 EUR
300 Aktien zu je	1000 EUR	=	300000 EUR

- Die Aktien werden als **Stückaktien** herausgegeben. Bei einer unterstellten Menge von 2000 herausgegebenen Aktien entfällt auf jede Stückaktie $\frac{1}{2000}$ des Grundkapitals, also 250 EUR.

- Die meisten der an Börsen gehandelten Aktien sind **Inhaberaktien.** Ihre Besitzer können sie jederzeit über Banken frei veräußern.
- Ist eine Aktie mit dem Namen des Eigentümers versehen, handelt es sich um eine **Namensaktie.** Sie kann nur durch Indossament übertragen werden.
- **Vorzugsaktien** sind mit besonderen Rechten ausgestattet wie z.B. eine Bevorzugung bei der Gewinnverteilung.

Das Grundkapital der AG setzt sich aus der Summe aller Aktiennennbeträge oder aller Stückaktien zusammen.

Vom **Nennwert** einer Aktie ist allerdings ihr **Kurswert** zu unterscheiden. Der Kurswert ist der Wert, zu dem die Aktie an der Börse gehandelt wird. Er ergibt sich durch Angebot und Nachfrage, ist in der Regel höher als der Nennwert und spiegelt die jeweilige wirtschaftliche Situation des Unternehmens wider.

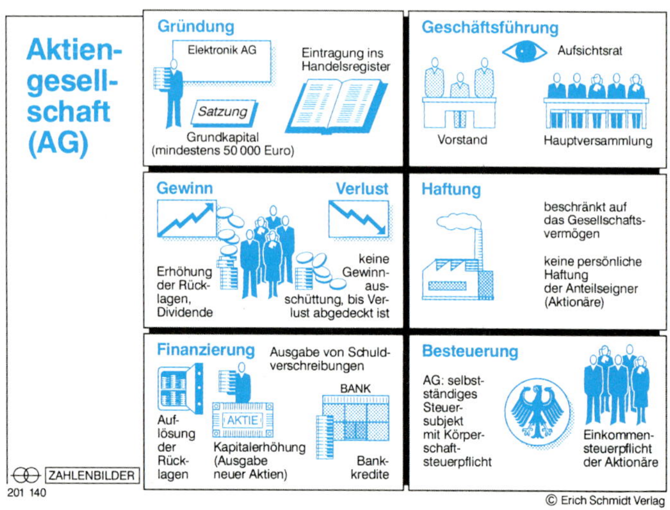

▶ Organe der AG

Als juristische Person kann die AG nicht selbst handeln. Zur Durchführung ihrer Geschäfte benötigt sie daher bestimmte Organe, in denen natürliche Personen die Entscheidungen treffen.

Organe der Aktiengesellschaft

- **Hauptversammlung** (beschließendes Organ)
- **Aufsichtsrat** (überwachendes Organ)
- **Vorstand** (ausführendes Organ)

- **Hauptversammlung** *(§§ 118–137 AktG)*

  Die Hauptversammlung ist das **beschließende Organ** der AG. Sie besteht aus allen Aktionären und wird mindestens einmal jährlich vom Vorstand einberufen. Beschlüsse werden mit Mehrheit der abgegebenen Stimmen gefasst, wobei das Stimmrecht nach Aktiennennbeträgen, bei Stückaktien nach deren Anzahl, ausgeübt wird. Jeder Aktionär hat in der Hauptversammlung das Recht, Auskünfte über die Gesellschaft zu verlangen. Kleinaktionäre übertragen ihr Stimmrecht häufig an Bankenvertreter, sodass diese für eine Vielzahl von Beteiligten handeln können.

  Aufgaben der Hauptversammlung sind:

  - Wahl der Aktionärsvertreter in den Aufsichtsrat;
  - Entscheidung über die Gewinnverwendung;
  - Entlastung von Vorstand und Aufsichtsrat;
  - Beschluss über grundsätzliche Fragen des Unternehmens (Satzungsänderungen, Kapitalerhöhung oder -herabsetzung, Auflösung der Gesellschaft).

- **Aufsichtsrat** *(§§ 95–116 AktG)*

  Der Aufsichtsrat ist das **überwachende Organ** der AG. Seine **Aufgaben** sind:

  - Bestellung des Vorstandes auf fünf Jahre;
  - Überwachung der Geschäftsführung des Vorstandes (Überprüfung des Jahresabschlusses und des Vorschlages zur Gewinnverteilung);
  - Einberufung einer außerordentlichen Hauptversammlung, wenn dies das Wohl der Gesellschaft erfordert.

  Damit der Aufsichtsrat diesen Aufgaben gerecht werden kann, dürfen seine Mitglieder nicht gleichzeitig im Vorstand vertreten sein.

- **Vorstand** *(§§ 76–94 AktG)*

  Der Vorstand ist das **ausführende Organ** der AG. Er leitet die Geschäfte und vertritt die Gesellschaft nach außen. Seine **Aufgaben** sind:

  - Geschäftsführung und Vertretung;
  - regelmäßige Unterrichtung des Aufsichtsrates über die Geschäftslage;
  - Aufstellung des Jahresabschlusses;
  - Einberufung der ordentlichen Hauptversammlung einmal jährlich.

▶ **Gewinnverteilung** *(§ 60 AktG)*

Die Anteile der Aktionäre am Gewinn **(= Dividende)** bestimmen sich nach ihren Anteilen am Grundkapital. Diese Dividende stellt für den Aktionär eine Verzinsung des eingesetzten Kapitals dar.

▶ **Auflösung der AG** *(§ 262 AktG)*

Auflösungsgründe einer AG können sein:

- Ablauf der in der Satzung bestimmten Zeit;
- Beschluss der Hauptversammlung mit mindestens drei Viertel des zu diesem Zeitpunkt vertretenen Grundkapitals;
- Eröffnung des Insolvenzverfahrens über das Vermögen der Gesellschaft;

- der Beschluss, durch den die Eröffnung des Insolvenzverfahrens mangels Masse abgelehnt worden ist, wird rechtskräftig.

▶ **Bedeutung der AG**

Die AG, die sich besonders als Gesellschaftsform für kapitalintensive Unternehmen eignet, ermöglicht die Aufbringung bedeutender finanzieller Mittel dadurch, dass zahlreiche Einzelpersonen Geschäftsanteile in kleiner Stückelung (Aktie) übernehmen können. Das unternehmerische Risiko wird damit auf viele Aktionäre verteilt. Kapital und Unternehmensleitung sind getrennt. Der Aktionär (Kapitalgeber), der seine Aktie jederzeit veräußern kann, ist nicht auf Dauer an die Gesellschaft gebunden. Mit der Leitung des Unternehmens können Fachkräfte betraut werden, ohne dass diese selbst Kapital aufbringen müssen. Dabei kann allerdings die Situation eintreten, dass die Geschäftsleitung durch fehlerhafte Entscheidungen die Gesellschaft und deren Aktionäre schädigt, ohne selbst mit eigenem Kapital hierfür haften zu müssen.

4.3 Eingetragene Genossenschaft (eG) *(§§ 1 - 163 GenG)*

▶ **Begriff**

Eingetragene Genossenschaften verfolgen das Ziel, durch den Zusammenschluss ihrer Mitglieder (Genossen) dem Einzelnen ähnliche Vorteile zu verschaffen, wie sie sonst nur Großunternehmen in Anspruch nehmen können (preisgünstiger Einkauf, bessere Produktionsmöglichkeiten, größere Absatzmöglichkeiten). Damit ist die Gewinnerzielung nicht das ursprüngliche Ziel, sondern die **Selbsthilfe** der Genossen untereinander. Aus diesem Grund ist die eingetragene Genossenschaft eine juristische Person mit eigener Rechtspersönlichkeit.

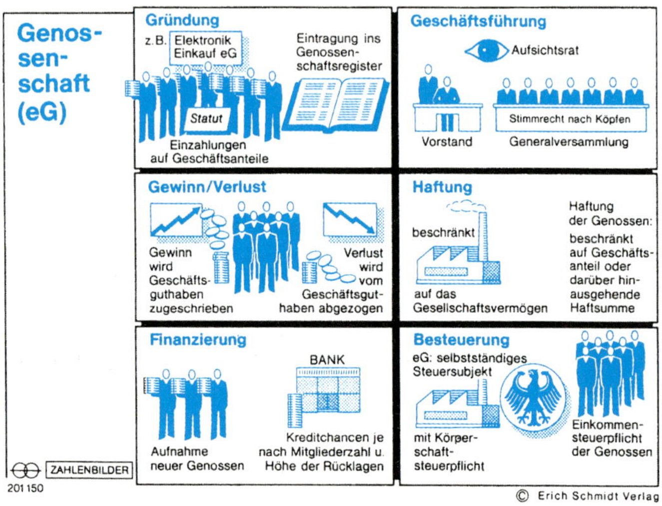

© Erich Schmidt Verlag

▶ **Arten von Genossenschaften**

Genossenschaften können nach folgenden **Tätigkeitsbereichen** unterschieden werden:

- **Einkaufsgenossenschaften**
  - im Einzelhandel (Edeka, Rewe)
  - im Handwerk (Metzgereigenossenschaften)
  - in der Landwirtschaft (zum Erwerb von Saatgut, Düngemitteln und Maschinen)

- **Produktions- und Absatzgenossenschaften**
  Molkerei-, Winzer-, Obst- und Gemüseverwertungsgenossenschaften
- **Kreditgenossenschaften**
  Raiffeisenbanken, Volksbanken
- **Baugenossenschaften**
  Wohnungsbau, Wohnungsverwaltung
- **Verkehrsgenossenschaften**
  Straßenverkehrsbetriebe, Binnenschifffahrt

▶ Gründung *(§§ 4 ff. GenG)*

Zur Gründung einer Genossenschaft sind mindestens **sieben Genossen** erforderlich, die den Gesellschaftsvertrag **(Statut)** schriftlich festlegen müssen. Nach der Wahl der Organe wird die Genossenschaft in das Genossenschaftsregister eingetragen.

▶ Mitgliedschaft *(§ 15 GenG)*

Zum Erwerb der Mitgliedschaft muss vom einzelnen Genossen eine Beitrittserklärung unterzeichnet werden, die beim zuständigen Gericht aufbewahrt wird. Damit wird er in die Liste der dort geführten Genossen aufgenommen. Eine Übertragung der Mitgliedschaft auf andere ist nicht möglich.

▶ Haftung *(§§ 2, 6 GenG)*

Jeder Genosse muss sich mit der im Statut festgelegten Einlage **(Geschäftsanteil)** an der Genossenschaft beteiligen. Der Einlagebetrag ist für alle Mitglieder gleich hoch. Allerdings kann das Statut bestimmen, dass sich Genossen mit mehreren Geschäftsanteilen beteiligen können. Im Gegensatz zu den Kapitalgesellschaften sind bei der Genossenschaft weder das Grundkapital noch die Anzahl der Genossen festgelegt.

Die Genossen haften gegenüber der Genossenschaft nur in Höhe ihrer Einlagen, es sei denn, das Statut sieht vor, dass die Mitglieder im Insolvenzfall weitere Zahlungen zu leisten haben **(Nachschusspflicht).** Wurde diese Nachschusspflicht vertraglich ausgeschlossen, haftet gegenüber den Gläubigern nur das Gesellschaftsvermögen.

▶ Organe

Ähnlich wie die Aktiengesellschaft besitzt auch die Genossenschaft drei Organe.

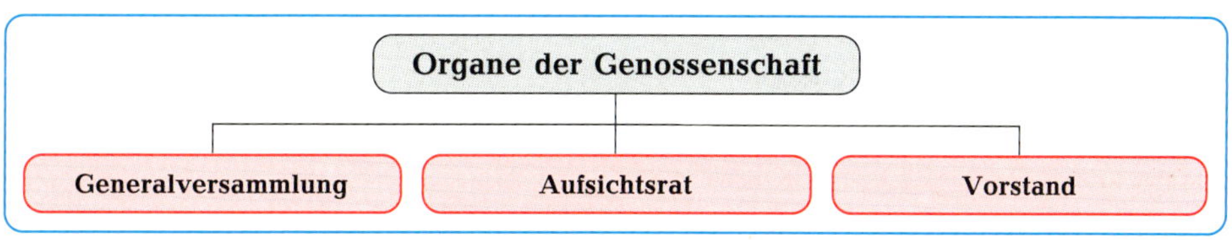

- **Generalversammlung** *(§§ 43 ff. GenG)*

  Oberstes Organ der Genossenschaft ist die Generalversammlung, in der jeder Genosse (unabhängig von der Anzahl seiner Geschäftsanteile) nur eine Stimme hat.

Zu den **Aufgaben** der Generalversammlung zählen:

- Wahl von Aufsichtsrat und Vorstand;
- Beschluss über die Gewinn- und Verlustverteilung;
- Entlastung von Vorstand und Aufsichtsrat.

- **Aufsichtsrat** *(§§ 9, 36 ff. GenG)*

  Der Aufsichtsrat besteht aus mindestens drei Genossen und kontrolliert die Tätigkeit des Vorstandes.

- **Vorstand** *(§§ 24 ff. GenG)*

  Der Vorstand besteht aus mindestens zwei Genossen. Seine **Aufgaben** sind:
  - Geschäftsführung und Vertretung;
  - Aufstellung des Jahresabschlusses und des Lageberichtes;
  - Führung des Verzeichnisses der Genossen;
  - Einberufung der Generalversammlung.

▶ **Pflichten und Rechte der Genossen**

- **Leistung der festgelegten Einlage**
- **Benutzung genossenschaftlicher Einrichtungen**
- **Beteiligung am Gewinn oder Verlust** *(§§ 19 f. GenG)*

  Da eine Genossenschaft nicht als ursprüngliches Ziel die Gewinnerzielung hat, kann das Statut einen Ausschluss der Gewinnverteilung vorsehen. In diesem Fall ist die Einzahlung der Gewinne in eine gesetzliche Rücklage vorgesehen, die spätere eventuelle Verluste ausgleichen soll.

  Wird die Gewinnverteilung nicht ausgeschlossen, erfolgt sie im Verhältnis der Geschäftsguthaben der einzelnen Genossen.

- **Kündigung** *(§ 65 GenG)*

  Die Kündigung der Mitgliedschaft durch einen Genossen kann zum Ablauf eines Geschäftsjahres mit dreimonatiger Frist erfolgen.

▶ **Auflösung der Genossenschaft** *(§§ 78 ff. GenG)*

Auflösungsgründe einer Genossenschaft können sein:

- Beschluss der Generalversammlung mit mindestens drei Viertel der abgegebenen Stimmen;
- Ablauf der im Statut vereinbarten Zeit;
- Auflösung durch das Gericht bei Absinken der Mitgliederzahl unter sieben Personen;
- Eröffnung des Insolvenzverfahrens.

▶ **Bedeutung der Genossenschaft**

Die Genossenschaften – entstanden während der Industrialisierung des 19. Jahrhunderts – waren zunächst vorwiegend Selbsthilfeorganisationen sozial und wirtschaftlich schwacher Gruppen. Heute sind Genossenschaften in weitem Umfang zu kaufmännisch geführten Unternehmungen geworden, die ihre Mitglieder im Konkurrenzkampf mit den Großunternehmungen unterstützen.

Zusammenfassung

Rechtsformen von Unternehmen

Unternehmensform / Merkmale	Einzelunternehmen	Personengesellschaften		Kapitalgesellschaften		Eingetragene Genossenschaft
		OHG	**KG**	**GmbH**	**AG**	
Kapitalaufbringung	Einzelunternehmer bringt Kapital allein auf	mindestens 2 Gesellschafter	mindestens 2 Gesellschafter: Komplementär u. Kommanditist	mindestens ein Gesellschafter mit 25 000 EUR Stammkapital	mindestens ein Aktionär mit 50 000 EUR Grundkapital	mindestens 7 Genossen
Haftung	mit Privat- und Geschäftsvermögen	alle Gesellschafter mit Privat- und Geschäftsvermögen	Komplementäre wie bei OHG; Kommanditisten nur bis zur Höhe ihrer noch nicht geleisteten Einlage	Gesellschaftsvermögen[1]	Gesellschaftsvermögen[1]	Genossen mit Geschäftsanteilen
Geschäftsführung	Einzelunternehmer	gewöhnliche Geschäfte: jeder Gesellschafter allein; außergewöhnliche Geschäfte: alle Gesellschafter gemeinsam	Komplementäre; Zustimmung der Kommanditisten bei außergewöhnlichen Geschäften erforderlich	Geschäftsführer; Kontrolle durch Gesellschafterversammlung und Aufsichtsrat	Vorstand; Kontrolle durch Hauptversammlung und Aufsichtsrat	Vorstand; Kontrolle durch Generalversammlung und Aufsichtsrat
Vertretung	Einzelunternehmer	jeder Gesellschafter allein	Komplementäre	Geschäftsführer	Vorstand	Vorstand
Gewinnzuweisung	allein an den Einzelunternehmer	4% auf Kapitalanteil; Rest nach Köpfen	4% auf Kapitalanteil; Rest in angemessenem Verhältnis	im Verhältnis der Geschäftsanteile	im Verhältnis der Aktiennennbeträge oder Stückanteile (Dividende)	im Verhältnis der Geschäftsguthaben der einzelnen Genossen

1 Das Verlustrisiko des Gesellschafters (GmbH) bzw. Aktionärs (AG) ist auf die Höhe der Einlage beschränkt.

Aufgaben 17

(1) *Durch welche Gegebenheiten wird die Wahl der geeigneten Rechtsform eines Unternehmens bestimmt?*

(2) *Welche Vor- und Nachteile bietet das Einzelunternehmen gegenüber Personen- und Kapitalgesellschaften?*

(3) *Welche Merkmale sind allen Personengesellschaften gemeinsam?*

14 Siekerkötter/Fehn - ISBN 978-3-8120-0065-9

(4) *Erläutern Sie die Begriffe „Innenverhältnis" und „Außenverhältnis" sowie „Geschäftsführung" und „Vertretung" am Beispiel der OHG!*

(5) *Die Haftung der Gesellschafter einer OHG ist unbeschränkt, unmittelbar und solidarisch. Erläutern Sie diese Aussage!*

(6) *Wagner, Schulz und Strauß wollen ein Handelsgewerbe unter gemeinsamer Firma gründen. Gegenstand des Unternehmens ist der Handel mit Hard- und Software.*

   a) *Welche Rechtsform – mit welcher Firmenbezeichnung – kann z.B. gewählt werden, wenn alle Gesellschafter mitarbeiten wollen und jeder bereit ist, auch mit seinem Privatvermögen zu haften?*

   b) *Welche Rechtsform – mit welcher Firmenbezeichnung – kann z.B. gewählt werden, wenn Frau Schulz nicht bereit ist, über einen Betrag von 35 000 EUR hinaus zu haften?*

(7) *Laut Entwurf soll der Gesellschaftsvertrag einer neu zu gründenden OHG die Regelung enthalten, den erwirtschafteten Gewinn am Ende des Geschäftsjahres zwischen den beiden Gesellschaftern im Verhältnis der geleisteten Kapitalanteile, nämlich 60 zu 40, zu verteilen. Gesellschafter Wend wendet gegenüber seiner Partnerin ein, dass dieser Passus des Vertrages gegen die im § 121 HGB enthaltene Regelung (4% auf den Kapitalanteil, der darüber hinausgehende Betrag zu gleichen Teilen) verstoße. Wer hat Recht? Begründen Sie Ihre Meinung!*

(8) *An einer KG sind drei Gesellschafter beteiligt, und zwar Frau Klein als Komplementär mit einer Kapitaleinlage in Höhe von 200 000 EUR und die beiden Kommanditisten Frau Moritz (mit 100 000 EUR) und Herr Koll (mit 75 000 EUR). Vereinbarungsgemäß soll der erwirtschaftete Jahresgewinn in Höhe von 195 000 EUR nach der gesetzlichen Regelung gemäß HGB verteilt werden. Bei der Gründung sind sich die drei Gesellschafter seinerzeit im Gesellschaftsvertrag einig geworden, dass der Restgewinn zu 80% an den Komplementär und zu je 10% an die beiden Kommanditisten fallen soll. Ermitteln Sie den auf jeden der drei Gesellschafter entfallenden Gewinnanteil!*

(9) *Verdeutlichen Sie Unterschiede zwischen Personen- und Kapitalgesellschaften!*

(10) *Beschreiben Sie die Funktionen der Organe bei einer GmbH!*

(11) *Erläutern Sie die Begriffe gezeichnetes Kapital, Grundkapital, Inhaber-, Namens- und Vorzugsaktie, Nennwert, Kurswert!*

(12) *Diplom-Kauffrau Breuer ist zum Vorstandsmitglied einer Aktiengesellschaft bestellt worden. Welches Gremium hat diese Bestellung vorgenommen?*

(13) *Dürfen Vorstand und Aufsichtsrat die Änderung der Satzung einer AG beschließen?*

(14) *Welchen Zweck verfolgen Genossenschaften in erster Linie?*

(15) *Vergleichen Sie das Stimmrecht der Aktionäre einer AG mit dem Stimmrecht von Genossenschaftsmitgliedern!*

(16) *Mehrere Landwirte wollen sich zu einer Absatzgenossenschaft zusammenschließen.*

   a) *Wie kann die Genossenschaft firmieren?*

   b) *Unter welchen Voraussetzungen gilt die Genossenschaft als entstanden?*

5 Steuern des Unternehmens

5.1 Notwendigkeit der Besteuerung

Bund, Länder und Gemeinden müssen vielfältige Aufgaben wahrnehmen wie u.a. in den Bereichen soziale Sicherung, Verteidigung, Verkehr, Bildung und Städtebau. Zur Finanzierung dieser Ausgaben benötigt der Staat Einnahmen.

Diese Staatseinnahmen werden hauptsächlich durch **Abgaben** erzielt, die sich aus Steuern, Gebühren und Beiträgen zusammensetzen:

- **Steuern** sind zwangsweise zu zahlende Abgaben, denen keine unmittelbare Gegenleistung gegenübersteht.
- **Gebühren** werden für die Inanspruchnahme öffentlicher Dienstleistungen erhoben.

  Gebühren für Leistungen der Gerichte, für das Ausstellen eines Reisepasses oder Führerscheins, für die Beglaubigung von Urkunden

- **Beiträge,** die der Finanzierung gemeinschaftlicher Einrichtungen dienen, werden im Gegensatz zu den Gebühren schon dann fällig, wenn lediglich die **Möglichkeit** der Leistungsinanspruchnahme besteht.

  Anliegerbeiträge von Grundstückseigentümern für Straßenbau und Kanalisation, Kurtaxe, Rundfunk- und Fernsehbeiträge

Die Gegenüberstellung der erwarteten Einnahmen und der geplanten Ausgaben des Bundes erfolgt im **Bundeshaushalt.** Länder und Gemeinden erstellen ebenfalls einen jährlichen Haushaltsplan. Übersteigen die Ausgaben die Einnahmen, muss sich der Staat durch die Aufnahme von Krediten verschulden.

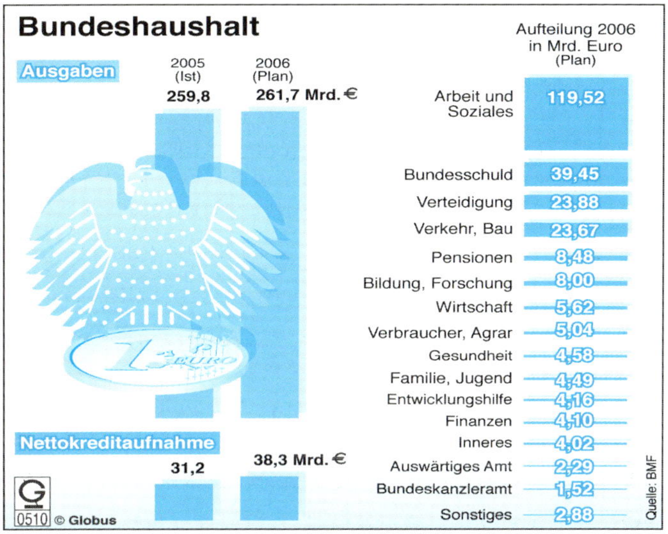

5.2 Steuerarten und volkswirtschaftliche Steuerquote

▶ Steuerarten

Steuern können nach folgenden Gesichtspunkten gegliedert werden:

- **Einteilung nach dem Steuerempfänger**

  Maßgeblich ist hierbei, wem die Erträge der einzelnen Steuern zufließen.

  - **Bundessteuern,** die ausschließlich der Bund erhält (z.B. Versicherungsteuer, Mineralölsteuer).

- **Landessteuern,** die die einzelnen Bundesländer erhalten (z.B. Biersteuer, Kraftfahrzeugsteuer, Erbschaft- und Schenkungsteuer).
- **Gemeindesteuern,** die den Gemeinden zufließen (z.B. Grundsteuer, Hundesteuer, Vergnügungsteuer).
- **Gemeinschaftsteuern,** die Bund und Ländern zu bestimmten Anteilen zufließen (z.B. Lohn- und Einkommensteuer, Körperschaftsteuer). Die Höhe dieser Anteile wird jeweils gesetzlich festgelegt.
- **Kirchensteuern,** die den verschiedenen steuererhebungsberechtigten Religionsgemeinschaften (z.B. der evangelischen oder der römisch-katholischen Kirche) zur Erfüllung ihrer Aufgaben dienen.

Einteilung nach der Erhebungsart

- **Direkte Steuern,** die vom Steuerzahler unmittelbar an das Finanzamt abzuführen sind (z.B. Einkommen- sowie Erbschaft- und Schenkungsteuer).
- **Indirekte Steuern,** die in den Güterpreisen enthalten sind, von den Unternehmen eingezogen und an das Finanzamt weitergeleitet werden (z.B. Umsatzsteuer).

Einteilung nach dem Steuergegenstand

- **Besitzsteuern** sind entweder
  - *Personensteuern,* die bei natürlichen (z.B. Einkommensteuer) und juristischen (z.B. Körperschaftsteuer) Personen erhoben werden oder
  - *Realsteuern,* die auf Objekte bezogen werden (z.B. Gewerbesteuer, Grundsteuer).
- **Verkehrsteuern,** bei denen der Warenumsatz (Umsatzsteuer) und der Umschlag bestimmter Werte (z.B. Grundstücke) besteuert wird.
- **Verbrauchsteuern,** die für den Konsum bestimmter Waren erhoben werden (z.B. Mineralölsteuer).

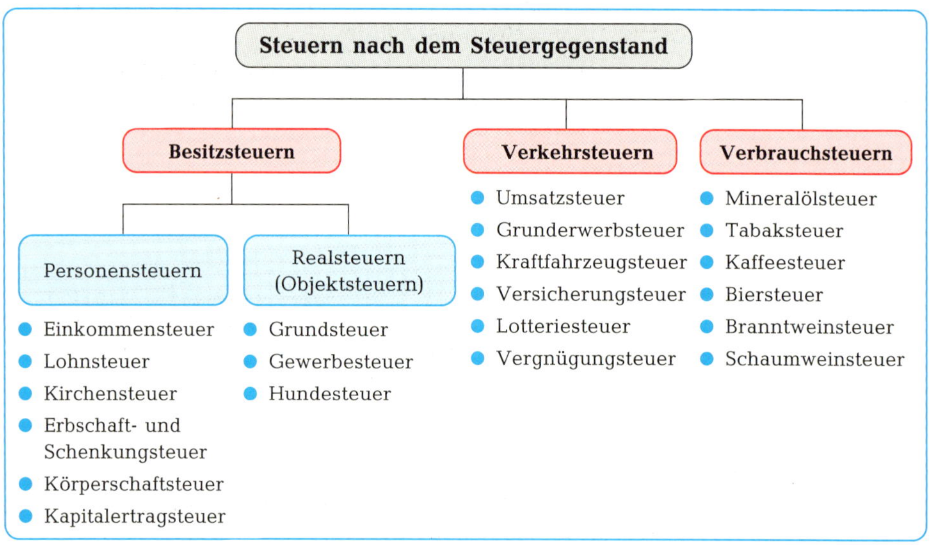

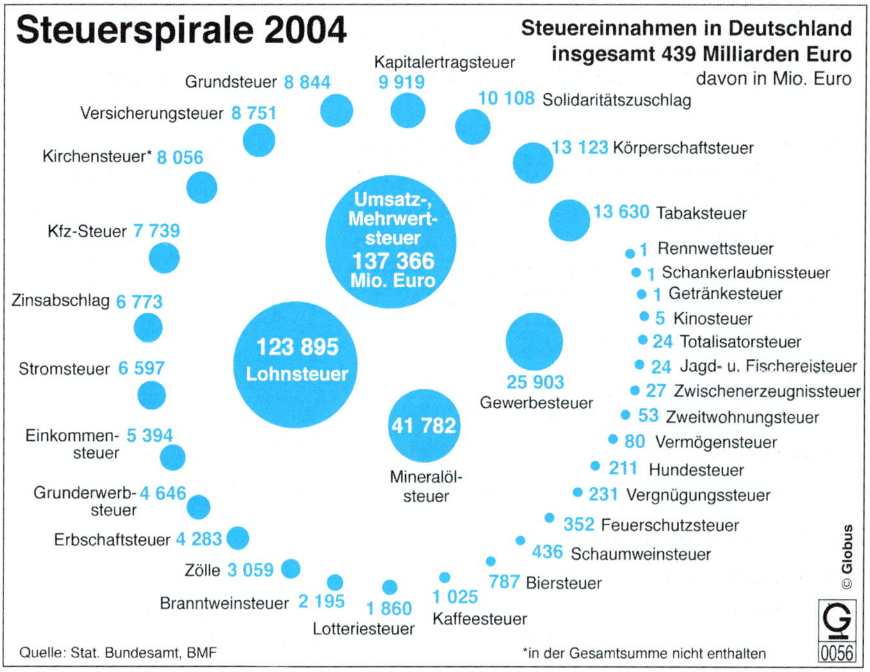

Die Vermögensteuer wird seit dem 1. Januar 1997 nicht mehr erhoben.

▶ Volkswirtschaftliche Steuerquote

Setzt man die insgesamt aus allen Steuerarten erzielten Steuereinnahmen ins Verhältnis zum nominalen Bruttoinlandsprodukt (vgl. S. 266f.), so erhält man die **volkswirtschaftliche Steuerquote.** Sie beträgt derzeit etwa 22%.

Damit gibt diese Größe an, welcher Teil des erwirtschafteten Sozialproduktes vom Staat in Form von Steuern zwangsweise zur Finanzierung seiner Ausgaben in Anspruch genommen wird.

5.3 Steuergerechtigkeit

Die Forderung nach Steuergerechtigkeit, d.h. nach einer gerechten Verteilung der Steuerlast auf die Allgemeinheit, wirft die Frage auf, wie viel Steuern ein Wirtschaftssubjekt tragen soll. Sowohl das **Äquivalenzprinzip** als auch das **Leistungsfähigkeitsprinzip** zeigen die Schwierigkeiten auf, einen objektiven Maßstab für eine gerechte Besteuerung zu finden.

▶ Äquivalenzprinzip

Nach dem Äquivalenzprinzip stellen **Steuern ein marktpreisähnliches Entgelt** dar, das der Einzelne **für die vom Staat empfangenen Leistungen** zu entrichten hat. Dabei sollen sich die individuelle Steuerzahlung und der Nutzen, den der Bürger aus der empfangenen Staatsleistung zieht, entsprechen, d.h. äquivalent sein.

Die Anwendung des Äquivalenzprinzips zur gerechten Gestaltung des Steuersystems scheitert daran,

- dass der von einer Staatsleistung ausgehende Nutzen objektiv nicht messbar ist oder
- dass in Ermangelung dieser Nutzenäquivalenz die als Hilfsgröße herangezogenen Kosten, die durch die Bereitstellung staatlicher Leistungen verursacht werden, dem einzelnen Bürger nicht zurechenbar sind.

Der Nutzen, den der Einzelne aus der Landesverteidigung zieht, ist ebenso wenig feststellbar wie etwa die Kosten, die ein bestimmter Schüler durch die Nutzung staatlicher Bildungseinrichtungen verursacht.

Leistungsfähigkeitsprinzip

Ausgehend von den vielfältigen Staatsaufgaben und den damit verbundenen Staatsausgaben **ergeben sich Steuerzahlungen aus der allgemeinen Pflicht des Bürgers, für das Gemeinwohl Opfer zu leisten.** Dabei ist die Höhe des dem einzelnen Wirtschaftssubjekt zugemuteten Opfers nach seiner Leistungsfähigkeit zu bemessen. Jeder soll also ein gleiches Opfer erbringen, d.h. durch die Besteuerung in seinen individuellen Möglichkeiten der Bedürfnisbefriedigung gleichermaßen beschnitten werden.

Neben der Frage, an welcher Größe die Leistungsfähigkeit des Einzelnen zu messen ist, bleibt insbesondere umstritten, was als gerechtes Opfer anzusehen ist.

Zwei Wirtschaftssubjekte erzielen unterschiedliche Einkommen, mit denen sie einen bestimmten Gesamtnutzen realisieren können.

Durch die Besteuerung sollen beide Personen in ihrer Bedürfnisbefriedigung **in gleichem Maße** eingeschränkt werden.

Wirtschaftssubjekt	Einkommen (in EUR)	Mit dem Einkommen realisierbarer Gesamtnutzen
1	2000	200
2	200	40

Bei einer Besteuerung der Einkommen lassen sich **drei Versionen eines „gerechten" Opfers** verwirklichen:

1. **gleiches absolutes Opfer:** Unabhängig davon, wie ungleich die Einkommen auch sind, erleiden beide eine Einkommenseinbuße, die den absolut gleichen Nutzenentgang darstellt.

Wirtschaftssubjekt	Nutzeneinbuße	Nach Besteuerung realisierbarer Restnutzen
1	20	180
2	20	20

2. **gleiches relatives Opfer:** Beide Wirtschaftssubjekte tragen ein im Verhältnis zu ihrem Einkommen gleich großes Opfer, und zwar z.B. 25%.

Wirtschaftssubjekt	Nutzeneinbuße	Nach Besteuerung realisierbarer Restnutzen
1 2	50 10	150 30

3. **gleiches marginales Opfer:** Beide Einkommen werden so besteuert, dass für die Wirtschaftssubjekte der gleiche Restnutzen verbleibt.

Wirtschaftssubjekt	Nutzeneinbuße	Nach Besteuerung realisierbarer Restnutzen
1 2	170 10	30 30

Obwohl der mit einer Einkommenserzielung realisierbare Nutzen tatsächlich jedoch nicht messbar, geschweige denn zwischen Beziehern unterschiedlicher Einkommenshöhe vergleichbar ist, wird im Allgemeinen dem **Leistungsfähigkeitsprinzip** in der Steuerpraxis der **Vorrang eingeräumt.** Dabei wird die Leistungsfähigkeit des Einzelnen insbesondere an seinem Einkommen bzw. an dem Wert der zufließenden Erbschaften oder Schenkungen gemessen.

Die Lohn- und Einkommensteuer, aber auch die Erbschaft- und Schenkungsteuer beruhen auf dem Prinzip der Leistungsfähigkeit, indem sehr hohe Einkommen, Erbschaften und Schenkungen auch entsprechend hoch besteuert werden. Diese Steuerpraxis wird als sozial gerecht angesehen.

Eine absolute Steuergerechtigkeit, bei der der einzelne Steuerzahler die ihm auferlegte Last so wenig wie möglich spürt und gleichzeitig in seinen wirtschaftlichen Aktivitäten so wenig wie möglich beeinträchtigt wird, **kann es nicht geben.**

▶ Steuerbelastung

Der in Geld ausgedrückte und damit messbare Betrag einer zu entrichtenden Steuer stellt die **objektive Steuerbelastung** dar. Diese Größe sagt jedoch nichts über das bei einem Wirtschaftssubjekt hervorgerufene Gefühl aus, durch die vom Gesetzgeber auferlegte Besteuerung in seinen sonst freien wirtschaftlichen Entscheidungen eingeschränkt zu werden **(subjektive Steuerbelastung).**

Für den Veranlagungszeitraum 2006 muss ein Unverheirateter laut **Grundtabelle** bei einem zu versteuernden Einkommen von 16355 EUR jährlich eine Einkommensteuer in Höhe von 1 885 EUR entrichten.

Diese objektive Steuerbelastung lässt jedoch keine Aussagen darüber zu,

- ob und inwieweit sich dieser Steuerpflichtige durch die Besteuerung etwa bei der Realisierung seiner Konsumwünsche unverhältnismäßig belastet fühlt;
- ob der Steuerpflichtige die Steuerlastverteilung auf die Allgemeinheit als gerecht empfindet und damit zufrieden ist.

Um die Wettbewerbsfähigkeit einer Volkswirtschaft durch überhöhte Abgaben nicht zu gefährden, sollte eine Steuer in ihrer Höhe so bemessen sein, dass sie die **Leistungsbereitschaft** des Einzelnen nicht lähmt.

5.4 Steuererhebungsverfahren am Beispiel der Einkommensteuer

Für den Einzug der aufgrund der erzielten Steuereinnahmen wichtigsten Personensteuern, der Lohn- und Einkommensteuer, finden zwei Verfahren Anwendung, und zwar das Abzugs- und das Veranlagungsverfahren.

▶ Abzugsverfahren

Bei jeder Lohn- und Gehaltszahlung ist der Arbeitgeber verpflichtet, manuell (mit Hilfe entsprechender Tabellen) oder maschinell (elektronisch) die anfallende **Lohnsteuer** zu ermitteln, einzubehalten und an das Finanzamt abzuführen.

Der Bruttolohn eines Arbeitnehmers mindert sich demnach um die **Lohnsteuer,** in der Regel auch um die **Kirchensteuer,** um den **Solidaritätszuschlag**[1] sowie um die Arbeitnehmerbeiträge zur Sozialversicherung (vgl. S. 75ff.).

▶ Veranlagungsverfahren

Die **Einkommensteuer** wird im Wege der Veranlagung erhoben. Der Steuerpflichtige hat hierzu dem Finanzamt auf amtlichen Vordrucken eine **Steuererklärung** einzureichen. Mit seiner Unterschrift versichert der Steuerpflichtige, die Angaben wahrheitsgemäß nach bestem Wissen und Gewissen gemacht zu haben (Steuerehrlichkeit). Die Daten beziehen sich auf einen vergangenen Veranlagungszeitraum (in der Regel das letzte Kalenderjahr) und müssen jeweils bis zum 31. Mai vorgelegt werden. Häufig wird eine Verlängerung bis zum 30. September gewährt. Inzwischen können Steuererklärungen auch elektronisch über das Internet abgegeben werden.

Das Finanzamt prüft die Steuererklärung mit den beigefügten Unterlagen und teilt dem Steuerpflichtigen in einem **Steuerbescheid** die Steuerschuld mit. Die vom Steuerpflichtigen im Veranlagungszeitraum bereits monatlich bzw. vierteljährlich geleisteten Vorauszahlungen werden auf die vom Finanzamt ermittelte Steuerschuld angerechnet, sodass entweder eine Nachzahlung zu leisten ist bzw. der überzahlte Betrag erstattet wird.

5.5 Grundzüge der Besteuerung des Einkommens natürlicher Personen

5.5.1 Einkommensteuer[2]

Gegenstand der Einkommensteuer ist das Einkommen natürlicher Personen. Alle Einkünfte eines Steuerpflichtigen innerhalb eines Kalenderjahres werden nach seinen Angaben in der Steuererklärung veranlagt.

1 Seit dem 1. Januar 1998 wird ein Solidaritätszuschlag in Höhe von 5,5% der jeweiligen Lohn- bzw. Einkommensteuer erhoben.

2 Alle Angaben zur Einkommensteuer beziehen sich auf den Veranlagungszeitraum 2006.

▶ Einkunftsarten

Das Einkommensteuergesetz unterscheidet sieben Arten von Einkünften *(§ 2 EStG):*

Einkunftsarten	Beispiele
1. Einkünfte aus **Land- und Forstwirtschaft**	Wald- und Landbau, Tierhaltung
2. Einkünfte aus **Gewerbebetrieb**	Unternehmen des Handels und der Industrie, Handwerksbetriebe
3. Einkünfte aus **selbstständiger Arbeit**	Arzt, Rechtsanwalt, Steuerberater
4. Einkünfte aus **nichtselbstständiger Arbeit**	Löhne von Arbeitnehmern
5. Einkünfte aus **Kapitalvermögen**[1]	Zinsen, Dividenden
6. Einkünfte aus **Vermietung und Verpachtung**	Wohnungen, Grundstücke
7. **Sonstige Einkünfte**	Spekulationsgewinne

▶ Ermittlung des zu versteuernden Einkommens

Die sich aus den verschiedenen Einkunftsarten ergebenden Einkünfte eines Steuerpflichtigen können vor der Besteuerung um bestimmte **abzugsfähige Ausgaben** gemindert werden.

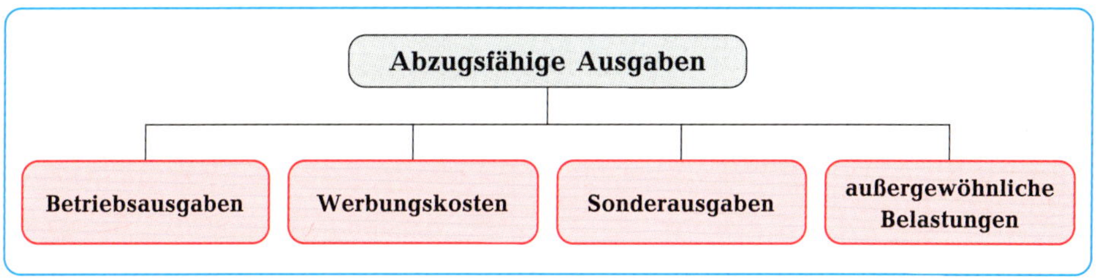

● Betriebsausgaben *(§ 4 EStG)*

Hierbei handelt es sich um Aufwendungen, die durch den Betrieb des Steuerpflichtigen oder seinen selbstständig ausgeübten Beruf verursacht werden.

- Steuerberatungskosten
- Abschreibung von Gütern des Anlagevermögens eines Bauträgers

Betriebsausgaben kommen nur bei Einkünften aus Land- und Forstwirtschaft, Gewerbebetrieb und selbstständiger Arbeit in Betracht.

---

1 Bei Einkünften aus Kapitalvermögen wird ein **Sparerfreibetrag** von 1 370/2 740 EUR (Unverheiratete/Verheiratete) gewährt. Sofern der Sparer bei der auszahlenden Stelle keine Freistellung beantragt (**Freistellungsauftrag,** mit dem die überwiegende Zahl von Zinseinkünften von vornherein steuerfrei bleibt), wird von den Zinsen aus Kapitalvermögen im Inland ein 25- oder 30 %iger Zinsabschlag einbehalten. Dieser Abschlag stellt einen auf die Einkommensteuer des jeweiligen Veranlagungszeitraumes anrechenbaren Steuerabzug mit Vorauszahlungscharakter dar.

- **Werbungskosten** *(§ 9 EStG)*

  Dies sind Aufwendungen eines Steuerpflichtigen, die dem Erwerb, der Sicherung und Erhaltung der Einnahmen dienen und somit durch die Berufsausübung hervorgerufen werden. Sie können bei Einkünften aus nichtselbstständiger Arbeit, Kapitalvermögen, Vermietung und Verpachtung sowie bei sonstigen Einkünften anfallen und jeweils dort abgezogen werden.

  Werbungskosten eines Steuerpflichtigen mit Einkünften aus nichtselbstständiger Arbeit:
  - Kosten der Fahrten zwischen Wohnung und Arbeitsstätte
  - Beiträge zu Berufsverbänden (Gewerkschaftsbeiträge)
  - Aufwendungen für Arbeitsmittel (Fachliteratur, Berufskleidung)
  - Aufwendungen zur beruflichen Fortbildung (Kursgebühren)
  - Steuerberatungskosten

  Bei Einkünften aus nichtselbstständiger Arbeit sind Werbungskosten nur anzugeben und zu belegen, wenn sie den Betrag von **920 EUR** übersteigen. Dieser **Arbeitnehmer-Pauschbetrag** wird bei dieser Einkunftsart stets abgezogen. Bei Einnahmen aus Kapitalvermögen wird ein Pauschbetrag von 51 EUR, bei Verheirateten von 102 EUR berücksichtigt.

- **Sonderausgaben** *(§ 10 EStG)*

  Sonderausgaben sind Aufwendungen der privaten Lebensführung und stehen mit keiner Einkunftsart in einem wirtschaftlichen Zusammenhang. Sie sind vom Gesetzgeber aus sozial-, gesellschafts- und wirtschaftspolitischen Gründen für abzugsfähig erklärt worden. Sonderausgaben sind entweder unbeschränkt oder im Rahmen bestimmter Höchstbeträge beschränkt abzugsfähig.

Sonderausgaben

unbeschränkt abzugsfähig

- **gezahlte Kirchensteuer**

  Die von den Mitgliedern anerkannter Religionsgemeinschaften zu entrichtende Kirchensteuer, die je nach Bundesland im Regelfall 8 oder 9% beträgt, wird in einem Prozentsatz der Einkommensteuer/Lohnsteuer festgesetzt. Mit Ausnahme von Baden-Württemberg und Bayern beträgt der Kirchensteuersatz 9%.

beschränkt abzugsfähig

- **Vorsorgeaufwendungen**

  Beiträge zu privaten Kranken-, Unfall- und Haftpflichtversicherungen, der gesetzlichen Sozialversicherung und der privaten Lebensversicherung.

- **Berufsausbildungskosten**

  Kosten der eigenen Berufsausbildung oder Weiterbildung in einem bisher nicht ausgeübten Beruf.

- **Spenden**

  Ausgaben zur Förderung mildtätiger, kirchlicher, religiöser, wissenschaftlicher und staatspolitischer Zwecke.

- **außergewöhnliche Belastungen** *(§§ 33, 33 a EStG)*

  Als außergewöhnliche Belastungen sind Aufwendungen abziehbar, die dem Steuerpflichtigen zwangsläufig etwa durch Krankheit, Körperbehinderung, Berufsausbildung der Kinder oder Unterstützung bedürftiger Angehöriger erwachsen.

Die als außergewöhnliche Belastungen anfallenden Kosten können allerdings nicht in voller Höhe steuermindernd abgezogen werden. In jedem Fall muss der Steuerpflichtige einen Teil der Aufwendungen als **„zumutbare Belastung"** selbst tragen.

Vereinfachte Ermittlung des zu versteuernden Einkommens eines Gewerbetreibenden

Einkünfte aus **Gewerbebetrieb**	Einkünfte aus **Kapitalvermögen**	Einkünfte aus **Vermietung und Verpachtung**
– Betriebsausgaben	– Werbungskosten	– Werbungskosten
⇩	⇩	⇩
= Gewinn	= Überschuss der Einnahmen über die Werbungskosten	

⇩

= Summe der Einkünfte

– Sonderausgaben

– außergewöhnliche Belastungen

⇩

= Einkommen

– Sonderfreibeträge (z.B. Kinderfreibetrag)[1]

⇩

= zu versteuerndes Einkommen

↓

Einkommensteuerschuld laut
- Grundtabelle für (Unverheiratete) oder
- Splittingtabelle (für Verheiratete)

– anrechenbare Steuervorauszahlungen

⇩

= Steuererstattung oder Steuerschuld

1 Für jedes steuerlich zu berücksichtigende Kind wird 2006 ein **Kinderfreibetrag** in Höhe von 1824 EUR gewährt, sofern kein Kindergeld in Anspruch genommen worden ist. Zusätzlich wird für jedes zu berücksichtigende Kind ein **Freibetrag für den Betreuungs- und Erziehungs- oder Ausbildungsbedarf** von 1080 EUR jährlich abgezogen. Bei Ehegatten, die zusammen zur Einkommensteuer veranlagt werden, verdoppeln sich die zuvor genannten Beträge.

▶ Aufbau des Einkommensteuertarifs

Die Höhe der zu zahlenden Einkommensteuer wird durch die so genannte **Tarifformel** des Einkommensteuergesetzes bestimmt. Diese Tarifformel wird auf das „zu versteuernde Einkommen", das ein Steuerpflichtiger in einem Kalenderjahr erzielt hat, angewandt und ergibt so die festzusetzende Einkommensteuer in Euro und Cent.

Gemäß Haushaltbegleitgesetz enthält die Tarifformel des Einkommensteuertarifs seit 2004 **keine Stufenbildung** für die elektronische Einkommensteuer-Berechnung. Aus Gründen des Umfangs wird die Einkommensteuer-Tabelle 2005/2006 jedoch auch weiterhin in Stufen von 36 EUR aufgestellt. Die Einkommensteuer wird dabei aus dem ausgewiesenen zu versteuernden Einkommen berechnet.

Der **Einkommensteuertarif 2005/2006** (vgl. S. 221) setzt sich aus **drei Tarifzonen** zusammen *(§ 32 a I EStG)*:

	Grundtabelle* (alle Euro-Angaben beziehen sich auf das zu versteuernde Einkommen eines Steuerpflichtigen)
Tarifzone 1 (→ Grundfreibetrag):	Bis zu 7664 EUR wird keine Einkommensteuer fällig (Existenzminimum).
Tarifzone 2 (→ Progressionszone):	Mit zunehmender Höhe des zu versteuernden Einkommens steigt auch der Steuersatz: ● Von 7665 EUR steigt der 15%ige Eingangssteuersatz linear auf etwa 24% bei 12739 EUR an. ● Im Bereich von 12740 EUR bis 52151 EUR steigt der Steuersatz weniger steil bis auf 42% an.
Tarifzone 3 (→ obere Proportionalzone):	Ab 52152 EUR gilt der gleich bleibende Spitzensteuersatz von 42%.

* In der Splittingtabelle gelten die Aussagen jeweils für den **doppelten Betrag** des zu versteuernden Einkommens.

Einkommensteuerreform: Die Entlastungsrechnung
in Euro

Zu versteuerndes Jahreseinkommen	Steuerschuld 2004	Steuerersparnis 2004 gegenüber 2003	Steuerschuld 2005	Steuerersparnis 2005 gegenüber 2003	Zu versteuerndes Jahreseinkommen	Steuerschuld 2004	Steuerersparnis 2004 gegenüber 2003	Steuerschuld 2005	Steuerersparnis 2005 gegenüber 2003
Lediger					Ehepaar mit zwei Kindern				
20.000	2.900	335	2.850	385	20.000	- 2.862	388	-2.900	426
30.000	5.957	461	5.807	611	30.000	-550	560	-612	622
40.000	9.545	613	9.223	935	40.000	2.108	666	2.004	770
50.000	13.665	775	13.096	1.344	50.000	5.032	786	4.846	972
60.000	18.155	1.070	17.286	1.939	60.000	8.222	792	7.918	1.096
70.000	22.655	1.423	21.486	2.592	70.000	11.384	882	11.102	1.164
80.000	27.155	1.777	25.686	3.246	80.000	14.796	1.026	14.368	1.454
90.000	31.655	2.131	29.886	3.900	90.000	18.474	1.180	17.860	1.794
100.000	36.155	2.468	34.086	4.537	100.000	22.418	1.350	21.582	2.186
110.000	40.655	2.822	38.286	5.191	110.000	26.582	1.578	25.492	2.668

ohne Solidaritätszuschlag; Ehepaar mit zwei Kindern: unter Berücksichtigung von Kindergeld und Kinderfreibetrag. Bei niedrigen Einkommen ergibt sich daher per Saldo ein Transferanspruch des Steuerpflichtigen; Ursprungsdaten: BMF

Institut der deutschen Wirtschaft Köln

© 51/52/2003 Deutscher Instituts-Verlag

Quelle: Informationsdienst des Instituts der Deutschen Wirtschaft Nr. 51/52 vom 18. Dezember 2003, S. 2

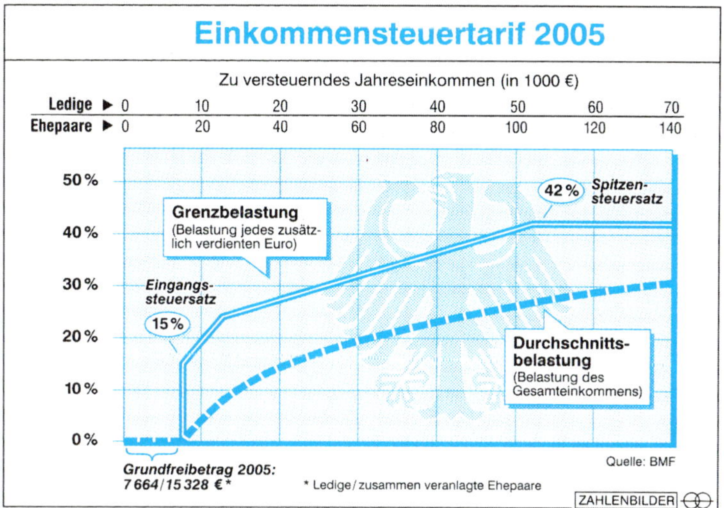

© Erich Schmidt Verlag

Zum 1.1.2005 hat die Steuerreform 2000, ein Kernstück der rot-grünen Regierungspolitik, ihren Abschluss gefunden. Ziel der Reform war es, Unternehmen und Bürger durch massive Steuersenkungen zu entlasten, im gleichen Zug aber auch den Wildwuchs der Ausnahmeregelungen zurückzuschneiden und das Steuerrecht zu vereinfachen. Nach den ursprünglichen Plänen sollte die Senkung des Einkommensteuertarifs in drei Stufen - 2001, 2003 und 2005 - umgesetzt werden. Während die erste Entlastungsstufe wie vorgesehen Anfang 2001 in Kraft trat, folgte die zweite wegen der Flutkatastrophe des Sommers 2002 um ein Jahr verspätet am 1.1.2004, nun aber schon zusammen mit vorgezogenen Teilen der dritten Reformstufe, von denen ein zusätzlicher Impuls zur Überwindung der wirtschaftlichen Stagnation erwartet wurde. Anfang 2005 ist der noch ausstehende Teil der Reform in Kraft getreten. Der Tarif gilt auch 2006.

Während Unverheiratete nach der **Grundtabelle** besteuert werden, gilt für Verheiratete der „Splittingtarif". Dabei werden die Einkünfte der Ehepartner addiert und die zu entrichtende Einkommensteuer aus der **Splittingtabelle** abgelesen.

Während ein Lediger mit einem zu versteuernden Jahreseinkommen in Höhe von 15800 EUR 1744 EUR Einkommensteuer zu zahlen hat, müsste ein Ehepaar für das gleiche Jahreseinkommen nur 70 EUR entrichten.

5.5.2 Lohnsteuer[1]

Bei Arbeitnehmern wird die vom Arbeitslohn zu zahlende Lohnsteuer im Wege des Abzugsverfahrens vom Arbeitgeber einbehalten und an das Finanzamt abgeführt. Die Lohnsteuer ist somit nur eine Erhebungsform der Einkommensteuer bei **Einkünften aus nichtselbstständiger Arbeit,** also keine Steuer eigener Art.

- **Lohnsteuerkarte**

  Grundlage des Lohnsteuerabzugs ist die Steuerkarte, die von der Gemeinde für jedes Kalenderjahr neu ausgestellt wird. Sie enthält alle für die Steuerermittlung wichtigen Daten wie Familienstand, Anzahl der im Haushalt lebenden Kinder unter 18 Jahre, Religionszugehörigkeit, Zahl der Kinderfreibeträge, Steuerklasse und Steuerfreibeträge.

1 Die Angaben zur Lohnsteuer beziehen sich auf den Veranlagungszeitraum 2006.

Steuerklassen

Steuerpflichtige werden in sechs unterschiedliche Steuerklassen eingeteilt, die die persönlichen Verhältnisse des Arbeitnehmers berücksichtigen.

Steuerklasse	Personenkreis der Arbeitnehmer
I	● Unverheiratete (Ledige, Verwitwete, Geschiedene) und dauernd Getrenntlebende ohne Kinder
II	● Unverheiratete, wenn ihnen der Alleinerziehungsfreibetrag zusteht, weil mindestens ein Kind zu berücksichtigen ist
III	● Verheiratete, wenn der Ehegatte - keinen Arbeitslohn bezieht **oder** - in Steuerklasse V eingestuft ist ● Verwitwete für das Kalenderjahr, das dem Todesjahr des Ehegatten folgt
IV	● Verheiratete, wenn der Ehepartner ebenfalls Arbeitslohn bezieht und ebenso in Steuerklasse IV eingestuft ist
V	● Verheiratete, wenn der Ehepartner ebenfalls Arbeitslohn bezieht und in Steuerklasse III eingestuft ist
VI	● Steuerpflichtige, die aus mehr als einem Arbeitsverhältnis Einkünfte beziehen

Die für einen Arbeitnehmer laut Steuerkarte maßgebliche Steuerklassenzuordnung beeinflusst über den unterschiedlich hohen Lohnsteuerabzug (und Kirchensteuerabzug für Mitglieder anerkannter Religionsgemeinschaften) die Höhe des monatlichen Nettoentgeltes.

Dabei ist bei **gleichem monatlichen Bruttolohn/-gehalt** die Steuerbelastung:

- in den **Steuerklassen I und IV** gleich hoch;
- in der **Steuerklasse II** geringer als in Klasse I;
- in der **Steuerklasse III** am geringsten, da entweder nur ein Ehepartner Arbeitslohn bezieht (Alleinverdiener) oder der mitarbeitende in der Regel weniger verdienende Ehepartner durch die Einstufung in Steuerklasse V trotz geringeren Entgelts der hohen Steuerbelastung der Klasse V unterliegt;
- in der **Steuerklasse V** im Vergleich zu den Klassen I bis IV hoch, da der mitarbeitende in der Regel mehr verdienende Ehepartner, der in Steuerklasse III eingestuft ist, trotz höheren Entgelts der geringeren Steuerbelastung der Klasse III unterliegt;
- in der **Steuerklasse VI** am höchsten, da in der Regel aus mehreren Arbeitsverhältnissen Einkünfte bezogen werden.

Auszug aus der Allgemeinen Lohnsteuertabelle 2006

Bruttolohn/-gehalt in EUR (monatlich)	**ausgewiesene Abzugsbeträge** (ohne Kinderfreibeträge)						
	Betrag in EUR / Steuerklasse	I	II	III	IV	V	VI
937,00	Lohnsteuer	5,00	0,00	0,00	5,00	157,08	189,25
	Kirchensteuer (9 %)	0,45	0,00	0,00	0,45	14,13	17,03
	Solidaritätszuschlag	0,00	0,00	0,00	0,00	8,63	10,40
	Summe der Abzüge	**5,45**	**0,00**	**0,00**	**5,45**	**179,84**	**216,68**
1 346,00	Lohnsteuer	82,08	57,25	0,00	82,08	317,16	343,50
	Kirchensteuer (9 %)	7,38	5,15	0,00	7,38	28,54	30,91
	Solidaritätszuschlag	0,21	0,00	0,00	0,21	17,44	18,89
	Summe der Abzüge	**89,67**	**62,40**	**0,00**	**89,67**	**363,14**	**393,30**
1 927,00	Lohnsteuer	240,83	211,33	29,16	240,83	524,33	554,16
	Kirchensteuer (9 %)	21,67	19,01	2,62	21,67	47,18	49,87
	Solidaritätszuschlag	13,24	11,62	0,00	13,24	28,83	30,47
	Summe der Abzüge	**275,74**	**241,96**	**31,78**	**275,74**	**600,34**	**634,50**
2 615,00	Lohnsteuer	436,75	403,25	162,50	436,75	807,16	839,41
	Kirchensteuer (9 %)	39,30	36,29	14,62	39,30	72,64	75,54
	Solidaritätszuschlag	24,02	22,17	0,10	24,02	44,39	46,16
	Summe der Abzüge	**500,07**	**461,71**	**177,22**	**500,07**	**924,19**	**961,11**

▶ Antragsveranlagung *(§ 46 II Nr. 8 EStG)*

Es ist möglich, dass im Laufe eines Kalenderjahres zu viel Lohnsteuer einbehalten wurde. Dies kann etwa dadurch geschehen, dass:

- der Steuerpflichtige (oder sein Ehegatte) nicht das ganze Jahr über in einem Beschäftigungsverhältnis gestanden hat;
- sich Änderungen im Familienstand (Heirat, Tod) oder der Kinderzahl ergeben haben;
- dem Steuerpflichtigen Werbungskosten, Sonderausgaben oder außergewöhnliche Belastungen entstanden sind, die über den Pauschal- bzw. Freibeträgen liegen.

Die überzahlte Lohnsteuer wird dem Arbeitnehmer nach Ablauf des Jahres erstattet. Dies geschieht im Wege der Einkommensteuererklärung, die der Arbeitnehmer beim Finanzamt beantragen **kann,** und zwar bis spätestens **zwei Jahre nach Ablauf** des Veranlagungszeitraumes (also für 2006 bis spätestens 31. Dezember 2008).

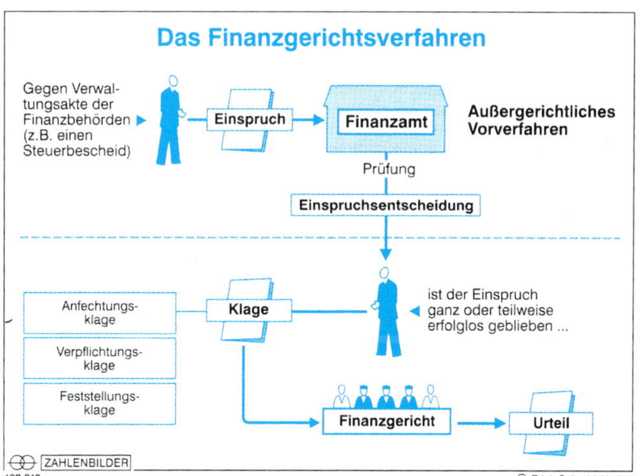

In bestimmten Fällen ist auch für Arbeitnehmer zur Feststellung der Jahressteuerschuld eine Veranlagung zur Einkommensteuer **zwingend vorgeschrieben.** Hierbei handelt es sich insbesondere um jene Fälle, in denen

Arbeitnehmer neben ihrem Arbeitslohn noch andere einkommensteuerpflichtige Einkünfte bezogen haben (z.B. aus Vermietung und Verpachtung) oder in denen das Finanzamt aufgrund eines Antrags auf Lohnsteuerermäßigung einen Freibetrag auf der Lohnsteuerkarte eingetragen hat. Ist ein Arbeitnehmer zur Abgabe einer Einkommensteuererklärung verpflichtet, muss er seine jährliche Steuererklärung bis spätestens **fünf Monate nach Ablauf** des Veranlagungszeitraumes abgeben (also für 2006 bis spätestens 31. Mai 2007).

Bei der Veranlagung zur Einkommensteuer werden ebenfalls zu viel einbehaltene Steuern erstattet, aber auch zu wenig erhobene nachgefordert.

▶ Vereinfachte Einkommensteuererklärung für Arbeitnehmer

Im Gegensatz zu den im Rahmen der Antragsveranlagung üblichen Steuerformularen – vierseitiger Mantelbogen plus mindestens die „Anlage N" – besteht die **vereinfachte Steuererklärung** lediglich aus einem zweiseitigen Formular. Da Angaben, die auf der **elektronischen Lohnsteuerbescheinigung** des Arbeitgebers enthalten sind, aufgrund der so genannten eTIN (**e**lectronic **t**axpayer **i**dentification **n**umber)[1] automatisch vom Finanzamt übernommen werden, muss der steuerpflichtige Arbeitnehmer diese Daten **nicht** in die Steuerformulare übertragen.

Dieser vereinfachte Erklärungsvordruck kann verwendet werden, wenn der Steuerpflichtige **keine anderen Einkünfte** (wie z.B. Zinsen von mehr als 1421/2842 EUR [Unverheiratete/Verheiratete], Renten oder Mieteinkünfte), sondern

- ausschließlich Arbeitslohn bzw. Versorgungsbezüge und ggf. bestimmte Lohnersatzleistungen (z.B. Mutterschaftsgeld) bezogen hat
- und nur die im Vordruck bezeichneten Werbungskosten, Sonderausgaben und außergewöhnlichen Belastungen geltend gemacht werden.

In allen anderen Fällen sind die umfangreicheren bisher üblichen Einkommensteuerformulare zu verwenden. Die für die Antragsveranlagung geltenden Abgabefristen (vgl. S. 223) sind auch für die vereinfachte Einkommensteuererklärung für Arbeitnehmer maßgeblich.

> Die kaufmännische Angestellte Claudia Bertram erzielte laut Lohnsteuerbescheinigung im Veranlagungszeitraum 2005 einen Bruttoarbeitslohn in Höhe von 19568,12 EUR. Aus Sparguthaben flossen ihr Zinserträge in Höhe von 762,85 EUR zu. Da die Angestellte Werbungskosten und Sonderausgaben geltend machen kann, reicht sie mit dem nachfolgenden Formular ihre vereinfachte Einkommensteuererklärung ein und beantragt die Festsetzung der Arbeitnehmer-Sparzulage.
>
> Neben den allgemeinen Angaben zu ihrer Person gibt die Steuerpflichtige an den entsprechenden Stellen des Formulars Auskunft über die entstandenen Sonderausgaben, den Arbeitslohn und die Werbungskosten. Zu den Werbungskosten bei den Einkünften aus nichtselbstständiger Arbeit zählen auch die Aufwendungen für die Wege zwischen Wohnung und Arbeitsstätte in Form der Entfernungspauschale in Höhe von 0,30 EUR je Entfernungskilometer. Diese Entfernungspauschale, die für jeden Arbeitstag nur einmal berücksichtigt werden kann, gilt unabhängig von der Art des benutzten Verkehrsmittels.

---

1 Bei der eTIN handelt es sich um ein Ordnungsmerkmal, das aus dem Namen, Vornamen und Geburtsdatum des Arbeitnehmers gebildet wird, um so den Arbeitnehmer, dessen Daten der Arbeitgeber elektronisch an das Finanzamt meldet, eindeutig identifizieren zu können.

Auf die steuerliche Förderung der von ihr im Rahmen der Riester-Rente gezahlten Altersvorsorgebeiträge als zusätzliche Sonderausgaben will Frau Bertram verzichten. Außergewöhnliche Belastungen sind der kaufmännischen Angestellten nicht entstanden.

Das Finanzamt berechnet das zu versteuernde Einkommen, ermittelt die von Frau Bertram für den Veranlagungszeitraum zu entrichtende Lohn- und Kirchensteuer sowie den Solidaritätszuschlag, setzt die Arbeitnehmer-Sparzulage fest und überweist den Erstattungsbetrag in Höhe von 202,55 EUR auf das Konto der Angestellten.

Jahresausgleichsbescheid für 2005 über Lohn- und Kirchensteuer, Solidaritätszuschlag und Arbeitnehmer-Sparzulage

Berechnung des zu versteuernden Einkommens	EUR	EUR
Einkünfte aus nichtselbstständiger Arbeit	19568	
– Werbungskosten	1320	
= Summe der Einkünfte / Gesamtbetrag der Einkünfte	**18248**	**18248**
– Sonderausgaben, davon		2312
beschränkt abzugsfähig	2001	
unbeschränkt abzugsfähig	311	
= Einkommen / zu versteuerndes Einkommen		**15936**

zu entrichtende Jahreslohnsteuer laut Grundtabelle:	**1778,00 EUR**
zu entrichtender Solidaritätszuschlag:	**97,79 EUR**
zu entrichtende Kirchensteuer:	**160,02 EUR**

Berechnung des Erstattungsbetrages	**Lohnsteuer** EUR	**Solidaritätszuschlag** EUR	**Kirchensteuer** EUR	**Erstattung** EUR
Abzug vom Lohn der Steuerpflichtigen	1954,92	107,52	175,92	
– zu entrichtende Beträge	1778,00	97,79	160,02	
= zu viel gezahlte Beträge	176,92	9,73	15,90	**202,55**

Die Auszahlung der festgesetzten Arbeitnehmer-Sparzulage erfolgt jedoch erst mit Ablauf der vorgeschriebenen **Sperrfrist.** Bei Sparverträgen über Vermögensbeteiligungen beträgt diese Frist 7 Jahre.

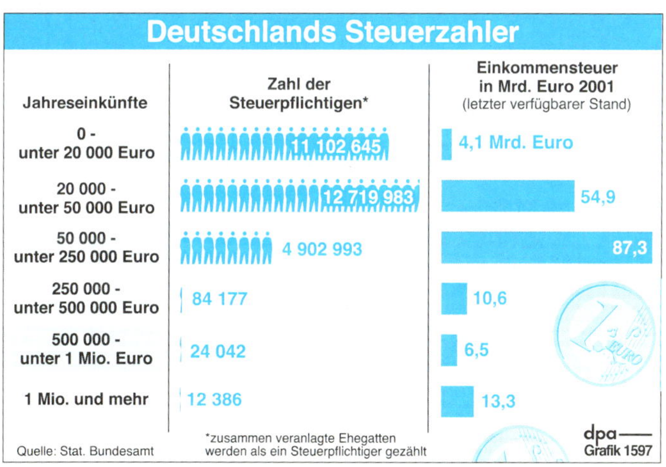

☒ **Vereinfachte Einkommensteuererklärung für Arbeitnehmer**

☒ **Antrag auf Festsetzung der Arbeitnehmer-Sparzulage**

Steuernummer		Vorg.
11	1_05	

2005

Eingangsstempel

An das Finanzamt Bochum-Süd	bei Wohnsitzwechsel: bisheriges Finanzamt
Steuernummer 350/1235/9311	Telefonische Rückfragen tagsüber unter Nr.

Zeile			
	Allgemeine Angaben		
1	**Steuerpflichtige Person** (Stpfl.), bei zusammen veranlagten Ehegatten: **Ehemann**		
2	Name: Bertram	99 10 69	Anschrift
3	Vorname: Claudia	99 17 70	3
4	Geburtsdatum: 23121980 · Religion: rk · Ausgeübter Beruf: Kaufm. Angestellte	11	Alter A B · Religion A B
5	Straße und Hausnummer: Prinzenstr. 6	99 4 7	99 4 8
6	Postleitzahl, derzeitiger Wohnort: 44809 Bochum	167 AG-FA	167 AG-FA
7	Verheiratet seit dem · Verwitwet seit dem · Geschieden seit dem · Dauernd getrennt lebend seit dem	168 LSt-Klasse	168 LSt-Klasse
8	Nur bei Zusammenveranlagung: Vorname der **Ehefrau**	170 ausgezahltes Kindergeld	170 ausgezahltes Kindergeld
9	ggf. von Zeile 2 abweichender Name	186 AG-FA LSt-Kl. VI	186 AG-FA LSt-Kl. VI
10	Geburtsdatum · Religion · Ausgeübter Beruf	110 BAL	110 BAL
11	Straße und Hausnummer, Postleitzahl, derzeitiger Wohnort (falls von Zeilen 5 und 6 abweichend)	140 LSt	140 LSt
12	**Bankverbindung** **Bitte stets angeben!** Kontonummer: 45191200 · Bankleitzahl: 43050001	150 SolZ	150 SolZ
13	Geldinstitut (Zweigstelle) und Ort: Sparkasse Bochum	142 KiSt AN	142 KiSt AN
14	Kontoinhaber ☒ lt. Zeilen 2 u. 3 oder: Name (im Fall der Abtretung bitte amtlichen Abtretungsvordruck beifügen)	144 KiSt Eheg.	144 KiSt Eheg.
	Angaben zu Kindern		
15	Anzahl ☐ lt. **Anlage(n) Kind**	120 Lohnersatzleistungen	120 Lohnersatzleistungen
	Altersvorsorgebeiträge		
16	Für die geleisteten Altersvorsorgebeiträge wird ein zusätzlicher Sonderausgabenabzug lt. **Anlage AV** geltend gemacht ☐ Stpfl. / Ehemann ☐ Ehefrau		
	Einkünfte aus nichtselbständiger Arbeit		
17	Lohnsteuerbescheinigung(en) beifügen · Anzahl 1 Stpfl. / Ehemann · Anzahl Ehefrau	99 8 7	
18	eTIN lt. Lohnsteuerbescheinigung Stpfl. / Ehemann: BRTRCLDA80L23N · eTIN lt. Lohnsteuerbescheinigung Ehefrau	Vorsorgepauschale gekürzt = 1 ungekürzt = 2	
19	**Lohn- / Entgeltersatzleistungen** (z. B. Arbeitslosengeld, Insolvenzgeld lt. Bescheinigung der Agentur für Arbeit und Krankengeld, Mutterschaftsgeld lt. Leistungsnachweis) ☐ Stpfl. / Ehemann ☐ Ehefrau	35	Bemessungsgrundlg. für Vorwegabzug ohne Kürzg.
20	**Angaben über Zeiten und Gründe der Nichtbeschäftigung** (Bitte Nachweise beifügen.)	15	
21	Beigefügte Bescheinigung(en) vermögenswirksamer Leistungen **(Anlage VL)** ☒ Stpfl. / Ehemann ☐ Ehefrau	99 8 8	
	Ergänzende Angaben zu den Vorsorgeaufwendungen		
22		Vorsorgepauschale gekürzt = 1 ungekürzt = 2	
23	2005 bestand keine gesetzliche Rentenversicherungspflicht aus der Beschäftigung als Beamter oder als gleichgestellte Person (siehe Infoblatt). ☐ Stpfl. / Ehemann ☐ Ehefrau	35	Bemessungsgrundlg. für Vorwegabzug ohne Kürzg.
24	Aufgrund des Dienstverhältnisses bestand eine Anwartschaft auf Altersversorgung oder es wurden steuerfreie Arbeitgeberzuschüsse zu Versicherungen gezahlt. ☐ Stpfl. / Ehemann ☐ Ehefrau	15	

Unterschrift Die mit der Steuererklärung angeforderten Daten werden aufgrund der §§ 149 ff. der Abgabenordnung und der §§ 25, 46 des Einkommensteuergesetzes erhoben.

25–26 Ich versichere, **keine weiteren inländischen oder ausländischen Einkünfte** bezogen zu haben. Mir ist bekannt, dass Angaben über Kindschaftsverhältnisse und Pauschbeträge für Behinderte erforderlichenfalls der Gemeinde mitgeteilt werden, die für die Ausstellung der Lohnsteuerkarten zuständig ist.

Bei der Anfertigung dieser Steuererklärung hat mitgewirkt:

☐ Empfangsvollmacht ist erteilt.

27

28 11. März 2006 Claudia Bertram

29 **Datum, Unterschrift(en)**
Steuererklärungen sind eigenhändig – bei Ehegatten von beiden – zu unterschreiben.

ESt 1 V – Vereinfachte Einkommensteuererklärung für Arbeitnehmer – Okt. 2005

Steuernummer
350/1235/9311

Zeile				
	Werbungskosten Stpfl. / Ehemann			99 | 8 7
30	**Wege zwischen Wohnung und Arbeitsstätte** (Entfernungspauschale)			
31	Arbeitsstätte in (Ort und Straße): Dortmund, Westfalendamm	Arbeitstage je Woche: 5	Urlaubs- und Krankheitstage: 30	73 Fahrtkostenzuschüsse – steuerfrei gezahlt
32				50 Fahrtkostenzuschüsse – pauschal besteuert

Zeile	Arbeitsstätte lt. Zeile	aufgesucht an	einfache Entfernung	davon mit eigenem oder zur Nutzung überlassenem Pkw zurückgelegt	davon mit Sammelbeförderung zurückgelegt	davon mit öffentl. Verkehrsmitteln, Motorrad, Fahrrad o. Ä., als Fußgänger, als Mitfahrer einer Fahrgemeinschaft zurückgelegt	Behinderungsgrad mind. 70 oder mind. 50 und Merkzeichen „G“
33							
34	31	40 226 Tagen	41 15 km	68 15 km	78 km	km	Ja 61
35		43 Tagen	44 km	69 km	79 km	km	Ja 62

Zeile		EUR	
36	Aufwendungen für Fahrten mit öffentlichen Verkehrsmitteln (ohne Flug- und Fährkosten) – Bitte stets auch die Zeilen 34 und 35 ausfüllen –	49	72 Entfernungspauschale
37	Aufwendungen für Arbeitsmittel, Bewerbungskosten, Fortbildungskosten, Kontoführungsgebühren, Reisekosten bei Dienstreisen, Flug- und Fährkosten, Beiträge zu Berufsverbänden – soweit nicht steuerfrei ersetzt –	53 303	

Zeile				
	Werbungskosten Ehefrau			99 | 8 8
38	**Wege zwischen Wohnung und Arbeitsstätte** (Entfernungspauschale)			
39	Arbeitsstätte in (Ort und Straße)	Arbeitstage je Woche	Urlaubs- und Krankheitstage	73 Fahrtkostenzuschüsse – steuerfrei gezahlt
40				50 Fahrtkostenzuschüsse – pauschal besteuert

Zeile	Arbeitsstätte lt. Zeile	aufgesucht an	einfache Entfernung	davon mit eigenem oder zur Nutzung überlassenem Pkw zurückgelegt	davon mit Sammelbeförderung zurückgelegt	davon mit öffentl. Verkehrsmitteln, Motorrad, Fahrrad o. Ä., als Fußgänger, als Mitfahrer einer Fahrgemeinschaft zurückgelegt	Behinderungsgrad mind. 70 oder mind. 50 und Merkzeichen „G“
41							
42		40 Tagen	41 km	68 km	78 km	km	Ja 61
43		43 Tagen	44 km	69 km	79 km	km	Ja 62

Zeile		EUR	
44	Aufwendungen für Fahrten mit öffentlichen Verkehrsmitteln (ohne Flug- und Fährkosten) – Bitte stets auch die Zeilen 42 und 43 ausfüllen –	49	72 Entfernungspauschale
45	Aufwendungen für Arbeitsmittel, Bewerbungskosten, Fortbildungskosten, Kontoführungsgebühren, Reisekosten bei Dienstreisen, Flug- und Fährkosten, Beiträge zu Berufsverbänden – soweit nicht steuerfrei ersetzt –	53	

Zeile	**Sonderausgaben**	Stpfl. / Ehemann EUR	Ehefrau EUR	99 | 52
46	Beiträge zu			
47	freiwilligen Versicherungen oder Höherversicherungen in den gesetzlichen Rentenversicherungen	35	36	30 AN-RV Stpfl./EM
48	eigenen kapitalgedeckten Rentenversicherungen (§ 10 Abs. 1 Nr. 2 Buchstabe b EStG) mit Laufzeitbeginn nach dem 31. 12. 2004 (ohne Altersvorsorgebeiträge, die in Zeile 16 geltend gemacht werden)	37	38	31 AN-RV EF
49	**Bei Zusammenveranlagung ist die Eintragung für jeden Ehegatten vorzunehmen:** Haben Sie zu Ihrer Krankenversicherung oder Ihren Krankheitskosten Anspruch auf			47 AG-RV Stpfl./EM
50	– steuerfreie Arbeitgeberbeiträge oder – steuerfreie Beihilfen (z. B. Beamte)?	49 2 Ja = 1 Nein = 2	50 Ja = 1 Nein = 2	48 AG-RV EF
51	Beiträge zu Versicherungen gegen Arbeitslosigkeit, Erwerbs- und Berufsunfähigkeitsversicherungen, Kranken- und Pflegeversicherungen, Unfall- und Haftpflichtversicherungen und Risikoversicherungen, die nur für den Todesfall eine Leistung vorsehen		40 Stpfl. / Ehegatten EUR 952	
52	Rentenversicherungen mit Kapitalwahlrecht und Kapitallebensversicherungen mit mindestens 12 Jahren Laufzeit und Laufzeitbeginn sowie erster Beitragszahlung vor dem 1. 1. 2005		46	
53	Rentenversicherungen ohne Kapitalwahlrecht mit Laufzeitbeginn sowie erster Beitragszahlung vor dem 1. 1. 2005 (ohne Altersvorsorgebeiträge, die in Zeile 16 geltend gemacht werden)		44	
54	**Kirchensteuer**	13 2005 gezahlt 176	14 2005 erstattet 15	
55	**Steuerberatungskosten**		16	
56	**Zuwendungen** (lt. beigefügten Bestätigungen) für wissenschaftliche, mildtätige und kulturelle Zwecke: 18	für kirchliche, religiöse und gemeinnützige Zwecke	19 150	

Zeile	**Außergewöhnliche Belastungen**			99 | 53
57	blind / ständig hilflos Stpfl. / Ehemann	56 Grad der Behinderung	blind / ständig hilflos Ehefrau — 57 Grad der Behinderung	
58	Ehescheidungskosten, Fahrtkosten Behinderter, Krankheitskosten, Kurkosten, Pflegekosten	Gesamtaufwand im Kalenderjahr	Erhaltene / zu erwartende Versicherungsleistungen, Beihilfen, Unterstützungen usw.	99 | 12
59	Art der Belastung	63	64	

Verfügung 1. Die Daten sind maschinell zu verarbeiten. Das Ergebnis ist bekannt zu geben.

Datum, Nz.

2. ☐ Grunddaten prüfen . . . . ________

3. ☐ LSt-Karte(n) entwerten / Belege zurückgeben . . . . . . ________

4. Z. d. A.

SGL Datum Bearb.

Erfasst / Bearbeitereingabe

5.6 Körperschaftsteuer

Die Körperschaftsteuer ist die „Einkommensteuer" der juristischen Personen. Besteuerungsgrundlage ist also das „Einkommen", das eine juristische Person im Geschäftsjahr erzielt hat.

▶ **Steuerbefreiung**

Von der Körperschaftsteuer sind u.a. politische Parteien, Berufsverbände sowie gemeinnützige, mildtätige oder kirchliche Körperschaften befreit *(§ 5 KStG)*.

▶ **Steuersätze**

Der Steuersatz beträgt 25% des zu versteuernden Einkommens *(§ 23 KStG)*.

Das zu versteuernde Einkommen einer Aktiengesellschaft beträgt 1 Mio. EUR. Die Körperschaftsteuer errechnet sich wie folgt:

zu versteuerndes Einkommen		1 000 000 EUR
davon tarifmäßige Körperschaftsteuer von 25%	=	250 000 EUR

5.7 Grundsteuer

Grundsteuerpflichtig ist der Grundbesitz, d.h. der Grund und Boden land- und forstwirtschaftlicher Betriebe, Betriebsgrundstücke und private Grundstücke sowie darauf errichtete Gebäude *(§§ 1 f. GrStG)*.

▶ **Steuerbefreiungen**

Nicht der Grundsteuer unterliegen der Grundbesitz des Staates und der Kirche sowie Grundbesitz, der zu gemeinnützigem oder mildtätigem Zweck genutzt wird oder der zum Zweck der Wissenschaft, Erziehung bzw. der Krankenversorgung dient.

▶ **Steuersätze**

Besteuerungsgrundlage ist der von der Finanzbehörde festgelegte **Einheitswert** des Grundbesitzes.

Dieser Einheitswert wird mit einer **Steuermesszahl** multipliziert. Sie beträgt *(§§ 14 f. GrStG)*:

● für Betriebe der Land- und Forstwirtschaft	6,0‰
● für bebaute Grundstücke allein	3,5‰
● für Einfamilienhäuser	
für die ersten 38 346,89 EUR des Einheitswertes	2,6‰
für den Rest des Einheitswertes	3,5‰
● für Zweifamilienhäuser	3,1‰
● für unbebaute Grundstücke	3,5‰

Einheitswert x Steuermesszahl = **Steuermessbetrag**

Auf den Steuermessbetrag wird nun der **Hebesatz** angewendet, der von Gemeinde zu Gemeinde unterschiedlich ist und im Durchschnitt etwa 350% beträgt.

Der Einheitswert eines unbebauten Grundstückes beträgt 50 000 EUR, die Steuermesszahl damit 3,5 ‰ und der Hebesatz der entsprechenden Gemeinde 320 %.

Einheitswert	=	50 000 EUR
x Steuermesszahl 3,5 ‰		
Steuermessbetrag	=	175 EUR
x Hebesatz 320 %		
Grundsteuerschuld	=	560 EUR

5.8 Gewerbesteuer

Steuergegenstand ist der Gewerbebetrieb, d. h. seine Ertragskraft **(Gewerbeertrag).**

Die Gewerbesteuer, die zu den **Gemeindesteuern** zählt, stellt die wichtigste Einnahmequelle der Kommunen zur Bestreitung ihrer öffentlichen Ausgaben dar.

▶ Gewerbeertrag

Grundlage für die Ermittlung des Gewerbeertrages ist der ermittelte **Gewinn,** so wie er nach den Vorschriften des Einkommensteuer- oder Körperschaftsteuergesetzes festzustellen ist.

▶ Steuermesszahl und Hebesatz

Die Steuermesszahl des auf volle 50 EUR abgerundeten Gewerbeertrages ist nach dem Gewerbeertrag gestaffelt, und zwar wird in 12 000-Euro-Schritten ein von 1 bis 5 % ansteigender Prozentsatz erhoben. Steuerfrei bleibt für Einzelunternehmen und Personengesellschaften ein Betrag von 24 500 EUR. Demgegenüber kommt bei juristischen Personen – unabhängig von der Höhe des Gewerbeertrages – eine einheitliche Steuermesszahl von 5 % zur Anwendung; ein Betrag von 3 900 EUR bleibt steuerfrei.

Der sich so ergebende Steuermessbetrag wird mit dem von den Gemeinden in einer Prozentzahl festgelegten **Hebesatz** – er liegt zwischen 140 und 550 % – multipliziert. Das Ergebnis ist die fällige Gewerbesteuerschuld.

Ermittlung der Gewerbesteuer am Beispiel einer OHG

Gewerbeertrag: 50 611 EUR

↓

Ermittlung des Steuermessbetrages

Gewerbeertrag in EUR	Steuermesszahl in %	Steuermessbetrag in EUR
bis 24 500	0 (Freibetrag)	0
24 500 bis 36 500	1	120
36 500 bis 48 500	2	240
48 500 bis 50 600	3	63
		423

↓

	423 EUR	Steuermessbetrag
x	400 %	Hebesatz der Gemeinde
	1 692 EUR	**Gewerbesteuerschuld**

5.9 Umsatzsteuer

Die Umsatzsteuer, die auch **Mehrwertsteuer** genannt wird, belastet grundsätzlich den gesamten privaten und öffentlichen Verbrauch von Gütern (Waren und Dienstleistungen).

▶ **Steuerschuldner** *(§ 2 UStG)*

Steuerschuldner ist der Unternehmer, d.h., natürliche und juristische Personen, die eine gewerbliche oder berufliche Tätigkeit selbstständig ausüben.

▶ **Steuerbare Umsätze** *(§ 1 UStG)*

Der Umsatzsteuer unterliegen folgende Vorgänge:

- **Lieferungen** und **sonstige Leistungen** eines Unternehmers im Inland gegen Entgelt,
- **Eigenverbrauch** bei Entnahme von Waren für private Zwecke oder bei privater Nutzung betrieblicher Gegenstände,
- **Einfuhr von Waren** in das Inland (Einfuhrumsatzsteuer).

▶ **Steuerfreie Umsätze** *(§ 4 UStG)*

Das Umsatzsteuergesetz sieht zahlreiche Steuerbefreiungen vor wie z.B. beim Export von Gütern, Umsätze im Geld- und Kapitalverkehr, Einkünfte aus Vermietung und Verpachtung, Arzthonorare.

▶ **Umsatzsteuerbefreiung** *(§ 19 UStG)*

Bei Unternehmen, deren Umsatz (zuzüglich der darauf entfallenden Umsatzsteuer) im vorangegangenen Kalenderjahr 17500 EUR nicht überstiegen hat und im laufenden Kalenderjahr voraussichtlich 50000 EUR nicht übersteigt, wird die geschuldete Umsatzsteuer nicht erhoben. Macht ein solcher Kleinunternehmer von diesem **Wahlrecht** auf Steuerbefreiung Gebrauch, so entfällt für ihn gleichzeitig das Recht, die ihm in Rechnung gestellte Vorsteuer abzuziehen (Vorsteuerabzug). Da diese Steuerbefreiung ohne Vorsteuerabzug für einen Kleinunternehmer keineswegs immer vorteilhaft ist, kann er gegenüber dem Finanzamt den Verzicht auf die Steuerbefreiung erklären, um den Vorsteuerabzug vornehmen zu können. Allerdings ist er an diese Erklärung für mindestens fünf Kalenderjahre gebunden.

▶ **Steuersätze** *(§ 12 UStG)*

Der **allgemeine Steuersatz** beträgt zz. 16% (ab 01.01.2007: 19%). Daneben gilt für bestimmte Umsätze ein **ermäßigter Steuersatz** von 7% (z.B. für Lebensmittel, Bücher, Zeitungen, Zeitschriften sowie im Personennahverkehr).

▶ **Berechnung der Zahllast** *(§ 15 UStG)*

Jeder Unternehmer wendet den jeweiligen Steuersatz auf seine Umsätze an und stellt die Umsatzsteuer seinen Kunden in Rechnung. An das Finanzamt muss er jedoch nicht den gesamten vereinnahmten Steuerbetrag abführen, sondern er kann die ihm von seinen Lieferanten in Rechnung gestellte Umsatzsteuer, die so genannte **Vorsteuer,** abziehen. Als Differenz ergibt sich die **Zahllast,** die er bis zum 10. des folgenden Monats an das Finanzamt weiterleiten muss.

Umsatzsteuer – Vorsteuer = Zahllast

Durch den Abzug der Vorsteuer wird erreicht, dass letztlich nur der auf jeder einzelnen Umsatzstufe erzielte **Mehrwert** besteuert wird (Mehrwertsteuer).

In der Kette der Umsatzstufen wird die Mehrwertsteuer vom Erzeuger der Ware bis zum Endverbraucher offen überwälzt. Jeder Unternehmer lässt sich von seinem Abnehmer sowohl die Zahllast, die er an das Finanzamt abführt, als auch die Umsatzsteuer, die ihm seine Vorlieferanten in Rechnung stellten, bezahlen. Die Umsatzsteuer ist somit für den Unternehmer ein **durchlaufender Posten,** der ihn **nicht** belastet. **Normalerweise trägt der Endverbraucher die Umsatzsteuer.** Nur wenn es z.B. einem Handelsunternehmen in Ausnahmefällen nicht gelingt, einen über dem Einkaufspreis liegenden Verkaufserlös zu erzielen, wird es einen Teil der Mehrwertsteuer selbst tragen müssen.

Mehrstufiger Warenweg mit Vorsteuerabzug

Umsatzstufen	**Rechnungen**		**Umsatzsteuer**	**– Vorsteuer**	**= Zahllast**
Textilfabrik ↓	Nettopreis + 16% USt Bruttopreis	1 000,00 EUR 160,00 EUR 1 160,00 EUR	160,00 EUR	———	160,00 EUR
Großhandel ↓	Nettopreis + 16% USt Bruttopreis	1 700,00 EUR 272,00 EUR 1 972,00 EUR	272,00 EUR	160,00 EUR	112,00 EUR
Einzelhandel ↓ ENDVERBRAUCHER	Nettopreis + 16% USt Bruttopreis	2 500,00 EUR 400,00 EUR 2 900,00 EUR	400,00 EUR	272,00 EUR	128,00 EUR
	Probe:		832,00 EUR	– 432,00 EUR	= 400,00 EUR

▶ **Ausstellung von Rechnungen** *(§ 14 UStG)*

Bei Lieferungen und Leistungen an ein anderes Unternehmen müssen Nettopreis und Umsatzsteuer getrennt ausgewiesen werden, weil der Käufer die in Rechnung gestellte Umsatzsteuer bei der Ermittlung seiner Zahllast als Vorsteuer abziehen kann.

Bei Rechnungen an Endverbraucher ist die gesonderte Angabe der Umsatzsteuer erst ab einem Rechnungsbetrag von 100 EUR erforderlich (Einzelhandel). Ansonsten ist bei Rechnungen über Kleinbeträge zumindest der Umsatzsteuersatz anzugeben.

Zusammenfassung

Steuern

Notwendigkeit der Besteuerung

Steuern
- sind zwangsweise Abgaben ohne unmittelbare Gegenleistung
- dienen zur Finanzierung notwendiger Staatsausgaben

Steuerarten

Einteilung nach
- dem **Steuerempfänger** (Bundes-, Landes-, Gemeinde-, Gemeinschaft- und Kirchensteuern)
- der **Erhebungsart** (direkte und indirekte Steuern)
- dem **Steuergegenstand** (Besitz-, Verkehr- und Verbrauchsteuern)

Volkswirtschaftliche Steuerquote

- die insgesamt aus allen Steuerarten erzielten Steuereinnahmen im Verhältnis zum nominalen Bruttoinlandsprodukt

Steuererhebungsverfahren am Beispiel der Einkommensteuer

- **Abzugsverfahren**
  bei der Lohnsteuer sofortiger Steuerabzug vom Lohn oder Gehalt
- **Veranlagungsverfahren**
  bei der Einkommensteuer nachträgliche Besteuerung der erzielten Einkünfte unter Verrechnung der bereits geleisteten Vorauszahlungen

Einkommensteuer

- Gemeinschaftsteuer, direkte Steuer, Besitzsteuer
- aus den 7 Einkunftsarten ergeben sich die Einkünfte des Steuerpflichtigen
- die Einkünfte werden um
  - Betriebsausgaben
  - Werbungskosten
  - Sonderausgaben
  - außergewöhnliche Belastungen

  gemindert
- danach ergibt sich das zu versteuernde Einkommen
- auf dieses Einkommen wird der Tarif der Grund- bzw. Splittingtabelle angewandt, um die zu entrichtende Einkommensteuer zu ermitteln

Lohnsteuer

- Gemeinschaftsteuer, direkte Steuer, Besitzsteuer
- besondere Erhebungsform der Einkommensteuer
- zahlbar bei Einkünften aus nichtselbstständiger Arbeit

Körperschaftsteuer

- Gemeinschaftsteuer, direkte Steuer, Besitzsteuer
- besteuert wird das Einkommen der juristischen Personen
- Steuersatz 25%

Grundsteuer

- Gemeindesteuer, direkte Steuer, Besitzsteuer
- besteuert wird der Grundbesitz
- Grundsteuerschuld = Einheitswert x Steuermesszahl x Hebesatz

Gewerbesteuer

- Gemeindesteuer, direkte Steuer, Besitzsteuer
- besteuert wird die Ertragskraft

Umsatzsteuer (Mehrwertsteuer)

- Gemeinschaftsteuer, indirekte Steuer, Verkehrsteuer
- die Umsatzsteuer wird normalerweise vom Endverbraucher getragen
- der Steuersatz beträgt 7% bzw. 16%
- Besteuerung des „Mehrwerts" einer Warenlieferung oder Dienstleistung auf jeder Wirtschaftsstufe (Hersteller, Großhändler, Einzelhändler, Endverbraucher)

Aufgaben

(1) *Begründen Sie die Notwendigkeit der Besteuerung!*

(2) *Grenzen Sie Steuern, Gebühren und Beiträge voneinander ab!*

(3) *Was versteht man unter der volkswirtschaftlichen Steuerquote?*

(4) *Welchen Zweck erfüllt das Veranlagungsverfahren?*

(5) *Um welche Einkunftsart handelt es sich im folgenden Fall?*

Ein Großhändler erzielte im letzten Jahr folgende Einkünfte:

a) *erwirtschafteter Gewinn aus seinem Handelsbetrieb;*
b) *Zinsen aus dem einem Geschäftsfreund gewährten Darlehen;*
c) *Gewinnbeteiligung als Kommanditist eines Handwerksbetriebes;*
d) *Gewinn aus dem Verkauf eines Grundstücks, das der Kaufmann erst vor einem Jahr günstig gekauft hatte;*
e) *Einkünfte aus der Vermietung einer Eigentumswohnung.*

(6) *Grenzen Sie Betriebsausgaben, Werbungskosten, Sonderausgaben und außergewöhnliche Belastungen gegeneinander ab!*

(7) *Einem Steuerpflichtigen sind im Veranlagungszeitraum folgende abzugsfähige Ausgaben entstanden. Handelt es sich dabei um Betriebsausgaben, Werbungskosten, Sonderausgaben oder außergewöhnliche Belastungen?*

a) *gezahlte Kirchensteuer*
b) *Eigenanteil an einer Sehhilfe*
c) *Gewerkschaftsbeiträge*
d) *Jahresabonnement der Zeitschrift „Die Börse"*
e) *Spende zugunsten der Deutschen Krebshilfe*
f) *Hypothekenzinsen für die vermietete Eigentumswohnung*
g) *Eigenanteil an den Aufwendungen einer Badekur*
h) *Abschreibung auf die neu angeschaffte EDV-Anlage*
i) *Prämie für die private Unfallversicherung*
j) *Steuerberatungskosten*
k) *Haftpflichtversicherungsprämie für den privat genutzten Pkw*
l) *Haftpflichtversicherungsprämie für den geschäftlich genutzten Lieferwagen*

(8) *Ermitteln Sie via Internet sowohl für 2004 als auch für 2006 die tarifliche Einkommensteuer (nebst Solidaritätszuschlag und Kirchensteuer) für ein zu versteuerndes Jahreseinkommen eines Unverheirateten bzw. Verheirateten in Höhe von 16236 EUR!*

(9) *Welche Bedeutung haben das Äquivalenz- bzw. Leistungsfähigkeitsprinzip für die heutige Steuerpraxis?*

(10) *Ein Nachlass im Wert von 10 Millionen EUR unterliegt nach dem Erbschaftsteuergesetz unterschiedlich hohen Steuersätzen. Dabei bestimmt das persönliche Verhältnis des Erben zum Erblasser die maßgebliche Steuerklasse, und zwar sind 19 %, 27 % oder 35 % des Nachlasses als Erbschaftsteuer an das Finanzamt abzuführen, wobei in jeder der drei Steuerklassen unterschiedlich hohe Beträge steuerfrei bleiben.*

Erläutern Sie an diesem Beispiel die Begriffe „Steuergerechtigkeit", „objektive Steuerbelastung" und „subjektive Steuerbelastung"!

(11) Warum ist es für einen Arbeitnehmer in der Regel vorteilhaft, eine Antragsveranlagung durchzuführen?

(12) Beschaffen Sie sich bei Ihrem Finanzamt ein Formular für eine „Vereinfachte Einkommensteuererklärung für Arbeitnehmer" und füllen Sie dieses für den folgenden Fall aus:
- Eheleute Hanning, wohnhaft Dachauer Straße 111 in 80335 München; verheiratet seit 8. Mai 2000;
- die Eheleute wählen die Zusammenveranlagung;
- beide Eheleute wollen auf die steuerliche Förderung der von ihnen im Rahmen der Riester-Rente gezahlten Altersvorsorgebeiträge als zusätzliche Sonderausgaben verzichten;
- zuständiges Finanzamt: München V; Steuer-Nr. des Vorjahres: 185/1276/9418;
- Ehemann: Franz, *12. Dez. 1976, römisch-katholisch, arbeitet als kaufmännischer Angestellter bei der Grimm OHG, Leopoldstr. 85 in 80802 München; Entfernung zur Arbeitsstätte: 28 km, die er (bei wöchentlich 5 Arbeitstagen sowie 38 Urlaubs- und Krankheitstagen) an 220 Arbeitstagen mit dem eigenen Pkw zurückgelegt hat;
- Ehefrau: Barbara, *1. Juni 1976, römisch-katholisch, ab 1. Dez. d. J. wieder tätig als Erzieherin im Städtischen Kindergarten München-Ost, An der Krippe 21, 81667 München; Entfernung zur Arbeitsstätte: 8 km, die sie (bei wöchentlich 5 Arbeitstagen sowie 3 Urlaubstagen) an 18 Arbeitstagen mit öffentlichen Verkehrsmitteln zurückgelegt hat;
- Bankverbindung der Eheleute: Deutsche Postbank AG München (BLZ 700 100 80), Kto-Nr. 97600892;
- im Vorjahr erstattete Kirchensteuern: 39 EUR;
- im laufenden Jahr gezahlte Kirchensteuer: 390 EUR;
- Daten der Lohnsteuerbescheinigungen (Angaben in EUR):
  * Ehemann:
    eTIN: HNNNFRNZ76L12B; Anlage der vermögenswirksamen Leistungen (VL) in Höhe von 480,00 in einen Sparvertrag über Vermögensbeteiligung gemäß beigefügter Bescheinigung;
  * Ehefrau:
    eTIN: HNNNBRBR76F01E; Anlage der VL in Höhe von 40,00 in einen Sparvertrag über Vermögensbeteiligung gemäß beigefügter Bescheinigung;
- entstandene Aufwendungen des Veranlagungszeitraumes für (Angaben in EUR):
  * Gewerkschaftsbeiträge des Ehemanns: 396,36;
  * Zuzahlung zum Zahnersatz: 701,68;
  * verbleibende Krankheitskosten nach Abzug der Leistungen Dritter: 1 511,29;
  * Unfallversicherungsprämie: 308,90;
  * Auto-Haftpflichtversicherung: 297,60 (erhaltene Prämienrückerstattung: 13,80);
  * Hausratversicherung: 212,80;
  * private Haftpflichtversicherung: 198,00;
  * Spende ans Hilfswerk „Misereor": 350,00;
- erhaltene Zinsen (Angaben in EUR):
  * Steuerpflichtiger: 359,12
  * Ehefrau: 301,33

(13) Ein Zweifamilienhaus mit einem Einheitswert von 200 000 EUR liegt in einer Gemeinde, die einen Grundsteuerhebesatz von 480 % fordert. Berechnen Sie die Höhe der Grundsteuerschuld!

(14) *Berechnen Sie auf der Grundlage des für eine KG ermittelten Gewerbeertrages in Höhe von 134 645 EUR die Gewerbesteuerschuld, wenn sich der Hebesatz der zuständigen Gemeinde auf 470 % beläuft!*

(15) *Erläutern Sie die Begriffe:*

a) Mehrwert,

b) Vorsteuer,

c) Zahllast!

(16) *Ein Großhändler berechnet für eine Warenlieferung an einen Einzelhändler einen Nettopreis von 4 500 EUR. Die Mehrwertsteuer beträgt 16 %, die Vorsteuer 340 EUR. Welchen Betrag muss der Großhändler als Zahllast an das Finanzamt abführen?*

(17) *Nehmen Sie kritisch Stellung zu folgender Behauptung! „Wirtschaftlich trägt stets der Endverbraucher die Umsatzsteuer."*

6 Vollmachten in Unternehmen

Die Leitung eines Unternehmens besteht entweder aus einer Person oder aus einigen wenigen Personen. Bei einem **Einzelunternehmen** führt der Eigentümer die Geschäfte selbst. **Personengesellschaften** (OHG, KG) werden von den persönlich haftenden Gesellschaftern geleitet. In **Kapitalgesellschaften** üben die Geschäftsführer (GmbH) bzw. die Vorstandsmitglieder (AG) die unternehmerischen Funktionen aus.

Unabhängig von der jeweiligen Unternehmensform müssen eine Reihe von Mitarbeitern mit **Vollmachten** ausgestattet sein, damit anfallende Aufgaben selbstständig und eigenverantwortlich wahrgenommen werden können. In welchem Umfang Entscheidungen ohne Rücksprache mit der Unternehmensleitung getroffen werden können, hängt von der speziellen Vollmachtsform ab.

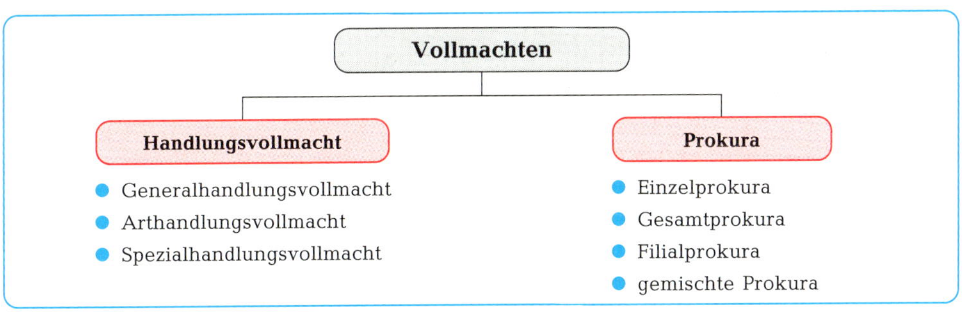

6.1 Handlungsvollmacht *(§§ 54 ff. HGB)*

▶ **Begriff** *(§ 54 I HGB)*

Eine Handlungsvollmacht kann sich auf alle Tätigkeiten, die im täglichen Geschäftsverkehr anfallen, erstrecken.

▶ Arten und Umfang der Handlungsvollmacht

- **Generalhandlungsvollmacht**

  Sie bezieht sich auf **alle gewöhnlichen Tätigkeiten** in einem Handelsgewerbe.

  > Abteilungsleiter werden mit der Durchführung aller anfallenden Geschäfte betraut wie Einkauf und Verkauf von Waren, Zahlungsabwicklungen, Einstellung und Entlassung von Mitarbeitern.

- **Arthandlungsvollmacht**

  Sie bezieht sich nur auf **bestimmte Arten von Geschäften.**

  > Geschäfte gleicher Art werden dauernd von einer Person ausgeführt wie die Bestellung bestimmter Waren durch den Einkäufer oder die Entgegennahme von Zahlungen an einer Kasse bzw. der Abschluss von Versicherungsverträgen durch Versicherungsvermittler.

- **Spezialhandlungsvollmacht**

  Sie bezieht sich nur auf **ein einzelnes Geschäft.**

  > Anmietung eines Lagerraumes, Entgegennahme einer Warensendung, Einlösung eines Barschecks

▶ Erteilung der Handlungsvollmacht

Eine Handlungsvollmacht kann vom Geschäftsinhaber oder seinem Prokuristen erteilt werden. Allerdings können Handlungsbevollmächtigte selbst beschränkte **Untervollmachten** erteilen.

> Der **Generalhandlungsbevollmächtigte** erteilt:
> - Arthandlungsvollmacht oder
> - Spezialhandlungsvollmacht.
>
> Der **Arthandlungsbevollmächtigte** erteilt:
> - Spezialhandlungsvollmacht.

▶ Zeichnung der Handlungsvollmacht *(§ 57 HGB)*

Der Handlungsbevollmächtigte unterzeichnet üblicherweise so, dass er zur Firma den Zusatz **i. A.** (im Auftrag) oder **i. V.** (in Vollmacht) mit seinem Namen anfügt.

Wohnungsbau und Verwaltungsgesellschaft Optima GmbH i. A. Büchner Büchner	Tassa Wohnungsbau GmbH i. V. Kreuzberg Kreuzberg

▶ Erlöschen der Handlungsvollmacht

Gründe für die Beendigung des Vollmachtsverhältnisses sind:

- Auflösung des Arbeitsverhältnisses,
- Widerruf durch den Vollmachtgeber,
- endgültige Einstellung des Geschäftsbetriebes.

6.2 Prokura *(§§ 48ff. HGB)*

▶ Begriff

Die Prokura (lat. procurare = besorgen, verwalten) ist eine besonders weit gefasste Vollmacht, die dazu berechtigt, ein Unternehmen voll zu vertreten. Der Prokurist kann also - im Gegensatz zum Handlungsbevollmächtigten - **auch außergewöhnliche Geschäfte** abschließen.

▶ Arten der Prokura

- **Einzelprokura**

  Die Einzelprokura ermächtigt den Prokuristen allein, d.h. selbstständig, alle Geschäfte des Handelsbetriebes auszuführen.

- **Gesamtprokura**

  Bei der Gesamtprokura dürfen nur zwei oder mehr Prokuristen gemeinsam das Unternehmen vertreten.

- **Filialprokura**

  In diesem Fall ist der Prokurist lediglich berechtigt, die Geschäfte einer Filiale abzuwickeln.

- **Gemischte Prokura**

  Gemischte Prokura bedeutet, dass der Prokurist nur gemeinsam mit einem geschäftsführenden Gesellschafter einer OHG oder KG, dem Geschäftsführer einer GmbH oder einem Vorstandsmitglied einer AG handeln darf.

▶ Umfang der Prokura *(§§ 49f. HGB)*

Die Prokura ermächtigt zu allen Arten von gerichtlichen und außergerichtlichen Geschäften und Rechtshandlungen, die der Betrieb irgendeines Handelsgewerbes mit sich bringt. Sie umfasst demnach auch außergewöhnliche Geschäfte, allerdings **mit Ausnahme folgender Vorfälle:**

- Verkauf des Geschäfts,
- Änderung oder Löschung der Firma,
- Anmeldung der Insolvenz,
- Prokuraerteilung an andere Mitarbeiter,
- Vornahme von Anmeldungen zum Handelsregister,
- Unterschreiben von Bilanzen oder Steuererklärungen,
- Leisten eines Eides für den Unternehmensinhaber,
- Veräußerung oder Belastung von Grundstücken (falls ihm nicht eine zusätzliche Befugnis hierzu erteilt wurde).

Ein Kunde, der mit einem Prokuristen Geschäfte abschließt, kann sich grundsätzlich darauf verlassen, dass dieser tatsächlich das Unternehmen in allen Fällen (mit Ausnahme der oben genannten) vertreten darf. **Eine Beschränkung der Vollmacht gegenüber Außenstehenden ist somit nicht möglich.** Allerdings kann der Handlungsspielraum des Prokuristen für Tätigkeiten innerhalb des Unternehmens durch den Inhaber begrenzt werden.

Wurde einem Prokuristen die Ausstellung von Wechseln untersagt und unterzeichnet er trotzdem einen Wechsel, so ist dieser zwar dem Außenstehenden gegenüber gültig (Außenverhältnis). Der Prokurist haftet jedoch gegenüber dem Unternehmensinhaber für einen möglicherweise eintretenden Schaden (Innenverhältnis).

▶ **Erteilung der Prokura** *(§§ 48 I, 53 I HGB)*

Die Prokura kann nur vom Inhaber des Handelsgeschäftes und nur durch ausdrückliche Erklärung erteilt werden. Sie muss zur Eintragung in das Handelsregister angemeldet werden. Dort hinterlegt der Prokurist seine Unterschrift.

▶ **Zeichnung der Prokura** *(§ 51 HGB)*

Der Prokurist hat in der Weise den Geschäftsverkehr abzuzeichnen, dass er zur Firma seinen Namen mit einem die Prokura andeutenden Zusatz anfügt. Dieser Zusatz lautet **ppa.** (= per procura).

Zeichnung bei Einzelprokura
Klaus Wagner Bauträger-
gesellschaft mbH
ppa. B. Friedrich

Zeichnung bei Gesamtprokura
Märkische Immobilien
und Baubetreuungs GmbH
ppa. Schäfer ppa. Ellermann

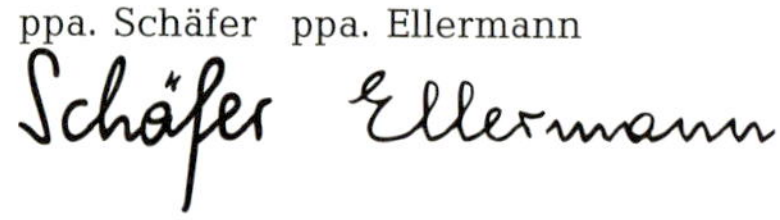

▶ **Erlöschen der Prokura**

Die Prokura erlischt durch:

- Widerruf des Vollmachtgebers,
- Auflösung des Arbeitsverhältnisses,
- Geschäftsaufgabe, Eröffnung des Insolvenzverfahrens oder Verkauf des Geschäftes.

Die Vollmacht bleibt allerdings so lange bestehen, bis eine Löschung im Handelsregister erfolgt ist. So werden außenstehende Dritte so lange geschützt, bis sie von der Löschung erfahren können.

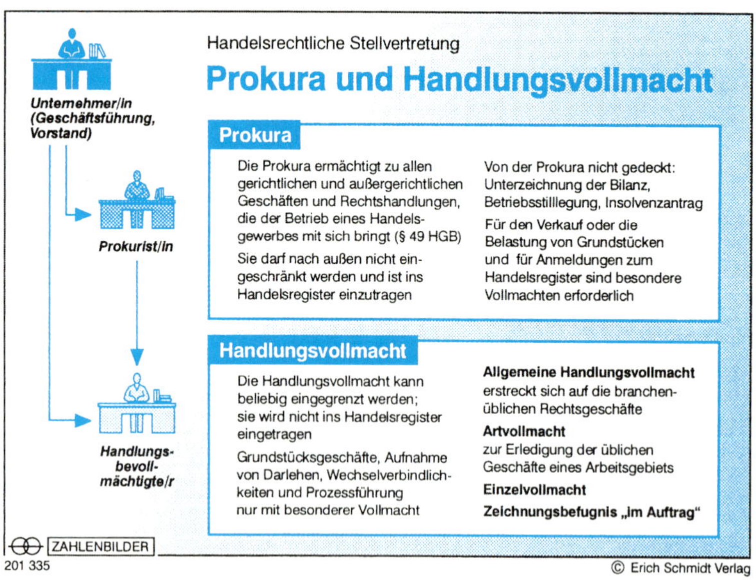

Zusammenfasung

Übersicht: Prokura und Handlungsvollmacht		
	Prokura	**Handlungsvollmacht**
Arten der Vollmachten	Ausführung **aller** Rechtsgeschäfte innerhalb irgendeines Handelsgewerbes **(1) Einzelprokura** Ein Prokurist handelt allein **(2) Gesamtprokura** Mehrere Prokuristen handeln gemeinsam **(3) Filialprokura** Der Prokurist handelt nur für eine Niederlassung des Unternehmens **(4) Gemischte Prokura** Der Prokurist handelt zusammen mit einem geschäftsführenden Gesellschafter einer OHG oder KG, dem Geschäftsführer einer GmbH oder einem Vorstandsmitglied einer AG	**(1) Generalhandlungsvollmacht** Ausführung aller **gewöhnlichen** Rechtsgeschäfte innerhalb eines Handelsgewerbes **(2) Arthandlungsvollmacht** Rechtsgeschäfte **gleicher Art** werden **dauernd** ausgeführt **(3) Spezialhandlungsvollmacht** Durchführung nur **eines stimmten** Rechtsgeschäftes
Umfang der Vollmachten (1) Familien- oder erbrechtliche Rechtshandlungen (2) Das Unternehmen veräußern, die Firma ändern oder löschen bzw. Insolvenz anmelden (3) Prokura erteilen (4) Anmeldungen zum Handelsregister (Ausnahme: Gemischte Prokura) (5) Bilanzen oder Steuererklärungen unterschreiben (6) Eid für den Unternehmer leisten (7) Grundstücke veräußern oder belasten (8) Grundstücke erwerben (9) Prozesse führen (10) Aufnahme von Darlehen (11) Eingehen von Wechselverbindlichkeiten (12) Eingehen einer Bürgschaft		

(Bezogen auf Generalhandlungsvollmacht)

	Prokura	Handlungsvollmacht
(13) Mitarbeiter einstellen und entlassen (14) Warenein- und -verkauf (15) Abwicklung von Zahlungsgeschäften		
Erteilung der Vollmachten	(1) durch Geschäftsinhaber oder deren gesetzliche Vertreter (2) ausdrückliche schriftliche oder mündliche Erklärung (3) Handelsregistereintragung notwendig	(1) durch Geschäftsinhaber oder Prokuristen (2) beschränkte Untervollmachten auch durch Handlungsbevollmächtigte (3) schriftlich, mündlich, durch schlüssige Handlung oder stillschweigende Duldung (4) keine Handelsregistereintragung
Zeichnung der Vollmachten	(1) Firma mit Namen des Bevollmächtigten und Zusatz ppa. (= per procura) (2) Eintragung dieser Zeichnung beim Handelsregister	Firma mit Namen des Bevollmächtigten und Zusatz i.V. (= in Vollmacht) bzw. i.A. (= im Auftrag)
Erlöschen der Vollmachten	(1) Ende des Anstellungsverhältnisses (2) Widerruf durch den Vollmachtgeber (3) durch Eröffnung des Insolvenzverfahrens, Veräußerung des Geschäftes oder Geschäftsaufgabe (4) die Prokura bleibt so lange bestehen, bis sie im Handelsregister gelöscht ist	(1) Ende des Anstellungsverhältnisses (2) Widerruf durch den Vollmachtgeber (3) endgültige Einstellung des Geschäftsbetriebes
	Die Vollmachten erlöschen **nicht** durch den Tod des Geschäftsinhabers oder durch den Wechsel des Eigentümers	

Legende zum Umfang der Vollmachten:

= Vertretungsvollmacht ist gesetzlich verboten

= Vertretung nur mit zusätzlicher besonderer Vollmacht

= Vertretung ohne zusätzliche besondere Vollmacht

Aufgaben

(1) Aus welchen Gründen werden einige kaufmännische Mitarbeiter mit besonderen Vollmachten ausgestattet?

(2) Erläutern Sie, welche der folgenden Vorfälle für einen Handlungsbevollmächtigten zulässig und welche unzulässig sind!

a) Ein Generalhandlungsbevollmächtigter entscheidet im Rahmen seiner Vertretungsmacht über die Aufnahme eines Darlehens über 2 000 000 EUR.

b) Der Handlungsbevollmächtigte einer Druckerei bestellt 1 000 Rosenstöcke zur Gestaltung des vor dem Betriebsgebäude liegenden Grundstücks.

c) Ein kaufmännischer Angestellter, dem Handlungsvollmacht für den Einkauf von Rohstoffen erteilt wurde, vergibt an einen seiner Mitarbeiter Handlungsvollmacht zur Begleichung der Einkaufsrechnungen.

d) Der Handlungsbevollmächtigte Berger unterzeichnet stets den Geschäftsverkehr neben dem Firmenstempel nur mit seinem Namen.

e) Der neue Eigentümer eines Unternehmens ist der Ansicht, dass er alle vom bisherigen Inhaber erteilten Handlungsvollmachten erneut aussprechen müsse.

(3) Der 22-jährige Michael arbeitet als kaufmännischer Angestellter im Unternehmen seines Vaters, das er bereits in einigen Jahren übernehmen soll. Damit er sich schon heute an verantwortungsvolle Entscheidungen gewöhnen kann, will ihm der Vater Prokura erteilen. Welche Art von Prokura wäre für diesen Fall zweckmäßig?

(4) Der Inhaber einer Baustoffgroßhandlung ist der Ansicht, dass sein Einkaufsleiter bereits durch die Stellung im Unternehmen Prokura hätte und damit auf eine besondere Erklärung verzichtet werden könne. Nehmen Sie zu dieser Ansicht Stellung!

(5) Stefanie Zweig, Inhaberin eines Autohauses, ist über ihren Prokuristen Wiener äußerst erbost. Dieser hat, obwohl es ihm ausdrücklich untersagt worden war, einen Oldtimer aus der Sammlung von Frau Zweig verkauft, noch dazu weit unter Preis. Stefanie Zweig ist der Ansicht, dass dieser Kaufvertrag keine Gültigkeit besitze und damit das Auto zurückgegeben werden müsse.

Erläutern Sie die rechtlichen Möglichkeiten, die Frau Zweig gegenüber dem Käufer des Wagens bzw. ihrem Prokuristen hat!

(6) Detlef Ewers, der Eigentümer eines Blumengroßhandels, widerruft durch einen Brief und durch Aushang im Unternehmen die an seinen Prokuristen erteilte Vollmacht. Dieser verkauft trotzdem an einen Kunden einen großen Posten Orchideen zur Hälfte des festgelegten Preises. Daraufhin fordert Herr Ewers vom Käufer die Restsumme mit dem Hinweis, dass der Prokurist bei Vertragsabschluss keine Berechtigung mehr gehabt habe, im Namen des Unternehmens zu handeln. Der Kunde widerspricht und weigert sich, Änderungen am Kaufvertrag hinzunehmen. Aus welchem Grund ist die Haltung des Kunden rechtlich einwandfrei?

(7) Die Prokuristin einer Werbeagentur ordert zu Lasten des Unternehmens die Gesamtausgabe von Schillers Werken. Ist diese Handlungsweise mit dieser Vollmachtsform vereinbar? Begründen Sie Ihre Ansicht!

16 Siekerkötter/Fehn - ISBN 978-3-8120-0065-9

7 Investition und Finanzierung

7.1 Zusammenhang zwischen Investition und Finanzierung

Ziel einer Unternehmung ist es, die benötigten einzelwirtschaftlichen **Produktionsfaktoren zu beschaffen,** die **betrieblichen Leistungen zu erstellen und** auf den Absatzmärkten **zu verwerten.** Dieser dreiteilige betriebliche Leistungsprozess lässt sich durch **Güter- und Geldströme** charakterisieren,

- die in entgegengesetzter Richtung fließen;

  So führt in einem Fertigungsbetrieb die Beschaffung von Roh-, Hilfs- und Betriebsstoffen zu verminderten Bar- oder Buchgeldbeständen, während andererseits durch den Verkauf betrieblicher Leistungen Geldmittel in das Unternehmen zurückfließen.

- die sich gegenseitig bedingen.

  Der betriebliche Güterstrom (Beschaffung → Leistungserstellung → Absatz) ist auf Dauer nur möglich, wenn es mindestens gelingt, die zur Aufrechterhaltung des Güterkreislaufes erforderlichen finanziellen Mittel durch die Verwertung der betrieblichen Leistungen auf dem Absatzmarkt zurückzugewinnen, um dieses Geld – ganz oder teilweise – erneut in Güter umzuwandeln. Übersteigen diese **Kapitalbindungsprozesse** zu einem bestimmten Zeitpunkt sowohl die **Kapitalfreisetzung** als auch die Möglichkeiten einer **internen Kapitalzuführung** (z.B. Selbstfinanzierung), muss über den Geld- bzw. Kapitalmarkt von Außenstehenden zusätzliches Kapital (z.B. in Form eines kurzfristigen Kredites oder eines längerfristigen Darlehens) beschafft werden.

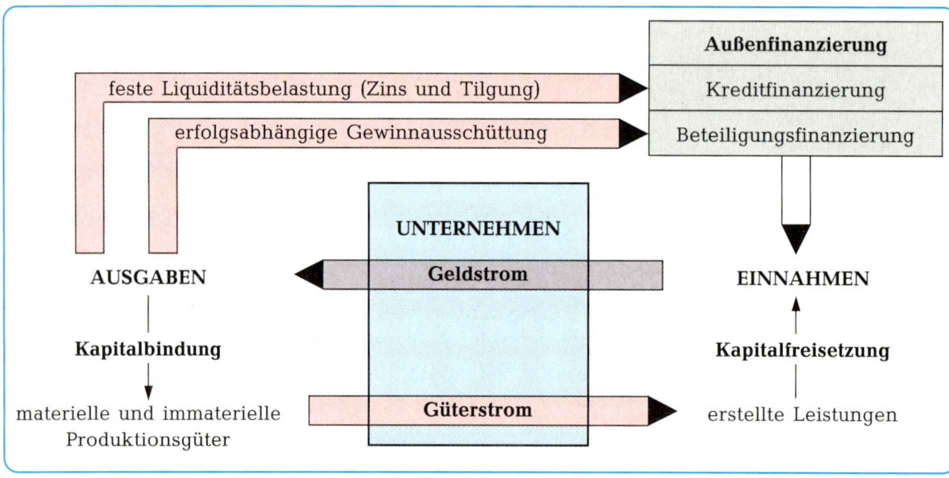

Ein in güter- und geldwirtschaftlicher Hinsicht störungsfreier betrieblicher Leistungsprozess ist insbesondere gebunden:

- an die zweckgerechte Verwendung des beschafften Kapitals **(Investition);**

  Alle Maßnahmen der **Kapitalverwendung,** die der Schaffung von Vermögenswerten dienen, bezeichnet man aus bilanzieller Sicht als **Investitionen,** die stets mit einer **Auszahlung** beginnen. Ihren Niederschlag in der Bilanz finden Investitionen auf der **Aktivseite** (vgl. S. 244), die Auskunft darüber gibt, in welchen Positionen des Anlage- (z.B. Gebäude, Maschinen oder Gegenstände der Betriebs- und Geschäftsausstattung) und Umlaufvermögens (z.B. Roh-, Hilfs- und Betriebsstoffe, Forderungen aus Lieferungen und Leistungen oder Postbank Guthaben) das beschaffte Kapital zum jeweiligen Stichtag Verwendung gefunden hat.

- an die Beschaffung von Kapital **(Finanzierung).**

> Aus bilanzieller Sicht umschreibt der Begriff der **Finanzierung** alle Maßnahmen der **Kapitalbeschaffung.** Dabei ist es unerheblich, ob die Mittel dem Unternehmen intern, also aus eigener Ertragskraft (Innenfinanzierung, vgl. S. 246), oder extern, also von Dritten (Außenfinanzierung, vgl. S. 246ff.), zugeführt worden sind. Die mit einer **Einzahlung** beginnenden Finanzierungsvorgänge schlagen sich auf der **Passivseite** der Bilanz (vgl. S. 244) nieder, die Auskunft über Höhe und rechtliche Form des zur Verfügung gestellten Kapitals gibt.

7.2 Investitionsanlässe

Je nach Anlass der geplanten Investition lässt sich folgende Einteilung vornehmen:

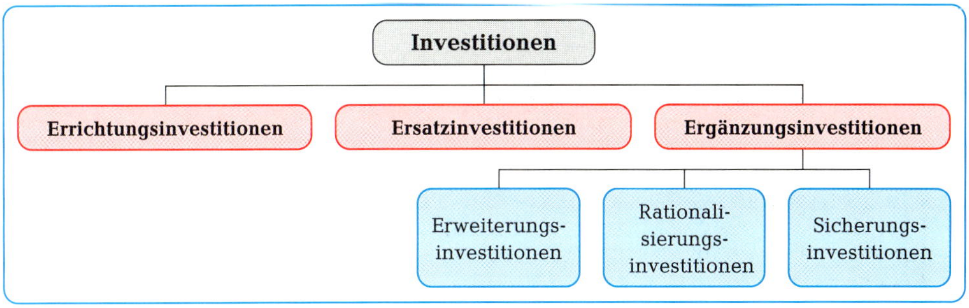

▶ Errichtungsinvestitionen

Errichtungsinvestitionen statten das Unternehmen bei der Gründung erstmalig mit dem zur Leistungserstellung notwendigen Betriebsvermögen aus.

> Zur Aufnahme des Geschäftsbetriebes ist es für ein Unternehmen notwendig, Gegenstände der Betriebs- und Geschäftsausstattung, Kraftfahrzeuge sowie evtl. Grundstücke zu erwerben und Gebäude zu erstellen bzw. zu kaufen.

▶ Ersatzinvestitionen

Die in einem Unternehmen eingesetzten Produktionsmittel sind einer ständigen Abnutzung unterworfen. Vorhandene Anlagen müssen also von Zeit zu Zeit ersetzt werden. Reine Ersatzinvestitionen, die alte Anlagen durch technisch identische ersetzen, sind allerdings sehr selten, da in den neuen Anlagen fast immer technische Weiterentwicklungen enthalten sind.

> Die vor fünf Jahren für die Außendienstmitarbeiter eines Unternehmens beschafften Fahrzeuge sollen durch Pkws desselben Typs ersetzt werden. Die neu angeschafften Modelle sind allerdings auf dem aktuellen Stand der Fahrzeugtechnik.

▶ Ergänzungsinvestitionen

Ergänzungsinvestitionen erweitern, rationalisieren oder sichern bereits vorhandene Vermögenswerte.

- **Erweiterungsinvestitionen**

  In diesem Fall erweitern Unternehmen z.B. aufgrund einer sich abzeichnenden verbesserten Auftragslage oder einer gefestigten Marktposition ihre betrieblichen Kapazitäten. Dabei kann zum einen eine vorhandene Anlage durch eine mit größerer Kapazität ersetzt werden oder es werden zusätzliche Anlagen beschafft.

Ein Bauunternehmen sieht sich durch zunehmende Auftragseingänge gezwungen, seinen Maschinenpark (Bagger, Raupen usw.) auszuweiten.

- **Rationalisierungsinvestitionen**

Bei dieser Art von Investitionen werden wirtschaftlichere Anlagen beschafft, die entweder günstiger oder leistungsfähiger produzieren als die bisherigen oder die der Schaffung verbesserter Organisationsabläufe dienen.

- Eine Großwäscherei ersetzt ihre Waschautomaten durch Energie und Wasser sparendere Modelle.
- Eine Spedition wickelt ihre Auftragsbearbeitung zukünftig mit Hilfe von Personal-Computern ab.

- **Sicherungsinvestitionen**

Um die wirtschaftliche Situation eines Unternehmens zu sichern und um vor zukünftigen, nicht genau abschätzbaren Ereignissen geschützt zu sein, können Sicherungsinvestitionen notwendig werden.

- Ein Unternehmen erwartet für das zweite Halbjahr erhebliche Preissteigerungen für die zur Produktion notwendigen Rohstoffe. Es wird, um seine Wirtschaftlichkeit zu sichern, erhöhte Sicherheitsbestände an Rohstoffen anlegen.
- Durch umfassende Investitionen im Bereich „Forschung und Entwicklung" will ein Unternehmen seine Marktposition ausbauen.

7.3 Finanzierungsarten

Wie Kapital verwendet und beschafft wurde, lässt sich z. B. aus der **Bilanz** des Unternehmens entnehmen.

Bilanz zum 31. Dezember 20..

Aktiva	*(Angaben in EUR)*		**Passiva**
I. Anlagevermögen		**I. Eigenkapital**	282 045,00
Gebäude	130 000,00	**II. Fremdkapital**	
Maschinen	45 600,00	Verbindlichkeiten gegenüber Kreditinstituten	78 420,00
Fuhrpark	71 400,00	Verbindlichkeiten aus Lieferungen und Leistungen	12 500,00
Betriebs- und Geschäftsausstattung	50 000,00	Wechselverbindlichkeiten	2 100,00
II. Umlaufvermögen		Sonstige Verbindlichkeiten	5 145,00
Vorräte	31 950,00		
Forderungen	47 695,00		
Kasse	1 250,00		
Bank	2 315,00		
	380 210,00		380 210,00

Wie wurde das Kapital **verwendet?**
= **Kapitalverwendung**
= **Investition**

Wie wurde das Kapital **aufgebracht?**
= **Kapitalbeschaffung**
= **Finanzierung**

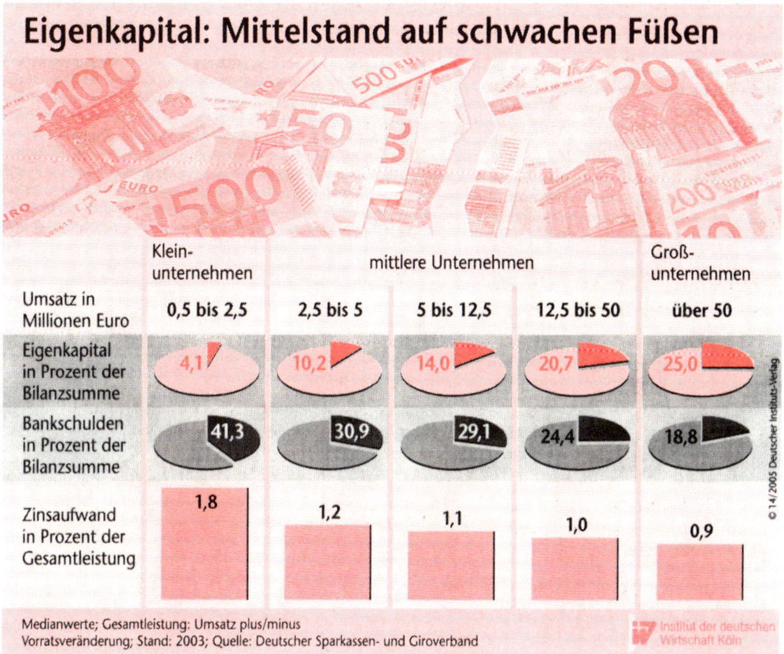

Quelle: Informationsdienst des Instituts der deutschen Wirtschaft Köln, Nr. 14 vom 7. April 2005, S. 4

Eigenkapital und Fremdkapital können dem Unternehmen auf unterschiedliche Weise zur Verfügung gestellt werden. Dabei lassen sich u.a. folgende **Kapitalbeschaffungsmaßnahmen** unterscheiden:

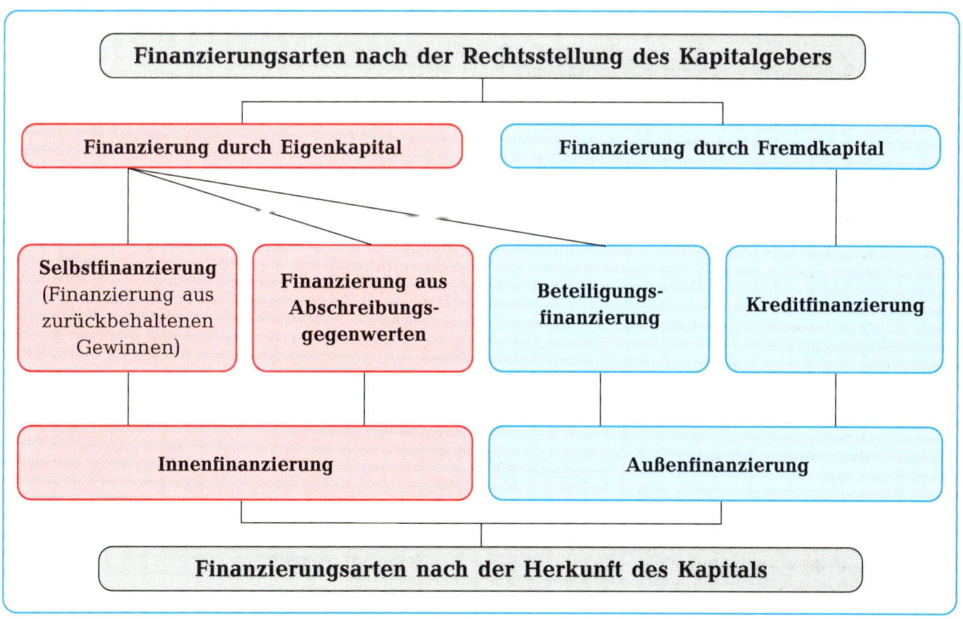

7.3.1 Innenfinanzierung

Das Unternehmen bringt die benötigten Mittel aus eigener Kraft auf. Dies kann geschehen durch:

- Selbstfinanzierung;
- Finanzierung aus Abschreibungsgegenwerten.

Selbstfinanzierung

Die Bereitstellung von Mitteln aus den im Unternehmen erwirtschafteten Gewinnen (bei Kapitalgesellschaften durch das Nichtausschütten, bei Personengesellschaften durch die Nichtentnahme) nennt man Selbstfinanzierung.

- In einer Aktiengesellschaft wird nur ein Teil des Jahresüberschusses als Dividende an die Aktionäre ausgeschüttet, der Rest als Eigenkapitalanteil in die Rücklagen eingestellt.
- Ein Einzelunternehmer entnimmt nur die Hälfte des Jahresüberschusses aus dem Unternehmen, der andere Teil wird als zusätzliches Eigenkapital seinem Kapitalkonto gutgeschrieben.

Finanzierung aus Abschreibungsgegenwerten

Gegenstände des Anlagevermögens (Maschinen, Anlagen, Kraftfahrzeuge, Betriebs- und Geschäftsausstattung, Gebäude) verlieren mit ihrer Nutzung bzw. im Zeitablauf an Wert. Dieser Tatsache wird dadurch Rechnung getragen, dass die jährlich für eine spätere Neuanschaffung erforderlichen Abschreibungsbeträge in den Preisen der von dem Unternehmen verkauften Güter kalkuliert werden.

Werden diese Abschreibungswerte jedoch nicht aufgespart, sondern zwischenzeitlich anderen Verwendungszwecken zugeführt, liegt Innenfinanzierung vor.

Ein Unternehmen finanziert aus Eigenkapitalmitteln fünf Pkw zum Preis von jeweils 40 000 EUR. Jährlich werden 20% der Anschaffungskosten abgeschrieben. Die Abschreibungsgegenwerte werden für die Anschaffung neuer Pkw verwandt.

Jahr	Bestand an Pkw	Gesamtwert der Anschaffungskosten	Abschreibung (20% vom Anschaffungswert)	Flüssige Mittel am Ende des Jahres	Anzahl der Pkw, die neu beschafft werden können	Restliche flüssige Mittel nach dem Pkw-Kauf zu Beginn des neuen Jahres
2003	5	200 000 EUR	40 000 EUR	40 000 EUR	1	—
2004	6	240 000 EUR	48 000 EUR	48 000 EUR	1	8 000 EUR
2005	7	280 000 EUR	56 000 EUR	64 000 EUR	1	24 000 EUR
2006	8	320 000 EUR	64 000 EUR	88 000 EUR	2	8 000 EUR
2007	10	400 000 EUR	80 000 EUR	88 000 EUR	2	8 000 EUR
2008	7*	280 000 EUR	56 000 EUR	64 000 EUR	1	24 000 EUR
2009	7*	280 000 EUR	56 000 EUR	80 000 EUR	2	—
2010	8*	320 000 EUR	64 000 EUR	64 000 EUR	1	24 000 EUR

* Im Jahre 2008 sind 5 Pkw abgeschrieben, im Jahre 2009 bzw. 2010 jeweils ein weiterer.

7.3.2 Außenfinanzierung

Bei der Außenfinanzierung wird dem Unternehmen Kapital von Dritten (von Außenstehenden) zur Verfügung gestellt. Dabei sind zu unterscheiden:

- Beteiligungsfinanzierung;
- Kreditfinanzierung.

Beteiligungsfinanzierung

Bei der Beteiligungsfinanzierung wird **Eigenkapital** zur Verfügung gestellt und damit werden **Eigentumsrechte** am Unternehmen erworben. Dies bedeutet:

- das Kapital wird dem Unternehmen zeitlich unbefristet überlassen;
- es besteht kein Anspruch auf Verzinsung des Kapitals;
- der Kapitalgeber hat Mitsprache- bzw. Kontrollrechte im Unternehmen;
- ein Gewinnbeteiligungsanspruch ist vorhanden;
- in der Regel haftet der Kapitalgeber – zumindest bis zur Höhe der geleisteten Einlage – für die Verluste des Unternehmens;
- bei freiwilliger Auflösung des Unternehmens hat der Kapitalgeber Anspruch auf anteiligen Liquidationserlös.

- Ein neuer Gesellschafter tritt als Kommanditist in eine Kommanditgesellschaft ein.
- Durch die Ausgabe neuer Aktien wird der Eigenkapitalanteil (Grundkapital) einer AG erhöht.

Kreditfinanzierung

Bei der Kreditfinanzierung wird dem Unternehmen **Fremdkapital** zur Verfügung gestellt. Dies bedeutet:

- die Kreditzusage ist in aller Regel an Sicherheiten gebunden;
- die Überlassung des Kapitals ist zeitlich befristet;
- das Unternehmen ist mit festen Zinszahlungen belastet, die als Betriebsausgaben (vgl. S. 217) steuerlich abzugsfähig sind;
- die Kapitalgeber haben in der Regel keinen Einfluss auf die Unternehmensentscheidungen;
- seitens der Kapitalgeber besteht ein Anspruch auf Rückzahlung des Kredites;
- es besteht kein Anspruch auf Gewinnbeteiligung oder Liquidationserlös;
- der Kapitalgeber hat – außer bei Insolvenz – kein Verlustrisiko.

Möglichkeiten der Kreditfinanzierung werden in der Regel von Kreditinstituten, aber auch von staatlichen Stellen oder Versicherungsinstituten angeboten.

Je nach gewähltem Merkmal lassen sich die verschiedenen Formen der Kreditfinanzierung in folgende **Kreditarten** einteilen:

Merkmal	Wichtige Kreditarten	Beispiele
Fristigkeit des Kapitals (Laufzeit)	● **kurzfristige Kredite:** in der Regel bis zu drei (je nach Branche auch bis zu zwölf) Monaten	● Zielkäufe, Wechseldiskont-, Kontokorrentkredite
	● **mittelfristige Kredite:** bis zu fünf Jahren	● persönliche Anschaffungsdarlehen, Teilzahlungsgeschäfte, Bankkredite
	● **langfristige Kredite:** über fünf Jahre	● Teilzahlungsgeschäfte, Hypothekendarlehen, Bankkredite
Verwendung des Kapitals	● an Unternehmen bzw. Angehörige freier Berufe ausgezahlte **Produktivkredite**	● Investitions-, Betriebs-, Saison-, Zwischenkredite
	● an Endverbraucher ausgezahlte **Konsumtionskredite**	● persönliche Anschaffungsdarlehen, Warenkredit in Form von Teilzahlungsgeschäften
Verfügbarkeit des Kapitals	● Kredite in laufender Rechnung, die **in wechselnder Höhe bis zu einem vorab festgelegten Limit in Anspruch genommen werden**	● Kontokorrentkredite
	● Kredite, die in **einer Summe oder in bestimmten Teilbeträgen ausgezahlt und in oder nach einer vorab festgelegten Zeit getilgt werden**	● Fälligkeits-, Annuitäten-, Abzahlungsdarlehen
Herkunft des Kapitals (Kapitalgeber)	● Kredite, die von Geschäftsbanken zur Verfügung gestellt werden **(Bankkredite)**	● Kontokorrent-, Wechseldiskontkredite, Gelddarlehen
	● Kredite, die der Verkäufer der Ware seinen Kunden einräumt **(Lieferantenkredite)**	● Zielkäufe, Teilzahlungsgeschäfte, Wechselziehung
	● Kredite, die der Lieferant bei seinen Kunden in Anspruch nimmt **(Kundenkredite)**	● Anzahlungen, Vorauszahlungen
	● Kredite, die die öffentliche Hand gewährt **(Staatskredite)**	● staatliche Förderung durch ERP-Existenzgründungsprogramm, Stundungen von Steuern
rechtliche Sicherung des Kapitals	● Kredite, die **nur aufgrund der persönlichen Kreditwürdigkeit des Kreditnehmers** gewährt werden	● Blanko-, Kontokorrentkredite
	● Kredite, die aufgrund **schuldrechtlicher Sicherung** eingeräumt werden	● durch Bürgschaft oder Zession abgesicherte Kredite
	● Kredite, die aufgrund **sachenrechtlicher Sicherung** eingeräumt werden	● durch Sicherungsübereignung, Eigentumsvorbehalt oder Grundpfandrechte gesicherte Kredite

7.4 Kreditarten

Warenkredite werden von Unternehmen (teilweise in Zusammenarbeit mit Geldinstituten) eingeräumt, um den Verkauf der eigenen Leistungen zu kreditieren, während die von Banken oder Sparkassen gewährten **Geldkredite** in der Regel nicht an bestimmte Warengeschäfte gebunden sind.

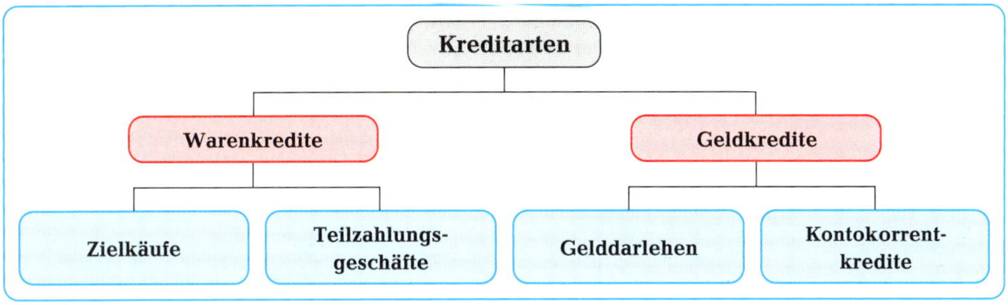

7.4.1 Warenkredite

Bei Warenkrediten erhält der Kreditnehmer Waren, die er erst zu einem späteren Zeitpunkt bezahlen muss. Warenkredite können in Form von **Konsumtionskrediten** (an Endverbraucher) oder als **Produktivkredite** (an Unternehmen bzw. Angehörige freier Berufe) vergeben werden.

▶ **Zielkäufe**

In diesem Fall gewährt ein Unternehmen mit der Warenlieferung seinem Kunden gleichzeitig einen Zahlungsaufschub, z.B. bei „Zahlung innerhalb 30 Tagen netto Kasse". Zahlt der Käufer vor Ablauf dieser Frist, kann er vom Rechnungsbetrag einen bestimmten Prozentsatz als Skonto einbehalten, z.B. bei „Zahlung innerhalb 30 Tagen ohne Abzug, innerhalb 10 Tagen 3% Skonto".

▶ **Teilzahlungsgeschäfte**

Beim Teilzahlungsgeschäft verpflichtet sich der Kunde, auf den Kaufpreis der Ware eine Anzahlung zu leisten und den Restbetrag in mehreren Raten (meist monatlich) zu begleichen. Er hat Zinsen zu entrichten und auch sonst entstehende Kosten zu tragen. Teilzahlungsgeschäfte können nur im Zusammenhang mit Warenkäufen gewährt werden und dienen Endverbrauchern zur Finanzierung von Anschaffungen.

Konsumenten, die im Rahmen eines Teilzahlungsgeschäftes den Kaufpreis in Raten zahlen, stehen unter dem Schutz des **Bürgerlichen Gesetzbuches** *(§§ 501 ff. BGB)*. Die Kreditgewährung bedarf der Schriftform. Gemäß *§ 502 I BGB* müssen bei **Teilzahlungsgeschäften** in der vom Verbraucher zu unterzeichnenden Vertragsurkunde enthalten sein:

- der **Barzahlungspreis** (Preis, den der Käufer zu entrichten hätte, wenn bei Übergabe der Sache der Preis in voller Höhe fällig wäre);
- der **Teilzahlungspreis** (Anzahlung und alle vom Verbraucher zu entrichtenden Teilzahlungen einschließlich Zinsen und sonstiger Kosten);
- **Betrag, Zahl und Fälligkeit der einzelnen Teilzahlungen;**

- der **effektive Jahreszins** (Zinsen und sonstige Kosten ausgedrückt als ein auf das Jahr bezogener Prozentsatz des Barzahlungspreises abzüglich Anzahlung unter Berücksichtigung von Zahl, Fälligkeit und Betrag der Teilzahlungen);
- die **Kosten einer Versicherung,** die im Zusammenhang mit dem Teilzahlungsgeschäft abgeschlossen wird;
- die **Vereinbarung eines Eigentumsvorbehalts oder einer anderen zu bestellenden Sicherheit.**

Gemäß § 495 I BGB steht dem Verbraucher beim Teilzahlungsgeschäft ein **Widerrufsrecht** nach *§ 355 BGB* zu (vgl. S. 159). Die **Kenntnisnahme des Widerrufsrechts ist gesondert zu unterschreiben** oder mit einer elektronischen Signatur zu versehen. Der Widerruf muss keine Begründung enthalten und ist innerhalb von zwei Wochen gegenüber dem Unternehmer zu erklären.

Ein Teilzahlungsgeschäft ist seitens des Unternehmers wegen Zahlungsverzugs des Verbrauchers nur unter der folgenden Voraussetzung **vorzeitig kündbar** (damit wäre die gesamte Restschuld des Kredites fällig):

- Der Verbraucher ist mit mindestens zwei aufeinander folgenden Teilzahlungen ganz oder teilweise in Verzug **und** dieser Betrag beläuft sich auf mindestens 10% (bei einer Laufzeit von mehr als drei Jahren 5%) des Teilzahlungspreises **und**
- der Unternehmer hat dem Verbraucher erfolglos eine zweiwöchige Frist zur Zahlung des rückständigen Betrages mit der Erklärung gesetzt, dass er bei Nichtzahlung innerhalb der Frist die gesamte Restschuld verlange *(§ 503 II BGB).*

Damit ist es einem Unternehmer **nicht** möglich, ein Teilzahlungsgeschäft sofort zu kündigen, wenn sich der Konsument vorübergehend in Zahlungsschwierigkeiten befindet.

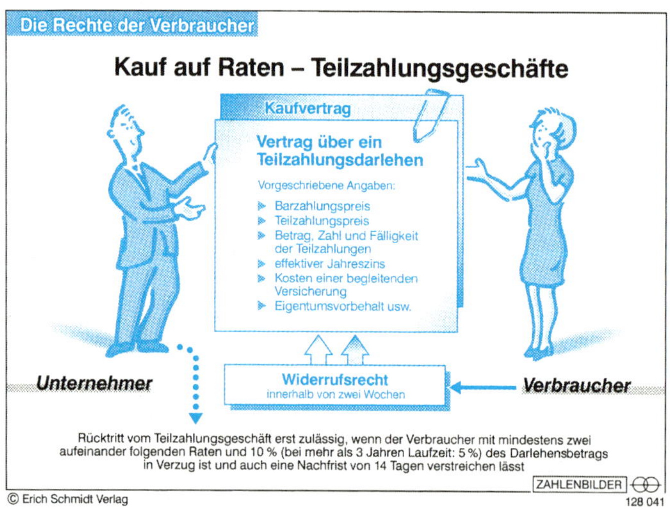

Die Bestimmungen des BGB zu den Teilzahlungsgeschäften gelten jedoch insbesondere dann nicht, wenn der Barzahlungspreis bei Teilzahlung 200 EUR nicht übersteigt oder eine Teilzahlungsvereinbarung auf nicht mehr als drei Monate vereinbart worden ist *(§ 499 III BGB).*

Teilzahlungsgeschäfte lassen sich nach dem Kreditgeber unterscheiden:

- Kreditgewährung durch das Unternehmen selbst (bei größeren Unternehmen durch spezielle Kreditabteilungen);
- Kreditgewährung durch das Unternehmen in Zusammenarbeit mit einem Geldinstitut.

- Manche Unternehmen verfügen über eine ihnen angeschlossene Bank, die die Kreditvergabe übernimmt, wie z.B. die Noris-Bank des Versandhauses Quelle oder die V.A.G. Bank für die Vertragshändler des Autoherstellers Volkswagen.
- Andere Unternehmen arbeiten bei der Kreditgewährung mit einem ihnen nicht angeschlossenen Geldinstitut zusammen. Dieses Institut räumt dem Kunden einen Kredit ein, für den dieser die gewünschte Ware im entsprechenden Unternehmen ersteht.

7.4.2 Geldkredite

Bei Geldkrediten hat der Kreditnehmer die Möglichkeit, über das ihm zur Verfügung gestellte Geld frei zu verfügen, d.h., er ist bei einem Warenkauf nicht an ein bestimmtes Unternehmen gebunden.

▶ Gelddarlehen *(§§ 488ff. BGB)*

Gelddarlehen werden in einer Summe oder in bestimmten Teilbeträgen an den Schuldner ausgezahlt bzw. seinem Girokonto gutgeschrieben. Der Darlehensnehmer verpflichtet sich, die Darlehenssumme in oder nach einer vorab festgelegten Zeit zurückzuerstatten **(Tilgung).** Unabhängig davon, ob das Darlehen auch tatsächlich beansprucht wird, werden Zinsen ab der Bereitstellung der Darlehenssumme berechnet.

Die Rückzahlung kann erfolgen als:

- **Fälligkeits- oder Kündigungsdarlehen,** d.h., die Darlehenssumme wird nach Ablauf der vereinbarten Zeit bzw. nach Kündigung des Vertrages **in einer Summe** fällig. Während der Laufzeit sind nur Zinsen zu entrichten.
- **Annuitätendarlehen,** d.h., der Schuldner zahlt über die gesamte Laufzeit **gleich hohe Beträge (Annuitäten), die sich aus Zins- und Tilgungsanteilen zusammensetzen.** Im Laufe der Zeit sinkt der Zinsanteil, während der Tilgungsanteil in den gleich bleibenden Annuitäten steigt.
- **Abzahlungsdarlehen,** d.h., die **Tilgung erfolgt in gleich hohen Raten.** Da damit die Restschuld laufend geringer wird, sinkt die Zinsbelastung. Die einzelnen vom Schuldner zu entrichtenden Zahlungen werden hier fortlaufend geringer.

Darlehensbedingungen:

Darlehenshöhe 10000 EUR; effektiver Zins 12%; Laufzeit 5 Jahre

Fälligkeits- oder Kündigungsdarlehen				
Jahr	Darlehenssumme/ Restschuld	Zins	Tilgung	jährliche Rate
1	10000 EUR	1200 EUR	—	1200 EUR
2	10000 EUR	1200 EUR	—	1200 EUR
3	10000 EUR	1200 EUR	—	1200 EUR
4	10000 EUR	1200 EUR	—	1200 EUR
5	10000 EUR	1200 EUR	10000 EUR	11200 EUR

Annuitätendarlehen				
Jahr	Darlehenssumme/ Restschuld	Zins	Tilgung	Annuität[1]
1	10000,00 EUR	1200,00 EUR	1574,10 EUR	2774,10 EUR
2	8425,90 EUR	1011,11 EUR	1762,99 EUR	2774,10 EUR
3	6662,91 EUR	799,55 EUR	1974,55 EUR	2774,10 EUR
4	4688,36 EUR	562,60 EUR	2211,50 EUR	2774,10 EUR
5	2476,86 EUR	297,22 EUR	2476,88 EUR	2774,10 EUR

Abzahlungsdarlehen				
Jahr	Darlehenssumme/ Restschuld	Zins	Tilgung	Annuität
1	10000 EUR	1200 EUR	2000 EUR	3200 EUR
2	8000 EUR	960 EUR	2000 EUR	2960 EUR
3	6000 EUR	720 EUR	2000 EUR	2720 EUR
4	4000 EUR	480 EUR	2000 EUR	2480 EUR
5	2000 EUR	240 EUR	2000 EUR	2240 EUR

1 Annuität = jährliche Rate aus Zins und Tilgung; beim Annuitätendarlehen ist die Rate stets gleich *(feste Annuität)*, beim Abzahlungsdarlehen verringert sich die Rate *(fallende Annuität)*.

BESONDERHEIT

Neben Geld können auch andere **vertretbare Sachen als Darlehen (= Sachdarlehensvertrag** - vgl. S. 146) gewährt werden. In diesem Fall ist der Darlehensnehmer jedoch verpflichtet, ein Darlehensentgelt zu zahlen und bei Fälligkeit das Empfangene in Sachen gleicher Art, Güte und Menge zurückzuerstatten *(§ 607 BGB)*.

▶ **Kontokorrentkredite** *(§§ 355 ff. HGB)*

Der Kontokorrentkredit gehört zu den kurzfristigen Krediten und soll einen vorübergehenden Zahlungsbedarf decken. Aufgrund seiner hohen Zinskosten sollte er nur dann in Anspruch genommen werden, wenn der Kontostand (etwa durch den Eingang eigener Forderungen) in absehbarer Zeit ausgeglichen werden kann.

Beim Kontokorrent (= laufende Rechnung) wird es dem Kunden gestattet, bis zu einem vorab festgelegten Höchstbetrag (Limit) auch dann noch Abbuchungen vornehmen zu lassen, wenn das Konto kein Guthaben mehr aufweist. Der in Anspruch genommene Kredit wird laufend mit eingehenden Gutschriften verrechnet.

Im Gegensatz zum Darlehen hat der Kontokorrentkredit den Vorteil, dass zwar eine Kreditzusage in bestimmter Höhe besteht, **Sollzinsen** aber nur für die tatsächlich beanspruchten Mittel berechnet werden. Daneben ist eine **Kreditprovision** für die Bereitstellung des Kredites (auch bei Nichtinanspruchnahme) zu zahlen (etwa 3%). Überzieht der Kunde den eingeräumten Kreditspielraum, hat er zudem **Überziehungszinsen** zu entrichten.[1]

1 Gleiches gilt bei der Überziehung der bei Gehaltskonten (Girokonten) vereinbarten Dispositionskredite.

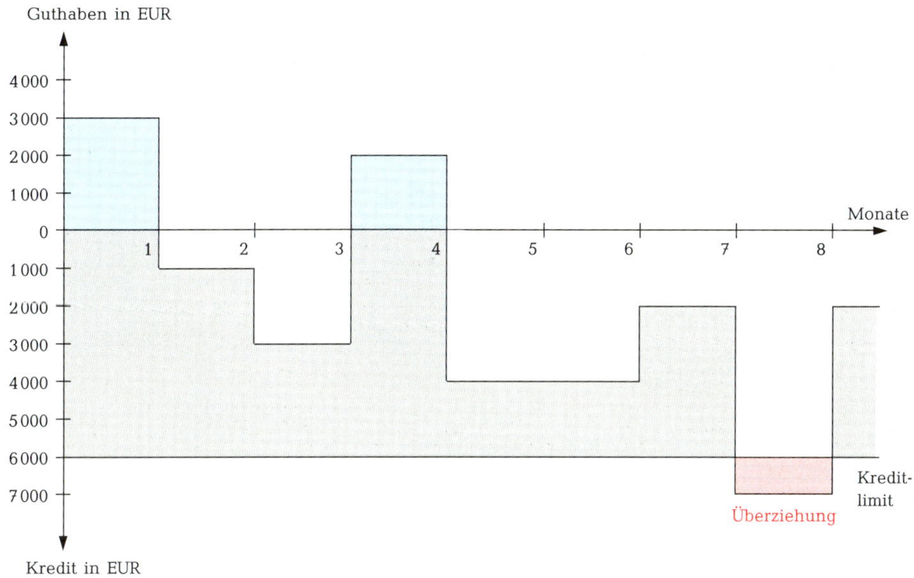

7.4.3 Kostenvergleich zwischen Waren- und Geldkredit

In bestimmten Situationen stellt sich die Frage, ob es günstiger ist, den Warenbezug über einen Zielkauf (Warenkredit) zu finanzieren und auf die übliche Skontoeinräumung zu verzichten oder den Rechnungsbetrag über einen Bankkredit (Geldkredit) zu begleichen und damit die Möglichkeit zu erhalten, Skonto in Anspruch zu nehmen.

Ein Großhändler muss die Rechnung seines Lieferanten in Höhe von 10000 EUR begleichen. Die Zahlungsbedingung lautet: „30 Tage netto Kasse; bei Zahlung innerhalb von 10 Tagen 3% Skonto". Für einen Kontokorrentkredit der Hausbank wären 12% effektiver Jahreszins zu entrichten. Der Kredit könnte durch den Eingang erwarteter Einnahmen nach 20 Tagen ausgeglichen werden.

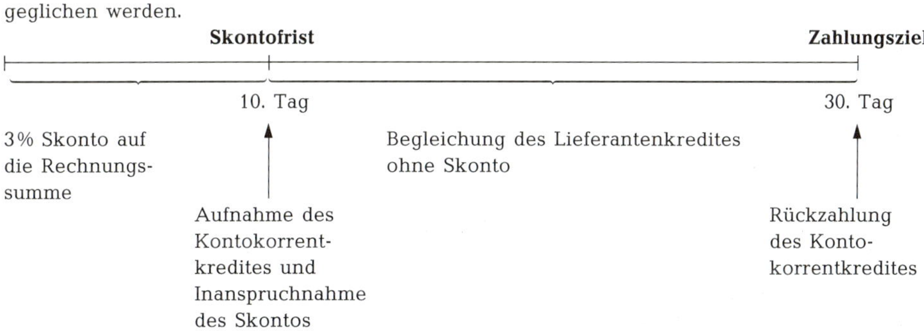

- **Skonto**
  - Bei Inanspruchnahme des Skontos müsste am 10. Tag ein Bareinkaufspreis von:

Rechnungsbetrag	10000,00 EUR	
– 3% Skonto	300,00 EUR	
= Überweisungsbetrag	9700,00 EUR	beglichen werden.

- Die Inanspruchnahme des Skontos entspricht bei der in der kaufmännischen Praxis angewandten Überschlagsrechnung einer Jahresverzinsung von:

$$i = \frac{\text{Skontosatz in \%} \cdot 360}{\text{Zahlungsziel} - \text{Skontofrist}} = \frac{3\% \cdot 360}{30 - 10} = \underline{\underline{54\%}}$$

- **Kontokorrentkredit**

Die Zinskosten bei Inanspruchnahme des Kontokorrentkredites belaufen sich auf:

$$Z = \frac{\text{Kapital} \cdot \text{Tage} \cdot \text{Prozentsatz}}{360 \cdot 100\%} = \frac{9700 \text{ EUR} \cdot 20 \cdot 12\%}{360 \cdot 100\%} = \underline{\underline{64{,}66 \text{ EUR}}}$$

Die Ersparnis bei Ausnutzung des Skontos und Aufnahme des Kontokorrentkredites beträgt:

	300,00 EUR	Skonto
–	64,66 EUR	Zinskosten Kredit
=	235,34 EUR	Ersparnis

Besteht bei kurzzeitiger Zahlungsschwierigkeit die Möglichkeit, eine Eingangsrechnung durch eine Kreditaufnahme zu finanzieren, sollte davon Gebrauch gemacht werden. **Lieferantenkredite (bei nicht ausgenutztem Skonto) gehören zu den teuersten Finanzierungsarten!** Die Begleichung von Rechnungen durch einen kurzfristigen Bankkredit wird daher stets vorteilhafter sein.

7.5 Kreditantrag

Der Kreditantrag, in dem der Kreditsuchende Angaben über seine Person und seine wirtschaftlichen Verhältnisse macht, bildet die Grundlage der Kreditgewährung. Der Kunde bestätigt mit seiner Unterschrift auf dem Kreditantrag die Richtigkeit seiner Angaben. In der Regel wird der Antragsteller zur Beurteilung seiner wirtschaftlichen Verhältnisse entsprechende Belege beibringen müssen (z.B. Grundbuch- oder Handels- bzw. Genossenschaftsregisterauszug, Versicherungs- und Bausparpolicen, Lohn- oder Gehaltsabrechnungen, Bilanzen, Einkommen-, Gewerbe- und Umsatzsteuerbescheide).

7.5.1 Prüfung der Kreditwürdigkeit

Das Kreditinstitut überprüft aufgrund des Kreditantrages die wirtschaftlichen Verhältnisse des Antragstellers.

7.5.1.1 Auskünfte über den Kreditnehmer

► **Allgemeine Auskünfte**

Da der Kreditsuchende in der Regel den Kreditwunsch seiner Hausbank vorlegt, wird diese zunächst den Antragsteller aufgrund der bisherigen Geschäftsverbindungen einschätzen. Dabei spielt auch die Zuverlässigkeit des Kunden bei der Erfüllung schon bestehender Kreditverträge eine Rolle.

Häufig hat das Kreditinstitut selbst die Möglichkeit, sich bei Geschäftsfreunden des Kreditsuchenden über dessen Ruf, den Auftragsbestand, das Zahlungsverhalten oder die finanzielle Situation des Unternehmens zu informieren. Größere Banken und Sparkassen unterhalten zu diesem Zweck besondere Abteilungen.

Spezielle Auskünfte gewerblicher Auskunfteien und anderer Informationsstellen

Unterhält ein Kreditinstitut keine Geschäftsbeziehungen zu dem Kreditsuchenden oder kann es einen vorliegenden Kreditantrag anhand eigener Unterlagen nicht in gewünschtem Maße überprüfen, wird es sich zur Auskunfteinholung an **gewerbliche Auskunfteien** bzw. andere **Informationsstellen** wenden.

Gewerbliche Auskunfteien

Gewerbliche Auskunfteien wie z.B. Dun & Bradstreet Deutschland GmbH (Frankfurt/Main), Bürgel (Aachen) oder Creditreform (Neuss) stellen gegen Entgelt Informationen über Dritte im In- und Ausland zur Verfügung, insbesondere über deren Kreditwürdigkeit.

Die von den gewerblichen Auskunfteien eingeholten Informationen werden durch den Zusatz „ohne Obligo" (o.O.) unter Vorbehalt ausgesprochen. Haftungsansprüche können daher von den Kreditgebern nur für vorsätzlich falsche Angaben der Auskunftei erhoben werden.

Eine andere Möglichkeit der Kreditwürdigkeitsprüfung besteht in der Auskunfteinholung bei der **„Schutzgemeinschaft für allgemeine Kreditsicherung" (Schufa).** Kreditinstitute, aber auch Einzelhandelsunternehmen melden der Schufa gewährte Kleinkredite und Teilzahlungsgeschäfte. Durch die Anfrage bei der Schufa können die Kreditgeber in Erfahrung bringen, ob der Antragsteller bereits andere Kreditverpflichtungen eingegangen ist bzw. ob und inwieweit bisherige Zahlungsverpflichtungen ordnungsgemäß erfüllt wurden.

Mit der Unterschrift unter dem Kreditantrag ermächtigt der Kreditsuchende den Kreditgeber, bei anderen Banken oder Auskunfteien Informationen einzuholen und die Daten des Kreditvertrages etwa an die Schufa zwecks Speicherung weiterzuleiten.

Auskunfteien übermitteln dem Anfragenden allgemeine Informationen über die finanzielle Situation des Kreditsuchenden. Kontostände werden nicht mitgeteilt.

Häufig wird ein Kreditlimit angeführt, das dem Kreditnehmer nach Ansicht der Auskunftei eingeräumt werden könnte.

Andere Informationsstellen

Im Rahmen der Kreditwürdigkeitsprüfung können außerdem folgende Organisationen und Institutionen Informationen über Dritte erteilen:

- Industrie- und Handelskammern;
- Handwerkskammern;
- Konsulate;
- Außenhandelsstellen;
- Verbände (z.B. Arbeitgeberverbände);
- Amtsgerichte durch das bei ihnen geführte Grundbuch, Genossenschafts- und Handelsregister, Schuldnerverzeichnis.

7.5.1.2 Beurteilung der Unternehmenssituation

Bei Kreditgesuchen von Unternehmen können die Kreditinstitute zudem Unterlagen des Kunden, die Auskunft über die wirtschaftliche Situation geben können, anfordern und prüfen. Zu ihnen gehören:

- Gewinn- und Verlustrechnungen sowie Bilanzen der letzten Jahre;
- Erläuterungen zu Bilanzen;
- Bilanzkennzahlen (Rentabilität, Liquidität; vgl. S. 176ff.);
- sonstige Geschäftsunterlagen (Finanzpläne, Steuerbescheide, Auftragsbestände, Umsatzentwicklung, Lagerhaltung usw.).

Werden diese Angaben dem Kreditinstitut unrichtig oder unvollständig vorgelegt, um eine Kreditgewährung zu erreichen, kann der Antragsteller mit Geld- oder Haftstrafen belegt werden *(Kreditbetrug gemäß § 265 StGB)*.

7.5.1.3 Vertragsgestaltung und Kreditzusage

Neben den persönlichen Daten des Kreditnehmers werden im Kreditantrag bereits die **Vertragsbedingungen** niedergelegt. Dazu zählen insbesondere:

- die Kredithöhe;
- die Laufzeit;
- der Zinssatz;
- die Bearbeitungsgebühr;
- der effektive Jahreszins;
- der Tilgungsplan (Höhe, Fälligkeit und Anzahl der Raten);
- die allgemeinen Vertragsgrundlagen (Allgemeine Geschäftsbedingungen).

Der Kunde wird benachrichtigt, ob über sein Kreditgesuch positiv entschieden wurde. Beide Vertragsparteien unterzeichnen den Kreditvertrag. Der vereinbarte Kredit kann nun:

- in einer Summe ausgezahlt (Gelddarlehen) oder
- als „laufende Rechnung" zur Verfügung gestellt werden (Kontokorrentkredit).

BESONDERHEIT

Für entgeltliche Darlehensverträge zwischen einem **Unternehmer als Darlehensgeber** und einem **Verbraucher als Darlehensnehmer** (Verbraucherdarlehensvertrag) gelten die Bestimmungen der *§§ 491 ff. BGB* (vgl. S. 162f.).

7.6 Kreditsicherungsmöglichkeiten

Die Sicherung eines Kredites soll den Geldgeber vor Verlust schützen, wenn der Schuldner den Kredit nicht zurückzahlt. Kredite können durch die Haftung von Personen **(Personalkredite)** oder durch Gegenstände **(Realkredite)** gesichert werden.

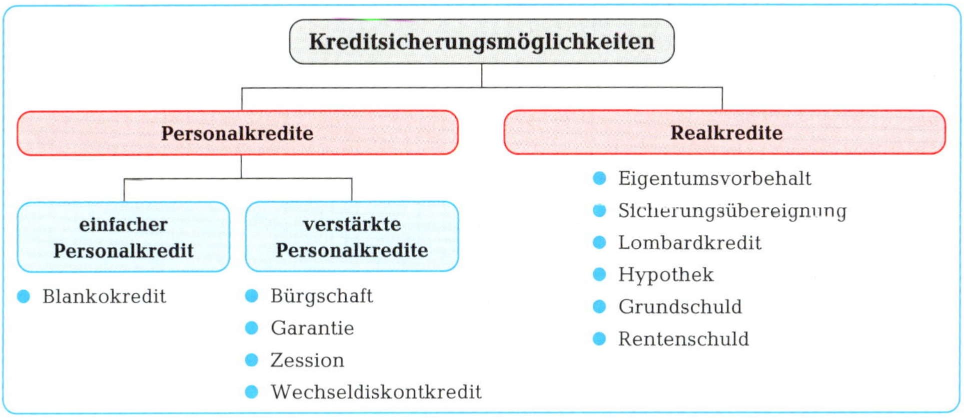

7.6.1 Personalkredite

Diese Art der Kredite wird durch den Kreditnehmer **(einfacher Personalkredit)** bzw. durch andere mithaftende Personen **(verstärkte Personalkredite)** abgesichert.

▶ **Blankokredit**

Beim Blankokredit ist allein die Person des Kreditnehmers ausschlaggebend für die Gewährung des Kredites. Die Bank beurteilt die bisherigen Geschäftsbeziehungen mit dem Kunden. Dessen Zahlungsverhalten, Vermögenslage und „guter Ruf" werden bei der Festlegung der Kredithöhe berücksichtigt.

▶ **Bürgschaft** *(§§ 765 ff. BGB)*

Zur Sicherung einer Darlehensforderung verspricht der Bürge dem Gläubiger des Schuldners, für dessen Verbindlichkeiten einzutreten, wenn dieser nicht leisten kann.

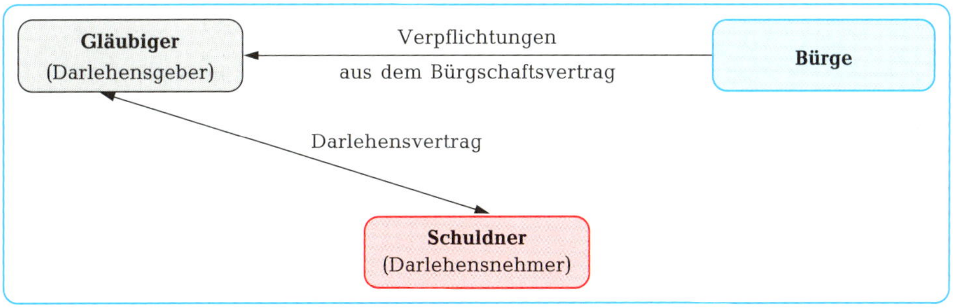

Die Bürgschaft ist ein einseitig verpflichtender Vertrag, durch den sich der Bürge zu folgenden Leistungen verpflichtet:

17 Siekerkötter/Fehn - ISBN 978-3-8120-0065-9

- **Selbstschuldnerische Bürgschaft** *(§ 773 BGB, § 349 HGB)*

  Der Gläubiger kann sofort, wenn sein Schuldner nicht leisten kann, den Bürgen auf Zahlung in Anspruch nehmen. Diese Art der Bürgschaft ist unter Kaufleuten vorgeschrieben.

- **Ausfallbürgschaft (nachschuldnerische Bürgschaft)** *(§ 771 BGB)*

  In diesem Fall kann der Bürge erst dann in Anspruch genommen werden, wenn der Gläubiger seine Forderungen gegenüber dem Schuldner auch nicht durch die Zwangsvollstreckung in dessen Vermögen (vgl. S. 139f.) durchsetzen konnte. Der Bürge, der das Recht auf **Einrede der Vorausklage** hat, haftet also erst nach dem eigentlichen Schuldner.

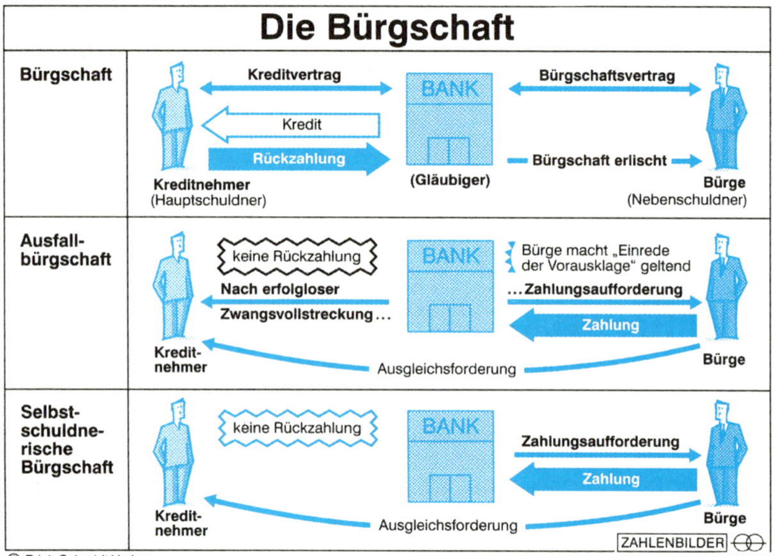

© Erich Schmidt Verlag 128 040

Bei der Bürgschaft können sich auch mehrere Personen für die Verbindlichkeit verpflichten.

Unter **Nichtkaufleuten** bedarf es immer der **Schriftform** der Bürgschaftserklärung *(§ 766 BGB)*, anderenfalls ist der Bürgschaftsvertrag nichtig.

▶ Garantie

Ähnlich wie bei der Bürgschaft verpflichtet sich eine Person im Garantievertrag zur Übernahme eines bestimmten Risikos. Sie garantiert das Erreichen eines Erfolges bzw. übernimmt die Gefahr eines künftigen Schadens.

Garantieverträge können formlos abgeschlossen werden, wobei in der Praxis aus Beweisgründen die Schriftform üblich ist.

Im Gegensatz zur Bürgschaft, bei der eine bestimmte Schuld durch Dritte abgesichert wird, übernimmt der Garantiegeber eine umfassendere Haftung für alle eventuell auftretenden Schäden.

▶ Zession *(§§ 398 ff. BGB)*

Zur Sicherung eines gewährten Darlehens tritt der Darlehensnehmer seine Forderungen gegen Kunden an das Kreditinstitut (Darlehensgeber) ab. Die Zession ist also eine Übertragung eines Anspruches vom bisherigen Gläubiger auf einen Dritten.

Neben der Abtretung von Forderungen aus Kauf- und Dienstleistungsverträgen können auch Ansprüche aus Lebensversicherungen, Bausparverträgen oder Lohn- und Gehaltszahlungen an Kreditinstitute abgetreten werden.

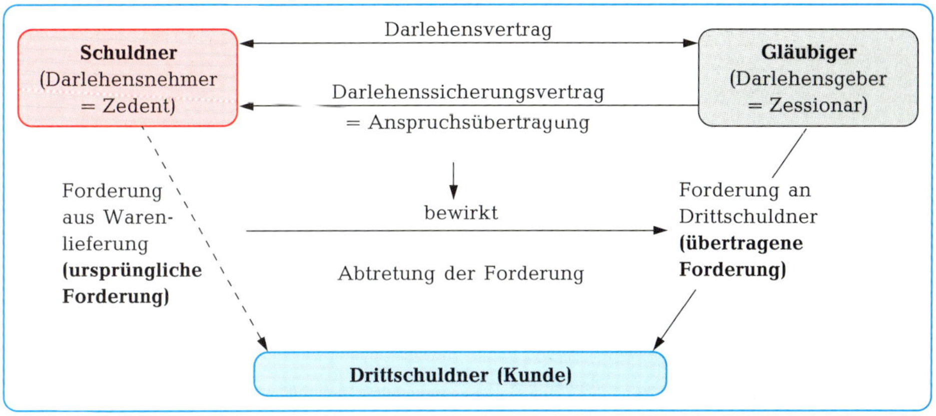

Zessionsarten

- Bei der **stillen Zession** wird dem Drittschuldner die Forderungsabtretung durch den Darlehensnehmer an das Kreditinstitut nicht mitgeteilt.
- Eine **offene Zession** liegt vor, wenn der Drittschuldner von der Forderungsabtretung benachrichtigt wird. In diesem Fall darf er nicht mehr an den Darlehensnehmer zahlen, sondern nur noch an das Kreditinstitut. Leistet er trotzdem an den Darlehensnehmer, ist er gegenüber dem Kreditinstitut **nicht** von seiner Leistungspflicht befreit.
- Die **Einzelzession** ist die Abtretung einer bestimmten Forderung an den Darlehensgeber.
- Bei der **Mantelzession** werden mehrere Forderungen an ein Kreditinstitut abgetreten. Begleicht ein Drittschuldner eine Forderung, muss diese vom Darlehensnehmer durch eine neue ersetzt werden. Der Darlehensnehmer ist also verpflichtet, den vorab mit dem Kreditinstitut vereinbarten Mindestbestand an abgetretenen Forderungen sicherzustellen.
- Mit der **Globalzession** verpflichtet sich der Darlehensnehmer gegenüber dem Kreditinstitut, nur bestimmte bestehende oder künftige Forderungen abzutreten. Dies kann bedeuten, dass er die Forderungen gegenüber Kunden z.B. mit den Anfangsbuchstaben A–L dem Kreditinstitut überträgt.

▶ Wechseldiskontkredit

Der Darlehensnehmer verkauft einen noch nicht fälligen **Wechsel** an seine Bank. Diese stellt ihm den Gegenwert des Wechsels unter Abzug von Diskontzinsen, Provision und Spesen zur Verfügung. Für die Bank handelt es sich um ein Kreditgeschäft, da sie die Wechselsumme erst am Verfalltag wieder hereinbekommt. Hierfür haften mindestens der Bezogene und der Aussteller.

7.6.2 Realkredite

Realkredite werden durch bewegliche bzw. unbewegliche Sachen (Dinge) abgesichert. Deshalb wird auch von dinglich gesicherten Krediten gesprochen.

▶ **Lombardkredit** *(§§ 1204 ff. BGB)*

Eine Art dieser Kreditsicherung ermöglicht das Pfandrecht. Verpfändbar sind im Allgemeinen sowohl bewegliche Sachen als auch Rechte. Als Pfand eignen sich daher Waren (insbesondere Edelmetalle, Schmuckstücke, Kunstgegenstände) und Wertpapiere, aber auch Rechte wie Ansprüche aus Sparguthaben, Lebensversicherungen, Bausparverträgen oder Gehaltszahlungen.

Wird ein **Wertpapier** zur Sicherung des Kredites eingebracht, handelt es sich um einen **Lombardkredit.** Der Kreditnehmer bleibt Eigentümer des Papiers, das Kreditinstitut wird nur Besitzer. Die Übergabe des Wertpapieres an die Bank ist nur dann nicht notwendig, wenn sie sich bereits im Besitz des verpfändeten Wertpapieres befindet. Begleicht der Schuldner seine Verpflichtungen aus dem Kreditvertrag nicht, ist der Gläubiger berechtigt, das Pfand zu veräußern. Im normalen Pfandrecht ist die Androhung der Verwertung und die Einhaltung einer bestimmten Wartefrist zur Veräußerung vorgesehen *(§ 1234 BGB)*. Im Falle des Lombardkredites entfallen diese Verpflichtungen.

Das Pfandrecht erlischt, wenn

- der Kreditnehmer seine Verbindlichkeiten beglichen hat;
- das Kreditinstitut das Pfand zurückgegeben hat.

Da nicht alle Wertpapiere feste Kurse haben, also bestimmten Wertschwankungen unterliegen, werden die Kreditinstitute Lombardkredite nicht bis zur vollen Höhe der verpfändeten Papiere gewähren. Die Beleihungsgrenze bei Aktien könnte z.B. 60% betragen, während sogar bei festverzinslichen Wertpapieren auch nur etwa 80–90% kreditiert werden.

▶ **Sicherungsübereignung** *(§ 930 BGB)*

In einigen Fällen kann der Kreditnehmer zur Sicherung der notwendigen Gelder keine Wertpapiere, sondern nur solche beweglichen Sachen zur Verfügung stellen, die er zudem zur Fortführung seiner Geschäftstätigkeit unbedingt benötigt (z.B. Maschinen, Kraftfahrzeuge oder Waren). Das Kreditinstitut lässt sich in diesem Fall die beweglichen Sachen übereignen und wird damit Eigentümer. Der Kreditnehmer kann mit den übereigneten Gegenständen weiterarbeiten, bleibt also Besitzer. Das Besitzverhältnis kann durch einen Miet-, Pacht- oder Leihvertrag zwischen Kreditgeber und -nehmer begründet werden.

Übereignete Sachen werden häufig gekennzeichnet (Anbringen einer Aufschrift bei Maschinen oder Übergabe bestimmter Eigentümerpapiere an das Kreditinstitut wie z.B. der Kraftfahrzeugbrief bei der Übereignung eines Pkw). Will der Kreditnehmer Waren, die sicherungsübereignet sind, an Dritte weiterveräußern, muss er den Verkaufserlös zur Tilgung des Kredites benutzen oder die mit diesen Mitteln neu erworbenen Waren wieder an das Kreditinstitut übereignen.

▶ **Eigentumsvorbehalt**

Bei Zielkäufen und Teilzahlungsgeschäften nimmt der Kunde zunächst die Ware ab (er wird Besitzer und kann sie nutzen) und zahlt den Kaufpreis erst zu einem späteren Zeitpunkt.

Der Verkäufer übereignet in diesen Fällen zur Sicherung seiner Forderungen das Eigentum an der Ware so lange nicht, bis der Käufer den vollen Kaufpreis entrichtet hat. Als entsprechende Vereinbarung zwischen den beiden Vertragspartnern wird in den Kaufvertrag die Klausel „Die Ware bleibt bis zur vollständigen Zahlung unser Eigentum" aufgenommen.

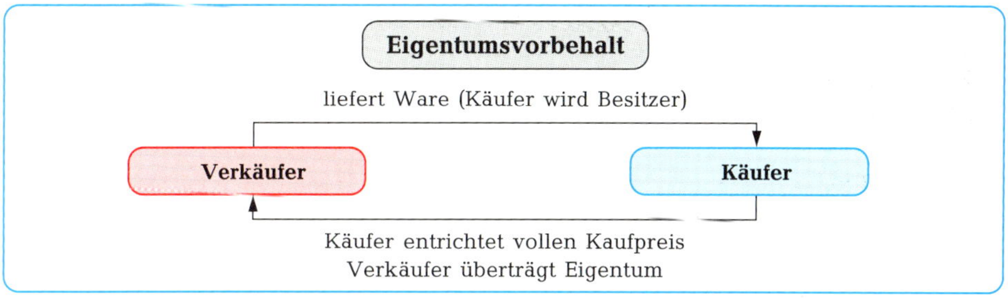

Dieser **einfache Eigentumsvorbehalt** ermöglicht also bereits die Nutzung der Ware durch den Käufer, der sie allerdings nicht weiterveräußern darf. Da eine solche Einschränkung im täglichen Geschäftsverkehr unzweckmäßig sein kann, wird zwischen Kaufleuten (Hersteller und Händler oder Großhändler und Einzelhändler) der **verlängerte Eigentumsvorbehalt** vereinbart. Dieser gestattet den Verkauf der Ware, wobei allerdings der Anspruch auf den Kaufpreis an den Lieferanten abgetreten werden muss.

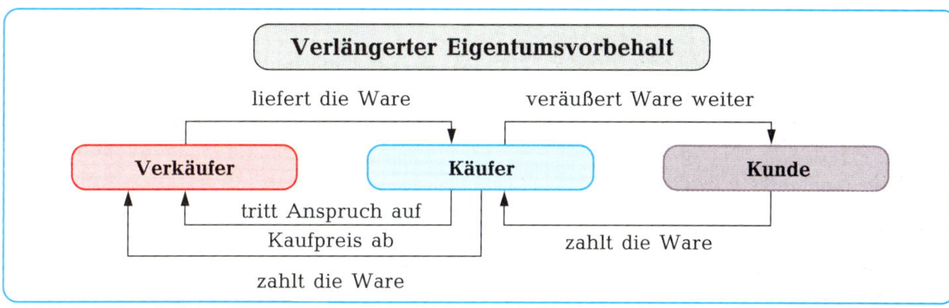

Soll nicht nur das Eigentum an einer bestimmten Warenlieferung gesichert werden, sondern möchte der Lieferant alle (oder mehrere) noch gegen diesen Kunden bestehende Forderungen schützen, kann er einen **erweiterten Eigentumsvorbehalt** vereinbaren. In diesem Fall geht das Eigentum an der letzten Warenlieferung nicht mit der Bezahlung auf den Käufer über, sondern erst dann, wenn dieser auch alle anderen vorher erhaltenen Warenlieferungen des Verkäufers beglichen hat.

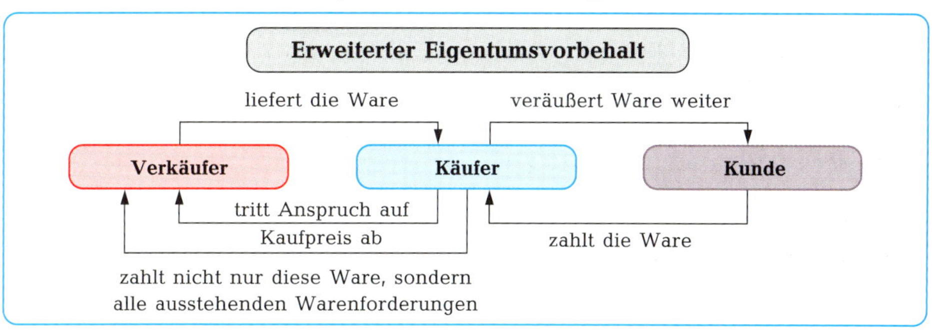

▶ **Hypothek** *(§§ 1113 ff. BGB)*

Die Hypothek gehört neben der Grund- und Rentenschuld zu den Grundpfandrechten. **Grundpfandrechte** gewähren eine dingliche Sicherung an unbeweglichen Sachen (Grundstücke und Gebäude).

Zur Sicherung eines Darlehens, das für den Erwerb eines Grundstücks oder für den Bau eines Hauses aufgenommen werden soll, kann eine Hypothek vereinbart werden. Die Hypothek ist ins **Grundbuch**[1] einzutragen. Dem Kreditgeber haften in diesem Fall:

- das Grundstück und die mit dem Grundstück fest verbundenen Gegenstände sowie die Erzeugnisse und Erträge des Grundstückes **(dingliche Sicherung)** sowie
- das Vermögen des Kreditnehmers **(persönliche Haftung).**

Die Hypothek setzt das Bestehen einer bestimmten Forderung voraus, d.h., ist das Darlehen zurückgezahlt, erlischt die Hypothek. Zahlt der Schuldner nicht, wird der Gläubiger zunächst das Vermögen des Schuldners in Anspruch nehmen bzw. Grundstück und Gebäude durch Zwangsvollstreckung verwerten *(§ 1147 BGB)*. **Zwangsvollstreckung** bedeutet:

- **Zwangsversteigerung,** d.h., Grundstück und Gebäude werden verkauft, der Erlös steht – bis zur Darlehenssumme – dem Gläubiger zu.
- **Zwangsverwaltung,** d.h., der Schuldner bleibt zwar Eigentümer, dem Gläubiger stehen aber die Erträge wie Miete oder Pacht zu.

▶ **Grundschuld** *(§§ 1191 ff. BGB)* **und Rentenschuld** *(§§ 1199 ff. BGB)*

- Die **Grundschuld** ist ein Pfandrecht an einem Grundstück. Anders als bei der Hypothek haftet dem Kreditgeber **nur das Grundstück** (sowie damit verbundene Gegenstände, Erzeugnisse und Erträge).

  Es gibt **keine persönliche Haftung** des Schuldners mit seinem Vermögen. Kommt dieser also seinen Verpflichtungen nicht nach, kann – wie bei der Hypothek – **Zwangsvollstreckung** durchgesetzt werden.

BESONDERHEIT

Im Gegensatz zur Hypothek setzt die Grundschuld keine Forderung voraus. Damit ist es möglich, dass der Eigentümer selbst sein Grundstück mit einer Grundschuld belastet **(Eigentümergrundschuld).** Bei einem späteren Kreditbedarf kann er dann die Grundschuld schnell und leicht an einen Gläubiger abtreten.

Obwohl die Grundschuld nicht vom Bestehen einer Forderung abhängt, sichert sie in der Praxis häufig dennoch Forderungen von Kreditinstituten gegenüber ihren Kunden, auch wenn zwischen der Kreditgewährung und der Grundstücksbelastung kein unmittelbarer rechtlicher Zusammenhang besteht.

Ein Kreditnehmer lässt zur Sicherung eines Kontokorrentkredites bis zu einem Limit von 25 000 EUR eine Grundschuld in Höhe von 40 000 EUR zugunsten der den Kredit gewährenden Bank ins Grundbuch eintragen.

- Die **Rentenschuld** stellt ebenfalls eine Grundstücksbelastung dar. Im Gegensatz zur Grundschuld ist aber bei der Rentenschuld eine bestimmte Geldsumme aus dem Grundstück zu regelmäßig wiederkehrenden Terminen an den Berechtigten zu zahlen. Wie die Grundschuld ist auch die Rentenschuld **nicht** an das Bestehen einer Forderung geknüpft.

---

1 Das Grundbuch ist ein öffentliches Register, das bei den Amtsgerichten (Grundbuchamt) geführt wird und Auskunft über die Rechtsverhältnisse an Grundstücken gibt.

Zusammenfassung

Investition und Finanzierung

Zusammenhang zwischen Investition und Finanzierung

Ein in güter- und geldwirtschaftlicher Hinsicht störungsfreier betrieblicher Leistungsprozess ist insbesondere gebunden an die:

- zweckgerichtete Verwendung des beschafften Kapitals **(Investition)** → Aktivierung in der Bilanz
  - Investitionsanlässe:
    - Errichtungsinvestitionen
    - Ersatzinvestitionen
    - Ergänzungsinvestitionen (Erweiterungs-, Rationalisierungs- und Sicherungsinvestitionen)
- Beschaffung von Kapital sowohl aus der Ertragskraft des Unternehmens als auch von Dritten **(Finanzierung)** → Passivierung in der Bilanz

Finanzierungsarten

- **Finanzierung durch Eigenkapital**
  - Selbstfinanzierung
  - Finanzierung aus Abschreibungsgegenwerten
  - Beteiligungsfinanzierung
- **Finanzierung durch Fremdkapital**
  - Kreditfinanzierung

Selbstfinanzierung, Finanzierung aus Abschreibungsgegenwerten: **Innenfinanzierung**

Beteiligungsfinanzierung, Kreditfinanzierung: **Außenfinanzierung**

Außenfinanzierung durch Fremdkapital (Kreditfinanzierung)

- **Arten der Kreditfinanzierung**

Warenkredite	**Geldkredite**
Kreditnehmer erhält Waren, die erst später bezahlt werden müssen	Kreditnehmer kann über das zur Verfügung gestellte Geld frei bestimmen
- Zielkäufe	- Gelddarlehen
- Teilzahlungsgeschäfte	- Kontokorrentkredite

- **Gelddarlehensarten**
  - Fälligkeits- oder Kündigungsdarlehen
  - Annuitätendarlehen
  - Abzahlungsdarlehen

  einmalige Bereitstellung einer Geldsumme, die in oder nach Ablauf einer vorab festgelegten Zeit getilgt wird

- **Kontokorrentkredite**

  Zur kurzfristigen Überbrückung von Liquiditätsengpässen wird es dem Kreditnehmer gestattet, sein Konto bis zum festgelegten Kreditlimit zu überziehen. Kreditaufnahmen und Einzahlungen werden laufend miteinander verrechnet.

- **Voraussetzungen zur Gewährung eines Geldkredites**
  - Kreditantrag
  - Prüfung der Kreditwürdigkeit durch Auskunfteinholung (gewerbliche Auskunfteien)
  - Beurteilung der Unternehmenssituationen (GuV, Bilanz, Bilanzkennzahlen u.a.)
  - Vertragsgestaltung, Darlehenshöhe, Zinsen, Laufzeit, Tilgungsplan u.a.
- **Kreditsicherungsmöglichkeiten**
  - Personalkredite
    - ✱ Blankokredit
    - ✱ Bürgschaft
    - ✱ Garantie
    - ✱ Zession
    - ✱ Wechseldiskontkredit
  - Realkredite
    - ✱ Lombardkredit
    - ✱ Sicherungsübereignung
    - ✱ Eigentumsvorbehalt
    - ✱ Hypothek
    - ✱ Grund- und Rentenschuld

Aufgaben (20)

(1) Verdeutlichen Sie den Zusammenhang zwischen Investition und Finanzierung!

(2) Nennen Sie – ausgehend von Ihrem Ausbildungsbetrieb – je ein Beispiel zu einem der folgenden Investitionsanlässe!

a) Ersatzinvestition

b) Erweiterungsinvestition

c) Rationalisierungsinvestition

d) Sicherungsinvestition

e) Errichtungsinvestition

(3) Erläutern Sie die drei grundsätzlichen Möglichkeiten, wie sich ein Unternehmen durch Eigenkapital finanzieren kann!

(4) Grenzen Sie die Innen- von der Außenfinanzierung ab!

(5) Entscheiden Sie bei den nachfolgenden Finanzierungsvorgängen, ob es sich um eine Innen- oder um eine Außenfinanzierung handelt!

a) Ein Unternehmen nimmt bei seiner Hausbank ein Darlehen auf.

b) Ein neuer Gesellschafter tritt in eine OHG ein.

c) Eine AG gibt neue Aktien aus.

d) Der Staat fördert die Existenzgründung eines neuen Unternehmens durch ein zinsgünstiges Darlehen.

e) Ein Großhandelsunternehmen stockt seine Warenvorräte durch Zielkäufe auf.

f) Ein Einzelunternehmen belässt die Hälfte des Jahresgewinns für Investitionszwecke im Betrieb.

g) Die Aktiva eines Unternehmens sind unterbewertet, weil ein vor einigen Jahren gekauftes Grundstück inzwischen erheblich an Wert gewonnen hat.

h) Zur Begleichung einer Verbindlichkeit gegenüber seinem Großhändler akzeptiert ein Einzelhändler einen Wechsel.

(6) Entscheiden Sie bei den Finanzierungsvorgängen der Aufgabe 5, ob es sich um eine Finanzierung durch Eigenkapital oder um eine Finanzierung durch Fremdkapital handelt!

(7) *Welche Möglichkeiten der Beteiligungsfinanzierung bestehen bei einem Einzelunternehmen bzw. bei einer OHG, KG, GmbH oder AG?*

(8) *Worin unterscheiden sich Zielkäufe von Teilzahlungsgeschäften?*

(9) *Unter welchen Voraussetzungen ist ein Teilzahlungsgeschäft rechtswirksam?*

(10) *Wodurch unterscheidet sich die Annuität eines Annuitätendarlehens von der eines Abzahlungsdarlehens?*

(11) *Welcher Bestandteil der Annuität bleibt beim Abzahlungsdarlehen über die gesamte Laufzeit konstant?*

(12) *Ermitteln Sie die jährlich zu entrichtenden Zinsen und Tilgungsbeträge für ein Annuitätendarlehen (Annuität/Jahr = 5 678,48 EUR) und die Zinsen und Annuitätenbeträge für ein Abzahlungsdarlehen (Tilgungsrate/Jahr = 4 500 EUR)!*

Darlehenshöhe 18 000 EUR; effektiver Jahreszins 10 %; Laufzeit 4 Jahre

(13) *Welche Kosten verursacht ein Kontokorrentkredit?*

(14) *Ein Lieferant gewährt seinem Kunden bei einer Warenlieferung im Wert von 8 500 EUR einen Zahlungsaufschub „Zahlung innerhalb 20 Tagen netto Kasse, innerhalb 8 Tagen 3 % Skonto".*

   a) *Welcher Bareinkaufspreis ist bei Inanspruchnahme des Skontos am 8. Tag zu entrichten?*
   b) *Welcher Jahresverzinsung würde die Skontoinanspruchnahme entsprechen?*
   c) *Welchen Betrag kann der Kunde einsparen, wenn er zur Ausnutzung des Skontos seinen Kontokorrentkredit bei 15 % Zinsen in Anspruch nimmt?*

(15) *Durch welche Maßnahmen wird ein Kreditinstitut bestrebt sein, das Kapitalgeberrisiko einzuschränken?*

(16) *Worin besteht der Unterschied zwischen der selbstschuldnerischen Bürgschaft und der Ausfallbürgschaft?*

(17) *Wann ist es rechtlich nicht erforderlich, eine Bürgschaftserklärung schriftlich abzugeben?*

(18) *Welche Form der Kreditsicherung bietet sich an, wenn der Kreditsuchende „nur" über Wertpapiere verfügt?*

(19) *Stellen Sie die Sicherungsübereignung dem Pfandrecht gegenüber!*

(20) *Beschreiben Sie die Realsicherheiten an Immobilien!*

(21) *Verdeutlichen Sie den verlängerten Eigentumsvorbehalt!*

(22) *Für welche Form der Kreditsicherung würden Sie sich entscheiden, wenn folgende Sachen oder Rechte zur Verfügung stehen?*

   a) *Ansprüche aus Lebensversicherungen*
   b) *Familienschmuck*
   c) *Wertpapiere*
   d) *Edelmetalle*
   e) *Kraftfahrzeuge*
   f) *Lohn- und Gehaltszahlungen*
   g) *Warenvorräte*
   h) *Produktionsanlagen*
   i) *Grundstücke*
   j) *Bausparguthaben*

Grundzüge der Wirtschaftspolitik

1 Messzahlen der gesamtwirtschaftlichen Leistung

Aufgabe der **volkswirtschaftlichen Gesamtrechnung** ist es, ein möglichst vollständiges Bild über das wirtschaftliche Geschehen einer Volkswirtschaft – und damit gleichzeitig auch über deren ökonomischen Erfolg und Wohlstand – zu gewinnen. Zu diesem Zweck berechnet die amtliche Statistik eine Reihe von **Messzahlen,** die als Gradmesser für die Leistungsfähigkeit einer Volkswirtschaft eine wichtige Datenbasis sowohl für Vergleiche als auch für die Beurteilung und Gestaltung der Wirtschaftspolitik darstellen.

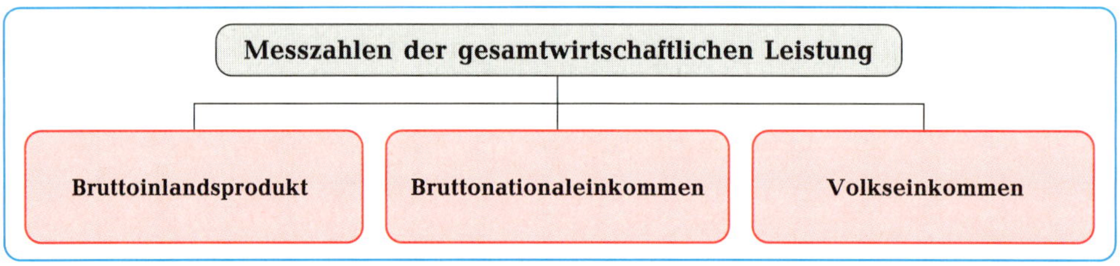

Jahr	**Bruttoinlandsprodukt**		**Bruttonational-einkommen**	**Volks-einkommen**
	in jeweiligen Preisen *(in Mrd. EUR)*	preisbereinigt, Kettenindex *(2000 = 100)*	in jeweiligen Preisen *(in Mrd. EUR)*	in jeweiligen Preisen *(in Mrd. EUR)*
1994	1780,8	88,9	1771,2	1341,0
1995	1848,5	90,5	1834,8	1397,2
1996	1876,2	91,4	1866,3	1417,7
1997	1915,6	93,1	1901,7	1438,6
1998	1965,4	95,0	1945,0	1466,1
1999	2012,0	96,9	1990,5	1487,3
2000	2062,5	100,0	2043,2	1524,4
2001	2113,6	101,2	2090,6	1559,0
2002	2148,8	101,4	2123,1	1581,4
2003	2164,9	101,4	2150,3	1600,9
2004	2207,2	102,9	2196,7	1636,1

Quelle: Institut der deutschen Wirtschaft Köln: Deutschland in Zahlen, Ausgabe 2005, Köln 2005, S. 17

Für die Ermittlung der Messzahlen unterscheidet die volkswirtschaftliche Gesamtrechnung zwischen der nominalen und der realen Bewertung:

- Bei der **nominalen Bewertung** erfolgt die Berechnung mit den **jeweiligen Preisen,** die im maßgeblichen Jahr vorgeherrscht haben. Dabei ist jedoch zu beachten, dass eine – im Vergleich zum Vorjahr – rein rechnerisch gestiegene Größe (z.B. gestiegenes Bruttoinlandsprodukt) nicht automatisch bedeutet, dass auch die Leistungsfähigkeit der Volkswirtschaft zugenommen haben muss. Die Steigerung des Bruttoinlandsproduktes kann nämlich nicht nur durch eine erhöhte Gütererzeugung hervorgerufen worden sein, sondern ganz oder teilweise auch durch Preissteigerungen.

- Bei der **realen Bewertung** werden diese Preissteigerungen herausgerechnet. Dies erreicht man dadurch, dass die Bewertung der Größen verschiedener Jahre zu den **Preisen eines bestimmten Basisjahres** – z. B. 2000 – erfolgt. Auf diese Weise bleiben die inflationsbedingten Preissteigerungen unberücksichtigt.

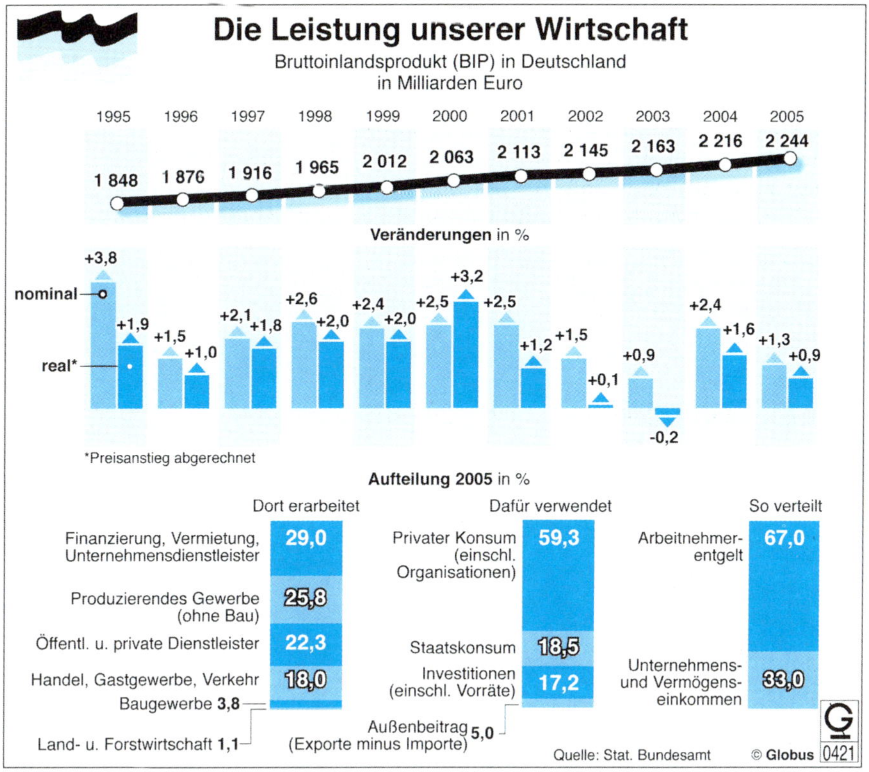

Die deutsche Wirtschaft ist im vergangenen Jahr nur einen kleinen Schritt vorangekommen. Das Bruttoinlandsprodukt (BIP) erhöhte sich gegenüber 2004 nach Berechnungen des Statistischen Bundesamtes nominal um 1,3 Prozent, real – also nach Abrechnung des Preisanstiegs – um 0,9 Prozent. Diesen realen Zuwachs nennt man Wirtschaftswachstum. Im BIP spiegelt sich die gesamtwirtschaftliche Leistung der Bundesrepublik Deutschland wider. In ihm wird der Wert aller innerhalb eines Kalenderjahres produzierten Güter und geleisteten Dienste zusammengefasst. Das BIP bietet somit einen Gesamtüberblick über das wirtschaftliche Geschehen. Die Arbeiten des kleinen Handwerksbetriebs sind im BIP ebenso enthalten wie die Produktion des Industriekonzerns; die Leistungen des Transportgewerbes, des Dienstleistungssektors, des Handels, der Banken und Versicherungen sowie der Landwirtschaft ebenso wie die des Staates, der Kirchen, der Gewerkschaften und anderer Organisationen. Ins BIP fließen auch so genannte schattenwirtschaftliche Aktivitäten ein, also Produktionstätigkeiten, die illegal ausgeübt werden oder die an Fiskus und Sozialversicherung vorbeigehen. Hausarbeit, Kinderbetreuung oder eigene Renovierungsarbeiten – um nur einige Beispiele zu nennen – werden bei der Berechnung des BIP nicht berücksichtigt, weil diese Leistungen statistisch kaum oder gar nicht zu erfassen sind.

1.1 Bruttoinlandsprodukt

Der Gesamtwert aller im Inland in einem bestimmten Zeitraum - meist einem Jahr - erzeugten Güter (Waren und Dienstleistungen) abzüglich der Vorleistungen wird als **Bruttoinlandsprodukt** bezeichnet. Die zahlenmäßige Berechnung und Darstellung des Bruttoinlandsproduktes erfolgt als

- Entstehungsrechnung,
- Verteilungsrechnung und
- Verwendungsrechnung.

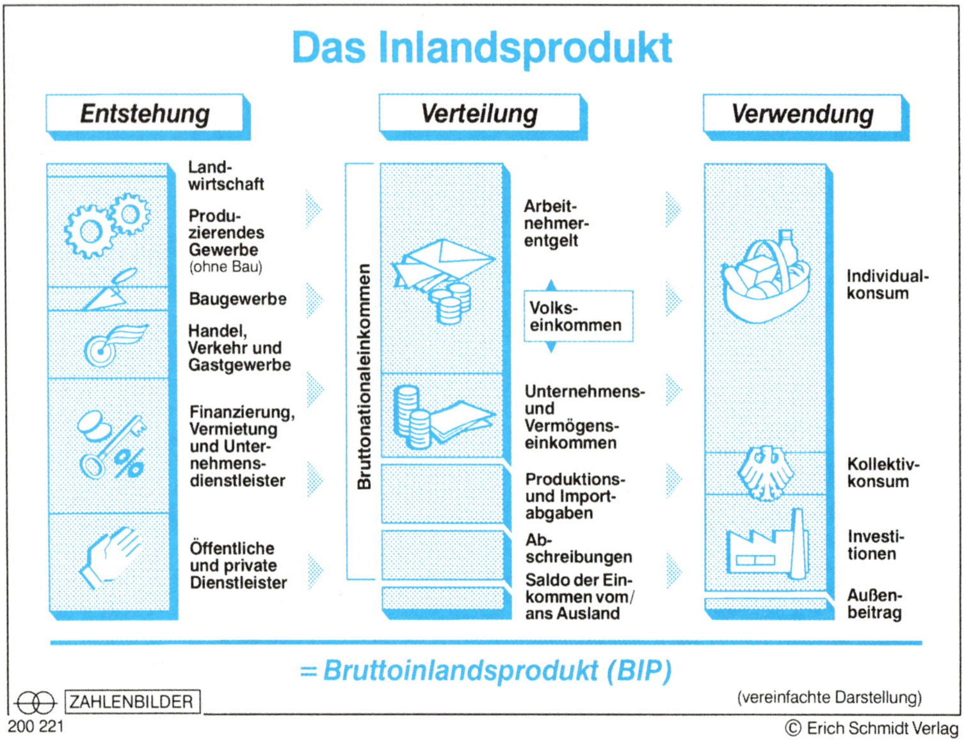

▶ **Entstehung des Bruttoinlandsproduktes**

Innerhalb der **Entstehungsrechnung,** einem Teilbereich der volkswirtschaftlichen Gesamtrechnung, wird die wirtschaftliche Leistung aller Wirtschaftsbereiche, die so genannte **Bruttowertschöpfung,** statistisch erfasst. Damit lässt sich die Frage beantworten, welchen Beitrag jeder einzelne der insgesamt sechs Wirtschaftsbereiche zur Entstehung des Bruttoinlandsproduktes beigetragen hat.

Jahr	Insgesamt	Land-, Forstwirtschaft, Fischerei	Produzierendes Gewerbe (ohne Baugewerbe)	Baugewerbe	Handel, Gastgewerbe, Verkehr	Finanzierung, Vermietung, Unternehmensdienstleister	Öffentliche und private Dienstleister
	Bruttowertschöpfung in Wirtschaftsbereichen in jeweiligen Preisen *(in Mrd. EUR)*						
1991	1392,7	19,2	426,5	83,5	249,4	324,5	289,6
1995	1671,7	21,3	424,5	113,0	300,3	441,5	371,3
1996	1697,9	22,3	423,3	107,2	299,7	461,3	384,1
1997	1734,9	22,7	434,8	103,3	308,5	474,3	391,4
1998	1778,1	22,0	450,7	99,2	322,5	482,0	401,7
1999	1810,3	22,2	448,6	99,2	321,6	507,0	411,6
2000	1856,2	23,5	465,3	96,2	337,3	510,9	423,0
2001	1904,9	25,9	474,4	91,7	346,2	534,4	432,2
2002	1939,2	22,0	475,2	88,6	353,0	554,3	446,1
2003	1950,7	21,3	478,0	83,3	354,1	564,7	449,4
2004	1994,8	21,7	500,3	80,3	361,2	581,4	450,0

Quelle: Institut der deutschen Wirtschaft Köln: Deutschland in Zahlen, Ausgabe 2005, Köln 2005, S. 19

Um die Bruttowertschöpfung statistisch erfassen zu können, werden zunächst alle durch Produktion neu geschaffenen Güter eines Wirtschaftsbereichs aufaddiert. Da zur Erstellung dieser Produktionswerte jedoch häufig Vorleistungen notwendig sind (z.B. werden im Produktionsprozess gelieferte Roh-, Hilfs- und Betriebsstoffe eingesetzt), müssen – um die doppelte Erfassung zu vermeiden – diese aus anderen Wirtschaftsbereichen stammenden Vorleistungen vom Produktionsergebnis abgezogen werden.

	Produktionswert zu den jeweiligen Herstellungspreisen
–	Vorleistungen
=	**Summe der Bruttowertschöpfung der Wirtschaftsbereiche**
+	Gütersteuern *(z.B. Mehrwert-, Mineralöl-, Tabak- oder Versicherungsteuer)*
–	Gütersubventionen *(z.B. Subventionen auf öffentliche Personenbeförderung)*
=	**Bruttoinlandsprodukt**

▶ Unterschied zwischen Bruttoinlandsprodukt und Bruttonationaleinkommen

Die Berechnung des Bruttoinlandsproduktes erfolgt unabhängig davon, ob die Güter von In- oder Ausländern des Wirtschafts**raumes** erstellt worden sind (**Inlandskonzept,** das die Produktionsleistung zeigt). Damit unterscheidet sich das Bruttoinlandsprodukt vom **Bruttonationaleinkommen** (vgl. S. 270f.). Denn diese Größe erfasst den Gesamtwert aller erzeugten Güter nach Wirtschafts**einheiten** (**Inländerkonzept,** das die Einkommensleistung aller Inländer weltweit zeigt, also unabhängig davon, ob die Güter im In- oder Ausland erstellt worden sind).

	Bruttoinlandsprodukt *(Inlandskonzept)*	
–	Inlandseinkommen von Ausländern	→ „Saldo der Erwerbs- und Vermögenseinkommen" zwischen In- und Ausland (als einer von insgesamt drei Bestandteilen des „Saldos der Primäreinkommen aus der übrigen Welt")
+	Auslandseinkommen von Inländern	
=	**Bruttonationaleinkommen** *(Inländerkonzept)*	

Verwendung des Bruttoinlandsproduktes

Im Rahmen der **Verwendungsrechnung** der volkswirtschaftlichen Gesamtrechnung wird ermittelt, wie das Bruttoinlandsprodukt verbraucht worden ist. Dabei ist jedoch zu beachten, dass neben dem Bruttoinlandsprodukt einer Volkswirtschaft, also dem Gesamtwert der selbst erzeugten Güter, auch die aus dem Ausland importierten Waren und Dienstleistungen zur Verfügung stehen.

Diese Güter können eingesetzt werden:

- für den **Konsum:**
  - Individualkonsum *(Konsumausgaben der privaten Haushalte und der privaten Organisationen ohne Erwerbszweck sowie die den privaten Haushalten zufließenden sozialen Sachtransfers des Staates wie z. B. die Dienstleistungen des Gesundheits- und Erziehungswesens);*
  - Kollektivkonsum *(Konsumausgaben des Staates abzüglich der sozialen Sachtransfers des Staates);*
- als **Investitionen** zur Erhaltung, Erweiterung oder Modernisierung von Maschinen, Anlagen, Gebäuden, Straßen, Flughäfen u. a.;
- für die Ausfuhr (Exporte) abzüglich der Einfuhr (Importe) **[= Außenbeitrag].**

Damit lässt sich das Bruttoinlandsprodukt auch als Gesamtwert jener Güter beschreiben, die während eines Jahres in einer Volkswirtschaft ausgegeben, also für die Zwecke Konsum, Investitionen und Außenbeitrag eingesetzt worden sind.

1.2 Bruttonationaleinkommen

Da sich mit der Erzeugung von Gütern der Wert der zu ihrer Erstellung benötigten Maschinen und Anlagen durch ständige Abnutzung verringert, wird das Bruttoinlandsprodukt um Abschreibungen gekürzt.

	Bruttoinlandsprodukt
–	Abschreibungen
=	**Nettoinlandsprodukt**

Das Nettoinlandsprodukt gibt den Wert der in einer Periode im Inland erzeugten Güter an. Allerdings waren an dieser Güterherstellung auch ausländische Produktionsfaktoren beteiligt. Zu ihnen zählen etwa die von Ausländern bereitgestellten Patente und Lizenzen oder auch die Arbeitskraft jener im Ausland lebenden Erwerbspersonen, die im Inland arbeiten.

> Grenzgänger, die z. B. ihren Wohnsitz in Dänemark haben, gehen ihrer Arbeit in der Bundesrepublik Deutschland nach.

Andererseits werden vom Inland auch Patente und Lizenzen an das Ausland vergeben bzw. im Inland wohnende Personen arbeiten im Ausland.

Einkommen, die aus dem Ausland bezogen werden, erhöhen das Nettoinlandsprodukt ebenso wie die von der Europäischen Union (EU) empfangenen Subventionen. Einkommen, die an das Ausland fließen, vermindern das Nettoinlandsprodukt. Gleiches gilt für die an die EU geleisteten Produktions- und Importabgaben.

	Nettoinlandsprodukt
+	Saldo der Primäreinkommen aus der übrigen Welt
=	**Nettonationaleinkommen** *(Primäreinkommen)*

Saldo der Primäreinkommen aus der übrigen Welt:

- Saldo der Erwerbs- und Vermögenseinkommen
- Saldo der empfangenen Subventionen
- Saldo der geleisteten Produktions- und Importabgaben

Werden dem Nettonationaleinkommen die Abschreibungen wieder hinzugerechnet, erhält man wiederum das Bruttonationaleinkommen.

	Nettonationaleinkommen *(Primäreinkommen)*
+	Abschreibungen
=	**Bruttonationaleinkommen**

1.3 Volkseinkommen

Das Nettonationaleinkommen (Primäreinkommen) gibt den im Inland neu geschaffenen Gesamtwert der Güter eines Jahres an. Bei der Produktion dieser Güter sind Einkommen entstanden, die an Haushalte und Unternehmen fließen. In diesen Werten sind aber noch Produktions- und Importabgaben (z.B. indirekte Steuern oder Zölle) enthalten, die beim Austausch der Güter auf den Märkten angefallen sind, bzw. Subventionen, die der Staat bestimmten Unternehmen gewährt hat. Berücksichtigt man diese Größen, erhält man das **Volkseinkommen.**

	Nettonationaleinkommen *(Primäreinkommen)*
–	Produktions- und Importabgaben
+	Subventionen
=	**Volkseinkommen**

Das Volkseinkommen gibt also an, welche Einkommen durch den Einsatz der Produktions-„Faktoren" Arbeit **(→ Lohn),** Unternehmerleistung **(→ Gewinn)** und Kapital **(→ Zins)** erzielt worden sind.

▶ Verteilung des Volkseinkommens

Das Volkseinkommen, das der **Verteilungsrechnung** des Bruttoinlandsproduktes entstammt, wird gebildet durch:

- das **Arbeitnehmerentgelt** (Nichtunternehmereinkommen): Bruttolöhne und -gehälter aus unselbstständiger Arbeit zuzüglich der Arbeitgeberbeiträge zur Sozialversicherung;
- das **Unternehmens- und Vermögenseinkommen:** Unternehmensgewinne sowie Zinsen, Dividenden, Mieten und Pachten.

Jahr	**Volkseinkommen insgesamt** in jeweiligen Preisen *(in Mrd. EUR)*	**Arbeitnehmerentgelt** in jeweiligen Preisen *(in Mrd. EUR)*	**Lohnquote** (= prozentualer Anteil des Arbeitnehmerentgelts am Volkseinkommen) *[in %]*	**Unternehmens- und Vermögenseinkommen** in jeweiligen Preisen *(in Mrd. EUR)*	**Gewinnquote** (= prozentualer Anteil des Unternehmens- und Vermögenseinkommens am Volkseinkommen) *[in %]*
1991	1 192,6	847,0	71,0	345,6	29,0
1995	1 397,2	997,0	71,5	400,2	28,6
1996	1 417,7	1 006,6	71,0	411,1	29,0
1997	1 438,6	1 010,7	70,3	427,9	29,7
1998	1 466,1	1 032,3	70,4	433,8	29,6
1999	1 487,3	1 059,5	71,2	427,8	28,8
2000	1 524,4	1 100,1	72,2	424,4	27,8
2001	1 559,0	1 120,8	71,9	438,3	28,1
2002	1 581,4	1 129,3	71,4	452,0	28,6
2003	1 600,9	1 131,8	70,7	469,0	29,3
2004	1 636,1	1 134,3	69,3	501,8	30,7

Quelle: Institut der deutschen Wirtschaft Köln: Deutschland in Zahlen, Ausgabe 2005, Köln 2005, S. 53

Dieses zunächst erzielte Einkommen **(primäre Einkommensbildung)** wird durch staatliche Maßnahmen umverteilt **(sekundäre Einkommensbildung).** Über Abgaben (insbesondere Steuern) und Sozialversicherungsbeiträge finanziert der Staat seine Aufgaben bzw. leitet einen Teil in Form von sozialen Unterstützungen **(Transferzahlungen** wie z. B. Kindergeld, Sozialhilfe, Renten oder Arbeitslosengeld) wieder an die Haushalte zurück.

Das **verfügbare Einkommen** der Haushalte lässt sich daher vereinfacht beschreiben als:

Volkseinkommen
– nicht ausgeschüttete Gewinne der Unternehmen
– Einkommen- und Vermögensteuern *(z. B. Einkommen-, Lohn- und Körperschaftsteuer)*
– Vermögen und Unternehmereinkommen des Staates
– Arbeitnehmerbeiträge zur Sozialversicherung
\+ Transferzahlungen

= **verfügbares Einkommen**

Dieses verfügbare Einkommen kann von den Haushalten zur Bestreitung des Lebensunterhaltes ausgegeben **(konsumtive Einkommensverwendung)** oder gespart werden **(nicht konsumtive Einkommensverwendung).**

Jahr	**Verfügbares Einkommen der privaten Haushalte** *(in Mrd. EUR)*	**Privater Verbrauch** *(in Mrd. EUR)*	**Private Ersparnis** *(in Mrd. EUR)*	**Sparquote** (= private Ersparnis in Prozent des verfügbaren Einkommens) *[in %]*
1995	1 153,7	1 024,8	128,9	11,2
1997	1 204,9	1 079,8	125,1	10,4
1999	1 281,1	1 156,0	125,1	9,8
2001	1 373,7	1 232,7	141,0	10,3
2003	1 398,4	1 247,1	151,3	10,8

Quelle: Institut der deutschen Wirtschaft Köln: Deutschland in Zahlen, Ausgabe 2005, Köln 2005, S. 63

Zusammenfassung

Messzahlen der gesamtwirtschaftlichen Leistung

- **Bruttoinlandsprodukt**

  als Gesamtwert aller von In- und Ausländern während eines Jahres in einer Volkswirtschaft erzeugten Güter (Waren und Dienstleistungen)

- **Bruttonationaleinkommen**

  als Gesamtwert aller von Inländern weltweit während eines Jahres in einer Volkswirtschaft erzeugten Güter (Waren und Dienstleistungen)

- **Volkseinkommen**

  als Ergebnis der durch die Produktionsfaktoren Arbeit, Unternehmerleistungen und Kapital erzielten Einkommen

Aufgaben 21

(1) *Die volkswirtschaftliche Gesamtrechnung unterscheidet zwischen der nominalen und der realen Bewertung von Messzahlen, die die gesamtwirtschaftliche Leistung einer Volkswirtschaft widerspiegeln sollen. Verdeutlichen Sie die unterschiedliche Bewertung dieser Messzahlen!*

(2) *Was versteht man unter der Bruttowertschöpfung einer Volkswirtschaft?*

(3) *Das Inlandseinkommen der Inländer betrage 1 000 Geldeinheiten. Das Auslandseinkommen der Inländer belaufe sich auf 200 Geldeinheiten, während auf das Inlandseinkommen der Ausländer 300 Geldeinheiten entfallen. Subventionen sowie Produktions- und Importabgaben wurden nicht gezahlt. Ermitteln Sie*

a) das Bruttoinlandsprodukt,

b) das Bruttonationaleinkommen!

(4) *Welche Informationen enthält die Messzahl „Volkseinkommen"?*

(5) *Das Volkseinkommen betrage 1 851,5 Geldeinheiten, von denen 1 333,1 Geldeinheiten auf das so genannte Arbeitnehmerentgelt entfallen sind. Berechnen Sie*

a) die Lohnquote

b) die Gewinnquote!

(6) *Definieren Sie die Begriffe: Lohnquote, Gewinnquote und Sparquote!*

18 Siekerkötter/Fehn - ISBN 978-3-8120-0065-9

2 Träger der Wirtschaftspolitik

Alle Maßnahmen, die darauf gerichtet sind, das Wirtschaftsleben zu ordnen und den Wirtschaftsablauf im Sinne vorgegebener Ziele zu beeinflussen, werden als **Wirtschaftspolitik** bezeichnet. Insbesondere ist es der Staat, der durch wirtschaftspolitische Aktivitäten auf den **konjunkturellen Verlauf der Wirtschaft** einzuwirken sucht. Neben staatlichen Organen sind hieran aber auch das Bankensystem sowie die Interessenverbände der Arbeitgeber und Arbeitnehmer beteiligt.

▶ Regierungen und Parlamente

Hauptträger der Wirtschaftspolitik ist die Bundesregierung. Auf der Grundlage bestehender Gesetze wird sie durch finanz- und steuerpolitische Maßnahmen sowie durch außenpolitische Entscheidungen bemüht sein, **wirtschaftliches Wachstum** mit möglichst **stabilen Preisen** und **hohem Beschäftigungsstand** zu ermöglichen. Sofern zur wirtschaftspolitischen Gestaltung neue Vorschriften erforderlich sind, werden entsprechende Gesetzesentwürfe erarbeitet und an Bundestag und Bundesrat zur Beschlussfassung weitergeleitet.

Auch die Regierungen und Parlamente der Bundesländer ergreifen eigene Initiativen zur Wirtschaftspolitik. Dies geschieht insbesondere dann, wenn regionale Maßnahmen (Industrieansiedlung, Ausbau des Straßen- und Kanalnetzes usw.) notwendig erscheinen.

▶ Bankensystem

Neben der Bundesregierung ist die **Europäische Zentralbank (EZB)** in Frankfurt/Main – und damit die nationalen Zentralbanken der beteiligten EU-Mitgliedstaaten (NZB) – ein grenzüberschreitender Träger der Wirtschaftspolitik in der Europäischen Union (EU).

Die **Deutsche Bundesbank** – als nationale Zentralbank der Bundesrepublik Deutschland integriert in das Europäische System der Zentralbanken (ESZB) – hat an der Erfüllung der Aufgaben des ESZB mit dem vorrangigen Ziel mitzuwirken, die Preisstabilität zu gewährleisten. Ferner hält und verwaltet die Deutsche Bundesbank die Währungsreserven der Bundesrepublik Deutschland. Darüber hinaus sorgt sie für die bankmäßige Abwicklung des Zahlungsverkehrs im Inland und mit dem Ausland und trägt zur Stabilität der Zahlungs- und Verrechnungssysteme bei (vgl. S. 306 ff.).

▶ Interessenverbände der Arbeitgeber und Arbeitnehmer

Wirtschaftspolitische Interessen werden zudem von den verschiedensten Verbänden wahrgenommen. Diese versuchen Einfluss auf wirtschaftspolitische Maßnahmen der Regierungen in Bund und Ländern zu nehmen. Häufig sind Vertreter dieser Gruppen Abgeordnete des Bundestages oder der Landtage.

Die Interessenverbände unterhalten eigene **Wirtschaftsinstitute**, die von Zeit zu Zeit Situationsanalysen zur aktuellen Wirtschaftslage erstellen und bestimmte wirtschaftspolitische Aktivitäten (z.B. zur Erhaltung der Kaufkraft des Geldes oder zur Beschäftigungspolitik) empfehlen.

Interessenverbände

Arbeitgeberseite

- Industrie- und Handelstag
- Deutscher Handwerkskammertag
- Bundesverband der Deutschen Industrie
- Bundesvereinigung der Deutschen Arbeitgeberverbände

Arbeitnehmerseite

- Deutscher Gewerkschaftsbund
- DBB-Beamtenbund und Tarifunion als Dachorganisation der Gewerkschaften des öffentlichen Dienstes
- Christlicher Gewerkschaftsbund

3 Hauptziele der Wirtschaftspolitik

Die wirtschaftliche Entwicklung einer Volkswirtschaft verläuft nicht gleichmäßig. Sie ist vielmehr durch unterschiedliche Wirtschaftsschwankungen gekennzeichnet. Dieses Auf und Ab des wirtschaftlichen Geschehens erfolgt in einer Art Wellenbewegung und wird als **Konjunktur** bezeichnet. Im Ablauf mehrerer Jahre lassen sich immer wieder einzelne Phasen des **Konjunkturzyklus** (vgl. S. 297) feststellen:

- **Aufschwung** mit steigender Beschäftigung, Geldmenge, Nachfrage und steigendem Einkommen;
- **Hochkonjunktur (Boom),** in der die Nachfrage das Angebot übersteigt und die Inflationsrate (Geldentwertung) zunimmt;
- **Abschwung (Rezession)** mit rückläufigem Einkommen und sinkender Nachfrage sowie aufkommender Arbeitslosigkeit;
- **Tiefstand (Depression)** mit geringer Investitionstätigkeit der Unternehmungen, stark abgeschwächter Konsumgüternachfrage und hoher Arbeitslosenquote.

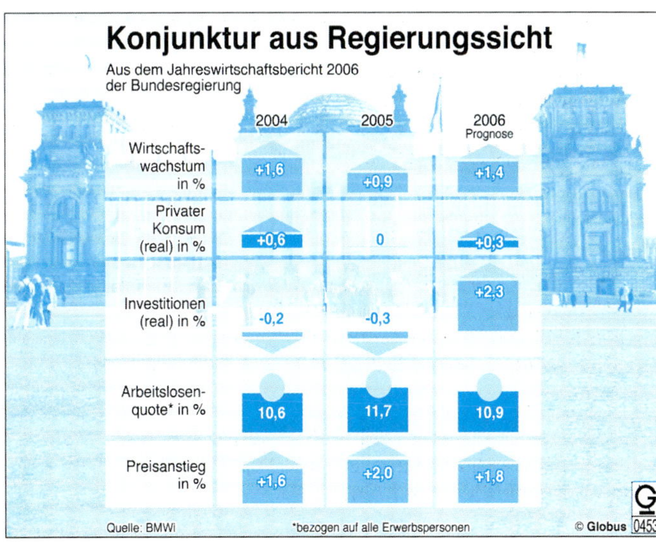

In einem hoch industrialisierten Land wie der Bundesrepublik Deutschland, das insbesondere durch seine Exportorientierung mit den Volkswirtschaften anderer Staaten eng verbunden (und damit von ihnen abhängig) ist, reichen die Selbststeuerungskräfte der Marktwirtschaft allein nicht aus, um konjunkturelle Schwankungen und damit Krisen zu überwinden. Aus diesem Grunde muss versucht werden, den Wirtschaftsablauf durch eine **aktive Wirtschaftspolitik** zu beeinflussen.

Das **Gesetz zur Förderung der Stabilität und des Wachstums der Wirtschaft** (Stabilitätsgesetz) aus dem Jahre 1967 verpflichtet Bund und Länder, „bei ihren wirtschaftlichen und finanzpolitischen Maßnahmen die Erfordernisse des **gesamtwirtschaftlichen Gleichgewichts** zu beachten" *(§ 1 StabG)*. Zur Erreichung dieses Gleichgewichts sind die Maßnahmen so zu treffen, dass sie im Rahmen der marktwirtschaftlichen Ordnung gleichzeitig beitragen:

- zur **Stabilität des Preisniveaus;**
- zu einem **hohen Beschäftigungsstand** (Vollbeschäftigung);
- zu **außenwirtschaftlichem Gleichgewicht;**
- zu **stetigem und angemessenem Wirtschaftswachstum.**

3.1 Stabilität des Preisniveaus

Unter **Geldwertstabilität** versteht man, dass im Durchschnitt die Preise aller Güter in einer Volkswirtschaft gleich bleiben. Dies bedeutet jedoch **nicht,** dass jeder einzelne Preis unverändert bestehen muss. Preissteigerungen einzelner Güter müssten lediglich durch Preissenkungen anderer Waren und Dienstleistungen ausgeglichen werden.

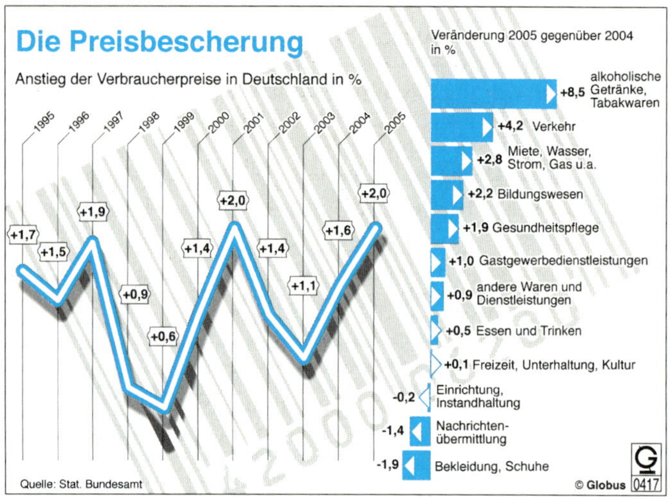

In keinem Land ist es der Wirtschaftspolitik bisher gelungen, auf Dauer eine **absolute Preisstabilität** zu erreichen. Aus diesem Grunde wird heute auch lediglich eine **relative Preisstabilität** gefordert, was einer jährlichen Steigerung des allgemeinen Preisniveaus von etwa 3% entspricht.

3.2 Vollbeschäftigung

Das Ziel eines **hohen Beschäftigungsgrades** ist zu einer Hauptaufgabe der Wirtschaftspolitik geworden. Im umfassenden Sinne versteht man unter Vollbeschäftigung die Auslastung sämtlicher Produktionsfaktoren, d.h. den vollständigen Einsatz des gesamtwirtschaftlichen Produktionspotentials durch die vorhandenen Arbeitskräfte und die Kapitalmittel. In der öffentlichen Diskussion wird Vollbeschäftigung jedoch nur auf die **Auslastung des Produktionsfaktors Arbeit** bezogen. Die Beschäftigungslage wird danach an folgenden statistischen Werten gemessen:

- **Arbeitslosenquote,** die das Verhältnis der Zahl der registrierten Arbeitslosen zur Gesamtzahl der Erwerbspersonen in Form eines Prozentsatzes angibt;
- Verhältnis der Zahl der **offenen Stellen** zur **Gesamtzahl der registrierten Arbeitslosen.**

Was die im Stabilitätsgesetz enthaltene Zielvorgabe eines hohen Beschäftigungsstandes konkret bedeutet, wird von Zeit zu Zeit neu definiert.

Ein gewisser Prozentsatz an Arbeitslosigkeit besteht grundsätzlich, und zwar aus folgenden Gründen:

- **konjunkturelle Arbeitslosigkeit,** die dadurch hervorgerufen wird, dass in der Phase des Konjunkturabschwungs Arbeitskräfte nicht beschäftigt werden, weil die gesamtwirtschaftliche Nachfrage zur Auslastung der Produktionsmöglichkeiten nicht ausreicht;
- **saisonale Arbeitslosigkeit** infolge jahreszeitlich bedingter Zustände (Bauindustrie, Landwirtschaft, Tourismus usw.);
- **strukturelle Arbeitslosigkeit** durch technischen Fortschritt, Nachfrageveränderungen, Rohstoffverknappung usw.;
- **friktionelle Arbeitslosigkeit:** Als Folge mangelnder Übersicht über den Arbeitsmarkt stellt sich kurzfristig eine „Sucharbeitslosigkeit“ ein, und zwar zwischen dem Zeitpunkt der Aufgabe des bisherigen (z. B. durch Betriebsstilllegung oder Insolvenz) und der Aufnahme eines neuen Beschäftigungsverhältnisses (Fluktuationsarbeitslosigkeit).

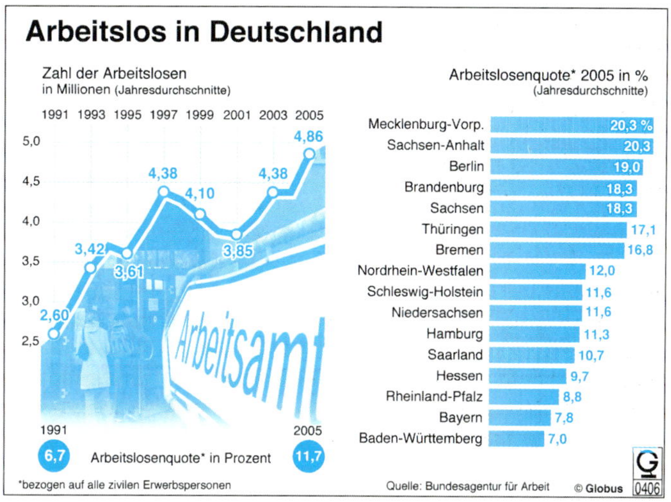

Die Arbeitslosigkeit in Deutschland ist weiter gestiegen: 4,86 Millionen Männer und Frauen waren im Jahresdurchschnitt 2005 arbeitslos gemeldet. Das entspricht einer Quote von 11,7 Prozent und bedeutet: Nahezu jeder neunte, der arbeiten konnte und wollte, war ohne Job. Katastrophal ist die Lage auf den ostdeutschen Arbeitsmärkten mit Quoten zwischen 20,3 Prozent (Mecklenburg-Vorpommern und Sachsen-Anhalt) und 17,1 Prozent (Thüringen). Vergleichsweise gut sieht es im Süden der Republik aus. Für Bayern registrierte die Bundesagentur für Arbeit eine Quote von 7,8 Prozent; in Baden-Württemberg waren es sogar nur 7,0 Prozent. Der Anstieg der registrierten Arbeitslosigkeit ist übrigens auch eine Folge geänderter Gesetze, nach denen auch arbeitsfähige Sozialhilfeempfänger von der Statistik erfasst werden. – Im Jahr 2006 erwarten Experten nur eine langsame Besserung auf dem Arbeitsmarkt. So gehen die Wirtschaftsforscher vom Münchener ifo-Institut davon aus, dass die Zahl der Arbeitslosen im Jahresdurchschnitt um 150 000 unter der des Jahres 2005 liegen wird.

3.3 Außenwirtschaftliches Gleichgewicht

Infolge der zunehmenden internationalen Verflechtungen der Volkswirtschaften ist es ein weiteres Ziel der Wirtschaftspolitik, auf ein außenwirtschaftliches Gleichgewicht hinzuarbeiten. Hierunter wird der **Ausgleich der Zahlungsbilanz** verstanden. Außenwirtschaftliches Gleichgewicht liegt vor, wenn die Devisenabflüsse einer Volkswirtschaft den Devisenzuflüssen entsprechen.

Der Import von Gütern muss mit Devisen bezahlt werden, die im Wesentlichen aus Exporten stammen. Ein langfristiger **Importüberschuss** würde somit zur Zahlungsunfähigkeit gegenüber dem Ausland führen. Andauernde **Exportüberschüsse** können demgegenüber zu einer Erhöhung des Geldumlaufs und damit zu steigendem Preisniveau („importierte Inflation") führen, da die Exporteure die ausländischen Zahlungsmittel über das Bankensystem in inländische Währung umtauschen.

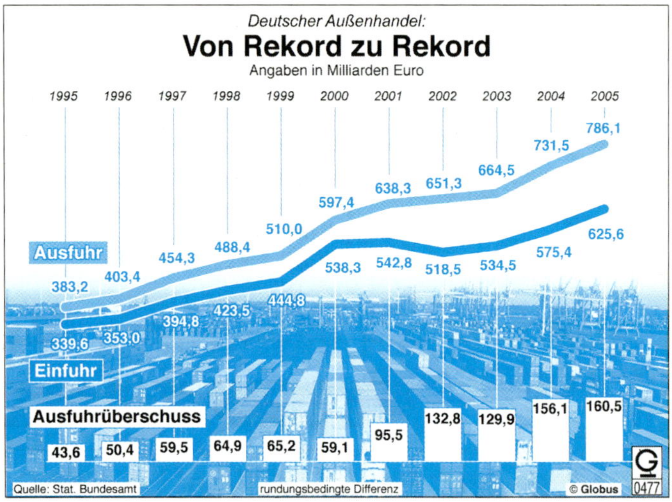

Die meisten Exporte Deutschlands gehen in die Mitgliedsländer der EU. Waren im Wert von 498,5 Milliarden Euro wurden EU-intern verschickt, das waren rund 63 Prozent der Ausfuhren. Ähnlich ist der Anteil der EU-Importe: Waren im Wert von 401,4 Milliarden Euro oder 64 Prozent aller Importe. Seit vielen Jahren übersteigen die deutschen Ausfuhren die Einfuhren deutlich, und der Ausfuhrüberschuss wächst kontinuierlich an. 160,5 Milliarden Euro betrug die Differenz zwischen Ausfuhr und Einfuhr im vergangenen Jahr, ein neuer Rekord-Überschuss. Allerdings blähen einige Warenbewegungen den Export auf. So erhalten einige Erzeugnisse, die zum Großteil im Ausland gefertigt werden, in Deutschland den letzten Schliff und werden dann wiederum ins Ausland verkauft. Auch diese Waren werden mit ihrem vollen Wert als Export gezählt. In der globalisierten Welt von heute nehmen diese Produktionswege zu.

3.4 Wirtschaftswachstum

Gesamtwirtschaftliches Wachstum liegt dann vor, wenn die Produktion von Waren und Dienstleistungen in einem Jahr größer ist als im Vorjahr.

In der Bundesrepublik Deutschland wird nach dem Stabilitätsgesetz unter stetigem und angemessenem Wirtschaftswachstum eine Erhöhung des **Bruttoinlandsproduktes** (vgl. S. 266 ff.) von jährlich 4 % verstanden. Dieses Wachstumsziel wurde in den letzten Jahren nicht erreicht. Das Wirtschaftswachstum unterlag vielmehr erheblichen Schwankungen.

Zweifel an der Orientierung „Wachstum um jeden Preis" sind heute durchaus angebracht. Es wird die Forderung nach einem **qualitativen Wachstum** laut, das zu einer Steigerung der Lebensqualität beiträgt, was sich z.B. ausdrückt in einem vermehrten Bildungsangebot, einer besseren Gesundheits- und Altersvorsorge sowie vor allem in besseren Umweltbedingungen. Qualitatives Wachstum bedingt die Produktion von umweltfördernden Gütern sowie den Einsatz solcher Technologien, die Umweltschäden vermeiden.

Erreichte Jahreswerte der wirtschaftlichen Ziele in der Bundesrepublik Deutschland

Jahr	**Verbraucherpreisindex**[1] *in % (Gesamtindex, Basis 2000)*	**Arbeitslosenquote**[1] *in %*			**Zahlungsbilanz: Veränderung der Währungsreserven**[2] *(in Mio. EUR)*	**Wirtschaftswachstum**[1] *in % (preisbereinigt)*
		West	Ost	Deutschland		
1994	2,7	9,0	15,7	10,6	– 1455	2,7
1996	1,5	9,9	16,6	11,5	– 962	1,0
1997	1,9	10,8	19,1	12,7	– 3395	1,8
1998	0,9	10,3	19,2	12,3	+ 3644	2,0
1999	0,6	9,6	18,7	11,7	– 12535	2,0
2000	1,4	8,4	18,5	10,7	– 5844	3,2
2001	2,0	8,0	18,8	10,3	– 6032	1,2
2002	1,4	8,5	19,2	10,8	– 2065	0,2
2003	1,1	9,3	20,1	11,6	– 445	0,0
2004	1,6	9,4	20,1	11,7	– 1470	1,6

Quelle: Daten zusammengestellt aus:
1 Institut der Deutschen Wirtschaft Köln: Deutschland in Zahlen, Ausgabe 2005, Köln 2005, S. 14, 17, 59
2 Deutsche Bundesbank: Monatsbericht März 2006, S. 68* (Abnahme: –, Zunahme: +)

3.5 Abgeleitete Ziele

► Gerechtere Einkommensverteilung

Bereits aus einer der grundlegenden Aufgaben staatlicher Wirtschaftspolitik, dem sozialen Ausgleich zwischen Marktteilnehmern, wird deutlich, dass ein weiteres Ziel die **gerechtere Einkommensverteilung** sein muss.

Obwohl es dem Staat untersagt ist, direkt in Tarifvertragsverhandlungen einzugreifen, verbleiben ihm eine Reihe von wirtschafts- und sozialpolitischen Maßnahmen, um Einkommensströme zu lenken. Staatliche Sparförderungen, die Gestaltung des Steuersystems oder Sozialleistungen an private Haushalte **(Transferleistungen)** stellen Maßnahmen dar, mit denen Einkommen umverteilt werden können.

► Umweltschutz

Die mit dem Wirtschaftswachstum verbundenen Probleme lassen ein weiteres Ziel der Wirtschaftspolitik erkennen, den **Umweltschutz.** Er ist mittlerweile als Aufgabe des Staates im Grundgesetz *(Art. 20a GG)* verankert.

Heute müssen bei allen Entscheidungen zur Sicherung der Leistungsfähigkeit einer Volkswirtschaft auch Überlegungen zur Verringerung bzw. Vermeidung von Umweltbelastungen einbezogen werden. Nur so gelingt es, umfassende und den Anforderungen einer modernen Gesellschaft entsprechende Vorgaben staatlichen Handelns zu entwickeln.

Eine verantwortungsbewusste **Umweltpolitik**

- **erhält eine lebenswerte Umwelt,** die den Menschen vor Schäden an Leib und Leben (z.B. Erkrankungen der Atemwege, Stress, Allergien) bewahrt;
- **schützt die natürlichen Lebensgrundlagen** wie Luft, Wasser, Boden, aber auch Flora und Fauna vor nachteiligen Beeinträchtigungen (z.B. Bodenverdichtungen, Zersiedelung der Landschaft, Nährstoff-Ungleichgewichte, Abnahme der Ozonschicht, Störungen des Naturhaushaltes);
- **beseitigt bereits vorhandene Umweltschäden** (z.B. Sanierung von Deponien, in denen Abfälle, Chemikalien usw. unsachgemäß abgelagert worden sind; Entsorgung radioaktiver Abfälle).

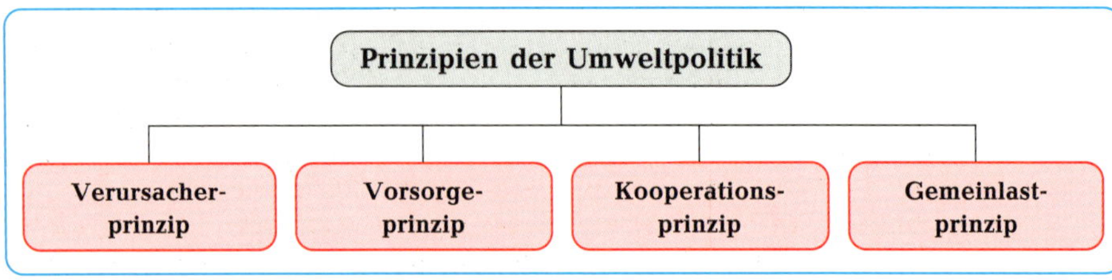

- **Verursacherprinzip**

Das Verursacherprinzip, nach dem derjenige die **Kosten zur Vermeidung, Beseitigung oder zum Ausgleich von Umweltbelastungen tragen soll, der für ihre Entstehung verantwortlich ist,** stellt ein allgemein akzeptiertes Prinzip der Umweltpolitik dar.

Eine konsequente Umsetzung dieses Konzeptes kann folgenden marktwirtschaftlichen Selbstheilungsprozess auslösen: Solange sich Unternehmen, deren Leistungserstellungsprozess in erheblichem Maße die Umwelt belastet, nicht starker Konkurrenz umweltbewusster Betriebe ausgesetzt sehen, werden sie die Kosten des Umweltschutzes über die Preise auf den Endverbraucher abwälzen. Demzufolge werden Güter aus solchen umweltbelastenden Produktionsprozessen immer teurer, weil sich die Kosten des Umweltschutzes auch im Preis des Gutes niederschlagen. Der Konsument, der bei steigenden Preisen seine Nachfrage nach diesen Gütern verringert, wird bestrebt sein, auf weniger umweltbelastende Erzeugnisse umzusteigen.

In der Praxis bereitet die konsequente Anwendung des Verursacherprinzips als umweltpolitische Leitlinie allerdings Probleme. So ist es oft nicht exakt und vollständig möglich, **Umweltkosten zu erfassen, zu identifizieren, zu bewerten und zuzurechnen.** Die Frage, wen man für eine durch Phosphor und Stickstoff hervorgerufene Algenüberproduktion in der Nordsee oder gar für das Waldsterben bzw. das Ozonloch verantwortlich machen soll, verdeutlicht anschaulich die Schwierigkeiten eines konsequenten Einsatzes des Verursacherprinzips.

Mit dem **Umwelthaftungsgesetz** *(UmweltHG)* hat der Gesetzgeber eine vom Verschulden unabhängige **Gefährdungshaftung** eingeführt. Soweit ein Schaden nicht durch höhere Gewalt verursacht wurde *(§ 4 UmweltHG)*, ist der Inhaber einer Anlage zum Ersatz aller Personen- und Sachschäden verpflichtet *(§ 1 UmweltHG)*, die durch eine von der Anlage ausgehende Umwelteinwirkung (z.B. durch Gase, Dämpfe, Strahlen, Druck oder Wärme) entstehen. Die vom Geschädigten nachzuweisende Schadensursache wird schon dann dem Betreiber der Anlage angelastet, wenn diese geeignet ist, den entstandenen Schaden zu verursachen *(§ 6 I UmweltHG)*. Diese Ursachenvermutung gilt jedoch nicht, wenn die Anlage bestimmungsgemäß betrieben wurde, d.h. die besonderen Betriebspflichten eingehalten worden sind und auch keine Störung des Betriebs vorliegt *(§ 6 II UmweltHG)*. Darüber hinaus verpflichtet das Umwelthaftungsgesetz bestimmte Anlagebetreiber zur Deckungsvorsorge, etwa durch Abschluss eines Haftpflichtversicherungsvertrages *(§ 19 UmweltHG)*.

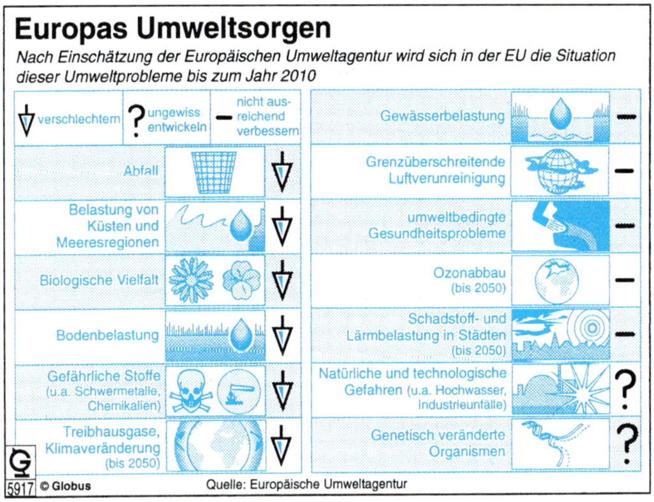

- **Vorsorgeprinzip**

  Grundgedanke des Vorsorgeprinzips ist es, **Umweltschäden möglichst von vornherein zu vermeiden als nachträglich wieder zu beseitigen,** zumal die Korrektur eingetretener Schäden i.d.R. mit erheblichen finanziellen Aufwendungen verbunden ist. Das konsequente, direkte Bekämpfen von Umweltproblemen an der Quelle ihrer Entstehung trägt nicht nur zur unmittelbaren Durchsetzung aktueller umweltpolitischer Zielsetzungen bei, sondern gewährleistet auch, dass künftigen Generationen eine möglichst intakte Umwelt hinterlassen werden kann.

- **Kooperationsprinzip**

  Alle am Wirtschaftsleben Beteiligten (Staat, Unternehmen und Verbraucher) arbeiten einvernehmlich zur Durchsetzung umweltpolitischer Zielsetzungen zusammen. Damit baut das Kooperationsprinzip nicht nur auf die **Mitverantwortlichkeit und Mitwirkung,** sondern auch auf die **Beteiligung des Bürgers** an umweltpolitischen Entscheidungsprozessen, um so neues Umweltbewusstsein zu schaffen bzw. vorhandenes zu stärken.

- **Gemeinlastprinzip**

  In den Fällen, bei denen die Anwendung des Verursacherprinzips mit Schwierigkeiten verbunden ist, sind Maßnahmen nach dem Gemeinlastprinzip zu ergreifen. Dabei **trägt die öffentliche Hand die Kosten für die Sanierung von Umweltschäden.** Allerdings erscheint diese Vorgehensweise aus ökonomischer und ökologischer Sicht nur dann vertretbar, wenn zur Beseitigung eines akuten Notstandes rasch gehandelt werden muss. Da der generelle Einsatz des Gemeinlastprinzips den Verursacher von Umweltschäden aus seiner Verantwortung, für die Kosten der von ihm verursachten Schäden aufzukommen, entlassen würde, stellt dieses Prinzip eher einen umweltpolitischen „Notbehelf" dar.

Gerechtere Verteilung der vorhandenen Arbeit

Seit Beginn der 80er-Jahre und aufgrund der seit längerer Zeit anhaltenden hohen Arbeitslosigkeit in der Bundesrepublik Deutschland wird nun auch die **gerechtere Verteilung der vorhandenen Arbeit** als Ziel der Wirtschaftspolitik formuliert.

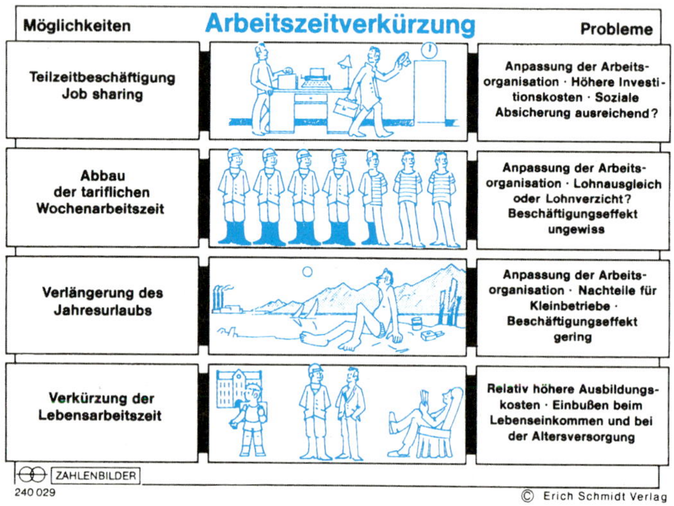

Wenn aus ökologischen und sozialen Gründen ein Wachstum um jeden Preis abgelehnt wird, müssen die Aufgaben in Sach- und Dienstleistungsunternehmen auf alle gerechter verteilt werden. Dabei wird zum einen an eine **Verkürzung der Arbeitszeit** des einzelnen Arbeitnehmers gedacht. Weniger Wochenarbeitsstunden oder vorzeitiger Altersruhestand sollen es ermöglichen, dass bisher Arbeit suchende Personen eine Beschäftigung finden. Andere Denkmodelle gehen von einer **flexibleren** Arbeitszeitgestaltung aus, indem mehr Teilzeitbeschäftigungen angeboten werden oder Arbeitnehmer selbst bestimmen, wie lange sie pro Woche, Monat oder Jahr arbeiten möchten.

3.6 Zielkonflikte der Wirtschaftspolitik

Das Stabilitätsgesetz fordert die gleichzeitige Verfolgung der vier grundlegenden Ziele staatlicher Wirtschaftspolitik. Die Praxis zeigt jedoch, dass es kaum möglich ist, diese Vorgaben stets **gleichzeitig** zu verwirklichen. Es kommt daher zu **Zielkonflikten,** die die wirtschaftspolitischen Entscheidungsträger zwingen, Schwerpunkte zu setzen.

Trotz aller bekannten Schwierigkeiten darf in der Wirtschaftspolitik keines der vier Ziele völlig vernachlässigt werden. Als Grundregel sollte gelten:

- In Zeiten steigender Arbeitslosigkeit und bei stabilem Preisniveau hat das Ziel der Vollbeschäftigung Vorrang.
- Bei hohem Beschäftigungsgrad und steigenden Preisen sollte das Ziel der Geldwertstabilität nachhaltig verfolgt werden.

Welche Zielkonflikte sich im Einzelnen ergeben können, soll an dem – um die abgeleiteten Ziele erweiterten – **magischen Viereck** verdeutlicht werden.

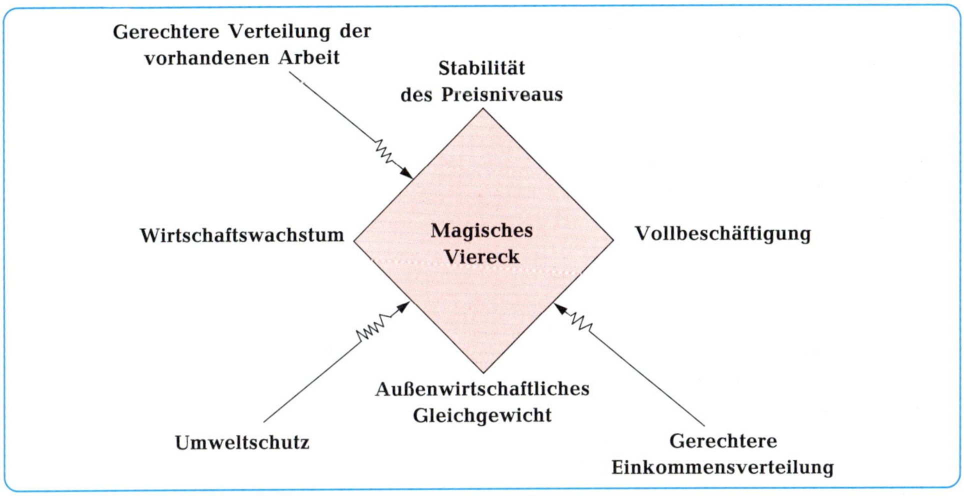

Ein Zielkonflikt besteht insbesondere zwischen der Stabilität des Preisniveaus und der Vollbeschäftigung. Die Erfahrungen der letzten Jahre zeigen, dass eine Förderung der Investitionstätigkeit zum Zweck der Vollbeschäftigung und des Wirtschaftswachstums mit einem gewissen Maß an Preissteigerungen erkauft werden muss. Die von Unternehmen realisierten Umweltschutzmaßnahmen gefährden darüber hinaus die Stabilität des Preisniveaus, wenn die Kosten dieser Maßnahmen zu steigenden Güterpreisen führen und diese Preissteigerungen nicht durch entsprechende Preissenkungen anderer Waren und Dienstleistungen ausgeglichen werden.

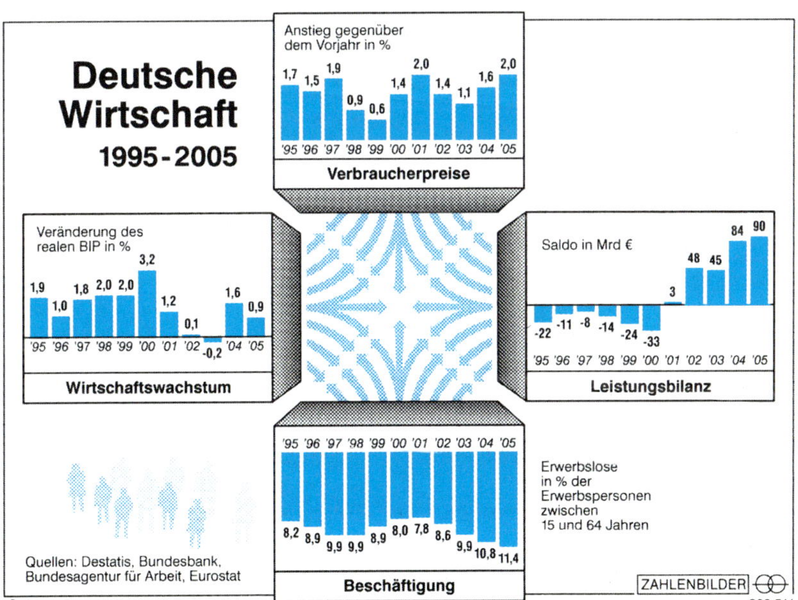

© Erich Schmidt Verlag

Zusammenfassung

Wirtschaftspolitik

Träger

- Regierungen und Parlamente
- Bankensystem
- Interessenverbände der Arbeitgeber und Arbeitnehmer

Hauptziele

- Das Stabilitätsgesetz verpflichtet Bund und Länder, mit ihren wirtschaftlichen und finanzpolitischen Maßnahmen gleichzeitig
  - zur **Stabilität des Preisniveaus,**
  - zu hohem **Beschäftigungsstand** (Vollbeschäftigung),
  - zu **außenwirtschaftlichem Gleichgewicht,**
  - zu stetigem und angemessenem **Wirtschaftswachstum**

  beizutragen, damit **gesamtwirtschaftliches Gleichgewicht** erreicht wird.

Abgeleitete Ziele

- **Gerechtere Einkommensverteilung**
- **Umweltschutz** durch Umsetzung des Verursacher-, Vorsorge-, Kooperations- und Gemeinlastprinzips
- **Gerechtere Verteilung der vorhandenen Arbeit**

Zielkonflikte

Nicht alle Ziele der Wirtschaftspolitik können **gleichzeitig** und **in gewünschtem Umfang** verwirklicht werden.

Aufgaben 22

(1) *Nennen Sie Träger der Wirtschaftspolitik in der Bundesrepublik Deutschland!*

(2) *Beschreiben Sie die einzelnen Phasen, die sich über Jahre hinweg immer wieder im Konjunkturverlauf feststellen lassen!*

(3) *Erläutern Sie die vier grundlegenden sowie die abgeleiteten Ziele der Wirtschaftspolitik!*

(4) *Die Sicherung des qualitativen Wachstums ist eine wesentliche Aufgabe der Wirtschaftspolitik. Was kennzeichnet diese Art des Wachstums?*

(5) *Diskutieren Sie, ob sich die Ziele „Vollbeschäftigung" und „gerechtere Verteilung der vorhandenen Arbeit" überhaupt in Einklang bringen lassen!*

(6) *Erläutern Sie die Prinzipien der Umweltpolitik!*

(7) *Welchem Prinzip der Umweltpolitik sollte der Vorrang gegeben werden? Begründen Sie Ihre Meinung!*

(8) *Beurteilen Sie das „Verursacherprinzip" hinsichtlich seiner Möglichkeiten, Umweltschäden einzudämmen!*

(9) *Zeigen Sie Konflikte auf, die sich zwischen den einzelnen Zielen der Wirtschaftspolitik ergeben, und schlagen Sie Lösungen vor!*

4 Gesamtwirtschaftliche Ungleichgewichte

Mit den Mitteln der staatlichen Wirtschaftspolitik (vgl. S. 302 ff.) wird eine Regierung bemüht sein, Geldwertstabilität, Vollbeschäftigung, Wirtschaftswachstum und außenwirtschaftliches Gleichgewicht zu sichern. Doch nicht immer gelingt es, dieser Aufgabe gerecht zu werden. Einflüsse aus dem Ausland, aber vor allem wirtschaftliche Entwicklungen im Inland können dazu führen, dass diese Zielvorgaben nicht oder in nicht ausreichendem Maße erreicht werden. **Geldwert-, Beschäftigungs- und Konjunkturschwankungen** sind daher für die Leistungsfähigkeit einer Volkswirtschaft immer wieder neue Herausforderungen.

4.1 Geldwertschwankungen

Der Wert des Geldes im Inland drückt sich in der Gütermenge aus, die für eine bestimmte Geldmenge erhältlich ist. Er wird als **Binnenwert des Geldes** bezeichnet und im **Verbraucherpreisindex** erfasst. Störungen des Preisniveaus ergeben sich aus einem stetig abnehmenden (Inflation), ständig steigenden (Deflation) oder bei zunehmender Arbeitslosigkeit sinkenden Geldwert (Stagflation).

4.1.1 Binnenwert des Geldes

Je nach persönlichen Lebensumständen, Einkommen und Vermögen misst jeder Einzelne einer Geldeinheit einen individuellen Wert zu. Es existiert daher ein **subjektiver Geldwert.**

> Prüfen mehrere Personen die in einem Schaukasten im Eingangsbereich eines Restaurants aushängende Speisenkarte, werden einige eintreten, andere, die die Preise für überhöht halten, auf den Besuch des Lokals verzichten.

Der Wert des Geldes beruht allerdings nicht nur auf subjektiven Einschätzungen, sondern drückt gleichzeitig den **objektiven Geldwert, die Kaufkraft des Geldes,** aus.

> Vor einigen Jahren wurde in einem Haushaltswarengeschäft ein Tafelservice zum Preis von 249 EUR angeboten. Jetzt ist festzustellen, dass sich in demselben Geschäft das gleiche Modell um 13 % verteuert hat.

Da sich der Begriff „Kaufkraft des Geldes" in diesem Fall auf die **Kaufkraft im eigenen Land bezieht,** spricht man vom **Binnenwert des Geldes.**

Die durchschnittlich für Waren und Dienstleistungen gezahlten Preise geben Auskunft über die Kaufkraft des Geldes.

- **Steigt das Preisniveau, sinkt die Kaufkraft.**
- **Sinkt das Preisniveau, steigt die Kaufkraft.**

$$\textbf{Kaufkraft} = \frac{\textbf{1}}{\textbf{Preisniveau}}$$

Um Vergleiche zwischen den Lebenshaltungskosten verschiedener Jahre ziehen zu können, wird ein bestimmtes Jahr als **Basisjahr** festgelegt. Der Wert eines **Warenkorbes,** einer Anzahl repräsentativ ausgewählter Waren und Dienstleistungen, wird mit 100 oder

100% bewertet. Soll nun die Veränderung der Lebenshaltungskosten und damit der Kaufkraft des Geldes für ein beliebiges Jahr **(Berichtsjahr)** ermittelt werden, wird der gleiche Warenkorb mit den aktuellen Preisen dieses Jahres bewertet und ins Verhältnis zum Warenkorb des Basisjahres gesetzt. Damit können Aussagen darüber gemacht werden, ob und in welchem Umfang sich das Preisniveau und die Kaufkraft des Geldes verändert haben.

Für das Basisjahr 2000 beträgt der Wert des Warenkorbes (Menge des Warenkorbes $q_0 \cdot$ Preise des Basisjahres p_0) 6000 Geldeinheiten. Für das Berichtsjahr ermittelt man eine Größe (Menge des Warenkorbes $q_0 \cdot$ Preise im Berichtsjahr p_1) von 6780 Geldeinheiten.

Mit der **Laspeyres'schen Formel** zur Berechnung des Preisniveaus ergibt sich:

$$p^L = \frac{p_1 \cdot q_0 \cdot 100}{p_0 \cdot q_0} = \frac{678\,000}{6000} = 113$$

In diesem Fall ist das Preisniveau des Berichtsjahres gegenüber dem Basisjahr um 13% gestiegen. Entsprechend hat sich die Kaufkraft des Geldes um 11,5% verringert, da man im Berichtsjahr mit einer Geldeinheit nur noch 88,5% der Gütermenge des Basisjahres kaufen konnte.

4.1.2 Verbraucherpreisindex

Das so ermittelte Preisniveau wird auch als **Verbraucherpreisindex** (früher: Preisindex für die Lebenshaltung aller privaten Haushalte) bezeichnet. Indem diese Größe die durchschnittliche Preisveränderung aller Waren und Dienstleistungen misst, die die privaten Haushalte für Konsumzwecke gekauft haben, dient der Verbraucherpreisindex vor allem als Indikator für die Beurteilung der Geldwertstabilität. Deshalb wird er auch als **Inflationsmaßstab** verwendet. Die Schwierigkeit, Waren und Dienstleistungen nach Art und Menge für einen bestimmten Zeitraum zu ermitteln, liegt in der unterschiedlichen, sich ständig verändernden Verbrauchsstruktur der privaten Haushalte. Dabei spielen Zahl und Alter der Familienmitglieder sowie deren Einkommen, Wohnort und Beruf eine wichtige Rolle.

Seit dem Berichtsmonat Januar 2003 hat das Statistische Bundesamt

- seine Berechnungen auf das neue Basisjahr 2000 umgestellt.

  Der Verbraucherpreisindex für Deutschland (VPI) hat sich demnach im Januar 2003 gegenüber Januar 2002 um 0,9% erhöht. Die Indexwerte beziehen sich auf die Verbrauchsstrukturen des Basisjahres. Bis zur Einführung eines neuen Basisjahres – normalerweise erfolgt die Neugewichtung im Abstand von 5 Jahren – werden die Verbrauchsstrukturen konstant gehalten.

- den neuen Warenkorb den veränderten Verbrauchsgewohnheiten angepasst.
- das Wägungsschema aktualisiert, das verdeutlicht, welchen Anteil bestimmte Ausgabenpositionen an den gesamten Verbrauchsausgaben der privaten Haushalte haben.

  So werden etwa 11% für Freizeit, Unterhaltung und Kultur ausgegeben, 30% für Wohnung, Wasser, Strom, Gas und andere Brennstoffe oder 13,9% für Verkehr.

- die Berechnung der bisherigen Preisindizes für das frühere Bundesgebiet, für die neuen Länder und Berlin-Ost sowie für spezielle Haushaltstypen eingestellt.

Rund 750 Waren und Dienstleistungen enhält der neue Warenkorb, mit dessen Hilfe das Statistische Bundesamt den Anstieg der Verbraucherpreise in Deutschland berechnet. Der Inhalt dieses Korbes (das so genannte Wägungsschema) muss von Zeit zu Zeit geändert werden, weil sich die Verbrauchsgewohnheiten der Menschen ändern, weil neue Produkte auf den Markt kommen und alte vom Markt verschwinden. So kommt es, dass einige Güter neu aufgenommen wurden, andere ganz gestrichen oder durch modernere ersetzt wurden. Im neuen Warenkorb beispielsweise wurden Disketten durch CD-Rohlinge, Farbbänder durch Farbpatronen ersetzt. Kaffeefilter und Schreibmaschinen wurden aus dem Korb entfernt, Laserdrucker und „Essen auf Rädern" wurde neu hereingenommen. Außerdem wurden die Gewichte im Korb neu verteilt, und es wurde – mehr als zehn Jahre nach der Wiedervereinigung – ein einheitliches Wägungsschema für ganz Deutschland eingeführt.

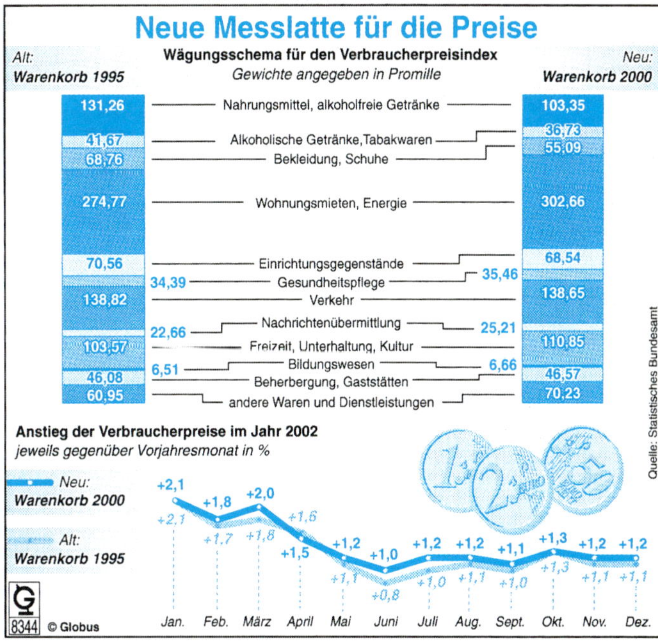

Die Konsumausgaben der privaten Haushalte für Waren und Dienstleistungen werden auf der Basis von Stichproben in regelmäßig durchgeführten Haushaltsbefragungen ermittelt, aufgeschlüsselt nach Art und Menge der eingekauften Waren und Dienstleistungen. Diese Aufzeichnungen führen zu den so genannten „Warenkörben". Berücksichtigt werden ca. 750 genau beschriebene Waren und Dienstleistungen, die mit dem Ziel ausgewählt worden sind, den Verbrauch der privaten Haushalte hinreichend genau zu präsentieren. Die Einzelpreise für jedes im **Warenkorb** enthaltene Gut werden jeweils zur Monatsmitte in 190 Berichtsgemeinden erhoben, die sich regional über die gesamte Bundesrepublik Deutschland verteilen und dabei Großstädte ebenso abdecken wie mittlere und kleinere Gemeinden. Insgesamt werden dabei Preise in ungefähr 40 000 Berichtstellen (z. B. Einzelhandelsbetriebe, Dienstleister) erfragt. Sodann werden Durchschnittspreise festgelegt, mit denen die Güter im Warenkorb bewertet werden.

An dieser Erfassung der Kaufkraft des Geldes über den Verbraucherpreisindex wird aber auch Kritik geübt. Qualitätsverbesserungen bei Waren und Dienstleistungen können nicht über die Preise berücksichtigt werden. Man erhält „mehr für sein Geld". Steigt das Einkommen, wird der gehobene Bedarf (Luxusgüter) zu Lasten des Grundbedarfs (lebensnotwendige Güter) zunehmen. Diese Änderungen der Nachfragestrukturen können nur unzureichend oder mit erheblicher zeitlicher Verzögerung in den Warenkörben berücksichtigt werden. Der Warenkorb muss also von Zeit zu Zeit den veränderten Bedingungen angepasst werden. Zudem sagt die Kaufkraft des Geldes nicht alles über die Entwicklung des „Wohlstandes" aus. Steigt der Nominallohn[1] schneller als das Preisniveau, so steigt der Reallohn.[1] Der Verbraucher kann sich also trotz gestiegener Preise „mehr leisten" als vorher.

Einkommen aus Lohn und Gehalt je Arbeitnehmer und Monat

Jahr	**Bruttolöhne und -gehälter** in EUR	**Nettolöhne und -gehälter**[2] in EUR
1994	1 926	1 296
1995	1 986	1 305
1996	2 014	1 302
1997	2 017	1 285
1998	2 036	1 300
1999	2 065	1 323
2000	2 096	1 351
2001	2 134	1 396
2002	2 165	1 410
2003	2 192	1 420
2004	2 201	1 449

Veränderung je Arbeitnehmer und Monat gegenüber dem Vorjahr

Jahr	**nominal** in %	**real**[3] in %	**nominal** in %	**real**[3] in %
1994	1,9	– 0,7	0,1	– 2,5
1995	3,1	1,4	0,7	– 1,0
1996	1,4	– 0,1	– 0,2	– 1,6
1997	0,1	– 1,7	– 1,3	– 3,1
1998	0,9	0,0	1,2	0,2
1999	1,4	0,8	1,8	1,2
2000	1,5	0,1	2,1	0,7
2001	1,8	– 0,2	3,3	1,3
2002	1,5	0,1	1,0	– 0,4
2003	1,2	0,2	0,7	– 0,4
2004	0,4	– 1,2	2,0	0,4

Quelle: Institut der Deutschen Wirtschaft Köln: Deutschland in Zahlen, Ausgabe 2005, Köln 2005, S. 54

4.1.3 Inflation

Als Inflation (inflare = aufblähen, vermehren) **wird eine Wirtschaftssituation bezeichnet, in der das Preisniveau ständig steigt.** Entsprechend nimmt die Kaufkraft des Geldes stetig ab, sodass man also für eine Geldeinheit **weniger** Waren bzw. Dienstleistungen erhält. Die Veränderung des Preisniveaus wird über den Verbraucherpreisindex gemessen.

Folgende Situationen werden jedoch **nicht** als Inflation eingestuft:

- **Preiserhöhungen treten nur bei einzelnen Gütern auf** wie etwa saisonbedingt bei bestimmten Obstsorten im Winter;
- **Preise steigen einmalig und nicht stetig** wie etwa nach einer Erhöhung der Mehrwertsteuer, nach Missernten oder in Krisensituationen;
- ständig steigende Preise, sofern die **Preissteigerungen nur gering ausfallen** (unter 3% pro Jahr).

---

1 Im Gegensatz zum Reallohn lässt der Nominallohn die tatsächliche Kaufkraft des Arbeitsentgeltes unberücksichtigt.

2 Nettolöhne und -gehälter ohne Lohnsteuer und Arbeitnehmerbeiträge zur Sozialversicherung.

3 Deflationiert mit dem Preisindex für die Lebenshaltung (= Reallohnentwicklung aus Arbeitnehmersicht).

▶ Arten der Inflation

In Abhängigkeit **von der Höhe der Preisniveauänderungen** oder der **Art der Preisbildung am Markt** lassen sich verschiedene Inflationsarten unterscheiden.

● Inflationsarten in Abhängigkeit von der Stärke der Preisniveausteigerungen

Die Festlegung der Inflationsart in Abhängigkeit von der Stärke der Preisniveausteigerungen (Inflationsrate) ist mehr oder weniger willkürlich. Von **„schleichender Inflation"** wird etwa dann gesprochen, wenn die Preissteigerung unter 10% pro Jahr liegt. Andere Definitionen gehen davon aus, dass bei Überschreitung der auf Sparbüchern mit vertraglicher Kündigungsfrist üblichen Zinsen inflationäre Tendenzen feststellbar sind. Grundsätzlich ist die Abgrenzung zwischen Preisniveaustabilität und dem Beginn einer schleichenden Inflation schwierig.

Der andere Extrempunkt der Inflationsratenskala ist die **„Hyperinflation".** Ab einer über 50% liegenden Preisniveausteigerung pro Jahr wird eine Kaufkraftverringerung mit diesem Namen belegt. Dazwischen gibt es Abstufungen wie „galoppierende Inflation" oder „trabende Inflation".

In Deutschland herrschte nach dem 1. Weltkrieg eine galoppierende Inflation.

Preisentwicklung in den Jahren von 1914–1923 in Mark

Jahr	1 kg Roggenbrot	1 US-Dollar
1914	0,32	4,20
1919	0,80	8,90
1920	2,37	40,00
1921	3,90	77,00
Jan. 1923	250,00	18 000,00
Febr. 1923	389,00	40 000,00
Juni 1923	1 428,00	150 000,00
Juli 1923	3 465,00	350 000,00
Aug. 1923	69 000,00	4 500 000,00
Sept. 1923	1 512 000,00	100 000 000,00
Okt. 1923	1 743 000 000,00	25 000 000 000,00
Nov. 1923	201 000 000 000,00	4 200 000 000 000,00
Dez. 1923	399 000 000 000,00	4 200 000 000 000,00

1923 Banknote aus der Inflationszeit

Inflationsarten nach der Erkennbarkeit der Preisniveausteigerungen

Bilden sich die Preise weiterhin frei am Markt und ist für jedermann erkennbar, dass der Geldwert ständig fällt, spricht man von **„offener Inflation"**.

Bleibt das Preisniveau auf den ersten Blick dadurch relativ stabil, dass der Staat durch vorgeschriebene Höchst- bzw. Festpreise den allgemeinen Preisanstieg unterbindet, ist die Situation einer **„verdeckten oder zurückgestauten Inflation"** gegeben. Die Preise steigen nicht für jedermann ersichtlich. Da das Güterangebot immer geringer wird (Rationierung und Zuteilung sind die Folgen der Güterverknappung), erhält der Nachfrager „weniger für sein Geld". Der Nachfrageüberhang, der sich jedoch durch den staatlich verfügten Preisstopp nicht beseitigen lässt, führt zur Bildung von den für eine verdeckte Inflation typischen „Schwarzmärkten", auf denen benötigte Waren zu völlig überhöhten Preisen angeboten werden.

In der Bundesrepublik Deutschland liegt das Preisniveau seit einigen Jahren im Bereich der relativen Preisniveaustabilität.

Offizielle Preise und Schwarzmarktpreise nach dem 2. Weltkrieg

Ware	Offizieller Preis 1947	Schwarzmarkt-Preise 1946/1947
1 kg Fleisch	2,20 RM	60–80 RM
1 kg Brot	0,37 RM	20–30 RM
1 kg Kartoffeln	0,12 RM	4 RM
1 kg Zucker	1,07 RM	120–180 RM
20 Zigaretten	2,80 RM	70–100 RM (US-Zigaretten)
		50 RM (franz. Zigaretten)
1 l Speiseöl	2,50 RM	150–180 RM (1946)
1 l Speiseöl		230–360 RM (1947-48)
1 kg Butter	4,00 RM	350–550 RM
1 kg Milchpulver		140–160 RM
1 Flasche Wein	2,00 RM	30–40 RM
1 l Schnaps		300 RM
1 l Benzin		8–12 RM
1 Kaffee-Tasse		20 RM
1 Stück T-Seife	0,35 RM	30–50 RM
1 Messer		35 RM
1 Glühbirne		40 RM
1 Paar Schuhe (Leder)		500–800 RM
1 Kleid		250–1 200 RM
1 Fahrrad		1 500 RM
1 Pelzmantel		6 000 RM
1 Opel P4		10 000 RM

Wo die offiziellen Preise fehlen, bestand nur ein minimales oder überhaupt kein Warenangebot. Zur Veranschaulichung des Preisniveaus sei der monatliche Lohn eines Arbeiters angeführt: Er bewegte sich 1945-1948 zwischen 150 und 200 RM.

Ursachen der Inflation

Verschiedene Erklärungsansätze versuchen, die Ursachen zunehmender Preisniveausteigerungen bei abnehmendem Geldwert zu beschreiben.

Erklärungsansätze zu den Ursachen der Inflation

- **Nachfrageinflation**
- **Angebotsinflation**
  - Kostendruckinflation
  - Gewinndruckinflation
- **Monetäre Inflationstheorie**

Nachfrageinflation

Bei einer Nachfrageinflation geht der Impuls zum allgemeinen Preisniveauanstieg von einer Erhöhung der Nachfrage aus. Sie steigt stärker als das Güterangebot (Angebotslücke). Höhere Einkommen, geringere Sparneigung, zunehmende Kreditaufnahmen von Unternehmen und Staat, Vermehrung der umlaufenden Geldmenge und Exportüberschüsse führen dazu, dass **mehr Güter nachgefragt werden als die Anbieter derzeit zu liefern in der Lage sind.** Diese **„inflatorische Lücke"** zwischen Angebot und Nachfrage wird durch Preissteigerungen ausgeglichen. Trotz höherer Ausgaben erhalten die Nachfrager nur die gleiche Gütermenge für ihr Geld. Fragen sie weiterhin mehr Güter nach als kurzfristig bereitstehen, steigt das Preisniveau stetig.

Führen laufende Exportüberschüsse zu einer Vermehrung der Geldmenge, spricht man von **importierter Inflation.** Exporteure tauschen die im Außenhandel erwirtschafteten Devisen in inländische Währung um. Die dieser Geldmenge entsprechenden Güter wurden aber exportiert und stehen den inländischen Nachfragern nicht zur Verfügung. Das Preisniveau steigt.

Erst wenn einige Nachfrager die allgemeinen Preissteigerungen wirtschaftlich nicht mehr tragen können (z.B. Rentner, Empfänger von Arbeitslosengeld II), flacht die Güternachfrage zunehmend ab. Schränkt der Staat seine Aufträge ebenfalls ein, weitet die Zentralbank die Geldmenge nicht mehr aus oder fragt das Ausland aufgrund der steigenden Preise im Inland immer weniger Güter nach, kann der Inflationsprozess allmählich gebremst werden.

Angebotsinflation

Geben Anbieter ihre **Kostensteigerungen** über die Preise an die Nachfrager weiter oder setzen die Anbieter einen **höheren Gewinnaufschlag** am Markt durch, kommt es ebenfalls zu einer Erhöhung des Preisniveaus.

Kostendruckinflation

Anbieter können durch verschiedene Ereignisse mit Kostensteigerungen für benötigte Produktionsfaktoren konfrontiert werden:

- Die Kreditkosten (Zinsbelastungen) nehmen zu.
- Kostensteuern steigen, wie etwa Gewerbesteuer, Kraftfahrzeugsteuer, Grundsteuer (für Betriebsgrundstücke).
- Die Aufwendungen für importierte Rohstoffe, Halbfabrikate oder Fertigteile erhöhen sich.
- Die Lohnkosten liegen über der Produktivitätssteigerung.

> Der bisherige Stundenlohn einer Mitarbeiterin beträgt 18 EUR. Sie stellt in dieser Zeit 36 Einheiten eines Produktes her. Jede Einheit ist entsprechend mit 0,50 EUR Lohnkostenanteil belastet. Kann die Produktion pro Stunde aufgrund besserer Verfahren oder neuer Maschinen auf 40 Einheiten gesteigert werden, wäre es möglich, den Stundenlohn auf 20 EUR anzuheben, ohne dass sich der Lohnkostenanteil erhöht. Setzen die Gewerkschaften in den Tarifvertragsverhandlungen einen Stundenlohn von über 20 EUR durch, wird das Unternehmen seinerseits – um keine Gewinnminderung hinnehmen zu müssen – die Produktpreise erhöhen.

Die Kostendruckinflation kann – lässt man Lohn- und Preisstopp als ungeeignete Maßnahmen zur Stabilisierung der Wirtschaft außer Acht – durch eine Verminderung der Nachfrage oder eine nicht schnell genug steigende Geldmenge gestoppt werden.

Mit steigenden Preisen fragen zunächst bestimmte Bevölkerungsgruppen weniger Güter nach. Werden trotzdem weiterhin Lohnerhöhungen durchgesetzt und überwälzen Unternehmen diese Steigerungen auf die Preise **(Lohn-Preis-Spirale),** verringert sich mit der Zeit auch die Nachfrage nach Arbeitskräften. Damit wird allerdings die Inflation auf Kosten der Vollbeschäftigung gehemmt.

- **Gewinndruckinflation**

Gelingt es Unternehmen, **aufgrund ihrer Marktmacht Gewinnaufschläge durchzusetzen,** ohne dazu von der Kostenseite direkt veranlasst zu sein, und erhöht sich damit das Preisniveau, spricht man von Gewinndruckinflation.

Weitgehend vermieden werden kann diese Art der Inflation durch die **Aufrechterhaltung und Stärkung des Wettbewerbs.** Solange es genügend Anbieter auf allen Teilmärkten gibt und die Konkurrenz nicht durch wettbewerbswidrige Absprachen ausgeschaltet wird, ist die Gefahr willkürlicher Preisaufschläge gering.

- **Monetäre Inflationstheorie**

Alle Inflationstheorien gehen davon aus, dass dann mit Preisniveausteigerungen zu rechnen ist, wenn die gesamtwirtschaftliche Nachfrage stärker ausgeweitet wird als das entsprechende Angebot. Nachfrage wird mit Geld ausgeübt. **Eine Erhöhung der Nachfrage erfolgt also dann, wenn auch die nachfragewirksame Geldmenge steigt.** Dieser Zusammenhang wird in der **Quantitätstheorie** dargestellt. Danach gäbe es ohne Vermehrung der nachfragewirksamen Geldmenge keine Inflation.

Ausgangspunkt dieses Erklärungsmodells ist die **Fischersche Verkehrsgleichung:**

$$G \cdot U = P \cdot H$$

Das Geldvolumen (G) multipliziert mit der Umlaufgeschwindigkeit des Geldes (U) entspricht dem Produkt aus Preisniveau (P) und Handelsvolumen (H). Als **Geldvolumen** wird der Bestand an Bargeld und Buchgeld bezeichnet. Die **Umlaufgeschwindigkeit des Geldes** zeigt an, wie oft innerhalb einer bestimmten Zeiteinheit die in der Volkswirtschaft vorhandene Geldmenge den Besitzer wechselt, also zu Zahlungen genutzt wird.

Das Produkt $G \cdot U$ wird als **nachfragewirksame Geldmenge** bezeichnet. Sie wird eingesetzt, um die produzierten Güter **(Handelsvolumen)** zum derzeitigen **Preisniveau** zu erwerben. **Umlaufgeschwindigkeit und Handelsvolumen werden als unveränderlich angesehen.** Nimmt nun die Geldmenge zu, muss – damit die Gleichung aufgeht - auch das Preisniveau steigen. Die Quantitätstheorie geht also davon aus, dass eine Vermehrung der Geldmenge auch eine Preisniveausteigerung zur Folge hat und damit inflationäre Entwicklungen fördert.

Kritik an diesem Erklärungsansatz für das Entstehen einer Inflation erhebt sich vor allem an der Vorgabe, dass Handelsvolumen und Umlaufgeschwindigkeit als konstant angesehen werden. In der Praxis ist das Handelsvolumen im Konjunkturverlauf keineswegs fix und die Umlaufgeschwindigkeit des Geldes hängt u. a. ab von den Zahlungsgewohnheiten in einer Volkswirtschaft sowie dem Vertrauen, das die Wirtschaftssubjekte in die Stabilität der eigenen Währung setzen. Die Quantitätstheorie ist daher eher ein theoretischer Versuch zur Erklärung von Preisniveausteigerungen.

▶ **Auswirkungen der Inflation**

Preisniveaustabilität ist ein Hauptziel staatlicher Wirtschaftspolitik. Sinkt der Geldwert und nimmt die Kaufkraft des Geldes ab, ist daher eine Anti-Inflationspolitik geboten. Damit sollen die Auswirkungen der Inflation möglichst rasch eingedämmt werden. Zu ihnen zählen die folgenden **Problemkreise:**

- Häufig wird behauptet, dass gerade Rentner, Pensionäre oder Sozialhilfeempfänger besonders unter den Preissteigerungen leiden. Da Rentenzahlungen in der Bundesrepublik Deutschland an die allgemeine Einkommensentwicklung gekoppelt sind und auch staatliche Zahlungen jährlich neu festgelegt werden, stimmt dieses Argument wohl nur insoweit, dass die notwendigen Anpassungen von Renten und Hilfsleistungen zeitverzögert erfolgen.
- In Zeiten steigender Preise verliert das Geld seine Wertaufbewahrungsfunktion, der Wert des angesparten Geldes sinkt. Mit zunehmender Inflationsrate häuft sich schließlich die Flucht in Sachwerte. Grundstücke, Häuser oder Gold werden erworben, um der laufenden Geldentwertung entgegenzuwirken. Knappe Produktionsfaktoren werden fehlgeleitet und damit das Wirtschaftswachstum überwiegend negativ beeinflusst.
- Schuldner sind in einer Inflation begünstigt. Der reale Wert ihrer Zinszahlungen sinkt. Gläubiger sind entsprechend benachteiligt. Vor allem Sparer mit geringem Vermögen gehören zu den Verlierern einer Geldentwertung, ein sozialpolitisch bedenkliches Ergebnis. Eigentümer von Sachvermögen bewahren hingegen ihren Besitz. Mit der Flucht in die Sachwerte steigt sogar ihr Vermögenswert.
- Der Staat nimmt zwar bedingt durch die Preissteigerungen mehr Steuern ein, muss aber gleichzeitig mit hohen Ausgabensteigerungen rechnen. Immer größere Haushaltsdefizite entstehen, die nicht selten durch Steuererhöhungen aufgefangen werden.
- Umstritten ist die Annahme, dass eine leichte Inflation die Beschäftigung fördere. Unabhängig davon, ob diese Meinung zutrifft oder nicht, wäre es eine bedenkliche Alternative, zwischen Inflation und Arbeitslosigkeit wählen zu müssen.

4.1.4 Deflation

Deflation (deflare = vermindern, herabsetzen) bezeichnet ein **Marktungleichgewicht, bei dem Güter- und Geldmenge nicht mehr im Einklang stehen.** Entweder hat sich die angebotene Gütermenge gegenüber der nachfragenden Geldmenge stark vergrößert oder die nachfragende Geldmenge vermindert sich im Vergleich zur Gütermenge. In beiden Fällen ist die Wirtschaft mit Geld unterversorgt, der Geldwert steigt. Man erhält also **mehr** für eine Geldeinheit.

▶ Ursachen der Deflation

Ein Anwachsen der Gütermenge ist durch veränderte volkswirtschaftliche Rahmenbedingungen denkbar. Neu erschlossene Rohstoffe oder zusätzliche Energiequellen können zu einer **Produktionsausweitung** führen. **Fortschritte im technischen Know-how** oder **laufende Importüberschüsse** vergrößern ebenfalls die im Inland angebotene Gütermenge.

Zu einer Verminderung der nachfragewirksamen Geldmenge tragen alle Wirtschaftssubjekte gemeinsam bei. Private Haushalte stellen ihre Konsumausgaben zurück und sparen vermehrt. Unternehmen sind selbst bei fallenden Zinsen nicht dazu zu bewegen, sich für Neuinvestitionen zu verschulden. Ihre **pessimistischen Zukunftserwartungen** führen sogar dazu, noch laufende Kredite schneller zu tilgen. Auch staatliche Geldleistungen an das Ausland lassen die umlaufende Geldmenge im Inland dann noch weiter sinken, wenn diese Ausgaben nicht über Kredite, sondern etwa über Steuererhöhungen finanziert werden. Verfolgt die Zentralbank noch zusätzlich eine die Geldmenge einschränkende Politik, verstärkt sich die deflatorische Entwicklung zusehends.

▶ Auswirkungen der Deflation

Unternehmen, die aufgrund der verminderten Nachfrage höhere Lagerbestände hinnehmen müssen, werden daraufhin Produktion und Bestellungen einschränken, was wiederum zu **Kurzarbeit** oder gar **Entlassungen von Arbeitskräften** führt. Sind kurzfristig die eigentlich notwendigen Preissenkungen durch hohe Fixkosten und starre Löhne nicht durchführbar, verstärkt sich die Arbeitslosigkeit zunehmend. Aber selbst mögliche Lohnsenkungen könnten die negativen Folgen auf dem Arbeitsmarkt kaum auffangen, da dann automatisch die private Nachfrage rückläufig wäre.

Entscheidend ist, dass alle am Wirtschaftsleben Beteiligten von Zukunftserwartungen ausgehen, die negativer sind, als es der tatsächlichen Situation entspricht. Unternehmen halten geplante Investitionen zurück, Arbeitslose – aber auch noch Beschäftigte – schränken ihren Konsum ein. Nicht unbedingt zum jetzigen Zeitpunkt notwendige Käufe werden hinausgeschoben, da mit weiter sinkenden Preisen gerechnet wird.

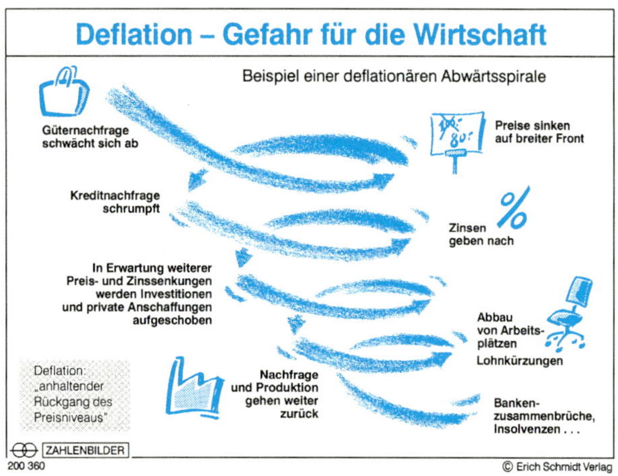

Dem Staat fällt entsprechend ein **geringeres Steueraufkommen** zu. Will er sein Haushaltsbudget ausgeglichen halten, muss er die **Staatsausgaben einschränken.** In einer Deflation sind grundsätzlich alle Schuldner benachteiligt, da der Wert ihrer Verbindlichkeiten künstlich aufgewertet wird. Aber selbst Banken spüren die Krise. Zwar sind Kreditinstitute überwiegend in der Gläubigerposition, aber sie sind nur dann begünstigt, wenn ihre Schuldner überhaupt noch zahlen können.

Deflation mit hoher Arbeitslosigkeit und sinkendem Wohlstand ist nicht nur eine wirtschaftliche, sondern auch eine politische und soziale Herausforderung an die Gesellschaft.

▶ Maßnahmen zur Bekämpfung der Deflation

Um die Ursachen der Deflation zu bekämpfen, muss wieder das Gleichgewicht zwischen Güter- und Geldmenge hergestellt werden. Eine Möglichkeit besteht darin, die Geldmenge mit Mitteln der **Geldpolitik** zu erhöhen. Ob eine expansive Geldpolitik wirksam ist, hängt letztlich davon ab, ob es gleichzeitig gelingt, die Zukunftserwartungen wieder positiver zu gestalten. Der Staat ist gefordert, verstärkt **Aufträge an die Wirtschaft** zu vergeben. Durch **Subventionen und steuerliche Anreize** wird er zudem versuchen, Investitionen zu fördern. Um den privaten Konsum anzukurbeln, bieten sich Steuersenkungen, der Abbau von Sparprämien oder höhere Ausgaben an Rentner und Arbeitslose an.

Der durch den Importüberschuss hervorgerufenen Gütermengenausweitung im Inland wirkt eine **Abwertung der Währung** entgegen (vgl. S. 317).

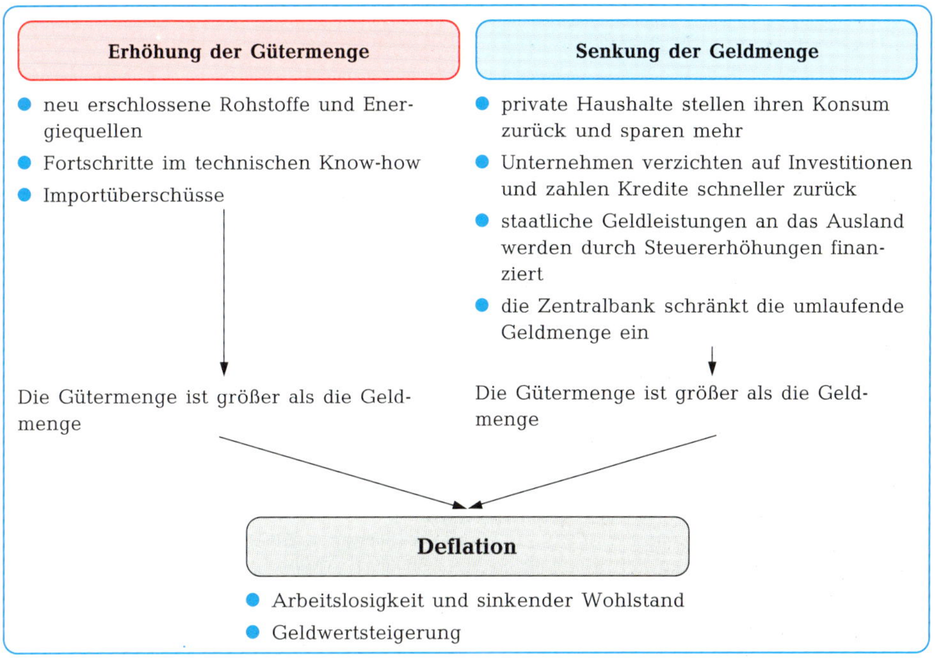

4.1.5 Stagflation

Diese Wortschöpfung aus **Stagnation** (Stillstand) **und Inflation** (Geldentwertung) will ausdrücken, dass Arbeitslosigkeit und Preisniveausteigerungen **gemeinsam** auftreten können. Die Angebots-Inflationstheorie bietet dafür den Erklärungsansatz.

Ausgangspunkt sind zunehmende Preissteigerungen. Sie sorgen dafür, dass die reale Nachfrage abnimmt. Um die Gefahren einer sich ausweitenden Inflation zu dämpfen, verringert die Zentralbank die umlaufende Geldmenge und verteuert die Kreditaufnahme bei Banken und Sparkassen. Der Staat kann seinerseits über steuerliche Maßnahmen zusätzlich darum bemüht sein, die Preisniveaustabilität wieder zu erreichen. Auf die Maßnahmen der Zentralbank und des Staates reagieren die Unternehmen und Haushalte mit der Kürzung ihrer Ausgaben.

Die Nachfrage nach Gütern und Arbeit verringert sich. Auftragsrückgänge in der Industrie führen zur Einschränkung der Produktion und damit auch der Beschäftigung. Die Lohn- und Preissteigerungen werden hingegen zunächst kaum gestoppt.

Gäbe es auf allen Märkten einen **funktionsfähigen Wettbewerb** zwischen den Unternehmen, würden bei verringerter Produktion und wachsenden Lagerbeständen die Güterpreise fallen. Da aber auf den meisten Märkten die Funktionsfähigkeit des Wettbewerbs eingeschränkt ist, werden Unternehmen versuchen, ihre Gewinnrückgänge durch steigende Preise aufzufangen. Die Inflation wird bei zunehmender Arbeitslosigkeit weiter angeheizt.

- Preissteigerungen
- Verteuerung von Krediten
- Verringerung der Geldmenge
- Ausgabenkürzungen von Unternehmen und Haushalten
- Einschränkung der Produktion

führen zur

↓

Stagflation

mit

↓

- hoher Arbeitslosigkeit
- gleichzeitig weiter steigender Inflation
- sinkendem Wirtschaftswachstum

Diese für die Wirtschaft äußerst kritische Situation konnte z.B. in den Jahren 1973/74 und 1979/80 beobachtet werden. Durch Absprachen der Erdöl exportierenden Länder (OPEC) verteuerte sich der Verkaufspreis für diesen Rohstoff und Energieträger stetig. Unternehmen versuchten, die notwendigen Mehrausgaben zur Beschaffung des Öls über erhöhte Absatzpreise abzuwälzen, die Nachfrage stagnierte. Vielen Volkswirtschaften wurde es damit vorübergehend unmöglich, ihre wirtschaftspolitischen Ziele noch zu verwirklichen.

4.2 Beschäftigungsniveau und Wirtschaftswachstum im Konjunkturverlauf

Die wirtschaftliche Entwicklung einer Volkswirtschaft vollzieht sich nicht regelmäßig, sondern unterliegt ständigen Schwankungen. Einmal nimmt das Bruttoinlandsprodukt - die Größe, die wirtschaftliches Wachstum beschreibt (vgl. S. 267 f.) - zu, dann folgt wieder eine Phase abnehmender Wachstumsraten. Diese Berg- und Talfahrt beruht auf **Konjunkturschwankungen,** also Abweichungen vom normalen Wachstumspfad, die für eine hoch entwickelte Wirtschaft kennzeichnend sind. In stagnierenden Volkswirtschaften verändert sich die gesamtwirtschaftliche Leistung nicht („Nullwachstum"). Die langfristige Entwicklung, der Trend, zeigt kein Wachstum, aber auch keinen Schrumpfungsprozess. In schrumpfenden Volkswirtschaften zeigt der Trend nach unten, die Wirtschaftsleistungen nehmen ständig ab.

Stellt man die Abweichungen der wirtschaftlichen Entwicklung vom Trend grafisch dar, zeigt sich eine **Wellenlinie.** Eine Welle mit Wellental und -berg nennt man **Konjunkturzyklus.** Welche Zeit ein solcher Zyklus durchläuft, ist nicht allgemein verbindlich festzulegen. Für die Bundesrepublik Deutschland konnte nach 1945 eine **Zyklusdauer von 4 bis 5 Jahren** festgestellt werden.

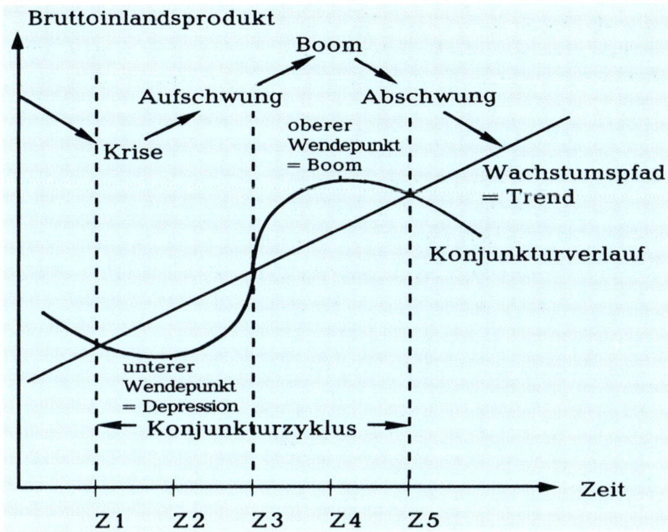

- Die **Krise (Depression)** wird begleitet von hoher Arbeitslosigkeit und unausgelasteten Produktionskapazitäten. Alle Wirtschaftssubjekte setzen wenig Vertrauen in die zukünftige Entwicklung. Entsprechend nehmen die Kaufbereitschaft der Verbraucher und die Investitionsbereitschaft der Unternehmen ab. Da weniger Geld nachgefragt wird, sinken die Kreditzinsen. Mangelnde Nachfrage führt zu Umsatzeinbußen. Gefüllte Lager erzwingen die weitere Einschränkung der Produktion. Es kommt zu Betriebsaufgaben und Insolvenzen[1]. Erst wenn die Talsohle, also der untere Wendepunkt, durchschritten ist, macht sich allmählich wieder Optimismus breit.
- Im **Aufschwung (Expansion)** beschleunigt sich langsam die Produktionsleistung. Mit zunehmendem Vertrauen in die wirtschaftliche Zukunft steigt die Güternachfrage. Unternehmen investieren wieder und stellen neue Arbeitskräfte ein. Mit der Nachfrage nach Krediten wächst der Zins.
- Die **Hochkonjunktur (Boom)** ist bereits durch Engpässe bei der Beschaffung von Produktionsfaktoren gekennzeichnet. Die angeheizte Konsumgüternachfrage erhöht das Preisniveau. Noch wird erheblich investiert. Arbeitskräfte sind nur noch schwer zu finden, das Lohnniveau steigt entsprechend. Gelingt es den Unternehmen nicht mehr, die gestiegenen Kosten über die Preise abzuwälzen, kommt es zu ersten Gewinneinbußen. Die Gesamtnachfrage nach Produktionsfaktoren stagniert.
- Der **Abschwung (Rezession)** beschreibt den sich allmählich verstärkenden Rückgang der wirtschaftlichen Aktivitäten. Die Zukunftschancen werden erneut pessimistisch beurteilt. Die Nachfrage nimmt ab, die Produktion wird gedrosselt, Arbeitskräfte werden entlassen, die Investitionsneigung sinkt rapide. Die Volkswirtschaft stürzt erneut in eine Krise.

1 Zahlungsunfähigkeit von Unternehmen.

Das **Bruttoinlandsprodukt** stellt einen Indikator dar, um Konjunkturschwankungen zu messen. Neben diesem „Anzeiger" gibt es eine Reihe weiterer wirtschaftlicher Größen, die die Abweichungen vom Trend beschreiben oder sogar Voraussagen über zukünftige Entwicklungen (Prognosen) zulassen.

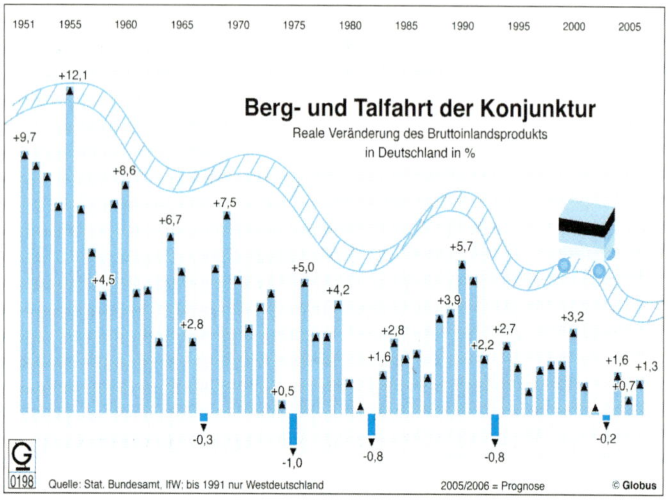

Alle warten auf den Aufschwung. Sollte er tatsächlich kommen, wird er 2006 allenfalls ein Wirtschaftswachstum von knapp anderthalb Prozent mit sich bringen. Dieses Plus mag zwar auf den ersten Blick ganz beachtlich sein, im Vergleich mit früheren Konjunkturverläufen fällt es aber recht mager aus. Die fetten Wachstumsjahre in Deutschland sind offensichtlich endgültig vorbei, die Wirtschaft kommt immer langsamer voran. Zwar waren auch in der Vergangenheit immer wieder Einbrüche zu verzeichnen (das gehört zum Lebenslauf der Konjunktur dazu), aber diese Wachstumstäler wurden immer recht schnell durchschritten, und nach kurzer Zeit ging es dann wieder zügig aufwärts. Insbesondere seit Mitte der 90er-Jahre dümpelt die Konjunktur vor sich hin: Von Aufbruchstimmung ist in Deutschland nichts zu spüren.

Überblick über Konjunkturindikatoren und deren Entwicklung im Konjunkturzyklus

Indikator	**Phasen im Konjunkturzyklus**			
	Aufschwung	**Hochkonjunktur**	**Abschwung**	**Krise**
Arbeitslosigkeit	–	—	+	++
offene Stellen	+	++	–	—
Güternachfrage der Haushalte	+	++	–	—
Preisniveausteigerung	0	++	+	–
Zinsen	+	++	–	—
Investitionen	++	+	–	—
Gewinne	++	+	–	—
Lagerbestände	–	—	+	++
Zukunftserwartungen	++	+	–	—

0 gleich bleibend
++ starke Zunahme
\+ Zunahme
— starke Abnahme
– Abnahme

Insbesondere die Entwicklung zweier Indikatoren im Konjunkturverlauf spricht dafür, dass sich **die staatliche Wirtschaftspolitik um eine Verstetigung der Konjunktur bemüht.** Starke Preisniveausteigerungen im überhitzten Klima des Booms können inflationäre Tendenzen fördern. Zunehmende Arbeitslosigkeit in Abschwung und Krise führen zu erheblichen sozialpolitischen Problemen. Preisniveaustabilität und Vollbeschäftigung lassen sich daher eher durch ein stetiges und angemessenes Wirtschaftswachstum sichern als in einer konjunkturellen Entwicklung, die sich durch starke Ausschläge vom Trend darstellt.

Zusammenfassung

Gesamtwirtschaftliche Ungleichgewichte

Geldwertschwankungen

- Der **Binnenwert des Geldes** gibt Auskunft über die **Kaufkraft** des Geldes im Inland.

  $$\text{Kaufkraft} = \frac{1}{\text{Preisniveau}}$$

  Steigt das Preisniveau, sinkt die Kaufkraft.
  Sinkt das Preisniveau, steigt die Kaufkraft.
- Der **Verbraucherpreisindex** ist ein Indikator für Preisniveauänderungen.
- Als **Inflation** bezeichnet man eine Wirtschaftslage, in der das Preisniveau ständig steigt und die Kaufkraft abnimmt.
- In der **Deflation** fällt das Preisniveau ständig, die Kaufkraft des Geldes steigt.
- **Stagflation** beschreibt eine Wirtschaftslage, in der Arbeitslosigkeit und steigendes Preisniveau gemeinsam auftreten.

Schwankungen im Beschäftigungsniveau und im Wirtschaftswachstum

- Hochentwickelte Volkswirtschaften sind durch einen **Wachstumspfad** beschrieben, der Jahr für Jahr ein zunehmendes Bruttoinlandsprodukt verzeichnet.
- **Konjunkturschwankungen** sind Abweichungen von diesem Pfad.
- Alle 4 bis 5 Jahre wiederholt sich ein **Konjunkturzyklus,** der durch die Phasen Krise, Aufschwung, Hochkonjunktur und Abschwung beschrieben wird.
- In der Krise ist die Arbeitslosigkeit am höchsten, im Abschwung gibt es erhebliche Probleme am Arbeitsmarkt, im Aufschwung werden neue Mitarbeiter von Unternehmen gesucht, in der Hochkonjunktur reichen die zur Verfügung stehenden Arbeitskräfte häufig nicht aus, um alle offenen Stellen zu besetzen.

(1) Beschreiben Sie den Begriff „Binnenwert des Geldes"!

(2) In welchem Verhältnis stehen Kaufkraft und Preisniveau?

(3) Erläutern Sie, wie der Verbraucherpreisindex ermittelt wird!

(4) Unterstellt, der Wert eines Warenkorbes im Basisjahr betrage 10 000 Geldeinheiten. Für das Berichtsjahr werden 12 500 Geldeinheiten ermittelt. Welche Entwicklung hat damit die Kaufkraft des Geldes genommen?

(5) Welche Kritik lässt sich gegen die Ermittlung der Kaufkraft des Geldes über den Verbraucherpreisindex vorbringen?

(6) Welche Wirtschaftssituation charakterisiert eine Inflation?

(7) Stellen Sie verschiedene Inflationsarten dar!

(8) Auf welche Ursachen führt der Erklärungsansatz der Angebotsinflation Preisniveausteigerungen zurück?

(9) Erklären Sie inflatorische Entwicklungen aus Sicht der Quantitätstheorie des Geldes!

(10) Diskutieren Sie Auswirkungen der Inflation!

(11) Beschreiben Sie Ursachen der Deflation!

(12) Welche Maßnahmen bieten sich zur Eindämmung einer Deflation an?

(13) Diskutieren Sie die Behauptung: „Auf Dauer sind die Auswirkungen einer Deflation gefährlicher als die einer Inflation!"

(14) Stellen Sie Entwicklungen dar, die zu einer Stagflation führen können, und erläutern Sie, welche Auswirkungen dieses wirtschaftliche Ungleichgewicht mit sich bringt!

(15) Erläutern Sie die Begriffe Konjunkturschwankungen, -zyklus und Wachstumspfad!

(16) Wie entwickeln sich Investitionen, Zinsniveau, Arbeitslosigkeit, Preisniveau und wirtschaftliches Wachstum in den einzelnen Phasen des Konjunkturzyklus?

5 Staatliche Wirtschaftspolitik

Ziel der Wirtschaftspolitik eines Staates ist es, wirtschaftliche Rahmenbedingungen festzulegen bzw. zu beeinflussen. Damit eröffnen sich den Unternehmen, privaten Haushalten, staatlichen Stellen und Interessenverbänden entweder neue Handlungsspielräume oder die vorhandenen Möglichkeiten werden begrenzt. Steueraufkommen, Güterimporte, Kreditbedingungen, Wechselkurse oder Maßnahmen zur Einkommensumverteilung sind nur einige Größen, über die der Staat Einfluss auf einzelne Wirtschaftssubjekte nimmt.

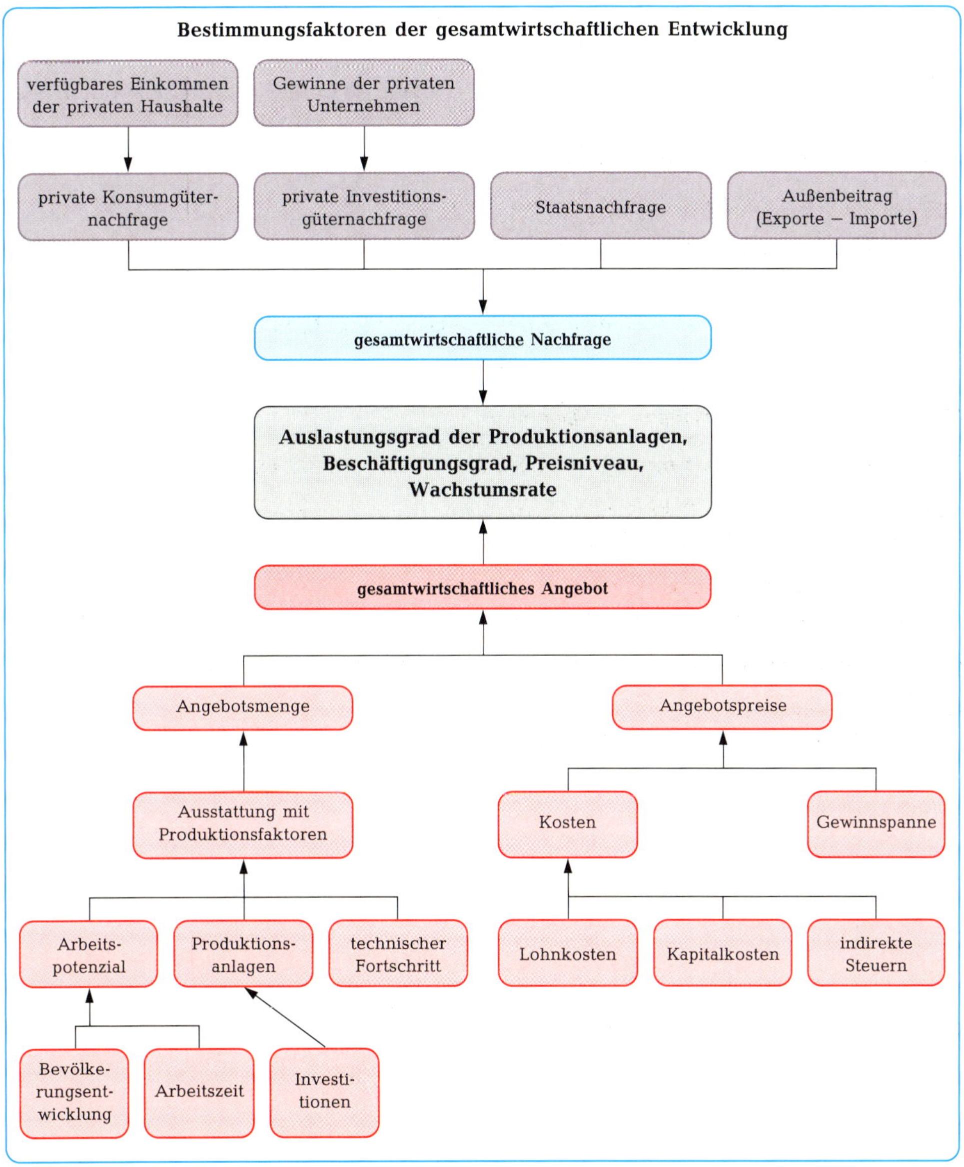

5.1 Bereiche staatlicher Wirtschaftspolitik

In der Bundesrepublik Deutschland wird die Wirtschaftspolitik in drei Bereiche gegliedert:

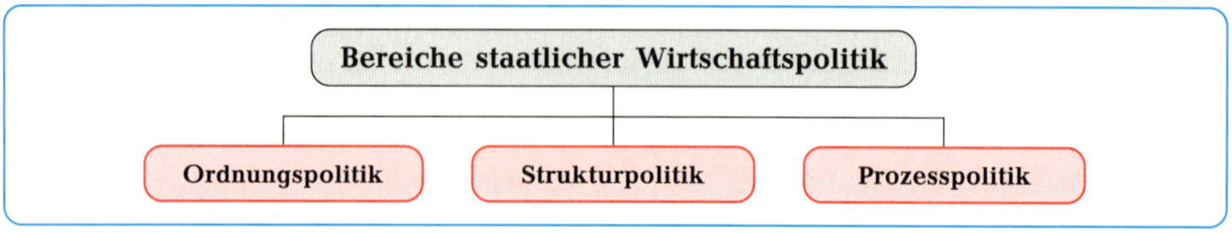

▶ Ordnungspolitik

Mit der **Ordnungspolitik** legt der Staat Regeln fest, die das Miteinander aller Wirtschaftssubjekte bestimmen. Die zu diesem Zweck erlassenen Gesetze und Verordnungen sowie die entsprechende Rechtsprechung bilden die **Wirtschaftsverfassung** eines Landes.

Grundsätzlicher Ordnungsrahmen in der Bundesrepublik Deutschland ist die **soziale Marktwirtschaft.** Zu den ordnungspolitischen Regelungen zählen insbesondere die Rechtsnormen zum

- **direkten Schutz des Verbrauchers** (wie etwa das **BGB** [mit seinen Bestimmungen zu allgemeinen Geschäftsbedingungen, Haustürgeschäften, Fernabsatz- und Verbraucherdarlehensverträgen], die **PAngV** oder das **ProdHaftG**);
- **indirekten Schutz des Verbrauchers** durch Aufrechterhaltung des redlichen Wettbewerbs zwischen den einzelnen Anbietern (wie etwa das Gesetz gegen den unlauteren Wettbewerb) bzw. durch Erhaltung der marktwirtschaftlichen Wettbewerbsordnung (Gesetz gegen Wettbewerbsbeschränkungen).

▶ Strukturpolitik

Anliegen der **Strukturpolitik** ist es, gezielt in Teilbereiche des Wirtschaftsgeschehens einzugreifen, um Ungleichgewichte zu verhindern oder auszugleichen.

Zu diesen Maßnahmen zählen etwa staatliche Subventionen oder Steuererleichterungen für bestimmte Branchen wie die Landwirtschaft, den Bergbau oder die Stahlindustrie.

▶ Prozesspolitik

Prozesspolitische Eingriffe wollen den Ablauf des Wirtschaftsprozesses beeinflussen. Dabei sollen vor allem mit Hilfe der Konjunkturpolitik übergeordnete Ziele durchgesetzt werden. Zu ihnen zählen:

- Stabilität des Preisniveaus,
- Vollbeschäftigung,
- angemessenes Wirtschaftswachstum,
- Gleichgewicht in den Außenhandelsbeziehungen.

5.2 Mittel staatlicher Wirtschaftspolitik

Diese **Globalsteuerung** (übergeordnete Lenkung) der Wirtschaft ist kurz- und mittelfristig ausgerichtet. Je nach konjunktureller Lage wird das eine oder andere Instrument zur Steuerung des Wirtschaftsgeschehens eingesetzt, kurzfristig aber auch widerrufen oder durch ein anderes Mittel der Steuerung ergänzt.

Strategiewechsel in der Wirtschaftspolitik

Nachfrageorientiert		Angebotsorientiert
	Ansatzpunkt der politischen Bemühungen	
Nachfrageseite: Steuerung der Wirtschaft über die gesamtwirtschaftliche Nachfrage		Angebotsseite: Herstellung der Selbstheilungskräfte durch verbesserte Rahmenbedingungen für die Unternehmungen
	Initialzündung:	
zusätzliche (staatliche) Nachfrage		verbesserte Rentabilität für private Investitionen
	durch:	
antizyklische Fiskalpolitik (deficit spending); unterstützende Geldpolitik		Ausrichtung der Geldversorgung (Geldpolitik) an der Verstetigung des Wachstums; Steuererleichterungen für Unternehmen
	Primäreffekt:	
Produktion, Beschäftigung und Einkommen in den betreffenden Branchen steigen		Investitionen, insbesondere Innovationen nehmen zu
	Folgeeffekte:	
Nachfrage und Beschäftigung in den Konsumgüterindustrien steigen (Kaufkraft steigt)		Nachfrage und Beschäftigung in den Investitionsgüterindustrien steigen (Verbesserung des Produktionsapparates privater Unternehmen)
	Steigerung des Wachstums und der Beschäftigung in der Wirtschaft	

Quelle: Friedrich, H.: Wirtschaft, Konjunktur – Wachstum – Strukturwandel. Sonderauflage der Informationen zur politischen Bildung 177. Bonn, Neudruck 1990, S. 16

Den Trägern der Wirtschaftspolitik (vgl. S. 274f.) stehen verschiedene konjunkturpolitische Instrumente zur Verfügung, um die tatsächliche wirtschaftliche Lage mit der gewünschten Zielvorstellung in Übereinstimmung zu bringen.

Mittel staatlicher Wirtschaftspolitik

- Geldpolitik
- Fiskalpolitik
- Außenwirtschaftspolitik
- Lohnpolitik

Die **Geldpolitik** wirkt über den Liquiditätsspielraum der Banken und die Zinshöhe auf die gesamtwirtschaftliche Nachfrage nach Konsum- und Investitionsgütern ein. In die gleiche Richtung zielen Veränderungen in der Höhe der Staatsausgaben. Mit der **Fiskalpolitik** nimmt der Staat direkt Einfluss auf die Gesamtnachfrage. Über die **Außenwirtschaftspolitik** werden Maßnahmen der Geld- und Finanzpolitik flankiert, also unterstützt und abgesichert. Gleiches gilt für die **Lohnpolitik,** mit der der Staat bemüht ist, auf die Lohn- und Preisentwicklung, aber auch auf die Vermögensbildung einzuwirken.

5.2.1 Geldpolitik

In der Bundesrepublik Deutschland kann der Staat nicht selbst konjunkturellen Schwankungen durch den Einsatz geldpolitischer Mittel begegnen. Verantwortlich für die Geldpolitik das **Europäische System der Zentralbanken (ESZB).**

5.2.1.1 Träger der Geldpolitik

Dem Europäischen System der Zentralbanken gehören die Europäische Zentralbank (EZB) und die nationalen Zentralbanken (NZB) an. Die Deutsche Bundesbank ist die nationale Zentralbank der Bundesrepublik Deutschland. Sie hat die allgemeine Wirtschaftspolitik der Bundesregierung zu unterstützen, soweit dies unter Wahrung der Aufgaben im ESZB möglich ist.

Was die Deutsche Bundesbank für die D-Mark war, ist die Europäische Zentralbank (EZB) für den Euro: Hüterin der Währung und der Geldwertstabilität. Seit dem 1. Januar 1999, dem Geburtstag des Euro, ist sie zuständig für die Geldpolitik in den zwölf Euroländern (Belgien, Deutschland, Irland, Italien, Finnland, Frankreich, Griechenland, Luxemburg, Niederlande, Österreich, Portugal, Spanien). Die EZB, die wie die Deutsche Bundesbank ihren Sitz in Frankfurt am Main hat, ist gemäß dem Vertrag von Maastricht unabhängig von der Politik; ihre oberste Aufgabe ist die Sicherung der Preisstabilität. Erster Präsident der EZB war der Niederländer Wim Duisenberg. Sein Nachfolger ist der Franzose Jean-Claude Trichet. Wichtigstes Gremium ist der Zentralbankrat, der unter anderem die Leitzinsen festsetzt. Der Zentralbankrat besteht aus dem sechsköpfigen Direktorium - neben Trichet und seinem Vizepräsidenten Christian Noyer (Frankreich) gehört dazu auch der ehemalige Chefvolkswirt der Deutschen Bundesbank Otmar Issing - sowie den Präsidenten der Zentralbanken jener Länder, die an der Europäischen Währungsunion teilnehmen.

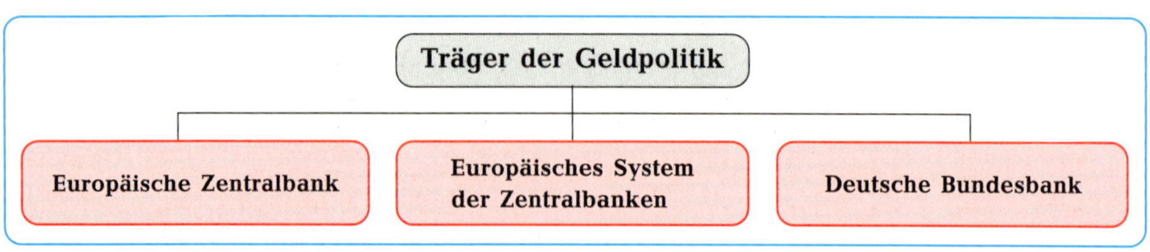

5.2.1.1.1 *Europäische Zentralbank*

Die Europäische Zentralbank mit Sitz in Frankfurt am Main wacht über die neue europäische Währung – den Euro. Sie ist unabhängig von politischen Weisungen oder Vorgaben der am Europäischen Währungssystem beteiligten Regierungen. Ihr vorrangiges Ziel ist es, die **Geldwertstabilität** in den beteiligten Staaten **zu sichern.** Nachrangig soll die allgemeine Wirtschaftspolitik der Europäischen Währungsunion unterstützt werden.

Im Einzelnen obliegen der Europäischen Zentralbank:

- die Geldpolitik festzulegen und auszuführen, d.h. Leitzinsen zu bestimmen und Zentralbankgeld bereitzustellen;
- die Währungsreserven der Mitgliedstaaten zu halten und zu verwalten;
- die Euro-Banknoten drucken zu lassen.

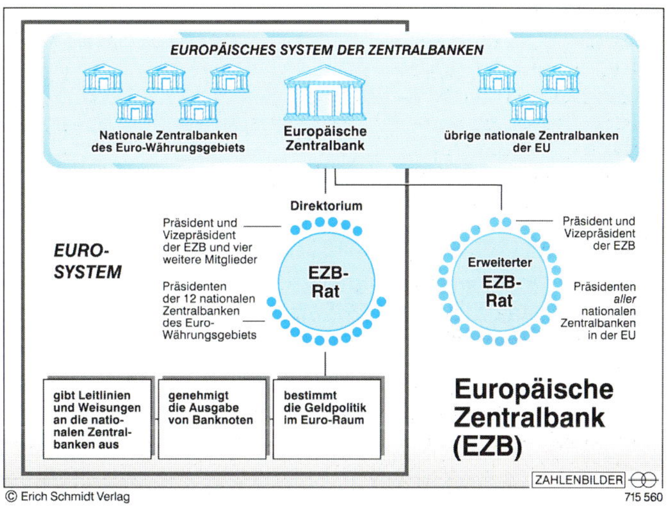

▶ **Organe der Europäischen Zentralbank**

Zur Wahrnehmung ihrer Aufgaben benötigt die Europäische Zentralbank bestimmte Organe.

Organe der Europäischen Zentralbank

- **Direktorium**
- **EZB-Rat**
- **Erweiterter EZB-Rat**

20 Siekerkötter/Fehn – ISBN 978-3-8120-0065-9

- Dem **Direktorium** gehören der Präsident der EZB, dessen Vizepräsident und vier weitere Mitglieder an. Es ist das geschäftsführende Organ des Systems der Europäischen Zentralbanken.
- Den **EZB-Rat** bilden das Direktorium und die zwölf Präsidenten der nationalen Zentralbanken, die am Euro-Währungsgebiet teilnehmen. Der EZB-Rat trifft mit einfacher Stimmenmehrheit alle geldpolitischen Entscheidungen und erlässt Weisungen für die beteiligten nationalen Zentralbanken.
- Der **erweiterte EZB-Rat** stellt das Bindeglied zwischen allen EU-Staaten innerhalb und außerhalb der Euro-Währungsunion dar und hat vorrangig beratende Funktion. Neben den Mitgliedern des EZB-Rates gehören ihm daher auch die Zentralbank-Präsidenten der Staaten der Europäischen Union an, die noch nicht Mitglied der Währungsunion sind.

5.2.1.1.2 Europäisches System der Zentralbanken

Das ESZB hat die Aufgabe übernommen, die einheitliche Geldpolitik für das Euro-Währungsgebiet zu koordinieren. Es trägt für die gemeinschaftliche Geldpolitik Verantwortung.

Soweit es mit den Zielen und Aufgaben im ESZB vereinbar ist, können aber auch die nationalen Zentralbanken eigene Aufgabenbereiche übernehmen. So zeichnet die Deutsche Bundesbank, die weiterhin in den Bereichen Bankenaufsicht, Statistik und Außenwirtschaft tätig ist, nach wie vor für die Abwicklung des Zahlungsverkehrs im Inland und mit dem Ausland verantwortlich.

> Die Deutsche Bundesbank hat ihre alleinige Funktion als Hüterin der Währung an das Europäische System der Zentralbanken abgegeben, ist aber in der Bundesrepublik Deutschland dafür zuständig, die Beschlüsse des ESZB national umzusetzen.

5.2.1.1.3 Deutsche Bundesbank

Die Deutsche Bundesbank ist in das System der Europäischen Zentralbanken eingebunden. Sie hat ihren Sitz in Frankfurt am Main und ist eine Person des öffentlichen Rechts. Ihr Grundkapital beträgt 2,5 Milliarden EUR.

► **Organe der Deutschen Bundesbank**

Wie jede juristische Person benötigt auch die Deutsche Bundesbank zur Wahrnehmung ihrer Aufgaben bestimmte Organe *(§§ 7 ff. BBankG)*.

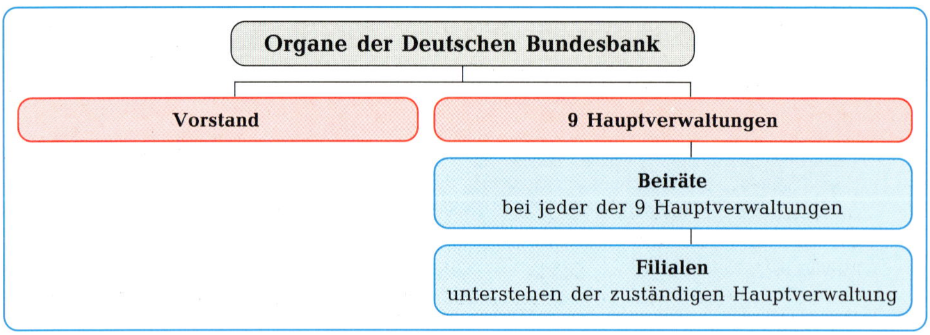

- Der **Vorstand** *(§ 7 BBankG)* als oberstes Organ der Deutschen Bundesbank, der aus dem Präsidenten, dem Vizepräsidenten und sechs weiteren Mitgliedern besteht,
  - leitet und verwaltet die Bank;
  - berät unter dem Vorsitz des Präsidenten oder des Vizepräsidenten,
  - fasst seine Beschlüsse mit einfacher Mehrheit der abgegebenen Stimmen. Bei Stimmengleichheit gibt die Stimme des Vorsitzenden den Ausschlag.

  Die 8 Mitglieder des Vorstandes werden vom Bundespräsidenten bestellt. Die Bestellung des Präsidenten und des Vizepräsidenten sowie von zwei weiteren Mitgliedern erfolgt auf Vorschlag der Bundesregierung, die der übrigen vier Mitglieder auf Vorschlag des Bundesrates im Einvernehmen mit der Bundesregierung. Die Bundesregierung und der Bundesrat haben bei ihren Vorschlägen den Vorstand anzuhören.

  Die Vorstandsmitglieder werden für eine Amtszeit von 8 Jahren, ausnahmsweise auch für kürzere Zeit, mindestens jedoch für 5 Jahre bestellt. Bestellung und Ausscheiden sind im Bundesanzeiger zu veröffentlichen.

- Die Deutsche Bundesbank unterhält je eine **Hauptverwaltung** für den Bereich
  1. des Landes Baden-Württemberg,
  2. des Freistaates Bayern,
  3. der Länder Berlin und Brandenburg,
  4. der Freien Hansestadt Bremen und der Länder Niedersachsen und Sachsen-Anhalt,
  5. der Freien Hansestadt Hamburg und der Länder Mecklenburg-Vorpommern und Schleswig-Holstein,
  6. des Landes Hessen,
  7. des Landes Nordrhein-Westfalen,
  8. der Länder Rheinland-Pfalz und Saarland und
  9. der Freistaaten Sachsen und Thüringen *(§ 8 I BBankG).*

  Die insgesamt **9 Hauptverwaltungen** werden jeweils von einem Präsidenten geleitet, der dem Vorstand der Deutschen Bundesbank untersteht. Diese tragen die Bezeichnung Präsident der Hauptverwaltung *(§ 8 II BBankG).*

  Bei jeder Hauptverwaltung besteht ein **Beirat,** der regelmäßig mit dem Präsidenten der Hauptverwaltung zusammentrifft und mit ihm über die Durchführung der in seinem Bereich anfallenden Arbeiten berät.

  Die Deutsche Bundesbank darf **Filialen** unterhalten, die der zuständigen Hauptverwaltung unterstehen *(§ 10 BBankG).*

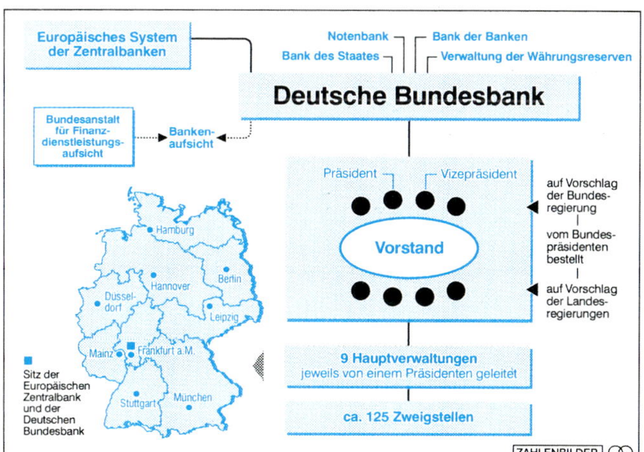

© Erich Schmidt Verlag 459 120

Aufgaben und Ziele der Deutschen Bundesbank

Zielsetzung der Deutschen Bundesbank ist es, die allgemeine Wirtschaftspolitik der Bundesregierung zu unterstützen, soweit es unter Wahrung ihrer Aufgabe innerhalb des ESZB möglich ist. Demnach hat die Zentralbank insbesondere folgende Ziele zu verfolgen:

- Erhaltung der Kaufkraft des Geldes;
- Vollbeschäftigung der Wirtschaft;
- Ausgleich der Zahlungsbilanz;
- Sicherung des Wirtschaftswachstums.

Verhältnis zwischen Bundesregierung und Bundesbank

1. **Bund** errichtet eine → **Währungsbank** *(Art. 88 GG)*

Bund	Währungsbank
2. berücksichtigt Erfordernisse des gesamtwirtschaftlichen Gleichgewichts *(Art. 109 II GG)*	sie ist autonom *(§ 12 BBankG)*
3. realisiert Wirtschafts- und Finanzpolitik im Hinblick auf die Ziele des Stabilitätsgesetzes *(§ 1 StabG)*	gewährleistet vorrangig die Preisstabilität *(§ 3 BBankG)*
	unterstützt – soweit dies unter Wahrung ihrer Aufgabe als Bestandteil des ESZB möglich ist – die allgemeine Wirtschaftspolitik der Bundesregierung *(§ 12 BBankG)*

Zur Wahrnehmung dieser Aufgaben hat die Bundesbank das ausschließliche Recht zur Ausgabe von Banknoten; diese sind das einzige unbeschränkte gesetzliche Zahlungsmittel *(§ 14 I BBankG)*.

5.2.1.2 Ansatzpunkte der Geldpolitik

Um das geldpolitische Instrumentarium (vgl. S. 310ff.) zu verstehen, ist es zunächst notwendig, sich einen Überblick über die **„Geldschöpfung"** zu verschaffen. An der „Geldproduktion" beteiligt sind das ESZB und – unter anderem – die Deutsche Bundesbank.

Passive Giralgeldschöpfung

Zahlt ein Kunde bei seiner Bank Bargeld auf sein Konto ein, so erhöhen sich nicht nur seine Sichteinlagen, sondern gleichzeitig auch der Kassenbestand der Bank. Man spricht hier von **passiver Giralgeldschöpfung**, da die Einlagen der Kunden Forderungen gegen das Kreditinstitut darstellen. Das gesamtwirtschaftliche Geldangebot wird davon **nicht** beeinflusst, da nur das dem Wirtschaftskreislauf entzogene Bargeld in Buchgeld umgewandelt wurde, das die Sichteinlagen erhöht.

▶ Aktive Giralgeldschöpfung

Anders verhält es sich bei der **aktiven Giralgeldschöpfung.** Sie findet dann statt, wenn eine Geschäftsbank ihrerseits Kredite vergibt oder Wertpapiere ankauft und die Ausgaben mit Gutschriften auf Girokonten bezahlt. Die Geschäftsbank muss allerdings damit rechnen, dass sie zu irgendeinem Zeitpunkt das Giralgeld in Bargeld auszahlen muss. Da erfahrungsgemäß aber nur ein geringer Teil aller Zahlungen in Bargeld abgewickelt wird, genügt es, wenn die Geschäftsbanken eine kleine **Kassenreserve** in bar halten. Zudem sind sie verpflichtet, einen bestimmten Prozentsatz der Kundeneinlagen, **die Mindestreserve,** bei der Bundesbank zu hinterlegen. Nur der diese Mindestreserve übersteigende Betrag, **die Überschussreserve,** kann damit von den Geschäftsbanken zur Kreditvergabe eingesetzt werden.

Bank A erhält eine Kundeneinzahlung über 10000 EUR. 10% davon muss sie für eventuelle Barauszahlungen als Kassenreserve halten. Die bei der Bundesbank zu hinterlegende Mindestreserve beträgt 30%. Damit kann die Bank Kredite in Höhe von 6000 EUR gewähren. Ein Kreditnehmer zahlt mit diesem Geld eigene Verbindlichkeiten. Sein Gläubiger bringt den erhaltenen Betrag zur Bank B. Davon werden nun 600 EUR an Kassenreserve und 1800 EUR als Mindestreserve zurückbehalten. Die Überschussreserve beträgt jetzt 3600 EUR.

Über den **Geldschöpfungsmultiplikator** lässt sich nun errechnen, wie aus einer Bareinzahlung von 10000 EUR zusätzliches Giralgeld geschöpft wird, falls die jeweiligen Überschussreserven stets voll ausgeliehen werden:

$$\text{Geldschöpfungsmultiplikator} = \frac{1}{\text{Kassenreserve} + \text{Mindestreserve}} = \frac{1}{0{,}10 + 0{,}30} = \underline{\underline{2{,}5}}$$

Aus 10000 EUR Bareinlage können damit 25000 EUR Giralgeld geschaffen werden.

▶ Orientierungsgrößen der Geldpolitik

Das Bankensystem richtet seine geldpolitischen Entscheidungen vor allem an der Zentralbankgeldmenge **(Geldbasis)** aus, weil es diese Größe unmittelbar selbst beeinflussen kann. Eine ausschließliche Orientierung an den Beständen der Geldmengen M1, M2 und M3 **(Geldvolumen)** ist deshalb problematisch, da das Geldvolumen auch vom Verhalten der übrigen Wirtschaftseinheiten, also den privaten Haushalten, den Unternehmen, dem Staat oder dem Ausland, abhängt.

<table>
<tr><th colspan="7">Geldmenge M3</th></tr>
<tr><th colspan="4">Geldmenge M2</th><td rowspan="3">Repogeschäfte (kurzfristige Wertpapiere mit Rückkaufvereinbarung, mit denen sich Kreditinstitute und/oder Versicherungsunternehmen refinanzieren)</td><td rowspan="3">Geldmarktfondsanteile und Geldmarktpapiere</td><td rowspan="3">Schuldverschreibungen mit einer Laufzeit bis zu zwei Jahren</td></tr>
<tr><th colspan="2">Geldmenge M1</th><td rowspan="2">Einlagen bei Kreditinstituten mit einer vereinbarten Laufzeit von bis zu zwei Jahren</td><td rowspan="2">Einlagen bei Kreditinstituten mit einer vereinbarten Kündigungsfrist von bis zu drei Monaten</td></tr>
<tr><td>Bargeldumlauf (Banknoten und Münzen)</td><td>täglich fällige Einlagen (Buchgeld)</td></tr>
</table>

Eine durch Kreditaufnahme finanzierte verstärkte Nachfrage der privaten Haushalte nach Konsumgütern führt bei den Kreditinstituten zu einer aktiven Giralgeldschöpfung. Diese zusätzlichen Nachfrageimpulse auf den Gütermärkten wirken in den monetären Bereich zurück, indem die Geldmenge steigt, auch ohne dass die Zentralbank ihrerseits diese Geldmengenausweitung durch Maßnahmen einer expansiven Geldpolitik verursacht hat.

5.2.1.3 Geldpolitisches Instrumentarium

Die Europäische Zentralbank und die nationalen Zentralbanken verfügen über eine Reihe von zins- und liquiditätsbeeinflussenden geldpolitschen Mitteln, um das Ziel der Geldwertstabilität erreichen zu können.

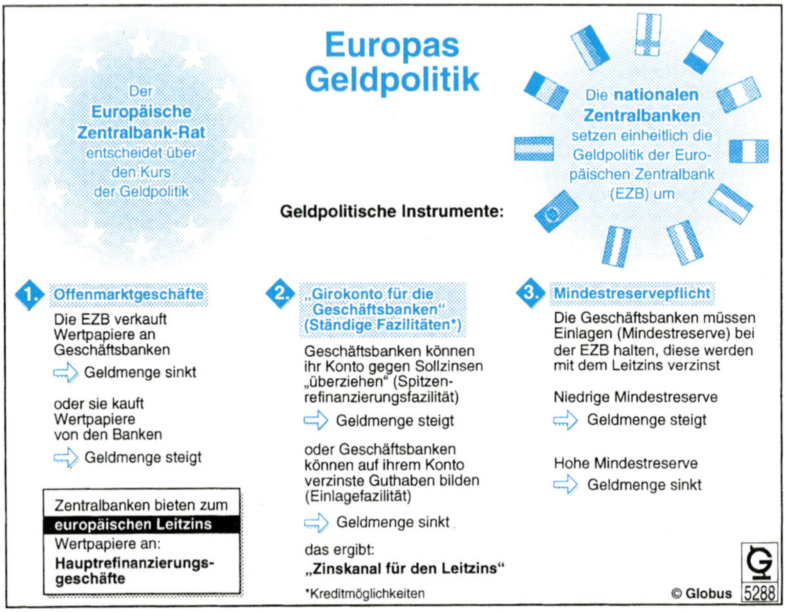

Geldpolitisches Instrumentarium

Offenmarktgeschäfte
- Mengentender
- Zinstender

Ständige Fazilitäten
- Spitzenrefinanzierungsfazilitäten
- Einlagenfazilitäten

Mindestreservepolitik

Die geldpolitischen Mittel, die dem ESZB zur Steuerung der freien Liquiditätsreserven bei den Geschäftsbanken zur Verfügung stehen, beeinflussen deren Kreditangebotsspielraum. Das geldpolitische Instrumentarium trägt über eine Veränderung der Kreditnachfrage zu einer Erhöhung oder Senkung des Zinsniveaus bei. Damit wird letztlich die gesamtwirtschaftliche Nachfrage nach Gütern (Waren und Dienstleistungen) beeinflusst, wenngleich auch zwischen Einsatz und Wirkungsdauer des Instruments oft ein größerer Zeitraum verstreicht.

▶ Offenmarktgeschäfte

Im Rahmen dieser geldpolitischen Maßnahme kauft oder verkauft das ESZB Wertpapiere am „offenen Markt". Das ESZB eröffnet damit Möglichkeiten der Geldaufnahme für die Geschäftsbanken. Ihnen wird damit freigestellt, wie viele Wertpapiere sie erwerben möchten.

- **Mengentender**

  Beim Mengentender legt das ESZB fest, zu welchem Zinssatz es bereit ist, diese Geschäfte abzuschließen. Die Geschäftsbanken sind aufgefordert, den Betrag an Zentralbankgeld zu nennen, zu dem sie bereit sind, zu diesem Zinssatz Geld von der Notenbank zu übernehmen.

- **Zinstender**

  Hier müssen die Geschäftsbanken neben der Betragshöhe auch den Zinssatz benennen, zu dem sie über Wertpapiergeschäfte Geld von der Zentralbank erwerben möchten.

Verkauft das ESZB den Geschäftsbanken Wertpapiere, wird den Käufern Liquidität entzogen. Damit verringert sich der Geldumlauf und einer überhitzten Nachfrage nach Gütern wird entgegengewirkt.

► Ständige Fazilitäten

Fazilitäten sind Kreditmöglichkeiten, die bei Bedarf von Kreditinstituten in Anspruch genommen werden können.

- **Spitzenrefinanzierungsfazilitäten**

  Hier bietet die EZB den Banken die Möglichkeit, sich im Falle eines Liquiditätsengpasses über Nacht Geld auszuleihen. Banken müssen dafür einen Zinssatz von derzeit (seit März 2006) 3,50 Prozent entrichten. Spitzenrefinanzierungsfazilitäten **erhöhen** demzufolge den Kreditspielraum der Geschäftsbanken.

- **Einlagenfazilitäten**

  Banken können überschüssiges Geld über Nacht bei der Zentralbank anlegen und erhalten dafür - derzeit (seit März 2006) 1,50 Prozent - Zinsen. Einlagenfazilitäten **verringern** daher den Kreditspielraum der Geschäftsbanken.

► Mindestreservepolitik

Kreditinstitute sind durch die aktive Giralgeldschöpfung in der Lage, das Kreditangebot um ein Mehrfaches der Bargeldmenge zu erhöhen (vgl. S. 309). Für das Europäische Zentralbankensystem ist es daher erforderlich, über ein Instrument zu verfügen, diese Giralgeldschöpfung zu steuern. Mittel dazu ist die Festlegung der Mindestreservehöhe, die die Geldschöpfungsmöglichkeit der Geschäftsbanken beschneidet. Je höher der Mindestreservesatz festgelegt wird, desto niedriger ist der Geldschöpfungsspielraum der Geschäftsbanken und desto stärker wird deren Kreditangebot begrenzt.

- Steuert die Wirtschaft auf inflationärem Kurs, kann durch eine Erhöhung der Mindestreservesätze das Kreditpotential der Geschäftsbanken beschnitten werden. Aufgenommenes Geld wird teurer, Kredite nur noch in begrenztem Maße nachgefragt. Damit kann eine Verringerung der gesamtwirtschaftlichen Nachfrage eingeleitet werden, durch die wiederum die Inflationsgefahr abgeschwächt wird.
- Erscheint eine Ankurbelung der Wirtschaft notwendig, können die Mindestreservesätze gesenkt und damit die Kreditspielräume ausgeweitet werden. Die Zinsen geben nach und die Nachfrage nach Krediten zur Finanzierung von Investitionen und privatem Konsum regen den Wirtschaftskreislauf an.

5.2.2 Fiskalpolitik

Durch Veränderungen der Staatseinnahmen oder -ausgaben kann die Regierung eines Landes versuchen, stabilisierend auf den Wirtschaftsverlauf einzuwirken. Dazu ist es allerdings häufig erforderlich, vom allgemeinen Ziel, den jährlichen Staatshaushalt ausgeglichen zu gestalten, abzuweichen. In einer Konjunkturkrise ist es daher nicht unbedingt ratsam darauf zu bestehen, die Ausgaben des Staates an den Einnahmen zu orientieren.

Eine **prozyklische Fiskalpolitik** setzt z.B. voraus, dass in einer Krise, in der die Steuereinnahmen des Staates sinken, Ausgaben gekürzt und Steuern erhöht würden. Diese Finanzpolitik führt aber häufig nicht zum gewünschten Ergebnis, den Staatshaushalt auszugleichen. Vielmehr kann es zu einer Verringerung der Nachfrage kommen und damit zu einer weiteren Verschärfung der schon angespannten Wirtschaftslage.

Werden hingegen in einer Depression die Staatsausgaben erhöht und Steuern gesenkt oder im Boom Steuern angehoben und Ausgaben reduziert, spricht man von **antizyklischer Fiskalpolitik.**

Fiskalpolitik

Einnahmenpolitische Mittel	**Ausgabenpolitische Mittel**
• Steuerpolitik • Veränderung von Abschreibungsvorschriften	• direkte Staatsausgaben • Kreditaufnahme • Stilllegung von Geldmitteln

▶ Einnahmenpolitische Mittel

● Steuerpolitik

Der Staat versucht in diesem Fall, dem Wirtschaftskreislauf finanzielle Mittel zu entziehen oder zuzuführen. Entscheidend für die Wirksamkeit dieser Maßnahmen ist allerdings, dass:

- der Staat diese Mittel nicht auf andere Weise in den Wirtschaftsprozess zurückführt;
- die Wirtschaftssubjekte auch tatsächlich auf die Mittelveränderung reagieren;
- die Steuermaßnahme schnell wirksam wird.

Erhöht der Staat die Steuern (zu den Steuerarten vgl. S. 211 f.), darf er die Mehreinnahmen nicht zur Finanzierung zusätzlicher Staatsausgaben bereitstellen. Entsprechend ist es für die Wirksamkeit einer Steuersenkung wesentlich, dass nicht gleichzeitig geplante Staatsausgaben gekürzt werden.

Grundsätzlich wirken Steueränderungen nur indirekt auf die Ausgabenbereitschaft von Unternehmen und Privathaushalten. Bei einer Steuersenkung ist es denkbar, dass die zusätzlichen Mittel nicht wie gewünscht investiert oder konsumiert, sondern angespart bzw. zur vorzeitigen Rückzahlung von Krediten verwendet werden. Auch eine Steuererhöhung führt nicht zwangsläufig zu einer Abschwächung der Konjunktur. So können die privaten Haushalte zunächst ihren Konsum aufrechterhalten, indem sie Sparguthaben auflösen oder Kredite aufnehmen, während es den Unternehmungen trotz höherer Belastungen lohnenswert erscheint, weiter zu investieren. Diesen Weg werden sie dann einschlagen, falls sich die Unternehmen auch für die Zukunft gute Gewinne versprechen.

Soll eine Steueränderung rasch konjunkturelle Wirkungen zeigen, muss sie so schnell wie möglich greifen. Hier ist es eigentlich nur die monatlich vom Arbeitgeber einzubehaltende und an das Finanzamt abzuführende **Lohnsteuer** (vgl. S. 221 ff.), die das von den privaten Haushalten erzielte Einkommen aus nichtselbstständiger Arbeit auch kurzfristig spürbar beeinflusst. Schon bei der im Veranlagungsverfahren erhobenen **Einkommensteuer** (vgl. S. 216 ff.) ist mit einem längeren Wirkungszeitraum zu rechnen, da sich die Angaben der Steuererklärung auf das vergangene Kalenderjahr beziehen. Eine Anhebung der **Umsatzsteuer** (vgl. S. 230 f.) würde aufgrund dessen, dass diese Steuer für den Unternehmer normalerweise einen durchlaufenden Posten darstellt – der Endverbraucher trägt die Umsatzsteuer –, vorrangig den Konsum der privaten Haushalte belasten.

Die wirtschaftlichen Wirkungen von Steueränderungen sind umstritten. Zudem ließen laufende Erhöhungen oder Minderungen der Steuerlast keine längerfristigen Planungsperspektiven bei den Wirtschaftseinheiten, insbesondere beim Staat und den Unternehmen, zu. Daher wird dieses Mittel der Konjunkturpolitik selten eingesetzt.

> Zur Konjunktursteuerung kann die Einkommen- und Körperschaftsteuer um höchstens 10 % und für längstens ein Jahr erhöht (damit würde die Konsumgüternachfrage verringert) oder vermindert (damit würde die Nachfrage belebt) werden *(§ 26 StabG)*.

- **Veränderung von Abschreibungsvorschriften**

Abschreibungen stellen für Unternehmen Kosten dar. In einer Rezession kann es daher sinnvoll sein, Unternehmen durch günstigere Abschreibungsmöglichkeiten dazu zu veranlassen, mehr zu investieren. Indem durch zusätzliche Sonderabschreibungen der steuerpflichtige Gewinn zunächst geringer ausgewiesen wird, eröffnet sich Unternehmen ein entsprechend größerer Spielraum, um Investitionen zu finanzieren.

Aber auch bei dieser Maßnahme muss einschränkend festgestellt werden, dass nur dann vermehrt investiert wird, wenn auch die Zukunftserwartungen positiv sind. Mit Abschreibungserleichterungen schafft der Staat daher auch nur Anreize, greift aber nicht direkt ins Wirtschaftsgeschehen ein.

> § 26 StabG gibt dem Staat die Möglichkeit, Abschreibungen zu erweitern oder einzuschränken. So können – um die Investitionsgüternachfrage zu dämpfen – Sonderabschreibungen für einen gewissen Zeitraum untersagt werden.

▶ Ausgabenpolitische Mittel

Mit den nachfolgenden Instrumenten kann der Staat die Volkswirtschaft unmittelbarer beeinflussen.

- **Direkte Staatsausgaben**

Über Einschränkungen oder Erhöhungen seiner Ausgaben für Waren und Dienstleistungen, die einen Teil der gesamtwirtschaftlichen Nachfrage darstellen, versucht der Staat, die Konjunktur zu beeinflussen. Aber auch hier sprechen verschiedene Argumente gegen die Wirksamkeit fiskalpolitischer Maßnahmen:

- Große Bereiche der staatlichen Ausgaben sind nicht kurzfristig veränderbar. Tarifvertragsabschlüsse (für Beschäftigte im öffentlichen Dienst), sozialpolitische Aufgaben (Zuschüsse zur Sozialversicherung) oder internationale Abkommen und Vereinbarungen (Zahlungen im Rahmen der Europäischen Union, Entwicklungshilfe) lassen eine rasche Veränderung kaum zu.

- Viele Investitionen der öffentlichen Hand werden nicht vom Bund oder den Ländern finanziert, sondern sind in Gemeindehaushalten festgelegt. Die einzelne Kommune kann dabei aber der Notwendigkeit einer geplanten Ausgabe (z.B. Erweiterung des Wasserwerkes, Ausbau der Kanalisation) Vorrang vor konjunkturellen Überlegungen einräumen.

- **Kreditaufnahme**

  Erhöhte Staatsausgaben wirken nur dann konjunkturbelebend, wenn das entstehende Finanzdefizit mit neuen Krediten bei der Notenbank finanziert wird. Diese staatliche Politik wird als **deficit spending** bezeichnet. In der Volkswirtschaft wird dadurch mehr Geld in Umlauf gebracht und die Nachfrage angekurbelt. Allerdings besteht damit grundsätzlich die Gefahr, einer Geldentwertung (Inflation, vgl. S. 288ff.) Vorschub zu leisten.

- **Stilllegung von Geldmitteln**

  Abnehmende Staatsausgaben vermindern einen konjunkturellen Boom. Die Bundesregierung ist nach Zustimmung des Bundesrates berechtigt, den Bundes- und die Länderhaushalte zu kürzen *(§ 5 StabG)*. Die eingesparten Geldmittel müssen dann an die Deutsche Bundesbank abgeführt werden. Diese unverzinste **Konjunkturausgleichs-Rücklage** dient außerdem dem Ziel, in einer Rezession Mittel zur Ausgabensteigerung heranziehen zu können.

5.2.2.1 Probleme der Fiskalpolitik

Die in der Regel antizyklisch angelegte Fiskalpolitik soll einen ungezügelten Boom abbremsen oder in einer sich abzeichnenden Konjunkturkrise belebend wirken. Häufig greifen die eingesetzten Mittel aber zu spät. Die staatlichen Entscheidungswege sind zu lang oder der Konjunkturverlauf wurde falsch eingeschätzt.

> So führte der Einsatz des fiskalpolitischen Instrumentariums in den 70er Jahren zu einem drastischen Anstieg der Staatsverschuldung in der Bundesrepublik Deutschland, die auch nicht in späteren günstigen Konjunkturphasen abgebaut wurde.

Ob die Fiskalpolitik überhaupt ein geeignetes Mittel der Konjunktursteuerung darstellt, wird einerseits bejaht, andererseits aber auch völlig abgelehnt. Isoliert eingesetzt – ohne Abstimmung mit anderen Mitteln der staatlichen Wirtschaftspolitik –, scheint die Fiskalpolitik nicht besonders geeignet, wirtschaftliche Kontinuität zu sichern.

5.2.3 Außenwirtschaftspolitik

Die internationale Verknüpfung der Volkswirtschaften, verschiedene wirtschaftspolitische Strategien und unterschiedliche wirtschaftliche Entwicklungen in den Staaten der Welt machen es erforderlich, dass jedes einzelne Land darauf bedacht ist, sein außenwirtschaftliches Gleichgewicht (vgl. S. 278) zu sichern. Störungen im Außenhandel können die konjunkturstabilisierenden Maßnahmen im Inland unterlaufen und die heimische Volkswirtschaft empfindlich stören. Importierte Inflation, internationale Zahlungsunfähigkeit aufgrund einer fortlaufend negativen Zahlungsbilanz oder eine Überhitzung der inländischen Konjunktur (Boom) durch dauernde Zahlungsbilanzüberschüsse sind nur einige Auswirkungen außenwirtschaftlicher Ungleichgewichte.

Um Störungen aus dem Außenhandel aufzufangen und damit gleichzeitig die inländische Konjunktur zu festigen, stehen in einer Volkswirtschaft verschiedene Instrumente zur Verfügung. Sie wirken **protektionistisch,** schützen also die heimische Wirtschaft vor der Auslandskonkurrenz, schränken aber damit gleichzeitig den ungehinderten internationalen Güterverkehr ein.

Wichtige Instrumente der Außenwirtschaftspolitik

- **Zölle**
- **Kontingente**
- **Handelshemmnisse**
- **Wechselkursänderungen**

▶ Zölle

Zölle sind Abgaben (Steuern), die vom Staat erhoben werden, wenn Waren die Zollgrenze überschreiten. Das Zollgebiet entspricht nicht immer dem Staatsgebiet.

	Staatsgebiet
+	Zollanschlüsse
–	Zollausschlüsse
–	Zollfreigebiete
=	Zollgebiet

● Zollanschlüsse

Zollanschlüsse sind Teile ausländischer Staatsgebiete, die durch Vereinbarungen mit dem entsprechenden Staat dem Zollgebiet des Inlandes zugerechnet werden.

Das „Kleine Walsertal" ist österreichisches Hoheitsgebiet, aber aufgrund der geografischen Lage in der Alpenregion, die keinen direkten Zugang von Österreich aus ermöglicht, deutsches Zollgebiet.

● Zollausschlüsse

Teile des inländischen Staatsgebietes sind einem ausländischen Zollgebiet angeschlossen.

„Büsingen" bei Schaffhausen ist deutsches Hoheitsgebiet, aber schweizer Zollgebiet.

● Zollfreigebiete

In Zollfreigebieten ist das Zollrecht unwirksam, eine Verzollung findet nicht statt.

Die Insel Helgoland, bestimmte Bereiche in Seehäfen (Freihäfen) oder Flughäfen, Schiffe und Flugzeuge außerhalb der Hoheitsbereiche eines Staates sind Zollfreigebiete.

● Zollarten

Zölle lassen sich nach folgenden drei Grundkriterien einteilen:

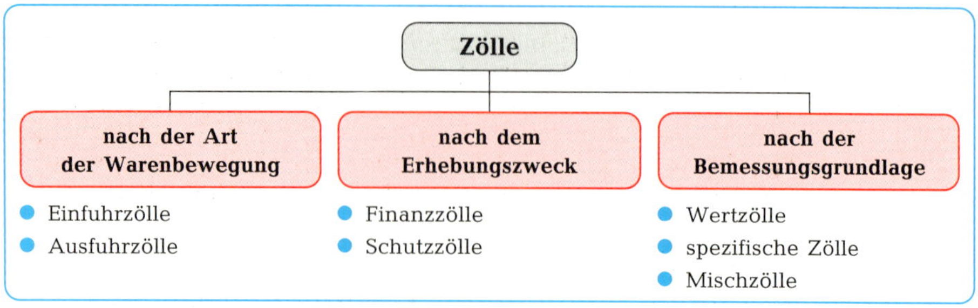

- **Zölle nach der Art der Warenbewegung**
  - **Einfuhrzölle** werden bei der Einfuhr von Waren erhoben, d. h. beim Verbringen von Waren über inländische Zollgrenzen.
  - **Ausfuhrzölle** werden erhoben, wenn Waren das inländische Zollgebiet verlassen. Derzeit werden für Exporte aus der Bundesrepublik Deutschland keine Ausfuhrzölle verlangt.

- **Zölle nach dem Erhebungszweck**
  - **Finanzzölle** dienen insbesondere der staatlichen Einnahmeerzielung.
  - **Schutzzölle** haben wirtschaftspolitische Gründe und sollen inländische Unternehmen vor starker ausländischer Konkurrenz schützen. Sind Schutzzölle derart hoch angesetzt, dass damit die Einfuhr ausländischer Waren ins Inland unterbunden wird, spricht man von **Prohibitivzöllen.**

- **Zölle nach der Bemessungsgrundlage**
  - **Wertzölle** bemessen sich nach dem Zollwert einer Ware. Dabei wird im Normalfall vom Rechnungsbetrag (zuzüglich der Frachtkosten bis zur Grenze) ein bestimmter Prozentsatz als Zollwert festgelegt.
  - Bei **spezifischen Zöllen** werden für eine bestimmte Maß-, Gewichts- oder Stückeinheit festgelegte Zollsätze (in Euro) als Berechnungsgrundlage verwandt.
  - Kombinationen aus Wert- und Gewichtszöllen werden als **Mischzölle** bezeichnet.

► Kontingente

Kontingente (Anteile, begrenzte Mengen) sind vom Staat festgelegte **Importquoten** zur direkten Beeinflussung der Einfuhrmengen oder -werte. Zwar wird damit die heimische Wirtschaft vor einem Überangebot ausländischer Konkurrenzprodukte geschützt, gleichzeitig aber auch der Preismechnismus des Marktes außer Kraft gesetzt.

> In der Außenwirtschaftsverordnung (AWV) ist in § 30 eine genehmigungsbedürftige Einfuhr vorgesehen. Bei Waren mit beschränkter Einfuhrmenge (kontingentierte Waren), die aus einer Einfuhrliste zu entnehmen sind, muss der Importeur vor Vertragsabschluss eine Einfuhrgenehmigung beim „Bundesamt für gewerbliche Einfuhr" oder beim „Bundesamt für Ernährung und Forstwirtschaft" beantragen.
>
> Mengenmäßig ist etwa der Import von Agrarprodukten aus Nichtmitgliedsländern der EU beschränkt.

▶ **Handelshemmnisse**

Von wesentlicher Bedeutung sind heute auch Handelshemmnisse, die über **bürokratische Anordnungen oder Verfügungen** aufgebaut werden. Verschärfte Abfertigungs- und Genehmigungsverfahren beim Zoll, die Vorgabe bestimmter technischer Standards für Importwaren (z. B. strenge Umwelt- und Sicherheitsbestimmungen beim Import von Kraftfahrzeugen in die USA), notwendige Gesundheitszeugnisse oder Herkunftsnachweise für Güter schränken indirekt den freien Warenaustausch in erheblichem Maße ein.

▶ **Wechselkursänderungen**

Wechselkursänderungen **verschieben die internationalen Preisrelationen.** Bei einer **Aufwertung** der heimischen Währung (z. B. von 1 EUR = 1,15 US-Dollar auf 1 EUR = 1,20 US-Dollar) werden ausländische Waren und Dienstleistungen im Inland billiger und deutsche Güter im Ausland teurer. Entsprechend steigt die Importmenge und die Nachfrage aus dem Ausland lässt nach.

Bei einer **Abwertung** der heimischen Währung (z. B. von 1 EUR = 1,15 US-Dollar auf 1 EUR = 1,10 US-Dollar) verteuern sich ausländische Güter im Inland und deutsche Produkte werden für Bezieher im Ausland preisgünstiger. Entsprechend sinkt die Importmenge und die Nachfrage aus dem Ausland steigt.

	Aufwertung des Euro	**Abwertung des Euro**
Euro-Wert	steigt	sinkt
Exporte	sinken	steigen
Importe	steigen	sinken

Änderungen der Preisrelationen zwischen den Währungen beeinflussen den internationalen Güteraustausch entscheidend. Eine Aufwertung der heimischen Währung wird im Normalfall zu einer Abnahme der Exporte und einer Zunahme der Importe führen. Einer Abwertung folgt entsprechend eine Exportzunahme und eine Importabnahme. Vereinfacht wird dabei gleichzeitig unterstellt, dass mit einer Aufwertung die Beschäftigung im Inland nachlässt und das Volkseinkommen sinkt, während eine Abwertung die Inlandsbeschäftigung anregt und das Volkseinkommen steigen lässt.

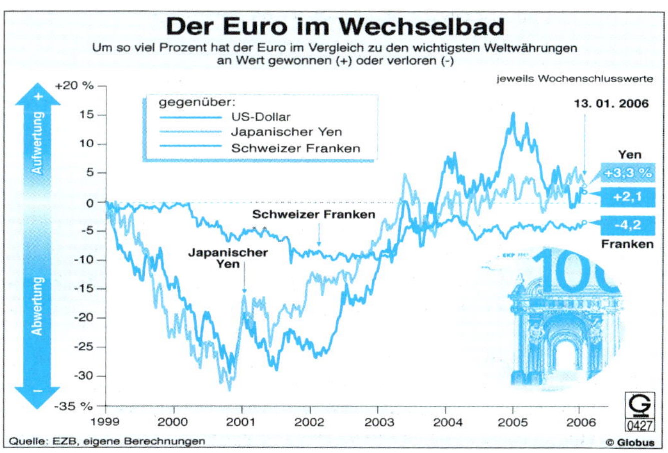

Sieben Jahre nach seiner Einführung erweist sich der Euro als Hort der Stabilität. Im Vergleich zu den wichtigsten Währungen der Welt hat sich der Außenwert des Euro kaum verändert. Von Anfang Januar 1999 bis Mitte Januar 2006 hat die Gemeinschaftswährung gegenüber dem Japanischen Yen um gut drei Prozent zugelegt, im Verhältnis zum US-Dollar waren es 2,1 Prozent. Wertverluste hat der Euro im Vergleich zum Schweizer Franken und Britischen Pfund hinnehmen müssen, die Abwertung betrug in beiden Fällen gut vier Prozent. Mit wenig Vorschusslorbeeren gestartet, wertete der Euro zunächst rapide ab. Bis Ende Oktober 2000 verlor der Euro gegenüber dem Dollar 29 Prozent, gegenüber dem Yen fast ein Drittel seines Wertes. Die Aufwärtsbewegung begann Mitte des Jahres 2001. Ihren Höchststand im Verhältnis zum Dollar erreichte die Gemeinschaftswährung Ende des Jahres 2004 mit einer Aufwertung von fast 16 Prozent. Der maximale Wertzuwachs gegenüber dem Yen betrug sechs Prozent und wurde im Dezember 2005 erreicht. Im Vergleich zum Franken schwankte der Euro am wenigsten. Zwar konnte der Euro zu keinem Zeitpunkt gegenüber der Alpenwährung zulegen, die Abwertung ging jedoch über ein Minus von elf Prozent nicht hinaus.

5.2.4 Lohnpolitik

Mit diesem wirtschaftspolitischen Instrument könnte der Staat versuchen, direkt Einfluss auf die Einkommenshöhe der Bevölkerung zu nehmen. Damit die z.B. durch eine expansive Fiskalpolitik erzielte Wirtschaftsankurbelung nicht durch Lohn- und Preissteigerungen unterlaufen wird, soll Einfluss auf solche Gruppen und Verbände ausgeübt werden, die für die Entwicklung des Lohn- und Preisniveaus verantwortlich sind. Diese Vorstellungen scheitern aber vor allem an den Handlungsstrukturen im Tarifbereich.

Denn der Staat hat **kaum die Möglichkeit, auf Lohnabschlüsse einzuwirken.** Die tarifvertraglichen Vereinbarungen handeln Arbeitgeber- und Arbeitnehmervertreter selbstständig und ohne staatliche Einmischung aus **(Tarifautonomie).** Nur dort, wo es um Abschlüsse im öffentlichen Dienst geht, wo also der Staat in seiner Rolle als Arbeitgeber an den Verhandlungen teilnimmt, kann er die Lohnerhöhungen selbst mitbestimmen. Sonst bleibt ihm nur der moralische Appell an die Tarifpartner, Lohnabschlüsse konjunktur- und stabilitätsgerecht zu gestalten. Die Verantwortung für die Lohnpolitik liegt somit in erster Linie bei den Tarifvertragsparteien **(Sozialpartner),** also bei den Gewerkschaften, einzelnen Arbeitgebern sowie den Vereinigungen von Arbeitgebern.

Will der Staat zur Bekämpfung konjunktureller Ungleichgewichte massiv in das Marktgeschehen eingreifen, wird er einen **Lohn- oder Preisstopp** festlegen. Solche Maßnahmen sind allerdings kaum mit einer freien marktwirtschaftlichen Ordnung vereinbar, sondern bergen eher die Gefahr, dass:

- Preise festgeschrieben werden; (Damit wird aber gleichzeitig der über die Preisbildung für Waren und Dienstleistungen ablaufende Steuerungsmechanismus am Markt außer Kraft gesetzt. Der Preis eines Gutes ist nicht mehr Anzeiger für dessen Knappheit. Das Wechselspiel zwischen Angebot und Nachfrage nimmt keinen Einfluss mehr auf Bildung des Marktpreises.)
- Anbieter bei einem Preisstopp ihre Produktion einschränken. (Als Folge bilden sich „schwarze Märkte" für die besonders gefragten Güter, auf denen dann doch ein höherer Preis als der durch den Staat festgelegte gefordert wird.)

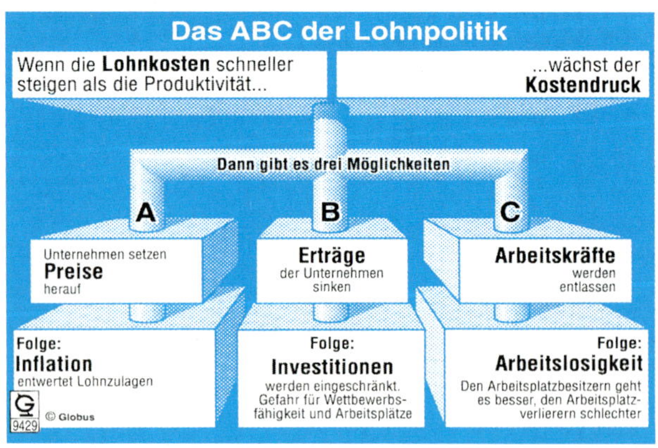

In der Bundesrepublik Deutschland wurde aufgrund dieser Tatsachen und in Anbetracht anderer Nachteile (späteres Nachholen der jetzt unterlassenen Lohn- und Preissteigerungen, Probleme bei der Überwachung vor allem der Preisfestschreibungen) ein Lohn- oder Preisstopp stets abgelehnt. Alternativ zum Lohnstopp sieht daher das Stabilitätsgesetz vor, dass sich in der **„Konzertierten Aktion"** die Tarifvertragspartner und der Staat gemeinsam über **Lohnleitlinien,** also Obergrenzen der Lohnfestlegung, verständigen *(§ 3 StabG)*, die sich am Produktivitätsfortschritt der Volkswirtschaft ausrichten.

Zusammenfassung

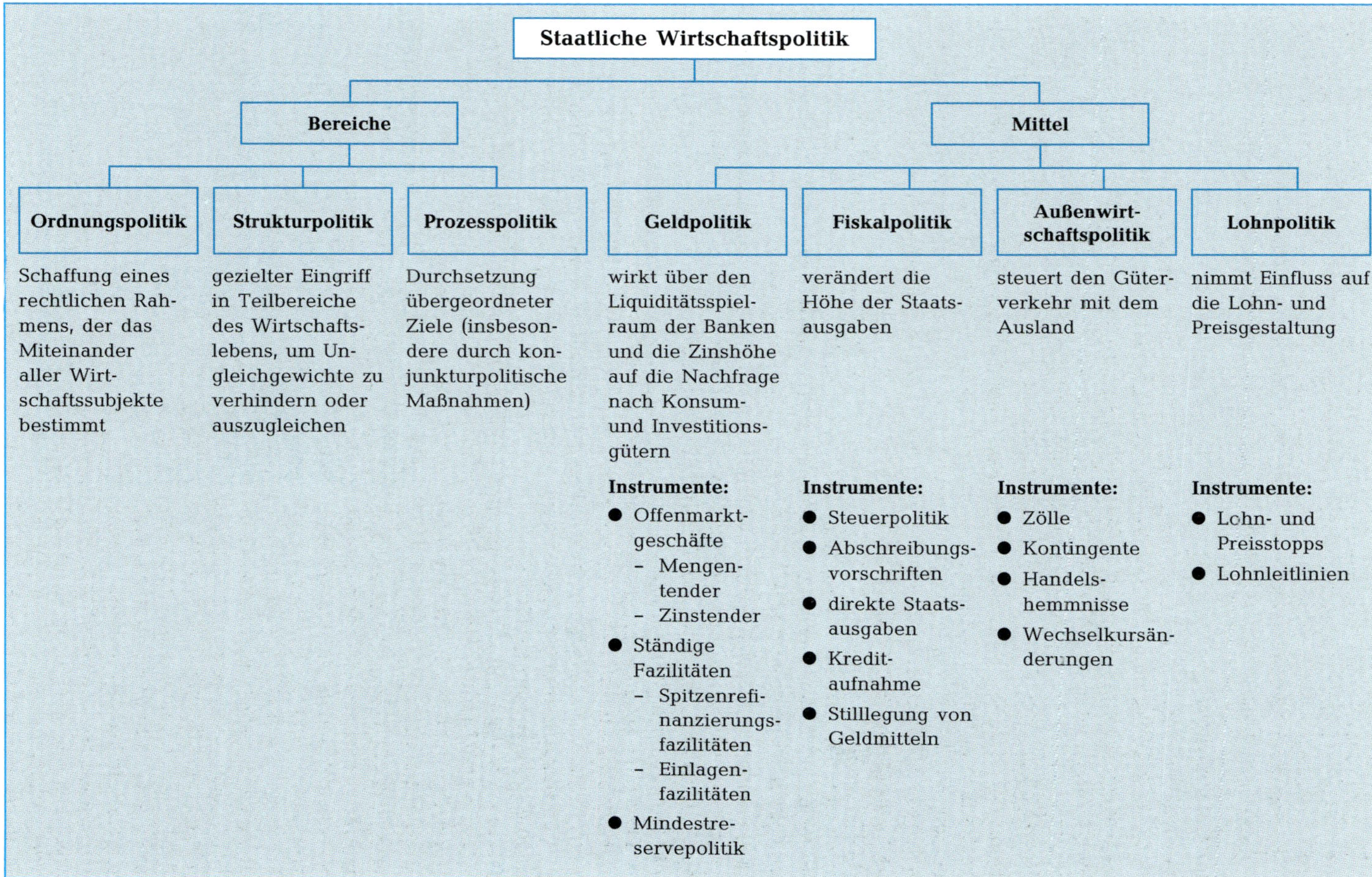

Aufgaben

(1) *Welche Aufgaben stellen sich der Wirtschaftspolitik eines Landes?*

(2) *Beschreiben Sie die drei Teilbereiche der staatlichen Wirtschaftspolitik!*

(3) *Wie stellt sich das Verhältnis zwischen Bundesregierung und Bundesbank bei der Steuerung der Geldpolitik dar?*

(4) *Erläutern Sie die Möglichkeiten der Geldschöpfung!*

(5) *Berechnen Sie jeweils mit Hilfe des Geldschöpfungsmultiplikators, wie viel Giralgeld im Rahmen der aktiven Giralgeldschöpfung aus einer Bareinlage eines Bankkunden maximal geschaffen werden kann, wenn die jeweilige Überschussreserve stets voll ausgeliehen wird.*

	Bareinlage	Kassenreserve	Mindestreserve
a)	150 000 EUR	5 %	30 %
b)	150 000 EUR	15 %	25 %
c)	800 000 EUR	10 %	20 %
d)	800 000 EUR	5 %	35 %

(6) *Skizzieren Sie die Aufgaben der verschiedenen Träger der Geldpolitik im System der Europäischen Zentralbanken!*

(7) *Welche Aufgaben erfüllt die Deutsche Bundesbank in diesem Rahmen und im Verhältnis zur Bundesregierung?*

(8) *Welche Folgen für andere am Wirtschaftsleben Beteiligte haben Veränderungen der Geldpolitik durch die verschiedenen geldpolitischen Instrumente?*

(9) *Welche Möglichkeiten hat der Staat, die Höhe seiner Ausgaben zu verändern?*

(10) *Bilden Änderungen bei Abschreibungsvorschriften ein wirksames Mittel zur Konjunktursteuerung? Begründen Sie Ihre Ansicht!*

(11) *Welche Instrumente der außenwirtschaftlichen Absicherung wirken Ihrer Meinung nach nicht marktkonform, setzen also das freie Spiel zwischen Angebot und Nachfrage außer Kraft?*

(12) *Welche Vor- und Nachteile ergeben sich für inländische Wirtschaftseinheiten aus einer Aufwertung der inländischen Währung?*

(13) *Beurteilen Sie, ob Lohn- und Preisstopps ein geeignetes Mittel zur Konjunktursteuerung sein können!*

Exkurs: Zahlungsverkehr

Jeder betriebliche Leistungserstellungs- oder -verwertungsprozess löst Zahlungsströme aus. Auszahlungen werden z.B. durch die Beschaffung von Roh- oder Hilfsstoffen, weiterzuveräußernden Waren oder Gegenständen der Betriebs- und Geschäftsausstattung veranlasst. Auch Steuerzahlungen, die Entlohnung der Mitarbeiter, Werbeaktionen und Kredittilgungen bedingen Geldabflüsse.

Zahlungen gehen dann für das Unternehmen ein, wenn Kunden Rechnungen über gelieferte Waren oder geleistete Dienste begleichen.

1 Zahlungsarten

Zur Begleichung von Zahlungsverpflichtungen stehen dem Schuldner verschiedene **Zahlungsarten** zur Verfügung.

Zahlungsarten

Barzahlung
- unmittelbare oder mittelbare Barabwicklung einer Zahlung

Halbbare Zahlung
- Bareinzahlung auf ein Konto
- Barauszahlung von einem Konto

Bargeldlose Zahlung
- Buchung zwischen Konten

1.1 Barzahlung

Kennzeichen dieser Zahlungsart ist, dass weder der Schuldner noch der Gläubiger ein Konto bei einer Bank oder Sparkasse benötigt, um die Zahlungsverpflichtung erfüllen zu können. Die Zahlung wird bar abgewickelt.

Zahlungspflichtiger → zahlt bar →

unmittelbar:
- persönlich
- durch einen Boten

mittelbar:
- durch den Minuten-Service

→ erhält Bargeld → **Zahlungsempfänger**

▶ Unmittelbare Barzahlung

Der Zahlungspflichtige oder ein von ihm beauftragter Bote übergibt dem Zahlungsempfänger den Betrag direkt bar. Als Bestätigung wird eine **Quittung** ausgestellt.

Ein Auszubildender wird kurzfristig mit der Beschaffung von Büromaterial beauftragt. Er lässt sich über den zu zahlenden Betrag eine Quittung ausstellen.

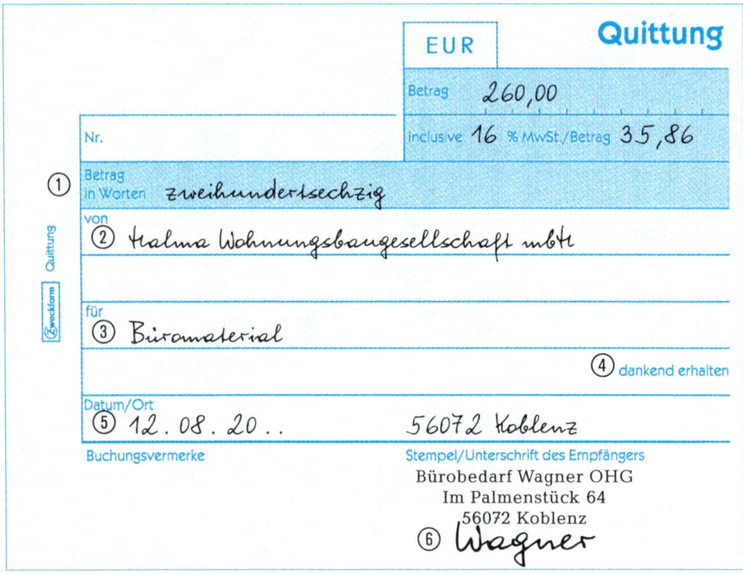

EUR **Quittung**

Betrag 260,00

Nr.

inclusive 16 % MwSt./Betrag 35,86

① Betrag in Worten zweihundertsechzig

von ② Halma Wohnungsbaugesellschaft mbH

für ③ Büromaterial

④ dankend erhalten

Datum/Ort ⑤ 12.08.20.. 56072 Koblenz

Buchungsvermerke

Stempel/Unterschrift des Empfängers

Bürobedarf Wagner OHG
Im Palmenstück 64
56072 Koblenz

⑥ Wagner

Quittung Zweckform

Eine Quittung sollte aus Beweisgründen folgende Angaben enthalten:

① Betrag
② Name des Zahlers
③ Grund der Zahlung
④ Empfangsbestätigung
⑤ Ort und Tag der Ausstellung
⑥ Unterschrift des Ausstellers (Firmenstempel allein reicht nicht)

Einer Warenlieferung, die durch einen Boten zugestellt wird, ist in der Regel eine **Rechnung** beigefügt. Soll die Sendung bar bezahlt werden, muss sich der Zahlende den Empfang des Geldes auf der Rechnung quittieren lassen.

Bestehen Zweifel daran, ob der Bote zum Einzug der Forderung berechtigt ist, ist eine telefonische Rückfrage beim Lieferanten angebracht.

▶ Mittelbare Barzahlung

Der Zahlungspflichtige kann zudem die Deutsche Postbank AG mit der Abwicklung des Barzahlungsvorganges beauftragen.

● Minuten-Service

Der Minuten-Service, der die Postanweisung ersetzt hat, gestattet nicht nur den Geldtransfer innerhalb der Bundesrepublik Deutschland, sondern auch rund um den Globus. Inzwischen stehen in 195 Ländern ca. 100 000 Agenturen des Vertragspartners der Deutschen Postbank AG, und zwar die Western Union Financial Services GmbH, für den Geldtransfer in das In- und Ausland zur Verfügung.

Der Absender füllt ein entsprechendes Auftragsformular aus und zahlt den jeweiligen Betrag bar bei einer beliebigen Postfiliale ein. Mit Auftragserteilung und Einzahlung des Geldes wird dem Transferauftrag eine Geldtransferkontrollnummer, die so genannte „Money Transfer Control Number", zugeordnet, über die der Geldbetrag im angegebenen Zielland auf Anfrage des Empfängers bar ausgezahlt werden kann. Dabei ist es Aufgabe des Absenders, den Empfänger über die Möglichkeit der Auszahlung zu informieren. In Ausnahmefällen kann die Auszahlung auch durch Aushändigung eines Schecks seitens des Agenten erfolgen. Beim Minuten-Service Inland gibt es keine Betragsbegrenzung.

Kunden der Deutschen Postbank AG, die am Telefon-Banking teilnehmen, können den gewünschten Betrag auch vom Girokonto abbuchen lassen.

1.2 Halbbare Zahlung

Bei dieser Zahlungsart wird der Zahlungsvorgang über ein Konto des Zahlungspflichtigen **oder** des Zahlungsempfängers bei einem Geldinstitut bzw. der Deutschen Postbank AG abgewickelt.

1.2.1 Eröffnung eines Kontos

Voraussetzung für die Teilnahme am halbbaren Zahlungsverkehr ist also, dass einer der Beteiligten ein Girokonto bei einem Geldinstitut oder der Deutschen Postbank AG eröffnet hat.

► **Eröffnung eines Girokontos bei einem Geldinstitut**

Zur Eröffnung eines Girokontos halten die Geldinstitute vorgedruckte Antragsformulare bereit, die vom Antragsteller (Vorlage des Personalausweises erforderlich) mit seinen Angaben wie Familienname, Vorname, Wohnort, Beruf, Geburtsdatum usw. ausgefüllt werden müssen. Anhand des Geburtsdatums kann überprüft werden, ob der Antragsteller das 18. Lebensjahr vollendet hat und damit unbeschränkt geschäftsfähig ist. Bei Minderjährigen bedarf die Kontoeröffnung der Zustimmung des gesetzlichen Vertreters.

Sollen mehrere Personen über das Konto verfügen können, müssen die Unterschriften der einzelnen Verfügungsberechtigten auf dem Antrag vorliegen. Anhand der hinterlegten Unterschriften kann das Geldinstitut später überprüfen, ob über das Girokonto rechtmäßig verfügt wird.

Banken und Sparkassen räumen ihren Kunden in der Regel einen Überziehungsspielraum von ein bis drei Monatsgehältern ein.

► **Eröffnung eines Girokontos bei der Deutschen Postbank AG**

Zur Eröffnung eines Girokontos bei der Deutschen Postbank AG ist ebenfalls ein Antrag auszufüllen. Der Antragsteller kann sich an eine der rund 780 Center-Filialen oder an eine der 9000 Postbankfilialen wenden.

Ein Vorteil der Kontoführung bei der Deutschen Postbank AG liegt in der entgeltfreien Beförderung von Aufträgen an die Niederlassung der Postbank mittels der Girobriefumschläge. Zudem erhält der Kontoinhaber kostenfrei einen monatlichen Kontoauszug zum 3. oder 18. des Monats zugeschickt.

Für die Kontoführung erhebt die Deutsche Postbank AG

- im **Privatkundenbereich** ab einem monatlichen Geldeingang von mindestens 1250 EUR keine Entgelte, ansonsten sind monatlich 5,90 EUR zu entrichten;
- im **Geschäftskundenbereich** ab einem Geldeingang von 10000 EUR im Monat keine Entgelte, ansonsten sind monatlich 5,90 EUR zu entrichten. Mit diesem monatlichen Pauschalpreis sind z.B. 10 beleglose Buchungsposten im Monat, das Online- und Telefon-Banking oder das Einrichten, Ändern und Löschen von Daueraufträgen abgegolten.

Bei einem Girokonto der Deutschen Postbank AG kann ebenfalls ein Überziehungskredit eingeräumt werden.

1.2.2 Arten der halbbaren Zahlung

Will der Zahlende den Betrag bar einzahlen und soll das Geld dem Konto des Zahlungsempfängers gutgeschrieben werden **(aus Bargeld wird Buchgeld)**, stehen folgende Zahlungsarten zur Verfügung:

- **Zahlschein der Deutschen Postbank AG**
- **Zahlschein der Geldinstitute**

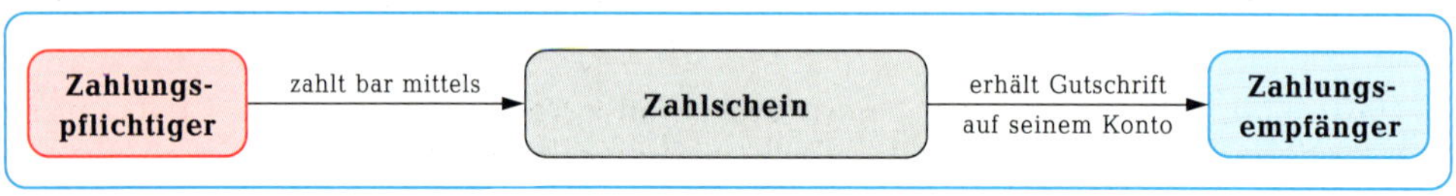

Will der Zahlende den Geldbetrag von seinem Girokonto abbuchen und bar an den Empfänger auszahlen lassen **(aus Buchgeld wird Bargeld)**, stehen ihm folgende Zahlungsarten zur Verfügung:

- **Zahlungsanweisung der Deutschen Postbank AG**
- **Barscheck**

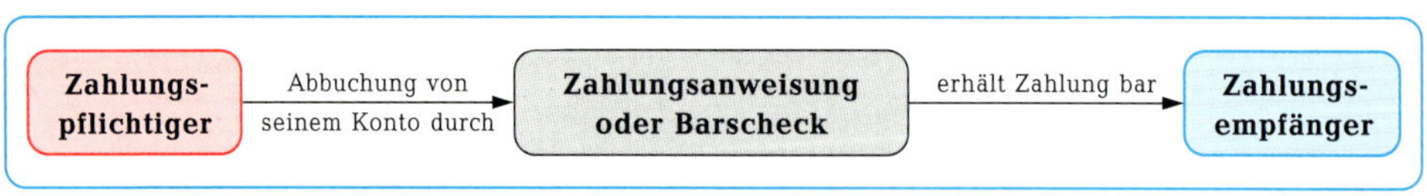

► **Zahlschein der Deutschen Postbank AG**

Der Absender zahlt bei der Postfiliale Bargeld mit dem Auftrag ein, diesen Geldbetrag dem Zahlungsempfänger auf dessen **Girokonto bei der Deutschen Postbank AG oder einem anderen Geldinstitut** gutzuschreiben. Dazu benutzt er einen **Zahlschein,** der aus einem zweiteiligen Durchschreibesatz besteht. Während das Original des Formularsatzes als Buchungsbeleg dient, erhält der Zahlungspflichtige die quittierte Durchschrift des Beleges als Nachweis über die getätigte Bareinzahlung.

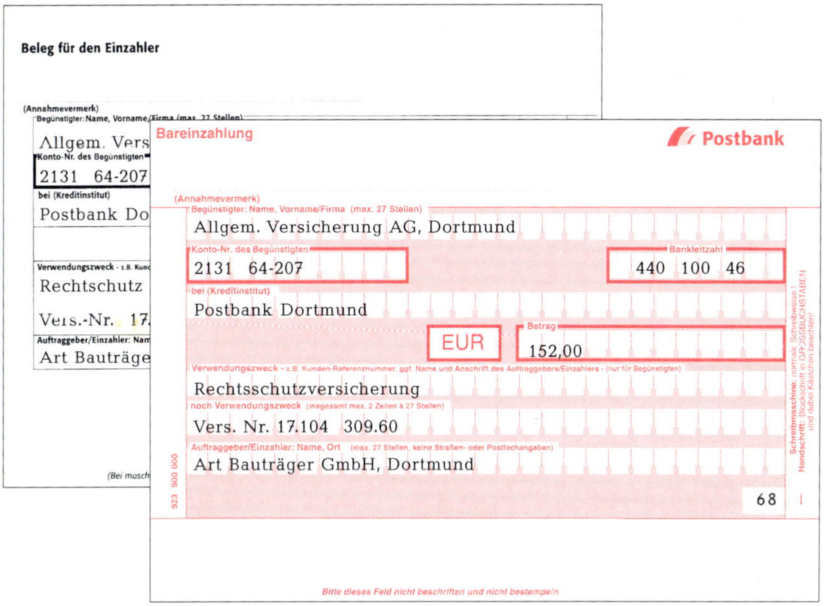

Beleg für den Einzahler

(Annahmevermerk)
Begünstigter: Name, Vorname/Firma (max. 27 Stellen)
Allgem. Vers
Konto-Nr. des Begünstigten
2131 64-207
bei (Kreditinstitut)
Postbank Do
Verwendungszweck - z.B. Kun
Rechtschutz
Vers.-Nr. 17.
Auftraggeber/Einzahler: Nam
Art Bauträge
(Bei masch

Bareinzahlung — Postbank

(Annahmevermerk)
Begünstigter: Name, Vorname/Firma (max. 27 Stellen)
Allgem. Versicherung AG, Dortmund
Konto-Nr. des Begünstigten: 2131 64-207
Bankleitzahl: 440 100 46
bei (Kreditinstitut)
Postbank Dortmund
EUR
Betrag: 152,00
Verwendungszweck - z.B. Kunden-Referenznummer, ggf. Name und Anschrift des Auftraggebers/Einzahlers - (nur für Begünstigten)
Rechtsschutzversicherung
noch Verwendungszweck (insgesamt max. 2 Zeilen à 27 Stellen)
Vers. Nr. 17.104 309.60
Auftraggeber/Einzahler: Name, Ort (max. 27 Stellen, keine Straßen- oder Postfachangaben)
Art Bauträger GmbH, Dortmund
68
923 900 000
Schreibmaschine: normale Schreibweise! Handschrift: Blockschrift in GROSSBUCHSTABEN und dabei Kästchen beachten!
Bitte dieses Feld nicht beschriften und nicht bestempeln

Monatlich sind für Geschäftskunden fünf Bareinzahlungen auf das eigene Girokonto bei der Deutschen Postbank AG durch den Inhaber entgeltfrei.

Dieser Zahlschein findet auch bei Nachnahmen Verwendung. Bei Post-Paketen ist allerdings die Höhe des Betrages auf 3500 EUR begrenzt.

▶ Zahlschein der Geldinstitute

Soll bar eingezahltes Geld dem Zahlungsempfänger auf dessen Girokonto bei einem Geldinstitut oder der Deutschen Postbank AG gutgeschrieben werden, füllt der Zahlende einen Zahlschein aus. Das Formular umfasst neben dem **Original**, das für das Geldinstitut als Beleg gilt, eine **Durchschrift**, die dem Zahlungspflichtigen als Einzahlungsbeleg dient.

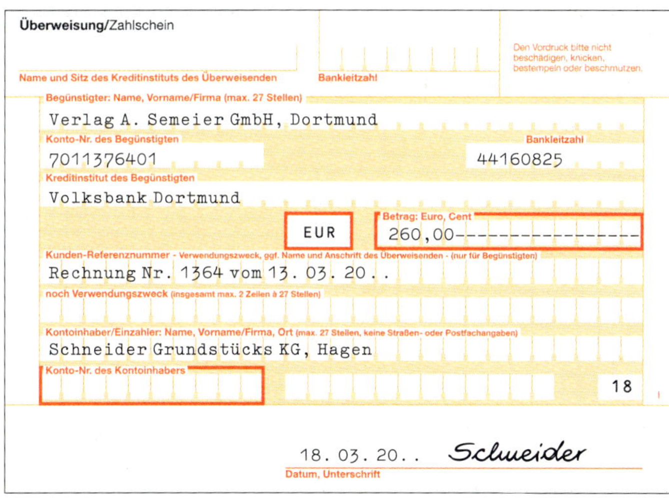

Überweisung/Zahlschein

Name und Sitz des Kreditinstituts des Überweisenden
Bankleitzahl
Den Vordruck bitte nicht beschädigen, knicken, bestempeln oder beschmutzen.
Begünstigter: Name, Vorname/Firma (max. 27 Stellen)
Verlag A. Semeier GmbH, Dortmund
Konto-Nr. des Begünstigten: 7011376401
Bankleitzahl: 44160825
Kreditinstitut des Begünstigten
Volksbank Dortmund
EUR
Betrag: Euro, Cent: 260,00---------------
Kunden-Referenznummer - Verwendungszweck, ggf. Name und Anschrift des Überweisenden - (nur für Begünstigten)
Rechnung Nr. 1364 vom 13. 03. 20..
noch Verwendungszweck (insgesamt max. 2 Zeilen à 27 Stellen)
Kontoinhaber/Einzahler: Name, Vorname/Firma, Ort (max. 27 Stellen, keine Straßen- oder Postfachangaben)
Schneider Grundstücks KG, Hagen
Konto-Nr. des Kontoinhabers
18
18. 03. 20.. Schneider
Datum, Unterschrift

Zu dem einzuzahlenden Betrag ist vom Absender ein Entgelt zu entrichten.

Zahlungsanweisung der Deutschen Postbank AG

Verfügt der Zahlende über ein Girokonto bei der Deutschen Postbank AG, kann er die kontoführende Stelle durch eine Zahlungsanweisung beauftragen, einen Geldbetrag von diesem Konto abzubuchen und dem Zahlungsempfänger durch den Postzusteller bar auszahlen zu lassen. Die Höhe des Betrages ist unbegrenzt. Die Entgelte richten sich nach der Höhe des zu zahlenden Betrages. Der Zahlungsempfänger quittiert den Erhalt des Geldbetrages rückseitig auf der Zahlungsanweisung.

Barscheck

Der vom Zahlungspflichtigen ausgestellte Barscheck ist eine Anweisung an sein kontoführendes Institut, dem Zahlungsempfänger gegen Vorlage des Schecks den entsprechenden Betrag bar auszuzahlen. Der Grund dafür, dass zur Begleichung von Verbindlichkeiten im Zahlungsverkehr nur selten Barschecks verwandt werden, liegt darin, dass selbst auf einen Barscheck nur dann Bargeld ausgezahlt wird, wenn der Einreicher ihn **beim kontoführenden Institut des Ausstellers** vorlegt. Würde ein Scheck bei einem anderen Institut vorgelegt, könnte er nur wie ein Verrechnungsscheck behandelt, d.h. dem Konto des Einreichers gutgeschrieben werden.

Kassenscheck der Deutschen Postbank AG

Inhaber von Girokonten bei der Deutschen Postbank AG verwenden als Barscheck zur Begleichung von Verbindlichkeiten den Kassenscheck. Der Zahlungsempfänger kann dann in der Zahlstelle der für den Aussteller kontoführenden Filiale unentgeltlich Bargeld vom Konto des Zahlungspflichtigen abheben.

Barschecks von Geldinstituten

Barschecks der verschiedenen Kreditinstitute werden nur dann an den Zahlungsempfänger bar ausgezahlt, wenn dieser sie dem **kontoführenden Institut des Zahlungspflichtigen** vorlegt. So kann etwa ein Barscheck der Sparkasse Bochum auch nur dort bar eingelöst werden.

Sicherung von Barschecks

Bei Verlust eines Barschecks sollte der Aussteller sofort den Scheck bei seiner Bank sperren lassen. Aus Sicherheitsgründen sollten Barschecks über größere Beträge nach Entgegennahme sofort in Verrechnungsschecks umgewandelt werden (durch Aufschrift „Nur zur Verrechnung").

EXKURS: Geldwäschegesetz (GwG)

Bei der **Annahme** (z.B. Bareinzahlung auf ein Konto mittels Zahlschein) **oder Abgabe** (z.B. Barauszahlung bei Vorlage eines Barschecks oder Einlieferung eines Wechsels) **von Bargeld** sind Kreditinstitute verpflichtet, die Identität des jeweiligen Kunden festzustellen.

Diese Regelung gilt für die Annahme und Abgabe von Bargeld ab 15000 EUR. Das Kreditinstitut notiert in diesen Fällen – vorgelegt werden muss der Personalausweis oder Reisepass – den Namen und – soweit im Dokument enthalten – das Geburtsdatum und die Anschrift des Kunden sowie Art, Nummer und ausstellende Behörde des amtlichen Ausweises. Diese Aufzeichnungen sind sechs Jahre aufzubewahren.

Die Aufzeichnungspflicht gilt auch dann, wenn der Gesamtbetrag von 15000 EUR in mehrere kleinere Beträge aufgeteilt eingezahlt oder abgehoben wird und Anhaltspunkte dafür vorliegen, dass zwischen diesen Finanztransaktionen eine Verbindung besteht.

© Erich Schmidt Verlag

Das Geldwäschegesetz soll verhindern, dass nicht rechtmäßig erworbene Geldbeträge über das Bankwesen „sauber gewaschen" werden. Bei jedem Geldwäscheverdacht ist das betroffene Kreditinstitut daher gehalten, Anzeige zu erstatten.

1.3 Bargeldlose Zahlung

Beim bargeldlosen Zahlungsverkehr wird der Zahlungsvorgang über die Konten des Schuldners und des Gläubigers abgewickelt. Der Zahlungspflichtige lässt von seinem Konto den entsprechenden Geldbetrag abbuchen und dem Konto des Zahlungsempfängers gutschreiben. Bargeld wird weder ein- noch ausgezahlt. Die Zahlung erfolgt nur buchtechnisch, d.h., sie wird durch veränderte Kontostände der Beteiligten erkennbar.

Bargeldlose Zahlung

durch Überweisung

- Einzelüberweisung im Inland
  - Überweisung durch ein Geldinstitut
  - Überweisung durch die Deutsche Postbank AG
- EU-Standardüberweisung
- Sammelüberweisung
- Dauerauftrag
- Lastschriftverfahren
  - Abbuchungsauftrag
  - Einzugsermächtigung

durch Verrechnungsscheck

- Schecks von Geldinstituten
- Postbank Scheck
- Zahlungsanweisung zur Verrechnung der Deutschen Postbank AG

Sonderformen der bargeldlosen Zahlung

- BankKarten
- Kundenkreditkarten
- Internationale Kreditkarten
- Point-of-Sale-Banking (POS-Banking)

Bei der Abwicklung des bargeldlosen Zahlungsverkehrs werden zunehmend **neue Informations- und Kommunikationstechnologien** eingesetzt.

Stellvertretend für alle Neuerungen seien hier genannt:

- **Homebanking:** Der Kontoinhaber führt im Dialogbetrieb am häuslichen Computer einen Überweisungsauftrag aus, indem er als Zugangsberechtigung seine Kontonummer, ein vier- bis achtstelliges Kennwort sowie eine Identifikationsnummer (PIN) und – für jeden einzelnen Vorgang – eine Transaktionsnummer (TAN) eingibt, durch die der Auftrag freigegeben wird. Neben der Durchführung von Überweisungen kann der Kontoinhaber jederzeit online den aktuellen Kontostand abfragen, aber auch Daueraufträge einrichten, ändern oder löschen.

- **Ausführung beleglos eingereichter Überweisungs- oder Lastschriftaufträge,** wobei der Zahlungspflichtige seinem Geldinstitut – meist unterstützt durch spezielle Bankensoftware – die zur Abwicklung des Zahlungsvorganges benötigten Daten (insbesondere Name und Bankverbindung des Zahlungsempfängers sowie Verwendungszweck) auf Datenträgern (z.B. Disketten) vorlegt. Satz- und Dateiaufbau des Datenträgers müssen den „Richtlinien für den beleglosen Datenträgeraustausch" entsprechen.

- **Erledigung beleghaft eingereichter Überweisungsaufträge,** die nach dem „Abkommen über die Umwandlung beleghaft erteilter Überweisungsaufträge in Datensätze und deren Bearbeitung" (EZÜ-Abkommen) auf dem schnellsten elektronischen Wege beleglos ausgeführt werden.

- **Erledigung beleghaft eingereichter Lastschriften,** die nach dem „Abkommen über die Umwandlung beleghaft erteilter Lastschriftaufträge in Datensätze und deren Bearbeitung" (EZL-Abkommen) auf dem schnellsten elektronischen Wege beleglos ausgeführt werden.

- **Point-of-Sale-Banking** (POS-Banking, vgl. S. 338f.)

1.3.1 Überweisungen

► Einzelüberweisung im Inland

Bei einer Einzelüberweisung handelt es sich um die einmalige Erteilung eines Überweisungsauftrages durch den Zahlungspflichtigen an sein Geldinstitut oder an die Deutsche Postbank AG, wobei der Begünstigte seinen Wohn- bzw. Geschäftssitz in Deutschland hat.

- **Überweisung durch ein Geldinstitut**

  Mit seiner Unterschrift auf dem Überweisungsformular erteilt der Zahlungspflichtige dem kontoführenden Geldinstitut den Auftrag, die entsprechende Summe an das Konto des Zahlungsempfängers weiterzuleiten.

  Haben Zahlungspflichtiger und Zahlungsempfänger ihre Konten **beim gleichen Geldinstitut**, erfolgt die Überweisung ausschließlich durch Umbuchung auf beiden von diesem Geldinstitut geführten Konten.

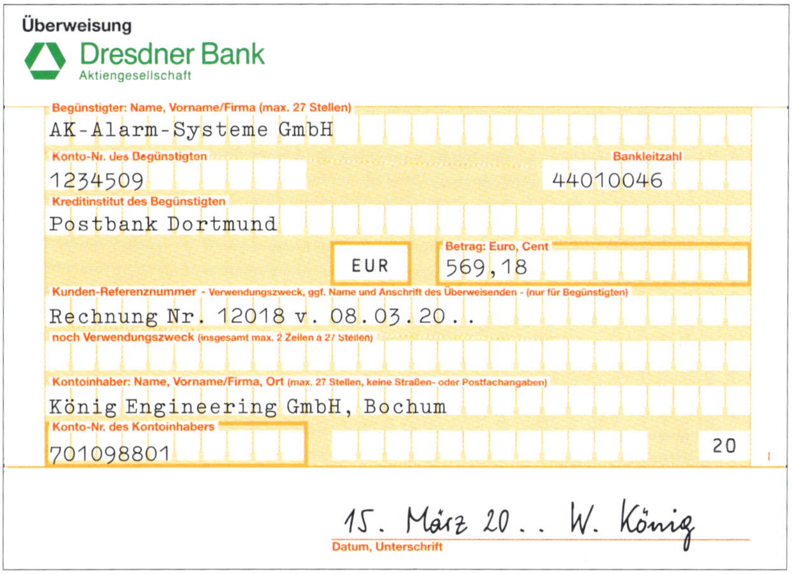

Überweisung

Dresdner Bank
Aktiengesellschaft

Begünstigter: Name, Vorname/Firma (max. 27 Stellen)
AK-Alarm-Systeme GmbH
Konto-Nr. des Begünstigten: 1234509 — Bankleitzahl: 44010046
Kreditinstitut des Begünstigten: Postbank Dortmund
EUR — Betrag: Euro, Cent: 569,18
Kunden-Referenznummer - Verwendungszweck, ggf. Name und Anschrift des Überweisenden - (nur für Begünstigten)
Rechnung Nr. 12018 v. 08.03.20..
noch Verwendungszweck (insgesamt max. 2 Zeilen à 27 Stellen)
Kontoinhaber: Name, Vorname/Firma, Ort (max. 27 Stellen, keine Straßen- oder Postfachangaben)
König Engineering GmbH, Bochum
Konto-Nr. des Kontoinhabers: 701098801 — 20

15. März 20.. W. König
Datum, Unterschrift

Unterhalten Zahlungspflichtiger und Zahlungsempfänger ihre Konten jedoch **bei verschiedenen Geldinstituten** (z. B. bei Sparkassen, Volksbanken, Deutsche Bank, Dresdner Bank, Commerzbank), erfolgt die Überweisung unter Einschaltung eines oder mehrerer **Gironetze.** Hierbei handelt es sich um Überweisungskreise gleichartiger Geldinstitute wie z. B. das Gironetz der Sparkassen oder die Gironetze der Großbanken, die untereinander über Zentralstellen (z. B. Girozentrale) in Verbindung stehen.

Im täglichen Geschäftsverkehr kommt es häufig vor, dass einer Rechnung ein bereits ausgefüllter **Überweisungsauftrag/Zahlschein** beigefügt ist. Dieses Formular kann dann sowohl zur bargeldlosen Überweisung als auch zur halbbaren Zahlung verwandt werden.

Die kaufmännische Angestellte Brigitte Steiner lässt von ihrem Konto bei der Stadtsparkasse Düsseldorf 100 EUR an ein Hilfswerk überweisen.

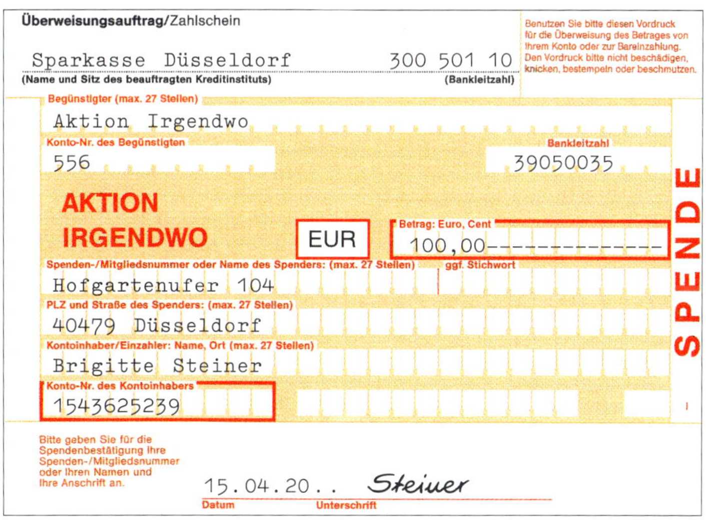

Überweisungsauftrag/Zahlschein

Benutzen Sie bitte diesen Vordruck für die Überweisung des Betrages von Ihrem Konto oder zur Bareinzahlung. Den Vordruck bitte nicht beschädigen, knicken, bestempeln oder beschmutzen.

Sparkasse Düsseldorf — 300 501 10
(Name und Sitz des beauftragten Kreditinstituts) — (Bankleitzahl)
Begünstigter (max. 27 Stellen): Aktion Irgendwo
Konto-Nr. des Begünstigten: 556 — Bankleitzahl: 39050035
AKTION IRGENDWO
EUR — Betrag: Euro, Cent: 100,00-------------
Spenden-/Mitgliedsnummer oder Name des Spenders: (max. 27 Stellen) — ggf. Stichwort
Hofgartenufer 104
PLZ und Straße des Spenders: (max. 27 Stellen)
40479 Düsseldorf
Kontoinhaber/Einzahler: Name, Ort (max. 27 Stellen)
Brigitte Steiner
Konto-Nr. des Kontoinhabers: 1543625239

SPENDE

Bitte geben Sie für die Spendenbestätigung Ihre Spenden-/Mitgliedsnummer oder Ihren Namen und Ihre Anschrift an.

15.04.20.. Steiner
Datum — Unterschrift

Überweisung durch die Deutsche Postbank AG

Der **automationsgerechte Überweisungsauftrag** der Deutschen Postbank AG besteht aus einem zweiteiligen Durchschreibesatz und kann maschinell gelesen werden.

Mit dem Vordruck können Beträge auf Giro- und Sparkonten bei der Deutschen Postbank AG sowie auf Konten bei allen anderen Banken und Sparkassen im Inland und auf Girokonten im Ausland überwiesen werden.

Der Überweisungsauftrag muss auf Blatt 1 unterschrieben werden. Das Original ist an die Deutsche Postbank AG einzusenden, während die Durchschrift beim Auftraggeber verbleibt. Sofern der Zahlungspflichtige das Feld „C" des Formulars mit einem Kreuz gekennzeichnet hat, übersendet die Deutsche Postbank AG zusammen mit dem Kontoauszug eine besondere Buchungsbestätigung (z. B. als Nachweis gegenüber einem Dritten). Darüber hinaus besteht die Möglichkeit, für die Abbuchung der Überweisung einen bestimmten Termin, und zwar bis zu einem halben Jahr im Voraus, vorzugeben (terminierter Überweisungsauftrag).

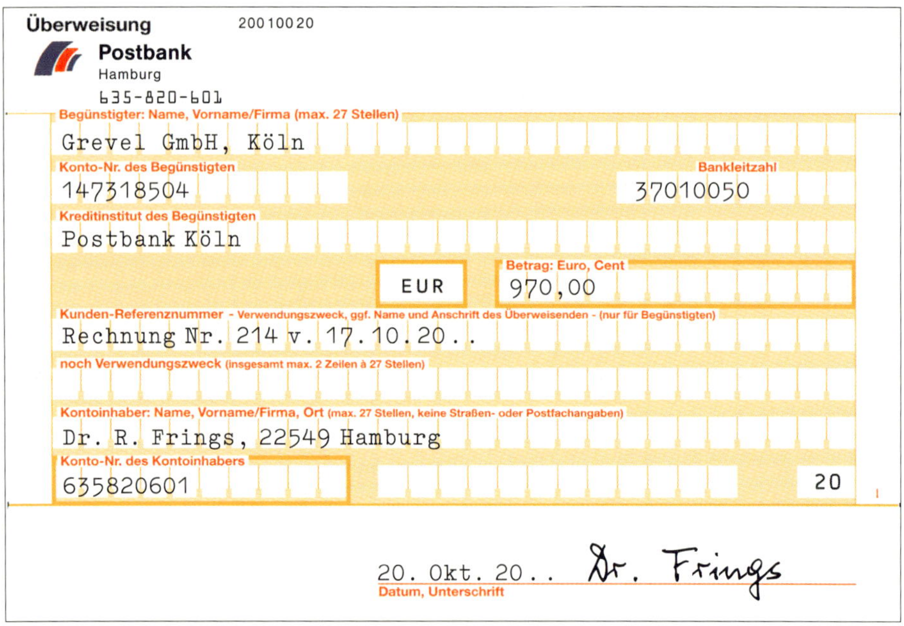
Überweisung 20010020
Postbank
Hamburg
635-820-601
Begünstigter: Name, Vorname/Firma (max. 27 Stellen)
Grevel GmbH, Köln
Konto-Nr. des Begünstigten
147318504
Bankleitzahl
37010050
Kreditinstitut des Begünstigten
Postbank Köln
EUR
Betrag: Euro, Cent
970,00
Kunden-Referenznummer - Verwendungszweck, ggf. Name und Anschrift des Überweisenden - (nur für Begünstigten)
Rechnung Nr. 214 v. 17.10.20..
noch Verwendungszweck (insgesamt max. 2 Zeilen à 27 Stellen)
Kontoinhaber: Name, Vorname/Firma, Ort (max. 27 Stellen, keine Straßen- oder Postfachangaben)
Dr. R. Frings, 22549 Hamburg
Konto-Nr. des Kontoinhabers
635820601
20
20. Okt. 20.. Dr. Frings
Datum, Unterschrift

Einer Rechnung wird häufig auch ein bereits mit den Angaben des Zahlungsempfängers (Name, Vorname/Firma; Konto-Nr.; Bankleitzahl und Sitz der Postbank) versehener **Überweisungsauftrag/Zahlschein** beigefügt. Mit diesem Formular kann dann entweder bargeldlos (von Girokonten bei Banken, Sparkassen oder der Deutschen Postbank AG) **oder** halbbar (bei allen Postfilialen) auf das Postbank Girokonto des Empfängers überwiesen werden.

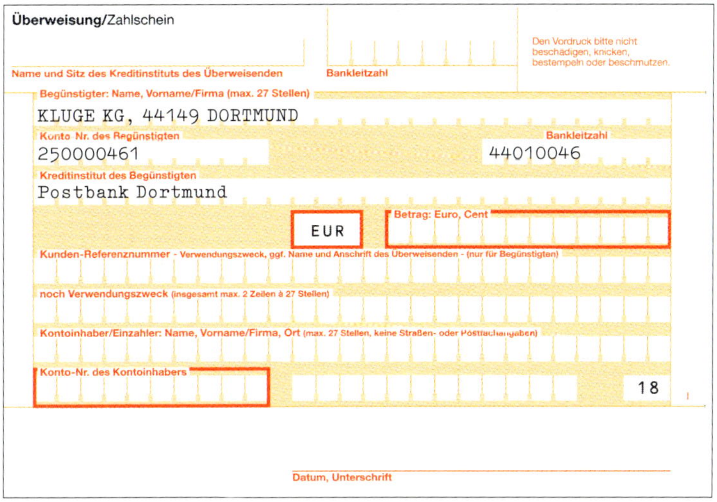

Überweisung/Zahlschein

Den Vordruck bitte nicht beschädigen, knicken, bestempeln oder beschmutzen.

Name und Sitz des Kreditinstituts des Überweisenden

Bankleitzahl

Begünstigter: Name, Vorname/Firma (max. 27 Stellen)

KLUGE KG, 44149 DORTMUND

Konto-Nr. des Begünstigten

250000461

Bankleitzahl

44010046

Kreditinstitut des Begünstigten

Postbank Dortmund

EUR

Betrag: Euro, Cent

Kunden-Referenznummer - Verwendungszweck, ggf. Name und Anschrift des Überweisenden - (nur für Begünstigten)

noch Verwendungszweck (insgesamt max. 2 Zeilen à 27 Stellen)

Kontoinhaber/Einzahler: Name, Vorname/Firma, Ort (max. 27 Stellen, keine Straßen- oder Postfachangaben)

Konto-Nr. des Kontoinhabers

18

Datum, Unterschrift

▶ **EU-Standardüberweisung**

Bankkunden mit Zahlungsverpflichtungen gegenüber Geschäftspartnern in anderen EU-Staaten können die **EU-Standardüberweisung** nutzen. Diese Form der grenzüberschreitenden Überweisung – beleglos im Rahmen des Onlinebankings oder beleghaft unter Rückgriff auf das entsprechende Formular – ist jedoch an folgende Bedingungen geknüpft:

- Auftragswährung ist EUR;
- Betragshöhe der Überweisung: bis maximal 50 000 EUR;
- Überweisung erfolgt in einen anderen EU-Staat (derzeit: Belgien, Dänemark, Estland, Finnland, Frankreich, Griechenland, Großbritannien einschließlich Nordirland, Irland, Italien, Lettland, Litauen, Luxemburg, Malta, Niederlande, Österreich, Polen, Portugal, Schweden, Slowakei, Slowenien, Spanien, Tschechische Republik, Ungarn und Zypern).

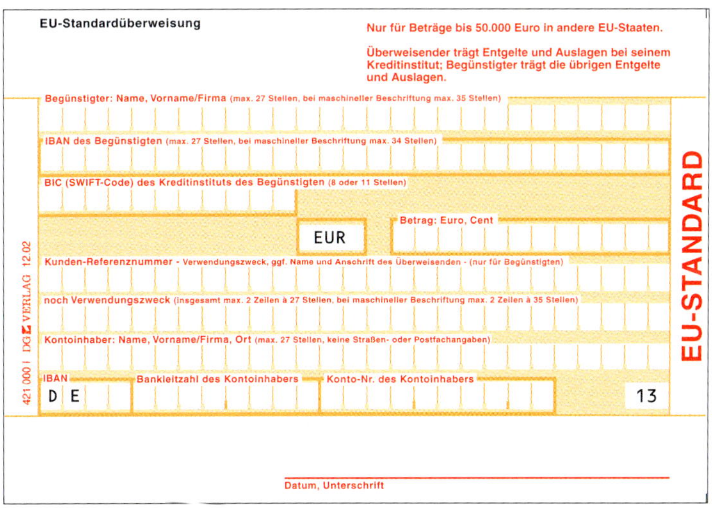

EU-Standardüberweisung

Nur für Beträge bis 50.000 Euro in andere EU-Staaten.

Überweisender trägt Entgelte und Auslagen bei seinem Kreditinstitut; Begünstigter trägt die übrigen Entgelte und Auslagen.

Begünstigter: Name, Vorname/Firma (max. 27 Stellen, bei maschineller Beschriftung max. 35 Stellen)

IBAN des Begünstigten (max. 27 Stellen, bei maschineller Beschriftung max. 34 Stellen)

BIC (SWIFT-Code) des Kreditinstituts des Begünstigten (8 oder 11 Stellen)

EUR

Betrag: Euro, Cent

Kunden-Referenznummer - Verwendungszweck, ggf. Name und Anschrift des Überweisenden - (nur für Begünstigten)

noch Verwendungszweck (insgesamt max. 2 Zeilen à 27 Stellen, bei maschineller Beschriftung max. 2 Zeilen à 35 Stellen)

Kontoinhaber: Name, Vorname/Firma, Ort (max. 27 Stellen, keine Straßen- oder Postfachangaben)

IBAN

D E

Bankleitzahl des Kontoinhabers

Konto-Nr. des Kontoinhabers

13

EU-STANDARD

421 000 I DG VERLAG 12.02

Datum, Unterschrift

- Angaben zum Begünstigten, die den Geschäftspapieren des Zahlungsempfängers (z.B. der Eingangsrechnung) zu entnehmen sind:
  - Name und Vorname, Firma
  - internationale Kontonummer IBAN (**I**nternational **B**ank **A**ccount **N**umber)
  - internationale Bankleitzahl BIC (**B**ank **I**dentifier **C**ode) der Bank des Begünstigten, auch als SWIFT-Code bekannt.
- Der Zahlungspflichtige muss seine persönliche IBAN eintragen. Diese IBAN, die den eigenen Kontoauszügen zu entnehmen ist, besteht aus:
  - dem Länderkennzeichen DE (für Deutschland);
  - einer zweistelligen Prüfziffer (für die Plausibilitätsprüfung bei der Auftraggeberbank);
  - der Bankleitzahl und
  - der Kontonummer (immer 10-stellig).

  Für solche EU-Standardüberweisungen werden keine höheren Buchungsentgelte berechnet als für vergleichbare Überweisungen im Inlandszahlungsverkehr.

▶ **Sammelüberweisung**

Um Buchungsgebühren für den Zahlungspflichtigen bei Geldinstituten zu sparen bzw. um bei Geldinstituten und der Deutschen Postbank AG zur Vereinfachung der Auftragserteilung beizutragen, können Sammelüberweisungen vorgenommen werden. Mehrere Einzelüberweisungen in unterschiedlicher Höhe an verschiedene Zahlungsempfänger werden in einer Summe vom Konto des Auftraggebers abgebucht.

▶ **Dauerauftrag**

Ein Zahlungspflichtiger wird bei Verbindlichkeiten, die zu ständig wiederkehrenden Terminen immer in gleicher Höhe und an denselben Zahlungsempfänger fällig werden, einen Dauerauftrag erteilen. Dadurch wird das jeweilige Institut bis auf Widerruf befugt, diese Überweisungen bei Fälligkeit selbstständig durchzuführen.

- Mietzahlungen
- Ratenbeträge zur Tilgung eines Kredites für den Kauf eines Kraftfahrzeuges

▶ **Lastschriftverfahren**

Beim Lastschriftverfahren wird entweder dem Geldinstitut bzw. der Niederlassung der Deutschen Postbank AG **(Abbuchungsauftrag)** oder dem Zahlungsempfänger **(Einzugsermächtigung)** die Vollmacht erteilt, Zahlungen abzubuchen bzw. einzuziehen, deren Beträge nicht immer gleich bleibend sind.

- **Abbuchungsauftrag:** Die Immobilienkauffrau Angelika Stein beauftragt ihr Geldinstitut, das am Monatsende auf ihrem Girokonto verbleibende Guthaben in festverzinslichen Wertpapieren anzulegen.
- **Einzugsermächtigung:** Einzug der Fernmelderechnung durch die Deutsche Telekom AG; Zahlung von Versicherungsprämien; Abschläge für Strom und Gas.

Der Zahlungspflichtige kann das Lastschriftverfahren jederzeit widerrufen.

Bereits abgebuchte Beträge können bei der Einzugsermächtigung zurückgefordert werden. Ein entsprechender Widerruf gegen die Kontobelastung ist innerhalb von sechs Wochen möglich, bei unberechtigtem Einzug auch länger. Bei einer Rückforderung wird der Betrag dem Konto wieder gutgeschrieben, ohne dass die Berechtigung der Rückforderung überprüft wird.

Einem bereits ausgeführten Abbuchungsauftrag kann nicht widersprochen werden.

1.3.2 Verrechnungsschecks

Legt der Zahlungsempfänger einen Verrechnungsscheck bei einem Geldinstitut oder der Deutschen Postbank AG vor, wird der entsprechende Betrag seinem Konto gutgeschrieben und das Konto des Zahlungspflichtigen in gleicher Höhe belastet. Jeder Scheck, der auf der Vorderseite handschriftlich, aufgestempelt oder aufgedruckt den Vermerk **„Nur zur Verrechnung"** trägt, wird auf diese Weise buchtechnisch erfasst, der Geldbetrag dem Scheckeinreicher also nicht direkt bar ausgezahlt.

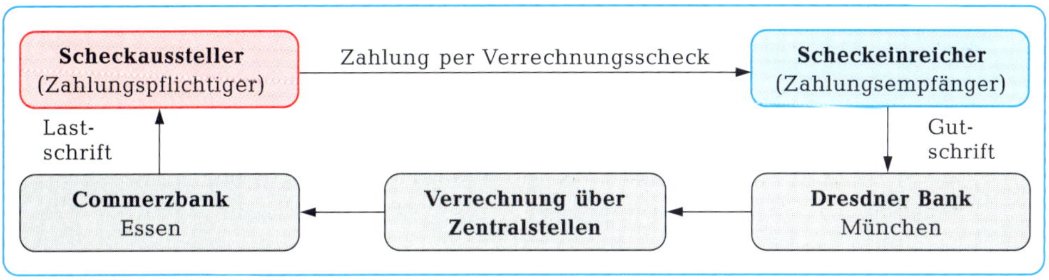

► **Schecks von Geldinstituten**

Banken und Sparkassen halten für ihre Kunden vorgedruckte Scheckformulare bereit, in denen der Aussteller nur noch Datum und Ort der Ausstellung sowie den Währungscode und den Scheckbetrag eintragen und seine Unterschrift leisten muss, um die **gesetzlichen Anforderungen**, die an einen Scheck gestellt werden, zu erfüllen. Neben diesen im Scheckgesetz zwingend vorgesehenen Angaben sind einige weitere Zusätze erlaubt, die als **kaufmännische Bestandteile** des Schecks bezeichnet werden. Diese dienen ausschließlich der Erleichterung des Scheckverkehrs.

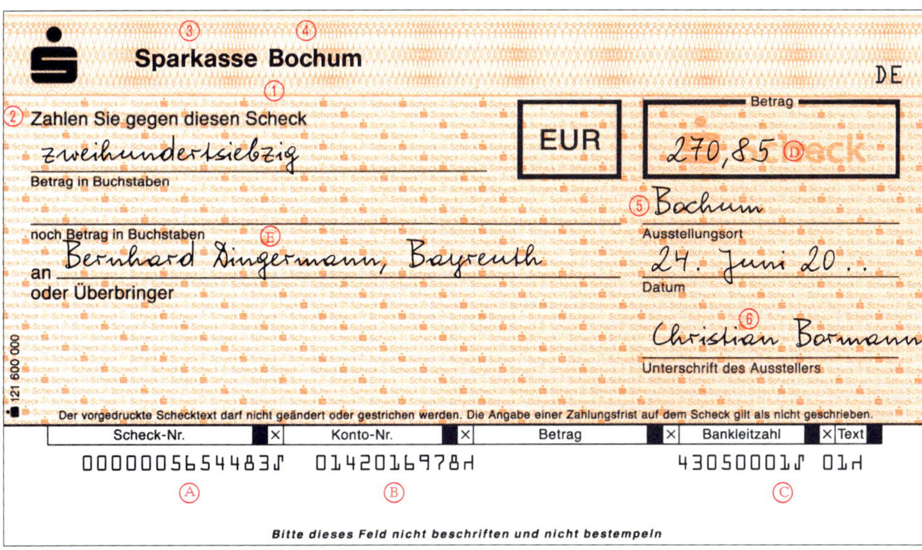

Bestandteile des Schecks	
Gesetzliche Bestandteile gemäß Art. 1 ScheckG	**Kaufmännische Bestandteile**
① Bezeichnung Scheck im Text der Urkunde	Ⓐ Schecknummer
② unbedingte Anweisung, eine bestimmte Geldsumme zu zahlen	Ⓑ Kontonummer des Ausstellers
③ Name des bezogenen Geldinstitutes	Ⓒ Bankleitzahl des bezogenen Geldinstitutes
④ Angabe des Zahlungsortes	Ⓓ Schecksumme in Ziffern (im Zweifel gilt der in Buchstaben geschriebene Betrag)
⑤ Angabe des Tages und des Ortes der Ausstellung	Ⓔ Angabe des Zahlungsempfängers
⑥ Unterschrift des Ausstellers	

Ein Scheck sollte natürlich nur dann ausgestellt werden, wenn das Konto ein ausreichendes Guthaben aufweist bzw. wenn durch den Scheck der vom Geldinstitut dem Kunden eingeräumte **Dispositions-** (im Privatkundenbereich) bzw. **Kontokorrentkredit** (im Geschäftskundenbereich) nicht überschritten wird.

▶ Postbank Scheck

Genau wie Schecks der Geldinstitute lassen sich auch Schecks der Deutschen Postbank AG als Verrechnungsschecks ausstellen.

Nur zur Verrechnung
Postbank
45125 Essen
Konto-Nr. 1394 87 - 643
Bankleitzahl 360 100 43
Zahlen Sie gegen diesen Scheck eintausendneunhundertdreißig
EUR
Betrag 1930,00
DE
an Leimer GmbH, 40215 Düsseldorf oder Überbringer
1394 87 - 643
Dr. Mantel, Helmut
45128 Essen
Essen, 16.11.20..
(Ausstellungsort, Datum)
Dr. H. Mantel
(Unterschrift des Ausstellers)
Verwendungszweck Rechnung Nr. 2706 vom 10.11.20..
(Mitteilung für den Begünstigten)
Der vorgedruckte Schecktext darf nicht geändert oder gestrichen werden. Die Angabe einer Zahlungsfrist auf dem Scheck gilt als nicht geschrieben.
Scheck-Nr. | Konto-Nr. | Betrag | Bankleitzahl | Text
2087007600065⑈ 1394876 43⑆ 36010043⑈
Bitte dieses Feld nicht beschriften und nicht bestempeln

▶ Zahlungsanweisung zur Verrechnung der Deutschen Postbank AG

Zahlungsanweisungen zur Verrechnung sind für Zahlungen an solche Empfänger bestimmt, deren Kontoverbindung nicht bekannt ist. Der Empfänger kann den Betrag seinem Postbank Girokonto oder Girokonto bei einem Kreditinstitut gutschreiben lassen. Darüber hinaus kann er sich den Betrag der Zahlungsanweisung am Schalter der Postfiliale gegen Entgelt auszahlen lassen.

▶ Vorlagefristen für Schecks

Schecks sollen nur als Zahlungsmittel und nicht als Kreditmittel verwendet werden. Deshalb sind zu ihrer Vorlage bestimmte Fristen einzuhalten, die für in Deutschland zahlbare Schecks bestimmt sind *(Art. 29 ScheckG)*, und zwar auf:

- 8 Tage, wenn der Scheck im Inland ausgestellt ist;
- 20 Tage für im europäischen Ausland ausgestellte Schecks;
- 70 Tage bei Ausstellung in einem anderen Erdteil.

▶ Scheckeinlieferung

Will ein Unternehmen die ihm von Kunden ausgestellten Schecks seinem Geldinstitut oder der Niederlassung der Deutschen Postbank AG zur Einlösung einreichen, wird es neben den Einzelschecks ein **Scheckeinlieferungsformular** ausgefüllt vorlegen. Darin werden die bezogenen Geldinstitute, die Scheckaussteller, die Schecknummern, die einzelnen Scheckbeträge und der Gesamtbetrag aller eingereichten Schecks aufgeführt.

Scheck-Einlieferung 480 501 61

Sparkasse Bielefeld

23.05.20.. Dr. Bendmann
Datum — Unterschrift für nachstehenden Auftrag

Ziehen Sie zu Gunsten des unten angegebenen Kontos die beigefügten Schecks ein. Die Gutschrift erfolgt Eingang vorbehalten.

	Scheck-Nummer	Konto-Nummer des Ausstellers	Bankleitzahl bezogenes Institut	Betrag
1	701206724	165215896	Commerzbank Hagen	267,50
2	152593653	162849657	Dresdner Bank "	562,70
3	184687997	473896786	Volksbank Unna	558,20
4	427894639	273749739	Deutsche Bank "	285,80
5				

Bitte alle Schecks mit dem Vermerk >Nur zur Verrechnung< versehen.

Stückzahl: 04 — EUR — Gesamtbetrag: 1674,20

Kontoinhaber: Name, Vorname/Firma (max. 27 Stellen): Dr. Bendmann

Konto-Nr. des Kontoinhabers: 7011376401 — 80

48050161⑆ 80⑈

Bitte dieses Feld nicht beschriften und nicht bestempeln

1.3.3 Sonderformen der bargeldlosen Zahlung

Im elektronischen Zahlungsverkehr der Bundesrepublik Deutschland hat das **„Plastikgeld"** zunehmend an Bedeutung gewonnen.

Der Inhaber einer entsprechenden Plastikkarte, etwa die

- eines **Geldinstituts** (z.B. SparkassenCard der Sparkasse Hamburg),
- eines bestimmten **Unternehmens** (z.B. Karstadt, IKEA, Europcar) oder
- einer **Kreditkartenorganisation** (z.B. American Express, Eurocard oder Visa),

kann **bargeldlos** Waren und Dienstleistungen bezahlen.

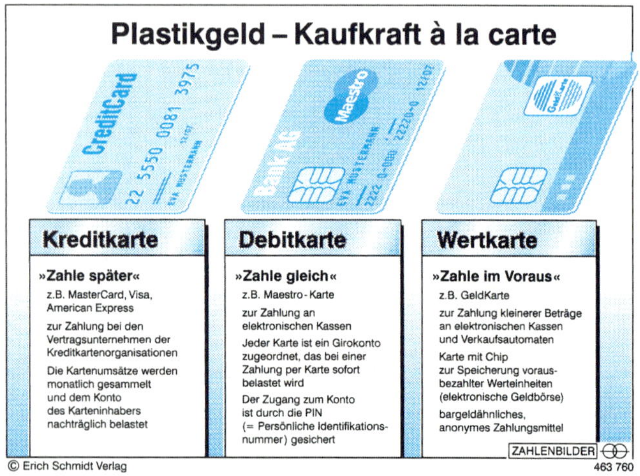

Ein Verkäufer, der die Plastikkarte seines Kunden akzeptiert, geht bei einer solchen bargeldlosen Zahlung des vereinbarten Kaufpreises durch den Kunden in der Regel **kein Risiko** ein, da die vorgelegte Plastikkarte glaubwürdig dessen Kreditwürdigkeit belegt. Abrechnung und Bezahlung der Waren oder Dienstleistungen erfolgen erst nachträglich durch ein Geldinstitut bzw. eine Kreditkartenorganisation, wobei unter Einschaltung eines oder mehrerer Gironetze schließlich das Konto des Kunden mit dem kreditierten Kaufpreis belastet wird.

▶ BankKarten

Bei den BankKarten handelt es sich um „Plastikgeld", das von den Kreditinstituten (Banken und Sparkassen) herausgegeben wird.

Je nachdem, welches Kreditinstitut die BankKarte herausgibt, unterscheiden sich die Namen: So händigen die Sparkassen ihren Kunden die „SparkassenCard" aus, die Deutsche Postbank AG die „PostbankCard" und die Volks- und Raiffeisenbanken die „VR-BankCard".

Die auf der Vor- bzw. Rückseite der BankKarte abgebildeten Akzeptanzsymbole verdeutlichen, inwieweit die Plastikkarte zur bargeldlosen Bezahlung und zur Bargeldbeschaffung eingesetzt werden kann.

Akzeptanzsymbole auf der BankKarte und deren Bedeutung	
Maestro	Aufgrund der Zusammenarbeit der Zahlungssysteme Europay und Mastercard trägt die BankKarte auf der Vorderseite nun das „Maestro-Zeichen", das das „edc-Logo" abgelöst hat. Damit wird der bisher unter dem „edc-Symbol" angebotene Service, und zwar das bargeldlose Bezahlen mittels Karte und persönlicher Geheimzahl an Kassenterminals des europäischen Auslands (in einigen Ländern wird anstelle der Geheimzahl übergangsweise die Unterschrift verlangt), nach und nach weltweit ausgebaut. Darüber hinaus ist die Benutzung des weltweiten Geldautomatennetzes möglich.
	Akzeptanzsymbol für das europäische Geldautomatennetz.
electronic cash	Der Käufer kann überall in der Bundesrepublik Deutschland, wo er dieses Zeichen in Geschäften, Kaufhäusern, Tankstellen und Restaurants sieht, mit seiner Karte und seiner persönlichen Geheimzahl – ohne Scheck – bargeldlos bezahlen.
EUFISERV	Akzeptanzsymbol für den Geldautomatenverbund der europäischen Sparkassen.
GeldKarte	Akzeptanzsymbol als „elektronische Geldbörse". Nach Eingabe der Geheimnummer kann die BankKarte immer wieder bis zu einem Höchstbetrag von 200 EUR an Bankautomaten aufgeladen werden. Bargeldlos getätigte Einkäufe werden – ähnlich wie bei der Telefonkarte – mit dem im Chip gespeicherten Guthaben verrechnet.
Clip	Akzeptanzsymbol für europaweite Geldkartenfunktion als „elektronische Geldbörse".

▶ Kundenkreditkarten

Bei den Kundenkreditkarten gewährt ein bestimmtes Unternehmen in Zusammenarbeit mit einem Geldinstitut seinen Kunden einen Kredit bis zu einer vorher vereinbarten Höchstgrenze. Da eine Kundenkreditkarte jedoch nur im Bereich des ausgebenden Unternehmens zum bargeldlosen Einkauf berechtigt, stellt diese Karte eher ein Instrument zur Förderung des Absatzes dar, das gleichzeitig eine ideale Basis für kreativgestaltete Bonus- und Rabattsysteme bildet.

Kundenkreditkarten werden z. B. von folgenden Unternehmen ausgegeben:

- **Goldene Kundenkarte:** Wertheim, Alsterhaus, KaDeWe
- **IKEA Contract:** IKEA
- **Cash Card:** Europcar

22 Siekerkötter/Fehn – ISBN 978-3-8120-0065-9

▶ Internationale Kreditkarten

Die internationalen Kreditkarten stellen im modernen Zahlungsverkehr eher ein neues Dienstleistungsgeschäft dar. Ein Karteninhaber kann nicht nur in der Bundesrepublik Deutschland und in Europa, sondern auch im außereuropäischen Ausland in den angeschlossenen Unternehmen (Vertragspartnern der Kreditkartenorganisation) bargeldlos einkaufen bzw. Hotel- und Gastronomierechnungen bezahlen, Autos mieten oder Reisen buchen. Darüber hinaus bieten die auf dem deutschen Markt gebräuchlichsten Kreditkarten

- **Eurocard,**
- **American Express,**
- **Diners Club,**
- **Visa**

ihrem Inhaber häufig auch weitere Dienstleistungen an (z.B. Beschaffung von Bargeld im In- und Ausland; zusätzliche Unfallversicherung bei Reisen, die per Kreditkarte bezahlt worden sind). Kartenorganisationen geben auf Antrag Kreditkarten nur an solche Bewerber aus, deren Bonität und Seriosität einwandfrei sind.

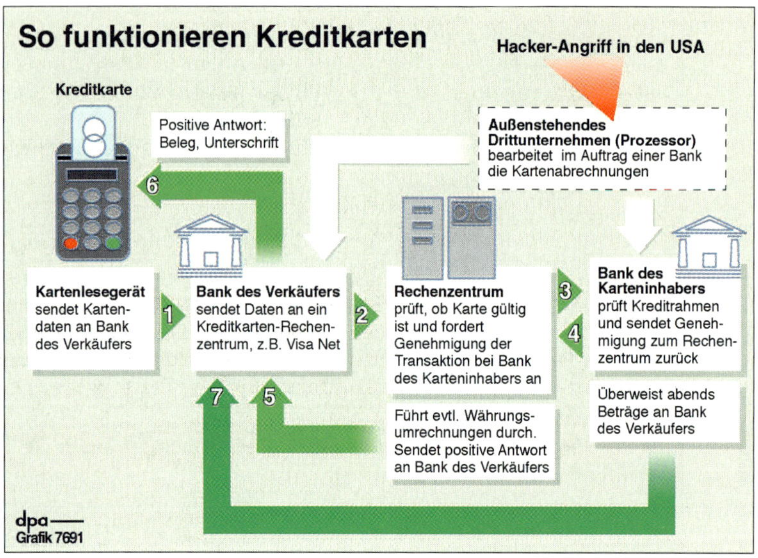

▶ Point-of-Sale-Banking (POS-Banking) – Electronic cash

Unter **POS-Banking** versteht man ein Verfahren der bargeldlosen Zahlung von Waren und Dienstleistungen im Einzelhandel, bei dem ein Kunde – etwa mittels seiner Bank-Karte (**Electronic cash**) – „elektronisch" am Ort des Verkaufs (point of sale) bezahlt. Das Wort „Banking" weist darauf hin, dass mit diesen Kassenterminals eine Zahlung mit direkter Buchung bei Kreditinstituten möglich ist. Der Umgang mit Bargeld entfällt, ebenso das Ausstellen von Schecks.

Nach der maschinellen Erfassung der Kassierdaten z.B. durch einen Abtaster (Scanner[1]) ermittelt die elektronische Datenkasse den Rechnungsbetrag. Mit Hilfe

1 Scanner erfassen über einen Lichtstrahl die auf dem Warenetikett in Form eines Strich- oder Balkencodes aufgedruckten verschlüsselten elektronisch lesbaren Daten. Ein akustisches Signal zeigt die Registrierung des Artikels an.

eines an dieses Kassenterminal angeschlossenen Zusatzgerätes werden die auf dem Magnetstreifen der Plastikkarte enthaltenen Daten des Kunden (Kontonummer und Bankleitzahl) in das System eingelesen. Der Kunde tippt dann über die Tastatur des Zusatzgerätes seine persönliche Geheimnummer (PIN) ein, die ihn als berechtigten Benutzer der Plastikkarte ausweist.

Nachdem sowohl die Geheimnummer elektronisch geprüft als auch die Sperrdatei abgefragt worden sind und das Konto des Kunden eine entsprechende Deckung aufweist - die Rechnerzentrale zeigt „grünes Licht" -, wird der Rechnungsbetrag automatisch vom Bankkonto des Kunden auf das Händlerkonto umgebucht. Der Kunde erhält dann die von ihm gekaufte Ware zusammen mit einem Bon über den getätigten Einkauf.

Electronic-cash-Beleg

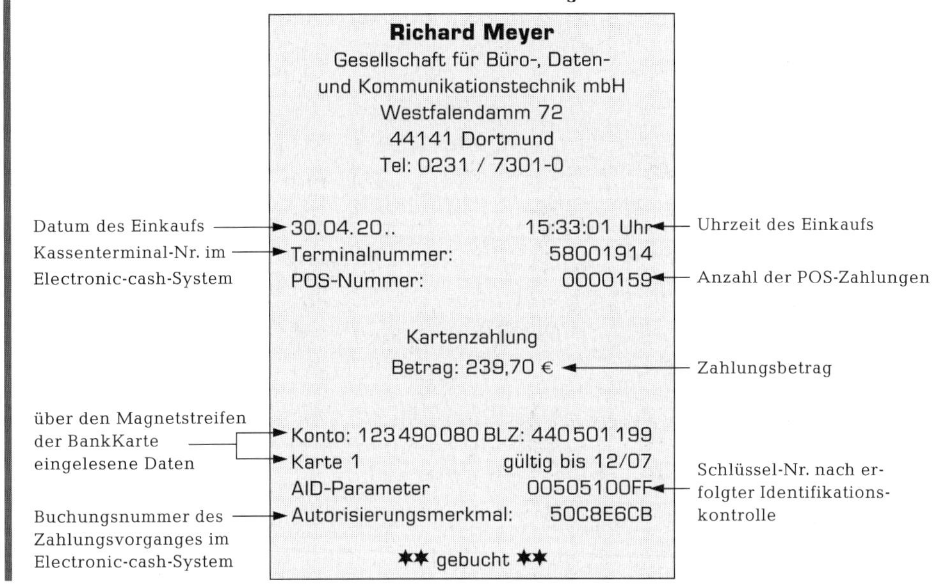

1.3.4 Vorteile des bargeldlosen Zahlungsverkehrs

Durch die Teilnahme am bargeldlosen Zahlungsverkehr werden die **Sicherheit** und die **Bequemlichkeit** von Zahlungsvorgängen erhöht.

Durch die Zahlung mit Überweisung oder Verrechnungsscheck entfällt die Gefahr des Verlierens von Bargeld bzw. des Diebstahls.

Geldschulden sind Bringschulden, d.h., der Schuldner ist verpflichtet, dem Gläubiger das Geld zu übergeben. Beauftragt der Zahlungspflichtige hierzu die Deutsche Postbank AG bzw. ein Kreditinstitut, so haftet er zwar weiterhin für den Zugang des Geldes, kann aber von der entsprechenden Bank oder Sparkasse Ersatz seines Schadens verlangen, falls der Geldbetrag dem Konto des Empfängers nicht gutgeschrieben wurde.

Durch die Einrichtung von **Daueraufträgen und Lastschriftverfahren** entfällt für den Zahlungspflichtigen die Notwendigkeit, jeden einzelnen Zahlungsvorgang gesondert zu veranlassen. Verrechnungsschecks und Überweisungen können zur Bearbeitung versandt werden.

Aus banktechnischen Abrechnungsgründen ist die bargeldlose Zahlung in der Regel um einen Tag **schneller** als die Barzahlung oder die halbbare Zahlung. Zudem ist die Buchung zwischen Konten im Rahmen der bargeldlosen Zahlung **kostengünstiger** als etwa die Bareinzahlung auf ein Konto, um eine Zahlungsverpflichtung im Rahmen des halbbaren Zahlungsverkehrs zu erfüllen.

Im Einzelfall gibt die jeweilige Entgeltübersicht, die im Kassenraum zur Einsicht aushängt, Auskunft über die Kosten des halbbaren und bargeldlosen Zahlungsverkehrs.

Zusammenfassung

Zahlungsarten

Barzahlung
=
Barein- oder Barauszahlung

- unmittelbar durch den Zahlungspflichtigen oder einen Boten
- mittelbar durch den Minuten-Service

Halbbare Zahlung
=
Bareinzahlung auf ein Konto **oder** Barauszahlung von einem Konto

- Zahlschein der Deutschen Postbank AG
- Zahlschein der Geldinstitute
- Zahlungsanweisung der Deutschen Postbank AG
- Barscheck der Deutschen Postbank AG oder der Geldinstitute

Bargeldlose Zahlung
=
Buchung zwischen Konten

- durch Überweisungen wie Einzelüberweisung im Inland, EU-Standardüberweisung, Sammelüberweisung, Dauerauftrag oder Lastschriftverfahren
- durch Verrechnungsschecks wie Schecks von Geldinstituten, dem Postbank Scheck oder der Zahlungsanweisung zur Verrechnung der Deutschen Postbank AG
- Sonderformen
  - BankKarten
  - Kundenkreditkarten
  - Internationale Kreditkarten
  - Point-of-Sale-Banking (POS-Banking) bzw. Electronic cash

Aufgaben

(1) *Welche Angaben sollten auf einer Quittung enthalten sein bzw. welche Belege gelten als Zahlungsbestätigung?*

(2) *An welche Voraussetzung ist die Teilnahme am halbbaren bzw. bargeldlosen Zahlungsverkehr gebunden?*

(3) *Ermitteln Sie für die nachfolgend genannten Kreditinstitute mit Hilfe des Internets die für die Teilnahme am halbbaren bzw. bargeldlosen Zahlungsverkehr jeweils notwendige Bankleitzahl!*

- a) *Postbank Leipzig*
- b) *Stadtsparkasse Dresden*
- c) *Dresdner Bank Gotha*
- d) *Postbank Nürnberg*
- e) *Bayerische Landesbank Girozentrale München*
- f) *Commerzbank Köln*
- g) *Postbank Hannover*
- h) *Ostseesparkasse Rostock*
- i) *Citibank Bremen*
- j) *Postbank Hamburg*

(4) *Füllen Sie für einen typischen Zahlungsvorgang Ihres Ausbildungsbetriebes einen Zahlschein der Deutschen Postbank AG aus!*

(5) *Erläutern Sie den Stellenwert des Barschecks für den Zahlungsverkehr!*

(6) *Welche Sicherungsmöglichkeiten für Barschecks sollte man stets beachten?*

(7) *Unterscheiden Sie halbbare und bargeldlose Zahlung!*

(8) *Welche Vorteile bietet der bargeldlose Zahlungsverkehr?*

(9) *In welchen Fällen würden Sie Überweisungen durch Dauerauftrag oder durch Lastschriftverfahren vornehmen?*

(10) *Worin liegen wesentliche Unterschiede zwischen Abbuchungsauftrag und Einzugsermächtigung?*

(11) *Grenzen Sie die gesetzlichen gegenüber den kaufmännischen Scheckbestandteilen ab!*

(12) *Wie wird ein Barscheck zum Verrechnungsscheck?*

(13) *Welche Zahlungsart würden Sie in folgenden Geschäftsvorfällen wählen?*

- a) *Vier zum 15. November 20 . . fällige Rechnungen gegenüber verschiedenen Lieferanten;*
- b) *Leasingraten für das Fotokopiergerät;*
- c) *Reisekostenvergütung für die Dienstreise des Prokuristen;*
- d) *Zahlung einer Lieferantenrechnung in Höhe von 35 860 EUR unter Skontoausnutzung, bei der der zuständige Sachbearbeiter irrtümlich den Zahlungstermin übersehen hat;*
- e) *Zahlung der Versicherungsprämie für Feuer und Diebstahl;*
- f) *Jubiläumszuwendung für eine langjährige Mitarbeiterin;*
- g) *Lohnsteuer und Sozialversicherungsbeiträge für die Beschäftigten;*
- h) *monatliche Rechnung der Vertragstankstelle;*
- i) *monatliche Fernmelderechnung der Deutschen Telekom AG;*
- j) *Eingangsrechnung unseres spanischen Lieferanten in Höhe von 19 600 EUR.*

(14) *Wodurch unterscheidet sich der zur Verrechnung ausgestellte Postbank Scheck von der Zahlungsanweisung zur Verrechnung?*

(15) *Beschreiben Sie die gebräuchlichen Sonderformen der bargeldlosen Zahlung!*

Stichwortverzeichnis